Notizen im Moor: Autor Rainer Rheude (rechts) auf Recherche im „Schwimmenden Moor“ in Sehestedt. Rheude kam 1973, nach Stationen in Zeitungsredaktionen in Rheinfelden/Konstanz, Essen und Stuttgart, nach Oldenburg. Er leitete zunächst die Stadtredaktion Oldenburg der Nordwest-Zeitung und später die Regionalredaktion. Seit März 2005 ist er im Ruhestand.
rainer.rheude@t-online.de

© Katharina Kreier

Allerhand Aufwand: Fotograf Peter Kreier, von 1976 bis März 2003 bei der Nordwest-Zeitung in Oldenburg, überlässt bei seiner Arbeit nichts dem Zufall. Die Fotografie ist nur eine seiner vielfältigen Begabungen, wie sein Berufsweg zeigt: Er war u. a. Schornsteinfeger, Tagelöhner auf Berliner Bierschiffen in Hamburg und Kammermusiker im Oldenburgischen Staatsorchester.
peter.kreier@ewetel.net

Herr der Gestaltung: Grafiker Jürgen Amelung ist in Bremen zu Hause. Er hat Industriekaufmann gelernt und dann an der Hochschule für Künste Grafik-Design studiert. Das Oldenburger Land war ihm auch vor diesem Buch nicht fremd. Schließlich bilden er und der gestandene Oldenburger Udo Engelbart in ihrem Büro für Gestaltung *mensch und umwelt* bereits seit 1995 ein Team.
juergen.amelung@mensch-und-umwelt.de

RAINER RHEUDE Text
PETER KREIER Fotografie

Das Oldenburger Land.

Ein starkes Stück Niedersachsen

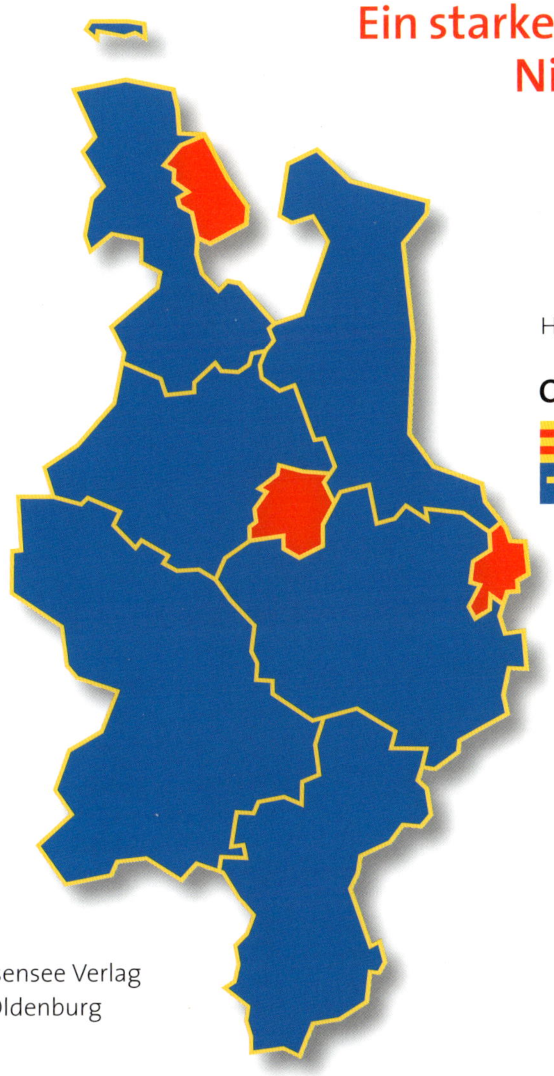

Herausgeber
oldenburgische landschaft

Isensee Verlag
Oldenburg

HERAUSGEBER: Oldenburgische Landschaft
GESTALTUNG: mensch und umwelt, Oldenburg
GRAFIKEN: Isabel Bulmann
DRUCK: Brune-Mettcker, Druck- und Verlags-Gesellschaft mbH, Wilhelmshaven
VERLAG: Isensee GmbH, Oldenburg, Dezember 2006
ISBN: 3-89995-371-1
ab Januar 2007: 978-3-89995-371-8

Inhalt

Geschichte | Geografie

Kultur | Kunst | Sport

Wirtschaft | Wissenschaft

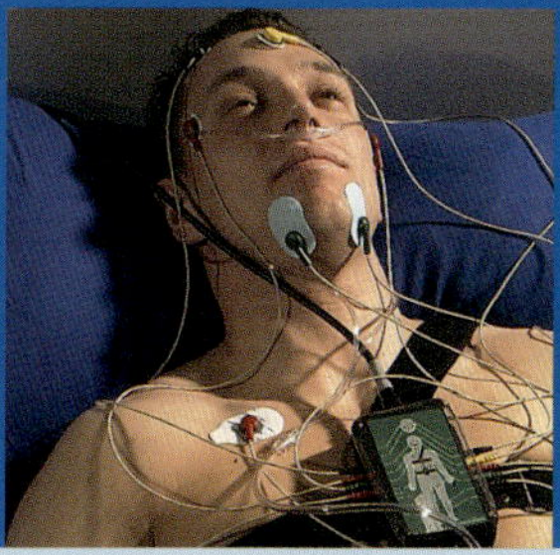

Liebe Leserin, lieber Leser,

in vielen Umfragen bestätigen die Menschen in unserer Region immer wieder, dass sie sich im Oldenburger Land wohl fühlen und mit ihrer Heimat eng verbunden sind. Die Oldenburgische Landschaft ist dankbar für diese emotionale Verbundenheit, weil sie dadurch immer wieder Unterstützung für ihre Arbeit erfährt. Aber wissen wir alle genug über das Oldenburger Land? Was wissen, zum Beispiel, die Wilhelmshavener über den Landkreis Cloppenburg oder die Vechtaer über den Landkreis Wesermarsch? Das von der Oldenburgischen Landschaft herausgegebene Buch „Das Land Oldenburg – ein starkes Stück Niedersachsen" soll dieses Wissen in einer zeitgemäßen Gesamtschau vorstellen.

Die Brücke wird geschlagen von der oldenburgischen Geschichte zur oldenburgischen Wirtschaft, von der Kultur zum Sport, von der Natur zur Forschung, von der Stadt zum Land. Vor allem aber werden immer wieder Menschen vorgestellt und kommen zu Wort, die durch dieses Land geprägt worden sind und die ihrerseits dieses Land prägen durch ihre erfolgreiche Arbeit in den unterschiedlichsten Bereichen, als Künstler oder als Unternehmer, als Naturschützer oder als Pferdezüchter, als Gastwirt oder als ehemaliger „Gastarbeiter", als Landwirt oder als Wissenschaftler. Wer sich diesem Buch widmet, wird die Bestätigung finden, dass Oldenburg nicht nur landschaftlich schön ist, sondern auch kulturell viel zu bieten hat. Und in Wirtschaft und Wissenschaft hat das Oldenburger Land inzwischen eine ganze Reihe von beachtlichen Stärken. Nicht zu vergessen: Die Grundlagen für die positive Einstellung der Oldenburger zu ihrer Heimat sind vor allem die Freundlichkeit der Menschen, ihre Einsatzbereitschaft für die Region und ihr liberaler Geist.

Mit diesem Buch wendet sich die Oldenburgische Landschaft insbesondere auch an die junge Generation. Ihr wird die Möglichkeit eröffnet, sich in jedem Kapitel ein Stück besser mit der Heimat vertraut zu machen, mit den historischen Abläufen ebenso wie mit Gegenwart und mit Zukunftsvisionen. Dem Autor Rainer Rheude und dem Fotografen Peter Kreier ist es stets darum gegangen, in Wort und Bild ein möglichst anschauliches und lebendiges Oldenburger Land zu präsentieren.

Ich bin sicher, dass alle Leserinnen und Leser viel Freude und Gewinn haben werden, wenn sie in dem Buch lesen. Ich bin auch sicher, dass es eine weite Verbreitung finden wird.
Ihr

Horst-G. Lucke

HORST-GÜNTER LUCKE
Präsident der Oldenburgischen Landschaft

„Man kann den Begriff Heimat x-fach definieren“: Klaus Modick (links) und Horst-Günter Lucke (Mitte), rechts Autor Rainer Rheude.

Überzeugte Oldenburger

Klaus Modick und Horst-Günter Lucke im Gespräch über einen facettenreichen Begriff: Heimat

Herr Modick, Sie waren annähernd drei Jahrzehnte weg aus Oldenburg. Lernt man die Heimat aus der Distanz besser schätzen?

Modick: Ja, ich glaube schon. Denn nach Hause kommen kann ja nur jemand, der einmal weg war. Was Heimat ist oder war, dämmert den meisten erst in der Ferne. Deswegen denken Leute, die unfreiwillig ihre Heimat verlassen, Exilanten etwa oder Vertriebene, besonders viel über die Heimat nach.

Lucke: Stefan Zweig hat etwas sehr Kluges gesagt. „Am Tage, da ich meinen Pass verlor, entdeckte ich mit 58 Jahren, dass man mit seiner Heimat mehr verliert als einen Fleck umgrenzter Erde.“ Das fasst gut zusammen, wie es ist: Wenn man in eine Heimat hineingewachsen ist, spricht man nicht darüber, erst wenn man sie verliert, weiß man, was man an ihr hatte.

Modick: Man bekommt kurioserweise außerhalb der Heimat ein besonderes Gefühl für die Heimat. Deshalb kann ich, auch wenn ich die politische Stoßrichtung der Vertriebenen aus dem Osten nicht teilen kann, das Sentiment verstehen, das dahinter steckt. Es hätte sich ohne die Vertreibung nie so ausgeprägt. Und es ist ja kein Zufall, dass deutsche Auswanderer in der neuen Heimat vielfach die deutsche Lebensart betonen, sogar zu tümeln anfangen und plötzlich ihr eigenes Klischee leben.

Werte wie Familie, Freundschaft, Nachbarschaft und Gastfreundschaft werden im zumeist ländlich geprägten Oldenburger Land hoch geschätzt.

Horst-Günter Lucke (70), seit 1991 Präsident der Oldenburgischen Landschaft, ist in Berlin geboren und kam im Alter von 20 Jahren nach Oldenburg. Er hat Betriebswirtschaftslehre an der Universität Köln studiert. Der Diplom-Kaufmann war 23 Jahre lang Mitglied des Vorstandes der Bremer Landesbank Kreditanstalt Oldenburg – Girozentrale – mit Sitz in Oldenburg und ist seit fünf Jahren im Ruhestand. Zehn Jahre lang war er Mitglied des Hochschulrates der Hochschule Vechta, und dessen stellvertretender Vorsitzender. Er engagiert sich auch im kirchlichen und sozialen Bereich.

Heimat galt lange Jahre als ein heikles und verdächtiges Wort, nachdem es von den Nazis diskreditiert worden war. Ist diese Scheu inzwischen abgelegt worden?

LUCKE: Heimat war als Thema eigentlich immer präsent. Für die Menschen hatte der Begriff auch immer den gleichen Inhalt. Weil die Nationalsozialisten den Begriff erschreckend verbogen und mit ihrer Blut-und-Boden-Ideologie besetzt hatten, wurde das Wort nach dem Zweiten Weltkrieg zurückhaltend benutzt. Die jungen Leute heute gehen mit Heimat und Heimatgefühl viel freier und unpathetischer um. Sie haben erfreulicherweise eine unverstelltere Beziehung dazu, als es die Generationen vor ihnen haben konnten. Denken Sie nur an den fröhlichen und unverkrampften Patriotismus während der Fußballweltmeisterschaft. Bei der Gelegenheit muss daran erinnert werden, dass Heimat ein urdeutscher Begriff ist, entstanden in der Spätromantik als Reflex auf den erstarkenden Kapitalismus und die Industrialisierung, die die Menschen damals entwurzelte. Dieser im Deutschen stark gefühlsgeprägte Begriff lässt sich nur schwer in eine andere Sprache übertragen.

MODICK: Das Wort Heimat, das im Deutschen stark emotional, teilweise auch ideologisch besetzt ist, kennen tatsächlich andere Sprachen nicht so. Das Englische etwa bietet home, homeland, country an, und damit hört es schon fast auf. Die geschichtlichen Erfahrungen haben leider dazu geführt, dass ausgerechnet wir Deutschen mit einem Begriff, den es nur in unserer Sprache gibt, nur mit den größten Verrenkungen umgehen können. Weil er in der Vergangenheit vielfach negativ funktionalisiert und überstrapaziert wurde, war er auf Jahrzehnte hinaus unbrauchbar geworden.

Würden Sie beide sich auf eine gemeinsame Definition des Begriffes Heimat einigen können?

MODICK: Ich weiß es nicht, ich glaube nicht. Denn Heimat hat so viele Facetten, dass wir alle bei dem Wort eine Sturzflut von Assoziationen haben, von höchst unterschiedlichen Assoziationen und Konnotationen. Heimat ist eine Metapher für Erfahrungshintergründe, die jeder anders empfindet. Dem Schriftsteller ist Sprache Heimat, dem Seemann sprichwörtlich das Meer, und manchem ist die Heimat dort, wo die Rechnungen ankommen.

Heimat hat viel mit Kindheitserfahrungen zu tun. Geborgenheit, Übereinstimmung, Tradition – das sind Voraussetzungen für ein positives Heimatgefühl.

Klaus Modick (55), Schriftsteller und Übersetzer, in Oldenburg geboren und aufgewachsen, lebt seit dem Jahr 2000 wieder im Oldenburger Land. Er hat Germanistik, Kunstgeschichte, Philosophie und Geschichte studiert und in Literaturwissenschaften promoviert. 1984 veröffentlichte er seinen ersten Novellenband, bis heute hat er zahlreiche Romane, Essays, Novellen und Gedichte verfasst. Sein jüngstes Buch „Bestseller" ist in diesem Jahr erschienen. Er wurde mit dem Bettina-von-Arnim-Preis und dem Nicolaus-Born-Preis ausgezeichnet.

Lucke: Ich habe im Freundeskreis eine kleine Umfrage gemacht: Was ist Heimat? Ich habe von niemandem eine klare Definition erhalten. Am gängigsten ist noch: Es ist der Ort, an dem ich mich wohl fühle.

Modick: Das ist die wahrscheinlich häufigste Definition, oft werden auch Herkunft und Kindheit genannt. Doch da wird der Begriff mitunter schon unscharf: Mein Vater zum Beispiel ist in Dortmund geboren, lebte aber stets in Oldenburg. Er wäre nie auf die Idee gekommen zu sagen: Ich bin Dortmunder. Umgekehrt stammt meine Mutter aus Westfalen, lebt seit 60 Jahren in Oldenburg, empfindet aber Westfalen nach wie vor als ihre Heimat.

Lucke: Lassen Sie es uns mit Cicero und den rational denkenden Römern probieren: Ubi bene, ibi patria, also „Wo es mir gut geht, dort ist mein Vaterland". Vielleicht nicht ganz die deutsche Art, Heimat zu definieren …

Modick: … auch das gehört zu dem weit verzweigten metaphorischen Begriffsbündel, das dieses Wort Heimat zu tragen hat. Man kann den Begriff x-fach definieren und beliebig ausweiten, gewissermaßen zoomen: Meine Heimat ist Oldenburg, ist Niedersachsen, ist Deutschland, ist Europa, ist die Welt. Es kommt darauf an, wie man das Wort benutzt und in welchen Kontext man es stellt. Es ist so vielschichtig und hat so viel mit subjektiven Gefühlen und Erinnerungen zu tun, dass wir einer Schimäre nachlaufen würden, wollten wir tatsächlich versuchen, es erschöpfend zu definieren.

Den Oldenburgern wird eine vergleichsweise innige Beziehung zu ihrer Heimat nachgesagt. Wie drückt sich diese Beziehung aus?

Lucke: Ich denke, die große Affinität der Oldenburger zu ihrer Heimat hat damit zu tun, dass die meisten in beschützter Atmosphäre aufgewachsen sind oder aufwachsen. Denn Werte wie Familie, Freundschaft, Nachbarschaft und Gastfreundschaft werden im zumeist ländlich geprägten Oldenburger Land hoch geschätzt. Und natürlich ist die Überschaubarkeit des Landes, auch seiner Städte, ein großer Vorteil, sie verhindert Anonymität und bringt die Menschen einander näher. Wer also hier geboren und aufgewachsen ist, hat in aller Regel eine starke Beziehung zu seiner Heimat. Nicht zu vergessen: Das Bewusstsein der jahrhundertelangen politischen und kulturellen Selbstständigkeit des Oldenburger Landes trägt auch heute noch dazu bei, dass sich dieses ausgeprägte oldenburgische Heimatgefühl entwickelt hat und mit großer Intensität fortbesteht.

Trotz unseres Engagements für das Oldenburger Land sind wir auch bekennende Niedersachsen.

MODICK: Heimat hat, Herr Lucke hat das nebenbei angedeutet, jedenfalls viel mit Kindheitserfahrungen zu tun. Geborgenheit, Übereinstimmung, Tradition – das sind Voraussetzungen für ein positives Heimatgefühl. Wer in hoher Übereinstimmung mit seiner Region lebt, der hat auch ein viel unproblematischeres Heimatgefühl. Ich will das Ganze jetzt nicht ins Philosophische wuchten, aber doch an Ernst Blochs berühmte Sentenz erinnern, die diesen Kindheitsgedanken aufgreift: „Heimat ist, was jedem in die Kindheit scheint ..."

LUCKE: Es ist wichtig, dass junge Menschen früh Bindungen eingehen, die ihnen Sicherheit geben. Das erfahren sie in der Heimat. Wenn sie dann in die Welt hinausgehen, wissen sie, dass ihre Heimat sie wieder auffängt. Erika Mann hat es treffend formuliert: „Die Fremde ist herrlich, solange es eine Heimat gibt, die wartet." Und für Herbert Wehner war Heimatverbundenheit eine zwingende Voraussetzung dafür, auf die Welt zuzugehen und den eigenen Platz in der Völkergemeinschaft zu finden. Dazu passt ganz gut eine Beobachtung, die ich beruflich gemacht habe: Oldenburger, die berufsbedingt in anderen Teilen Deutschlands oder auch im Ausland gearbeitet haben, kehren gerne ins Oldenburger Land zurück, wenn sie hier eine entsprechende Stellung finden. Das in den vergangenen Jahren deutlich gewachsene Heimatgefühl ist auch ein Reflex auf die Globalisierung und die damit verbundene Verunsicherung der Menschen.

Also sind Mobilität und Flexibilität, wie sie im Zusammenhang mit der Globalisierung gefordert werden, und Heimatverbundenheit gar keine Gegensätze?

MODICK: Nein, natürlich nicht. Für mich persönlich wäre es keine sehr angenehme Vorstellung gewesen, mein ganzes Leben nur in Oldenburg verbracht zu haben. Für meine persönliche Entwicklung war es außerordentlich wichtig, fast 30 Jahre nicht in Oldenburg gewesen zu sein. Ich beobachte allerdings in der jungen Generation zwei gegensätzliche Phänomene: Da sind die einen, die sich schon sehr früh in der Welt umschauen. Und da gibt es den vielleicht sogar größeren Teil, die so genannten Nesthocker nämlich, die möglichst lange im „Hotel Mama" bleiben. Auf der anderen Seite finde ich es bemerkenswert, dass unverhältnismäßig viele Zugereiste, die vielleicht nur an eine Zwischenstation gedacht haben, im Oldenburger Land hängen bleiben.

LUCKE: Nesthockerei hat meines Erachtens mehr mit Bequemlichkeit als mit Heimatgefühl zu tun. Wir sollten uns über alle freuen, die in der Welt Erfahrungen gesammelt haben, denn wenn sie wieder zurückkommen, dann bereichern sie unsere Gesellschaft. Im Übrigen sind die Oldenburger für ihr Fernweh bekannt.

Seien wir doch ehrlich: Ein niedersächsisches Heimatgefühl wird es, bei allem Bemühen, so bald nicht geben.

Wie weit sind ausländische Mitbürger in diesem Heimatbegriff mit eingeschlossen?

LUCKE: Lange Zeit war die Rede von „kultureller Identität", wenn man das Wort Heimat umgehen wollte. Dabei umfasst Heimat mehr als kulturelle Identität, ein Begriff, der es Ausländern sogar schwerer macht, Fuß zu fassen. Weil Heimat eben nicht nur Kindheit bedeutet, muss jeder, der eine Heimat neu gewinnen will, auch die Möglichkeit dazu haben. Gleichgültig, ob er innerhalb Deutschlands in eine andere Region zieht oder ob er aus dem Ausland kommt. Allerdings bin ich der Meinung, dass der Wille vorhanden sein muss, unsere Kultur zu akzeptieren.

MODICK: Ich würde Multikultur und Heimat nicht entkoppeln wollen. Wenn wir uns einig sind, dass Heimat der Platz ist, an dem man sich wohl und akzeptiert fühlt, dann ist es für mich selbstverständlich, dass auch fremde Ethnien in Deutschland ihre Heimat haben können. Sie bereichern dieses Land und machen den Heimatbegriff noch komplexer.

Herr Lucke, welcher Heimatbegriff liegt der Arbeit der Oldenburgischen Landschaft zugrunde?

LUCKE: Wir haben ja das Glück, dass das Oldenburger Land in seiner Fläche überschaubar ist und dass sich die Menschen mit dieser Region identifizieren und stolz auf deren Geschichte sind. Für uns beste Voraussetzungen, ein modernes Heimatbewusstsein zu schaffen. Wir halten die Regionalgeschichte wach und erforschen sie weiter. Wir pflegen und fördern die Kultur im Oldenburger Land, so weit es unsere personellen und finanziellen Möglichkeiten zulassen. Es gilt, die große Vielfalt der Aktivitäten – von den niederdeutschen Bühnen bis zu den soziokulturellen Gruppen – mit Hilfe einer gezielten regionalen Kulturförderung für morgen und übermorgen zu bewahren. Das freiwillige Engagement vieler Menschen in Sachen Kultur beweist übrigens, dass der Oldenburger ein äußerst kommunikativer Mensch ist. Das wird vielleicht nicht immer auf Anhieb deutlich, wie zum Beispiel bei den Rheinländern, aber die Oldenburger leben auf im Freundeskreis.

MODICK: Bei überzeugten Oldenburgern, wie ich einer bin, lebt die Geschichte des selbstständigen Landes Oldenburg fort, und sei es nur ironisch, indem ich zum Beispiel nach wie vor reklamiere, dass eigentlich Oldenburg die Landeshauptstadt Niedersachsens hätte werden müssen. Seien wir doch ehrlich: Ein niedersächsisches Heimatgefühl wird es, bei allem Bemühen, so bald nicht geben.

LUCKE: Ich denke, Herr Modick, Niedersachsen kann mit den Eigenheiten seiner verschiedenen Landesteile gut leben. Trotz unseres Engagements für das Oldenburger Land sind wir auch bekennende Niedersachsen.

Festfressen: Ein riesiger Möwenschwarm stürzt sich mit wildem Gekreische auf den Beifang, der vom Krabbenkutter „Christine“ wieder ins Meer zurückquillt. Acht Kutterfischer gibt es in Fedderwardersiel, in den 1970er-Jahren waren es noch 20. Und es droht neues Ungemach: Je tiefer die Weser ausgebaggert wird, desto schneller verlandet der Fedderwardersieler Hafen.

Oldenburger Nächte sind lang,

erst fang' se ganz langsam an, aber dann: Ausgiebig zu feiern verstehen die Oldenburger in Stadt und Land, und das gilt nicht nur für die Tango-Nacht vor dem Schloss in Oldenburg beim Kultursommer 2005. Die Feste in der Region sind Legion, wie auch die Zahl der Kohlfahrten im Winter. Denn ein Grund zum Feiern findet sich immer und zu jeder Jahreszeit.

Ein frostiges Vergnügen: Wenn die Eisdecke des Zwischenahner Meeres dick genug ist, was freilich nur in einem langen und strengen Winter vorkommt, gehört

der drittgrößte Binnensee Niedersachsens

Schlittschuhläufern und Spaziergängern.
Die höchstens 5,5 Meter tiefe „Perle des Ammerlandes“ mit 11 Kilometern Uferlinie ist das Touristenziel Nummer 1 im Binnenland.

Zu den wenigen Menschen, die das „Schwimmende Moor“ bei Sehestedt tatsächlich haben schwimmen sehen, gehört Dieter Bloem, Naturschutzbeauftragter des Landkreises Wesermarsch. Nur in seiner Begleitung kommt man bis zur Abbruchkante, dem von Brackwassertümpeln durchzogenen Übergang vom Moor zum salzhaltigen Vordeichland. Von diesem *weltweit einzigartigen Schutzgebiet* wird freilich in 40 bis 60 Jahren kaum mehr etwas übrig sein.

Selbst der Haifisch scheint zu grinsen:
Im Kuriositätenmuseum Spijöök in Varel werden mit feinem Humor Seemannslegenden auf die Schippe genommen. Zum Seemannsgarn, das auch von Jörn Kickler gesponnen wird, gehört zum Beispiel der einzige Piranha, der jemals im Vareler Hafen gefangen wurde, oder der wirkliche Seehund, der früher an der Nordseeküste im Deichvorland lebte …

Spitzenforschung: An den drei Hochschulen im Oldenburger Land haben sich Wissenschaftler etabliert, deren Forschung den Vergleich mit

höchsten nationalen und internationalen Standards

nicht zu scheuen braucht. Dazu gehört auch der Oldenburger Physiker Professor Dr. Jürgen Parisi. Das Raster-Tunnel-Mikroskop dient zur Analyse von Halbleitern.

Eine knallrote Schmiede: Weltmarktführer mit einem Exportanteil von 85 Prozent in der Produktion von Landmaschinentechnik für die Kartoffelernte ist die Unternehmensgruppe Grimme in Damme. Die Maschinen, die auf drei Montagebahnen zusammengebaut werden, stehen auf dem Firmengelände

zum Transport in alle Erdteile bereit

– verkauft sind sie längst.

Volle Fahrt voraus zum Wangerooger Westturm. Den Inselauftrieb, das

norddeutsche Pendant zum Almauftrieb

in den Bergen, organisiert Jahr für Jahr Jungbauer Menz Willms aus Wangerland. 65 junge Kühe und Ochsen lässt er vom Festland auf die Insel verfrachten. Von Mai bis Ende Oktober grasen die Tiere sozusagen im Auftrag des Naturschutzes und halten auf den Innengroden das Gras kurz.

Das milde Licht der Wintersonne nimmt den Kleinenknetener Steinen etwas von ihrer Wucht.

Die beiden Großsteingräber

südlich von Wildeshausen stammen aus der Jungsteinzeit (ca. 3500–1800 v. Chr.). Ein Grab wurde in den ursprünglichen Zustand versetzt, 85 Findlinge umranden es. Das andere hat eine Besonderheit: Es enthält drei Grabkammern und ist damit einzigartig in Niedersachsen.

Stilles Gebet in Bethen:

Der Wallfahrtsort

vor den Toren Cloppenburgs ist ein Ort tiefer Frömmigkeit im katholischen Südoldenburg. Rund 100.000 Gläubige, überwiegend aus dem Oldenburger Land, pilgern jährlich zu dem aus Eichenholz geschnitzten Gnadenbild, der Pietà „Maria – Mutter der sieben Schmerzen". Bethen ist der nördlichste Marienwallfahrtsort Europas.

Geschichte | Geografie

Er hat sich richtig hindurchlaviert

Ein Streifzug durch die Jahrhunderte

Herr Professor Schmidt, wenn Sie die Galerie der Oldenburger Grafen und Herzöge betrachten, von Egilmar bis Großherzog Peter – welche ist nach Ihrem Urteil die historisch bedeutendste Persönlichkeit?

PROF. DR. SCHMIDT: Die Traditon hebt ja zwei in besonderer Weise hervor: Graf Anton Günther, der geradezu als oldenburgische Symbolfigur gelten kann, und Peter Friedrich Ludwig, der nach der so genannten Dänenzeit eine gewisse Rolle bei der Modernisierung des Oldenburger Landes gespielt hat.

Was machte sie zu bedeutenden Oldenburger Herrschern?

Graf Anton Günther hat sich schon dadurch, dass er das Land über 60 Jahre lang, von 1603 bis 1667, regierte, ins Bewusstsein eingeprägt. Bekanntlich ist es ihm, was schon seine Zeitgenossen gefeiert haben, weitgehend gelungen, Oldenburg aus dem 30-jährigen Krieg herauszuhalten. Das Land hatte in einer Zeit, in der anderswo Tod und Vernichtung herrschten, relativ ruhige Jahre.

Zeittafel: Geschichte des Oldenburger Landes

Steinsetzung bei Engelmannsbäke (Ludwig Philipp Strack)

2000 v. Chr. Während der jüngeren Steinzeit (etwa 4000 - 1800 v. Chr.) entstehen die Großsteingräber in der Ahlhorner und Wildeshauser Heide – die bekanntesten sind die sagenumwobenen Grabdenkmäler „Visbeker Braut", „Visbeker Bräutigam" und „Glaner Braut" – und so genannte Gang- oder Kammergräber wie der „Opfertisch" an der Engelmannsbäke bei Ahlhorn. Die Gräber werden von einem bereits sesshaften Bauernvolk geschaffen.

700 v. Chr. Das günstige Klima während der Bronzezeit (etwa 1800–800 v. Chr.) und der Eisenzeit (nach 800 v. Chr.) führt zu einem starken Bevölkerungswachstum. Zahlreiche Funde bezeugen diese Entwicklung. Südlich von Wildeshausen entsteht das „Pestruper Gräberfeld" mit rund 500 Grabhügeln. Die Asche der Toten wird in Urnen, Leder- oder Leinenbeuteln beigesetzt. Es werden zahlreiche bronzene Grabbeigaben und Bronzeschmuck gefunden.

Prof. Dr. Heinrich Schmidt

Wie schwierig war es für ihn, diese Linie, sich nicht in den Krieg hineinziehen zu lassen, durchzuhalten?

Es war sicher politisch und vielleicht auch moralisch nicht einfach. Ihm wurde ja vorgeworfen, er beteilige sich nicht am Bündnis der Protestanten gegen die Katholiken, und seine dänischen Verwandten waren verärgert, weil er nicht Partei für sie nahm. Er hat sich, auch was die Loyalität gegenüber Kaiser und Reich anbelangt, richtig hindurchlaviert. Schließlich war der Kaiser katholisch und der Graf protestantisch. Sein Land, sein Besitz, stand für ihn über und vor allem anderen.

Peter Friedrich Ludwig kam nach mehr als 100-jähriger Dänen-Herrschaft, von 1667 bis 1773, ins Land ...

... ja, die Landesherrschaft über Oldenburg war nach Anton Günther, der keine Erben hatte, an den König von Dänemark gefallen und wurde 1773 dann einem Zweig des Hauses Holstein-Gottorp übertragen. Peter Friedrich Ludwig verlegte 1785 seine Residenz von Eutin nach Oldenburg, nicht weil er Oldenburg so schön gefunden hätte, sondern weil es eben sein größter Besitz war. Das brachte ohne Zweifel einen Schub für das bis dahin vernachlässigte Land. Mit ihm und seinen Beamten kam auch die Aufklärung nach Oldenburg. Bis Anfang des 19. Jahrhunderts hat der Herzog zwar nicht gerade stürmisch, aber immerhin verhalten verändernd und reformerisch gewirkt.

12 v. Chr. – 350 n. Chr. Die Nordseeküste ist zu Beginn unserer Zeitrechnung vom germanischen Stamm der Chauken besiedelt, der im 2. Jahrhundert v. Chr. zwischen Ems und Elbe eingewandert war. Um 12 v. Chr. dringen die Römer unter Drusus an die Küste vor und unterwerfen die Chauken. 47 n. Chr. kommt es erneut zu einem römischen Kriegszug. Der römische Geschichtsschreiber Plinius überliefert um 50 n. Chr. ein anschauliches Bild von den Wurten der Nordseechauken. Die Menschen lebten wie Schiffbrüchige auf Erdhügeln, in elenden Hütten, schreibt er; möglicherweise hat er jedoch die Küste nach einer schweren Sturmflut gesehen. Denn nach neueren Forschungen standen damals auf den Wurten durchaus schon stattliche Bauernhäuser. Um 350 n. Chr. zerfällt das Chaukenreich. Sachsen und Friesen wandern friedlich ein. Der Name Chauken verschwindet.

Erste Anlandung der Römer in den Rüstringer Marschen
Otto Knille, 2. Hälfte des 19. Jh., Allmers-Haus Rechtenfleth

789 Willehad, erster Bischof von Bremen, stirbt in Blexen in der Wesermarsch, der ältesten christlichen Gemeinde des Oldenburger Landes, die er selbst gegründet hatte. Der in England ausgebildete Mönch Willehad wird 787 vom Frankenkönig Karl dem Großen zu den unterworfenen Stämmen der Sachsen und Friesen in den Küstenraum gesandt und bekommt als Missionsgebiet den östlichen Teil Frieslands mit Bremen zugewiesen. Er lässt den ersten Bremer Dom bauen, der in seinem Todesjahr geweiht wird. Die Sachsenkriege (772–804) machen jedoch die Missionierung wieder zunichte. Die Sachsen, die das Gebiet zwischen Ems und Elbe mit Ausnahme des friesischen Küstengebietes besiedeln, unterliegen aber schließlich in ihrem Kampf um politische Freiheit und die Bewahrung ihres heidnischen Glaubens dem übermächtigen Frankenkönig.

Bischof Willehad verkündet das Christentum in den Marschen *Ausschnitt, Marschenfries, H. v. Dörnberg, 1864, Allmers-Haus Rechtenfleth*

Karl der Große *Ausschnitt, Marschenfries, H. v. Dörnberg, 1867, Allmers-Haus Rechtenfleth*

851 Zu einem vorübergehend vielbesuchten Wallfahrtsort wird Wildeshausen, als Graf Waltbert 851 von einer Wallfahrt nach Rom als Reliquie den Leichnam des Märtyrers Alexander ins nachmalige Chorherrenstift überführt. Die Alexanderkirche in Wildeshausen ist das bedeutendste mittelalterliche Bauwerk des Oldenburger Landes. Die „Translatio S. Alexandri" von Rom nach Wildeshausen, von Fuldaer Mönchen aufgezeichnet, ist die älteste erzählende historische Quelle des Landes.

Alexanderkirche in Wildeshausen

Nach der napoleonischen Zeit, die er in Russland verbracht hatte, schien PFL der Aufklärung nicht mehr ganz so gewogen zu sein …

… in der Tat war er merkwürdigerweise ab 1813, als er aus Russland zurückkehrte nach Oldenburg, konservativer als früher. Er wehrte sich gegen Demokratisierungs-Tendenzen, gegen ein Ständeparlament, gegen mehr Mitsprache der Bevölkerung. Es war offenkundig ein Mentalitäts- und Generationswandel. PFL hing der Aufklärung an, aber auch der Idee, Fürsten und Fürstenhäuser seien von Gott eingesetzt, qua Geburt zum Herrschen bestimmt und mit der größeren Vernunft ausgestattet. Nun, zumindest waren viele Kleinstaaten wie Oldenburg so vernünftig, sich gute höhere Beamte zu leisten. Sie waren Ende des 18. Jahrhunderts und um 1800 die eigentlichen Träger des Fortschritts. PFL ließ die Beamten gewähren, so weit es seine grundsätzliche Position nicht beeinträchtigte: Verbesserung der Verhältnisse ja, wenn sie von oben kam und gesteuert wurde, aber nicht, wenn sie von unten durchgedrückt werden sollte.

Die Geschicke des Oldenburger Landes wurden wiederholt von auswärtigen Mächten bestimmt. Dänen, Russen, Holländer, Schweden und Franzosen, alle hatten zeitweise die Herrschaft im Oldenburger Land oder in Teilbereichen inne – welche Herrschaft hat das Land am nachhaltigsten verändert?
Ich bin gar nicht sicher, ob eine dieser ausländischen Übergangs-Herrschaften Oldenburg wirklich so sehr verändert hat. Für die Dänen war Oldenburg zeitweise strategisch wichtig, weil den verfeindeten Schweden seit dem 30-jährigen Krieg Bremen-Verden gehörte. Als das um 1700 obsolet war, wurde Oldenburg, ohnehin in einer Randlage, vernachlässigt. Gegen Ende der Dänenzeit kamen Ansätze der Aufklärung ins Land, interessanterweise von Leuten, die aus Kopenhagen verbannt worden waren und – im übertragenen Sinne – nach Sibirien, also Oldenburg, geschickt wurden. Wichtig war sicher die Franzosenzeit, von 1810 bis 1813 war das Land auch Teil des Kaiserreiches Frankreich. Sehr rasch wurde das französische Recht, der Code Napoléon, mit allen seinen Modernisierungen eingeführt. Peter Friedrich Ludwig hat diese Gesetzgebung nach 1813 bezeichnenderweise sogleich wieder zurückgeschraubt. Dennoch ist manches hängengeblieben. Die Franzosenzeit bedeutete allerdings nicht nur Rechtssicherheit, Toleranz und Religionsfreiheit, sondern auch happige Steuerforderungen und die Zwangsrekrutierung von Soldaten, die keine Lust hatten, für Napoleon nach Russland zu marschieren.

885 In Friesland endet die dänische Lehensherrschaft. Dazu gekommen war es, als Ludwig der Fromme (814–840) den aus Dänemark vertriebenen und zum Christentum übergetretenen Prinzen Harald Klak 826 mit der Grafschaft Rüstringen belehnt, im Glauben, der Prinz würde den Kampf aufnehmen gegen das seit Anfang des Jahrhunderts an der Küste und in den Flussmündungen marodierende Seefahrervolk der heidnischen Normannen. Doch Harald macht gemeinsame Sache mit den Normannen, die sich zeitweise sogar in Friesland festsetzen und Stützpunkte errichten. Das um 1200 entstandene Gudrunepos beschreibt diese Zeit, es ist darin von „Gyfers uf dem Sande" die Rede, womit wahrscheinlich Jever gemeint ist.

Graf Egilmar I.

um 1100 Graf Egilmar I. nimmt eine alte Burg, die Ammersche Burg (Omersburg), die möglicherweise schon Anfang des 10. Jahrhunderts als Fluchtburg zum Schutze des Reiches an der Mündung der Haaren in die Hunte angelegt worden war, als Grafensitz. Egilmar baut die Burg mit ihren zwei Zugbrücken zu einer Steinburg aus. Sie heißt nun Olde Borg oder Aldenburg und gibt dem Land und dem Fürstenhaus den Namen. In ihrem Schatten entwickelt sich ein bedeutender Handelsplatz, die Siedlung „Oldenburg", die 1345 das Stadtrecht erhält. Die vom Grafen Egilmar beherrschte „Grenzmark Sachsen-Friesland", woraus später die Grafschaft Oldenburg wird, umfasst den Ammergau, die nördlichen Gaue Rüstringen und Östringen, den Lerigau im Süden und den Largau im Südosten und ist in weiten Teilen deckungsgleich mit dem heutigen Oldenburger Land. Die friesischen Gaue und der Lerigau im Süden gehen bald wieder verloren.

1144 Als im Jahr 1144 die Grafen von Stade, unter deren Lehenshoheit die Grafschaft Oldenburg stand, aussterben, beansprucht Heinrich der Löwe, Herzog von Sachsen, die Lehenshoheit über Oldenburg. Die Oldenburger leisten ihm auch Heeresfolge, doch als 1180 das Herzogtum Sachsen zerschlagen wird, kommen sie unter bremische Lehenshoheit, die sie allerdings im Laufe der Zeit abschütteln. Bis zur Regierungszeit von Kaiser Maximilian (um 1500) zahlen die „kaiserfreien" Oldenburger Grafen keine Reichssteuern. Erst ein Machtwort Kaiser Karl V. beendet die „Oldenburger Freiheit von Kaiser und Reich": Er spricht 1523 die Reichsacht über Oldenburg aus und zwingt Graf Anton, seine Reichsschulden zu zahlen. Der Graf wiederum bittet den Kaiser, ihn mit der Grafschaft Oldenburg, der Herrschaft Delmenhorst und Butjadingen zu belehnen, was 1531 geschah.

Bauernschlacht
Ausschnitt, Marschenfries, H. v. Dörnberg, 1865, Allmers-Haus Rechtenfleth

1234 In der Schlacht bei Altenesch unterliegen Stedinger Bauern einem hoch gerüsteten, aus allen Teilen des Reiches zusammengesetzten Kreuzfahrerheer. Die Stedinger, deren Vorfahren zum Teil aus Holland stammten und die seit 1100 die Wesermarsch unterhalb Bremens besiedelt, entwässert und kultiviert hatten, ziehen mit ihrem wachsenden Wohlstand und ihrer teilweisen Selbstverwaltung den Neid der fürstlichen Nachbarn auf sich. Als sie sich gegen Einschränkungen in blutigen Auseinandersetzungen erfolgreich wehren, klagt sie der Erzbischof Gerhard II. von Bremen, der die treibende Kraft bei ihrer Unterwerfung ist, der Ketzerei an. Er erwirkt beim Papst einen Aufruf zum Kreuzzug. Durch die Niederlage der Stedinger können die Oldenburger Grafen ihre Macht auf das Gebiet der Unterweser ausdehnen.

Das Fräulein von Jever ist eine der volkstümlichsten Gestalten der Heimatgeschichte. Sie wird als segensreiche Regentin beschrieben.
Warum war diese Frau so beliebt?

An diesem Bild haben Legende und Verklärung mitgewirkt, doch es stimmt in gewisser Weise auch. Zum einen wehrten sich das kleine Jeverland und seine Regentin Fräulein Maria – „Fräulein" seinerzeit im Sinne von unverheirateter Frau und Herrin gemeint –, erfolgreich gegen die Versuche der ostfriesischen Grafen, sich die Herrrschaft Jever einzuverleiben. Zum anderen hat sie sehr lange regiert, von 1531 bis 1575. Auch bei ihr spielt also die Dauer der Regentschaft, wie bei Anton Günther, eine einprägende Rolle. Dem Jeverland ging es zudem wirtschaftlich recht gut. Als die Oldenburger Grafen dann in Jever das Erbe antraten, verschlechterte sich die wirtschaftliche Lage der Menschen. Der gute Ruf des Fräulein Maria hat also auch damit zu tun, dass die Jeveraner im Rückblick auf ihre Regentschaft feststellten: Was ging es uns doch gut damals!

Die Friesen, im nördlichen Teil des späteren Oldenburger Landes beheimatet, hatten von Beginn des 13. Jahrhunderts an eine sehr fortschrittliche, vordemokratische Verfassung. Warum ist diese Verfassung Mitte des 14. Jahrhunderts wieder verfallen?

Zunächst einmal: Diese „Friesische Freiheit“, wie das Schlagwort für diese Verfassung heißt, war immer nur die Freiheit von Eigentümern, von

Die „Friesische Freiheit“ war immer nur die Freiheit von Hofbesitzern, sie galt nie für Tagelöhner, Mägde oder Knechte.

Hofbesitzern, sie galt nie für Tagelöhner, Mägde oder Knechte. Den Gedanken an eine moderne Demokratie sollte man deshalb auf sich beruhen lassen. Mit dieser Einschränkung gab es tatsächlich so etwas wie eine genossenschaftliche Teilhabe der Bauern an der Selbstverwaltung. Das entwickelte sich in einer Zeit, 12., 13. Jahrhundert, als es überall in Europa wirtschaftlich aufwärts ging. Um die Wende des 14. Jahrhunderts waren jedoch die Grenzen des damaligen Wachstums erreicht. Zudem gab es Hungersnöte, der „Schwarze Tod“, die Pest, wütete um die Mitte des Jahrhunderts, etwa ein Drittel der Bevölkerung wurde dahingerafft, und der leichte Klimawandel verursachte schwere Sturmfluten. In dieser existenzbedrohenden Lage entwickelte sich die so genannte Häuptlingsherrschaft …

Maria von Jever (1500–1575), unbek. Meister 1848

1368 Bei dem Versuch, auch Butjadingen und Stadland unter ihre Kontrolle zu bekommen, erleiden die Oldenburger Grafen 1368 bei Coldewärf (bei Blexen) eine Niederlage. Die entschlossen ihre Freiheit verteidigenden Friesen schlagen ein oldenburgisch-bremisches Ritterheer; in dieser Schlacht fallen vier Oldenburger Grafen. Knapp 150 Jahre später, 1514, gelingt die zweite Eroberung durch ein gemeinsames braunschweigisch-oldenburgisches Heer, das dem mit der Reichsacht belegten Grafen Edzard von Ostfriesland Butjadingen und Stadland abnimmt.

Christian I. von Dänemark (1448–1481) und Dorothea von Brandenburg

1448 Graf Christian I. von Oldenburg wird zum König von Dänemark gewählt, später erhält er auch die Königswürden von Norwegen und Schweden, den Herzogtitel von Schleswig und den Grafentitel von Holstein. Er überlässt die Stammlande seinen Brüdern Gerd und Moritz. Gerd führt über 30 Jahre einen Kleinkrieg mit Bremen, erst 1482 wird er mit Hilfe des Erzbischofs von Bremen und Bischofs von Münster endgültig besiegt und zur Abdankung gezwungen. Die Herrschaft Delmenhorst fällt an Münster (bis 1547).

1517–1575 Die letzte Herrin des Jeverlandes, Fräulein Maria, Tochter des Häuptlings Edo Wiemken und der Gräfin Heilwig von Oldenburg, ist über die Jahrhunderte hinweg populär geblieben. Ihr politisches Leben steht von Beginn an unter dem Druck, sich gegen die Grafen von Ostfriesland behaupten zu müssen und ihrer Herrschaft die Selbstständigkeit zu erhalten. 1531 gelingt es ihr, die ostfriesische Besatzung loszuwerden. Sie regiert danach mit großer Umsicht. Wirtschaft, Kunst und Wissenschaft blühen auf. In ihrem Testament vermacht Maria, die 75 Jahre alt wurde, ihre Herrschaft dem Grafen Johann VII. von Oldenburg (1548–1603).

1785 Einen wirtschaftlichen und kulturellen Aufschwung wie zu Anton Günthers Zeiten erlebt das Oldenburger Land, als Herzog Peter Friedrich Ludwig 1785 an die Regierung kommt. Er bringt die Staatsfinanzen in Ordnung, beginnt den Neuaufbau des oldenburgischen Staatswesens, gründet am 1. August 1786 die heute älteste Sparkasse der Welt, die „Ersparungscasse", um ärmeren Volksschichten Elend im Alter zu ersparen, und ein Schullehrer-Seminar. Auf des Herzogs Geheiß werden ganze Straßenzüge in Oldenburg im Stil des Klassizismus umgewandelt, Englische Gärten in Oldenburg und Rastede angelegt, eine Gemäldegalerie aufgebaut und eine öffentliche Bibliothek eingerichtet. 1803 schließlich kommen die münsterschen Ämter Vechta und Cloppenburg und das hannoversche Amt Wildeshausen in oldenburgischen Besitz. Allerdings muss der Herzog dafür den Weserzoll hergeben.

Peter Friedrich Ludwig (unbek. Meister, um 1800)

1806 – 1829 1806 besetzen die Franzosen das Oldenburger Land, Peter Friedrich Ludwig wird gezwungen, dem Rheinbund beizutreten und Soldaten für die französische Armee zu stellen. 1810 verleibt Napoleon das Herzogtum dem französischen Kaiserreich ein, der Herzog emigriert zu seinen Verwandten nach Petersburg. Nach Napoleons Niederlage in der Völkerschlacht bei Leipzig müssen die Franzosen abziehen. PFL kehrt am 27. November 1813 nach Oldenburg zurück. 1815 wird ihm auf dem Wiener Kongress als Entschädigung für die französische Besatzung das nachmalige Fürstentum Birkenfeld zugesprochen und der Titel Großherzog zuerkannt, den aber erst sein Nachfolger annimmt. 1818 tritt das russische Zarenhaus das Jeverland an Oldenburg ab. Am 21. Mai 1829 stirbt PFL in Wiesbaden.

Birkenfeld um 1840

Der Aufstand der Stedinger Anfang des 13. Jahrhunderts ist von den Nationalsozialisten weidlich ausgebeutet worden. Hemmt diese ideologische Vereinnahmung heute noch eine angemessene Würdigung dieses Freiheitskampfes?
Ich wäre vorsichtig mit dem Begriff Freiheitskampf, diesem romantisch aufgeladenen Begriff. Angefangen hat es wohl damit, dass die Stedinger nicht sehr pünktlich waren bei der Bezahlung von Steuern und Abgaben an den Erzbischof von Bremen. Und das nicht, weil es ihnen so schlecht ging. Ihr Aufstand war kein Kampf von Leuten, die am Verhungern waren. Hier bestätigt sich übrigens wieder einmal eine allgemeinere historische Erscheinung: Dass nämlich Revolutionen nicht selten von Aufsteigern gemacht werden.

Die Stedinger waren ja zu einem erheblichen Teil als Neusiedler von jenen Bremer Bischöfen ins Land geholt worden, die sie später bekämpften.
Richtig. Und sie wurden zu guten Bedingungen geholt, um die Moormarsch urbar zu machen. Sie waren als Bauern relativ frei, hatten bald wirtschaftlichen Erfolg und mussten als Steuer nur eine Art Anerkennungsgebühr abliefern. Es ist deshalb zu vermuten, dass der Einfluss der „Friesischen Freiheit" in ihrer Nachbar-

schaft dazu beigetragen hat, dass die Stedinger für sich eine ähnliche Autonomie reklamierten. Außerdem haben sich die Oldenburger Grafen, die vorübergehend Teile von Stedingen beherrschten, offenbar sehr herrrschaftlich und sehr provozierend aufgeführt. Als die aufständischen Stedinger die Herrschaft aus ihrem Land vertrieben hatten und nun gar keine Steuern mehr an die Bremer Kirche abführten, wurden sie erst ex-

Die Stedinger Bauern wurden zu Ketzern erklärt – denn gegen Ketzer konnte man zu einem Kreuzzug aufrufen.

kommuniziert und später zu Ketzern erklärt. Denn gegen Ketzer konnte man zu einem Kreuzzug aufrufen. Die Aufständischen wurden schließlich vernichtend geschlagen. Es gibt Quellen, die sprechen von 6000, andere von 4000, wieder andere von 2000 toten Stedingern. Doch sollte man mit solchen Zahlen zurückhaltend hantieren, selbst 2000 dürften noch zu viele sein. Zahlen haben in dieser Zeit nur symbolischen Wert.

Cäcilie von Schweden, Gemahlin von Großherzog Paul Friedrich August

1829 – 1853 Unter der milden Herrschaft von Großherzog Paul Friedrich August, der stets kurz mit „August" unterschrieb, erlebt das Bürgertum kulturell und wirtschaftlich blühende Zeiten. 1833 wird das erste Hoftheater gegründet, an dem Julius Mosen als Dramaturg wirkt, und Theodor von Kobbe dichtet zu einer von der Großherzogin Cäcilie komponierten Melodie „Heil dir o Oldenburg". Das Stadtbild Oldenburgs wird um eine Reihe von Regierungsgebäuden erweitert, unter anderem um die Schlosswache und das Peter Friedrich Ludwigs Hospital in der Peterstraße. In Elsfleth wird eine Seefahrtschule gegründet, im Süden des Landes werden Hochmoore entwässert und es entstehen Fehnsiedlungen wie zum Beispiel Augustfehn. Am 1. September 1848 wird der erste gewählte Oldenburger Landtag eröffnet, nachdem Paul Friedrich August im Revolutions-März der Forderung nach einer Verfassung nachgegeben hatte, die aber erst im Februar 1849 als Staatsgrundgesetz verkündet wird. 1852 beschließt der Landtag das „revidierte Staatsgrundgesetz", eine Verfassung, die im Vergleich zu anderen deutschen Staaten sehr fortschrittlich ist und bis 1918 gilt.

Hafen von Brake (Julius Friedrich Tempelty, 1802–1870)

1849 Brake wird Winterhafen für einen Teil der ersten deutschen Kriegsflotte unter Admiral Rudolf Brommy. Die Gründung der Flotte war 1848 von der Frankfurter Nationalversammlung beschlossen worden, doch schon 1852 wird die Flotte wieder aufgelöst, weil die süddeutschen Staaten kein Interesse daran haben.

1853 Am 20. Juli 1853 schließt Großherzog Nikolaus Friedrich Peter einen Vertrag ab, in dem Oldenburg an der Jade ein Gebiet an Preußen abtritt, das einen Kriegshafen bauen will. Der Großherzog erhält dafür 500.000 Taler und kauft Kniphausen. Im November 1854 wird das Jadegebiet feierlich an Preußen übergeben. Am 17. Juni 1869 kommt König Wilhelm von Preußen, um der neuen, bereits 6000 Einwohner zählenden Siedlung seinen Namen zu geben. Am Gründungstag des Deutschen Reiches, am 18. Januar 1871, läuft das erste Kriegsschiff in Wilhelmshaven ein.

Kaiser-Wilhelm-Denkmal in Wilhelmshaven

1853–1900 In der Regierungszeit von Großherzog Nikolaus Friedrich Peter ist die politische und wirtschaftliche Entwicklung des Oldenburger Landes eng mit der des neuen Deutschen Kaiserreiches verbunden. Er ist am 18. Januar 1871 in Versailles auch unter den Bundesfürsten, die König Wilhelm I. von Preußen die Kaiserwürde übertragen. Zuvor hatte sich das Großherzogtum im Preußisch-Österreichischen Krieg (1866) auf die Seite Preußens gestellt und behielt nach dessen Sieg seine Eigenstaatlichkeit. 1867 fährt die erste Eisenbahn auf der Strecke Bremen-Oldenburg-Heppens (Wilhelmshaven). 1880 wird die „Oldenburgisch-Portugiesische Dampfschiffs-Rhederei" in Brake gegründet; noch heute führt die Reederei, die bald nach Hamburg verlegt wird, die blau-rote Oldenburger Kreuzflagge. 1869 wird die erste Filiale der Oldenburgischen Landesbank, Tochterunternehmen einer Frankfurter Privatbank, als Notenbank des Großherzogtums gegründet, 1883 die Bodencredit-Anstalt, Vorläufer der heutigen Bremer Landesbank Kreditanstalt Oldenburg-Girozentrale-, und 1890 der „Verband oldenburgerischer landwirtschaftlicher Genossenschaften", Vorgänger des Genossenschaftsverbandes Weser-Ems e.V. Industrie und Handel nehmen einen enormen Aufschwung, davon profitieren insbesondere Delmenhorst, Nordenham, Varel und Lohne.

Großherzog Nikolaus Friedrich Peter

Wie kommt es, dass im Oldenburger Münsterland, das mit den Ämtern Cloppenburg und Vechta erst 1803 zum Oldenburger Land gekommen ist, das Oldenburg-Bewusstsein ausgeprägter zu sein scheint als im Norden?

Ich glaube, dass es sich dabei vor allem um ein Oldenburger-Münsterland-Bewusstsein handelt. Und dafür gibt es ein paar gute Gründe: Als in der zweiten Hälfte des 19. Jahrhunderts der Eisenbahnanschluss nach Westdeutschland gesichert war, erlebte das Oldenburger Münsterland einen bis dahin nicht gekannten Wohlstand. Damals fing an, was sich bis heute zum europäischen Zentrum der Massentierhaltung und Nahrungsmittelindustrie ausgewachsen hat. Es ging den Leuten also gut in Oldenburg. Hinzu kam, dass die protestantischen Oldenburger tolerant gegenüber den Katholiken waren. Nicht unterschätzt werden darf auch, dass das Oldenburger Münsterland vom Kulturkampf in Preußen, wie er etwa in der unmittelbaren westfälischen Nachbarschaft gegen die katholische Kirche geführt wurde, im Herzogtum Oldenburg gänzlich verschont blieb. Aus der Abneigung gegen die Preußen speiste und speist sich zum Teil das Oldenburg-Bewusstsein.

Aus der Abneigung gegen Preußen speiste sich im Oldenburger Münsterland zum Teil das Oldenburg-Bewusstsein.

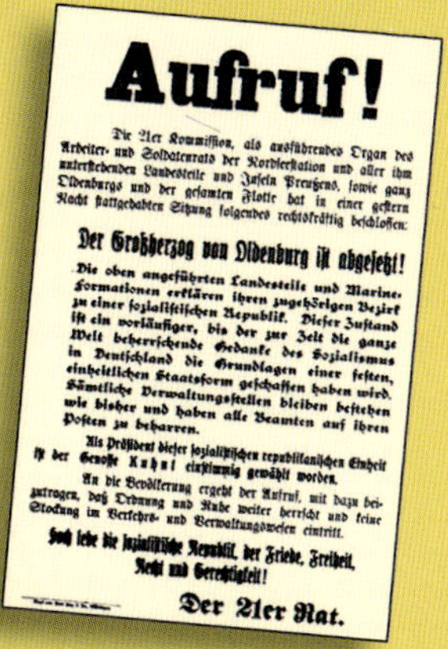

Aufruf!

Die 21er Kommission, als ausführendes Organ des Arbeiter- und Soldatenrats der Nordseestation und aller ihm unterstehenden Landesteile und Inseln Preußens, sowie ganz Oldenburgs und der gesamten Flotte hat in einer gestern Nacht stattgehabten Sitzung folgendes rechtskräftig beschlossen:

Der Großherzog von Oldenburg ist abgesetzt!

Die oben angeführten Landesteile und Marineformationen erklären ihren zugehörigen Bezirk zu einer sozialistischen Republik. Dieser Zustand ist ein vorläufiger, bis der zur Zeit die ganze Welt beherrschende Gedanke des Sozialismus in Deutschland die Grundlagen einer festen, einheitlichen Staatsform geschaffen haben wird. Sämtliche Verwaltungsstellen bleiben bestehen wie bisher und haben alle Beamten auf ihren Posten zu beharren.

Als Präsident dieser sozialistischen republikanischen Einheit ist der Genosse Kuhn einstimmig gewählt worden.

An die Bevölkerung ergeht der Aufruf, mit dazu beizutragen, daß Ordnung und Ruhe weiter herrscht und keine Stockung im Verkehrs- und Verwaltungswesen eintritt.

Hoch lebe die sozialistische Republik, der Friede, Freiheit, Recht und Gerechtigkeit!

Der 21er Rat.

Der Soldatenrat gibt die Absetzung des Großherzogs bekannt

Noch kurz zu zwei eher „exotischen" historischen Ereignissen im Oldenburger Land: zum Kleinstaat Kniphausen, der die Kontinentalsperre Napoleons unterlief, und zur Revolution von 1918, die an den Marinestandorten Wilhelmshaven und Kiel ihren Ausgang nahm.
Das winzige Kniphausen an sich, als selbstständige Herrschaft, war schon etwas exotisch. Doch es war beileibe nicht Kniphausen allein, über das englische Waren ins Land geschmuggelt wurden. Selbst ein Bruder Napoleons, der zeitweise König in den Niederlanden war, hat unter der Hand diesen Schmuggel geduldet. In einer ganzen Reihe von Häfen an der Nordseeküste, besonders in den kleinen Sielhäfen, wurden Waren aus England angelandet. Es hörte auf, als das Gebiet französisch wurde. Was die Revolution anbetrifft, so ist sie natürlich keine oldenburgische Geschichte. Die innere Stadt des Marinestandortes Wilhelmshaven war bekanntlich noch preußisch, als die Matrosen die Revolution ausriefen. In Oldenburg ging es viel behutsamer zu. Als eine Delegation der Wilhelmshavener Matrosen dem Großherzog aufs Schloss rückte und verlangte, auf dem Schloss die rote Fahne aufzuziehen, wurde ihr dieser Wunsch umgehend erfüllt. Die Revolutionäre sollen später äußerst freundlich über den Großherzog gesprochen haben.

1918 Am 10. November 1918 wird in Wilhelmshaven von meuternden Matrosen und Seesoldaten die „Republik Oldenburg-Ostfriesland" ausgerufen. Zum Präsidenten wird der Oberheizer Bernhard Kuhn ernannt. Großherzog Friedrich August, der 1900 auf Großherzog Peter gefolgt war, wird zur Abdankung gezwungen und verzichtet für sich und seine Nachfolger auf die Regierungsgewalt, „um Unheil von dem Oldenburgischen fernzuhalten". Die Arbeiter- und Soldatenräte können sich aber nicht lange halten.

1919 Am 21. Juni 1919 wählt der neu gewählte Landtag die Regierung des „Freistaates Oldenburg", an deren Spitze Ministerpräsident Theodor Tantzen steht. Tantzen (1877 in Heering bei Abbehausen geboren, 1947 in Oldenburg gestorben) war 1911 in den Landtag gewählt worden. Im ersten Weltkrieg trat er bald für einen Verständigungsfrieden ein. Im Oldenburger Soldatenrat, in den er als Beirat berufen wurde, trug er dazu bei, dass die Revolution im Oldenburger Land recht friedlich ablief. Nach der Neugründung der Deutschen Demokratischen Partei (DDP) am 26.11.1918 wurde er als deren Spitzenkandidat im Wahlkreis Aurich-Oldenburg-Osnabrück in die verfassungsgebende Nationalversammlung in Weimar gewählt. Als Führer der mit 30,5 Prozent stärksten Partei im oldenburgischen Landtag ist er von 1919 bis 1923 Ministerpräsident, bestätigt in der Juni-Wahl 1920. Von 1923 bis 1932 wird das Land dann von einer „Beamtenregierung" geführt, weil sich die in sich gespaltene, in der Regierung allerdings mit einem Minister vertretene katholische Zentrumspartei weder mit den Links- noch mit den Rechtsparteien auf eine Regierung verständigen kann.

Theodor Tantzen (1877–1947)

1923 – 1935 Der von 1855 bis 1894 nach Plänen des Oldenburger Gewerbe- und Handelsvereins von 1840 gebaute Hunte-Ems-Knal wird zum „Küstenkanal“ erweitert und ausgebaut. Er ist bis heute der wichtigste Binnenschifffahrtsweg zwischen dem Ruhrgebiet und den Unterweserhäfen.

1932 Die Nationalsozialisten erringen bei den oldenburgischen Landtagswahlen im Mai 1932 die absolute Mehrheit und stellen damit erstmals in einem Landtag in Deutschland die Alleinregierung. Ministerpräsident wird der „alte Kämpfer“ Carl Röver aus Lemwerder, der später von Hitler zum „Reichsstatthalter in Oldenburg und Bremen“ ernannt wird und damit zeitweilig von Oldenburg aus Bremen regiert. Röver starb im Alter von 53 Jahren 1942 unter noch immer ungeklärten Umständen in der Charité in Berlin.

© NWZ-Archiv

Der Tag nach dem 9. November 1938: die zerstörte Oldenburger Synagoge

1937 Im so genannten Groß-Hamburg-Gesetz muss Oldenburg die Landesteile Lübeck/Eutin an Schleswig-Holstein und Birkenfeld an die Rheinprovinz abtreten. Es erhält dafür im Gegenzug das Stadtgebiet Wilhelmshaven zurück.

1945 Die Stadt Oldenburg wird am 3. Mai 1945 vorrückenden kanadischen Truppen kampflos übergeben. Am 4. Mai kapituliert auch die Wehrmacht am oldenburgisch-ostfriesischen Frontabschnitt, der sich vornehmlich längs des Küstenkanals hinzog. Oldenburg wird Teil der britischen Besatzungszone. Die Briten geben dem Land zunächst seine Selbstständigkeit zurück und setzen Theodor Tantzen Mitte Mai 1945 als vorläufigen Ministerpräsidenten ein.

© NWZ-Archiv

Nach der Besetzung: Kanadier marschieren durch die Oldenburger Innenstadt.

Wie erklärt es sich, dass die Nationalsozialisten im Freistaat Oldenburg schon 1932 die Landtagswahlen mit absoluter Mehrheit gewannen und damit ihre erste Landesregierung in Deutschland stellen konnten?

Es erklärt sich sicher weniger damit, dass in Oldenburg die nationalsozialistische Ideologie mehr Anhänger hatte als anderswo. Eine entscheidende Rolle spielte die Landwirtschaft, die im Oldenburger Land größtenteils von Geestbauern betrieben wird. Diese Bauern haben unter der Agrarpolitik in der Weimarer Zeit schwer gelitten. In der Marsch …

… wo es den Bauern in der Regel immer etwas besser ging …

… wurde man mit dieser auf städtische Wähler zielenden Agrarpolitik eher fertig als in der Geest. Die Geestbauern, übrigens auch in Ostfriesland, und ein Teil des bügerlichen Mittelstandes suchten also aus wirtschaftlichen Gründen ihr Heil bei den Nazis. Dieses Wählerreservoir reichte aus, um sich im Land gegen das Zentrum durchzusetzen, das in Südoldenburg unschlagbar war, und gegen die Sozialdemokraten, die in der Wesermarsch und Delmenhorst stark waren. Bereits ein paar Monate später, im November 1932, erlitten die Nazis bei der Reichstagswahl auch im Oldenburger Land eine herbe Niederlage.

Eine letzte Frage: Hat es nach dem Krieg eine reelle Chance dafür gegeben, das Land Oldenburg als eigenständiges Bundesland zu erhalten?

Sicher nicht. Und wie sinnvoll hätte seine Erhaltung sein können? Das alte Land Oldenburg ist aus Voraussetzungen einer dynastischen Politik entstanden, die heute keine Überzeugungskraft mehr hat. Regionale Zusammenhänge müssen sich heute neu orientieren, insbesondere an ökonomischen Gegebenheiten – und das scheint ja, wie der tägliche Blick in unsere Zeitung lehrt, schwierig

Regionale Zusammenhänge müssen sich heute an ökonomischen Gegebenheiten orientieren.

genug zu sein. Historische, kulturelle Traditionen müssen jedenfalls vor der Gegenwart bestehen können. Dafür zu sorgen, ist eine der Aufgaben aktueller regionaler Kulturpolitik.

Prof. Dr. Heinrich Schmidt war 1976 als erster Sozialhistoriker für das Mittelalter an die Universität Oldenburg berufen worden. Er war der Direktor des Staatarchivs in Oldenburg und hat sich, wie es bei seiner Emeritierung hieß, große Verdienste um die Erforschung der Geschichte Nordwestdeutschlands erworben.

Der Alte Landtag in Oldenburg

1946 Rückwirkend zum 1. November 1946 wird das Land Niedersachsen gegründet, das die ehemaligen Länder Hannover, Braunschweig, Oldenburg und Schaumburg-Lippe umfasst. Das Land Oldenburg wird zu einem Verwaltungsbezirk. Bei den Verhandlungen mit der britischen Besatzungsmacht erreicht Tantzen die Zusage, „das Eigenleben altüberkommener Teile des staatlichen Aufbaus, wie Braunschweig und Oldenburg, aufrechtzuerhalten".
Am 6. November 1946 findet die letzte Sitzung des oldenburgischen Landtages statt.

1975 In einem erfolgreichen Volksentscheid am 19. Januar 1975 stimmen die Bürger gegen den Verbleib Oldenburgs im Land Niedersachsen und für die Eigenständigkeit. Der Bundestag lehnt es mit dem Gesetz vom 9. Januar 1976 ab, das Land Oldenburg wiederherzustellen.

1993 Der Niedersächsische Landtag übernimmt in der Niedersächsischen Verfassung vom 19. Mai 1993 die Traditionsklausel, die schon 1951 in die vorläufige Verfassung aufgenommen worden war. Danach sind „die kulturellen und historischen Belange der ehemaligen Länder Hannover, Oldenburg, Braunschweig und Schaumburg-Lippe durch Gesetzgebung und Verwaltung zu wahren und zu fördern. Die überkommenen heimatgebundenen Einrichtungen dieser Länder sind weiterhin dem heimatlichen Interesse dienstbar zu machen und zu erhalten ..."

QUELLEN
Erich Heckmann/Hermann Rudolph „Kleine Geschichte des Oldenburger Landes" (Holzberg Verlag Oldenburg), Gerhard Wietek „Oldenburger Land" (Deutscher Kunstverlag), Wilhelm Gilly „Oldenburg, der Stuhl Petri, das Reich und die anderen Mächte Europas" (Holzberg Verlag Oldenburg), „Biographisches Handbuch zur Geschichte des Landes Oldenburg" (Verlag Isensee Oldenburg), „Archäologische Denkmäler zwischen Weser und Ems" (Oldenburger Forschungen, Band 13, Verlag Isensee Oldenburg), Hermann Lübbing (Herausgeber) „Oldenburg. Eine feine Stadt an der Hunte" (Holzberg Verlag Oldenburg), u. a. m.

IM FOKUS:

12 berühmte Oldenburger

Marcus Nathan Adler

Von Oldenburg über Hannover nach London: Dr. phil. Marcus Nathan Adler (15.1.1803–26.1.1890) hat einen ungewöhnlichen Lebensweg genommen, nachdem er knapp zwei Jahre, von 1828 bis 1830, Landesrabbiner des Herzogtums Oldenburg war. Adler hatte in Göttingen, Erlangen, Würzburg und Heidelberg Philosophie studiert und als erster deutscher Rabbiner promoviert. 1828 bewarb er sich auf die erst im selben Jahr neu geschaffene Stelle als oldenburgischer Landrabbiner. Zu seinen Aufgaben gehörte es u. a., die im Herzogtum verstreut lebenden Juden zusammenzubringen und die Landesregierung in jüdischen Angelegenheiten zu beraten. Die Gleichberechtigung der Juden als Individuen und als Religionsgemeinschaft zu erreichen, war sein Ziel.

Der große Karrieresprung kam, als Adler, seit 1830 Landrabbiner in Hannover und damit in der direkten Nachfolge seines Vaters, im Jahr 1845 zum Oberrabbiner der aschkenasischen jüdischen Gemeinden in London berufen wurde, wodurch er auch Vorsitzender der gleichartigen Gemeinden im gesamten britischen Empire war. 1853 gründete er das Londoner „Jews College", in dem künftige Rabbiner, Kantoren und Lehrer ausgebildet wurden und das sich bald zur bedeutendsten jüdischen Lehranstalt des Empires entwickelte. Maßgeblichen Anteil hatte Adler auch an der Vereinigung aller Londoner Synagogen zur „United Synagogue", als deren Oberhaupt er allgemein als der Sprecher aller britischen Juden anerkannt war. Er galt sein Leben lang als ein Mann der Mitte zwischen Orthodoxie und Aufklärung.

QUELLE U. A.: Biographisches Handbuch zur Geschichte des Landes Oldenburg, Isensee Verlag Oldenburg

Charlotte Sophie Gräfin von Bentinck

Ihr Leben als turbulent zu umschreiben, ist noch untertrieben: Charlotte Sophie Gräfin von Bentinck und Aldenburg (5. 8. 1715–5. 2. 1800), geboren und aufgewachsen in Varel, war eine für damalige Zeiten ungewöhnlich emanzipierte Frau. Ihr Urgroßvater war Oldenburgs berühmter Graf Anton Günther, ihr Vater dessen Enkel Graf Anton II. von Aldenburg, Herr über Varel, Kniphausen und die Vogtei Jade. Hoch verschuldet wählte er für sie 1733 den reichen holländischen Edelmann William Bentinck als ihren Ehemann. Diese Zweckehe, der zwei Söhne entstammen, widerstrebt Charlotte von Anfang an. Als ihr Vater 1738 stirbt, lässt sie ihren Mann in Den Haag sitzen.

Sie wird die einflussreiche und als geistreich geschätzte Mätresse des Bückeburger Landesherrn Albrecht Wolfgang Reichsgraf zu Schaumburg-Lippe. Auf dessen Schloss lernt sie 1740 erstmals Voltaire kennen, eine Begegnung, die sich nach Ansicht von Voltaire-Forschern in dem Roman „Candide" niederschlägt; die Figur der „Kunigunde" soll Gräfin Bentinck sein. Einen Sohn von Albrecht Wolfgang bringt sie in Hannover zur Welt, im Geheimen. Als ihr Gönner plötzlich stirbt, bricht sie in ein neues Leben auf. In Berlin sucht sie ab 1750 die Nähe von Friedrich dem Großen und Voltaire, mit dem sie fortan eng befreundet ist. 1757 geht sie nach Wien, dann nach Italien und in die Schweiz und kommt 1761 im Schloss zu Jever unter, das sie 1768 nach diversen Intrigen räumen muss. Sie zieht nach Hamburg und unterhält in ihrer Wohnung am Jungfernstieg und in ihrem Sommersitz in Eimsbüttel bis zu ihrem Lebensende einen vielbesuchten Salon. Sie ist in der Schlosskirche Varel beigesetzt.

Karl Bultmann

Er war einer der bedeutendsten Theologen des 20. Jahrhunderts: Rudolf Karl Bultmann (20. 8. 1884–30. 7. 1976) hat mit seiner Auffassung, die Botschaft des Neuen Testaments vom Kreuz und der Auferstehung Christi müsse aus dem mythologischen Weltbild, in das sie eingebettet sei, herausgelöst werden, die theologische Diskussion bis auf den heutigen Tag nachhaltig beeinflusst. Die Wahrheit der neutestamentlichen Verkündigung sollte ihrer mythischen Redeweise entkleidet und so für den modernen Menschen verstehbar gemacht werden. Vom „Ringen Bultmanns um Verständlichkeit und Glaubwürdigkeit der christlichen Botschaft" sprach dessen letzter Doktorand, Professor Schmithals, als im September 2002 der Stadt Oldenburg eine Bronzebüste des großen Theologen übergeben wurde.

Bultmann, geboren als Sohn eines evangelischen Pfarrers in Wiefelstede, machte 1903 das Abitur am Großherzoglichen Gymnasium zu Oldenburg, einer seiner älteren Mitschüler war Karl Jaspers. Nach dem Studium der evangelischen Theologie in Tübingen, Berlin und Marburg legte er 1906 das erste Theologische Examen beim Oberkirchenrat in Oldenburg ab und kehrte für ein Jahr als Lehrer an sein altes Gymnasium zurück. Von 1921 bis 1951 war er Professor für Neues Testament in Marburg, wo er bis zu seinem Tod 1976 lebte. In der Zeit des Nationalsozialismus stand er von Anfang an auf der Seite der Bekennenden Kirche und wandte sich entschieden und furchtlos gegen den Rassenwahn und gegen das Unrecht an den Juden. Bultmanns Bruder Peter wurde im KZ ermordet.

Hermann Ehlers

Er galt als einer der potenziellen Nachfolger von Bundeskanzler Konrad Adenauer. Immerhin war er 1952 mit gleich hoher Stimmenzahl wie dieser zum 2. Bundesvorsitzenden der CDU gewählt worden und sollte 1955 als Spitzenkandidat ein Wahlbündnis von CDU und DP in Niedersachsen anführen: Bundestagspräsident Hermann Ehlers (1.10.1904–29.10.1954) hat als Politiker und Kirchenmann die Nachkriegsgeschichte Deutschlands entscheidend mitgeprägt, auch wenn ihm durch den frühen und jähen Tod 1954 nur eine kurze Zeitspanne dafür geblieben war.

Ehlers, in Berlin geboren, hatte sich schon in jungen Jahren in der christlichen Jugendbewegung engagiert und war 1935 Mitglied der Bekennenden Kirche geworden. Wegen dieses Engagements, das die Freundschaft mit Martin Niemöller begründete, und der Weigerung, der NSDAP beizutreten, verwehrten die Nazis dem promovierten Juristen die Übernahme in den Staatsdienst. Nach Kriegsende wurde er im Oktober 1945 Juristischer Oberkirchenrat der Evangelisch-Lutherischen Kirche in Oldenburg. Knapp ein Jahr später begann seine politische Karriere: Er trat in die CDU ein, wurde in den Rat der Stadt Oldenburg gewählt, 1949 Bundestagsabgeordneter im Wahlkreis Bremen/Delmenhorst und im Oktober 1950 Bundestagspräsident als Nachfolger des zurückgetretenen Erich Köhler. Nach dem Wahlsieg der CDU wurde er, dem durch seine überlegene Persönlichkeit und ruhige und würdige Art eine von allen Parlamentariern unbestrittene Autorität zugewachsen war, 1953 mit überwältigender Mehrheit im Amt bestätigt.

Kardinal Clemens August von Galen

Er ist der Erste aus dem Oldenburger Land, der in die Liste der Seligen eingetragen wurde: Mehr als 5000 Pilgerinnen und Pilger aus dem Bistum Münster nahmen am 9. Oktober 2005 an einem feierlichen Pontifikalamt im Petersdom in Rom teil, in dem Kardinal Clemens August von Galen (16.3.1878–22.3.1946) selig gesprochen wurde. Papst Benedikt XVI. erinnerte an den Wappenspruch des Kardinals „Nec laudibus, nec timore“ (Weder Lob noch Furcht) und nannte ihn einen „eifrigen Priester und großmütigen Bischof“.

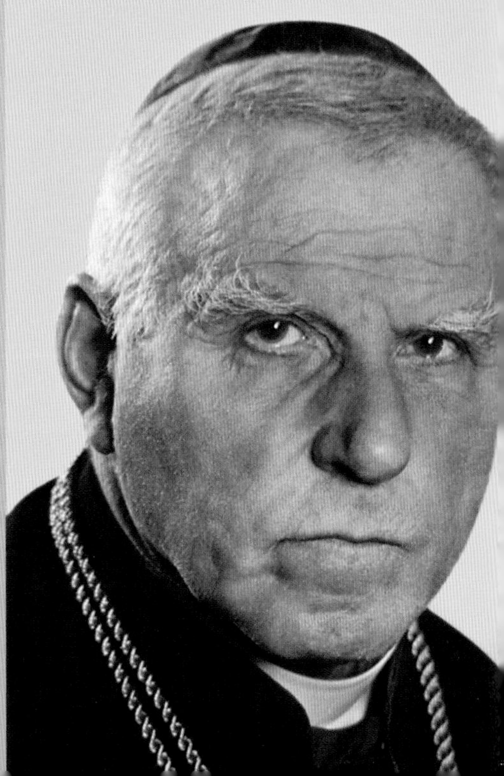

Von Galen, auf Burg Dinklage als elftes von 13 Kindern in einem tiefgläubigen Elternhaus aufgewachsen, wurde als „Löwe von Münster" weltberühmt und 1946 zum Kardinal erhoben, der erste in der 1100-jährigen Geschichte des Bistums. 1933 zum Bischof geweiht, in dem viele zunächst einen Garanten für ein harmonisches Zusammenwirken von Kirche und Staat sahen, entwickelte er sich rasch zum entschlossenen Gegner des Nationalsozialismus. In Predigten, die zum Teil durch illegale Flugblätter weit verbreitet wurden, und durch die mutige Publizierung der päpstlichen Enzyklika „In brennender Sorge" im Kirchlichen Amtsblatt wandte er sich gegen die Nazi-Ideologie, gegen die Euthanasie an geistig Behinderten und gegen die Maßnahmen der Gestapo gegen katholische Einrichtungen, Heime und Klöster. Im „Kreuzkampf" 1936 im Oldenburger Münsterland, als das Kreuz aus den Schulen verbannt werden sollte, war seine Haltung ebenso kompromisslos. Dokumente aus dem Seligsprechungsprozess deuten darauf hin, dass von Galen Kontakte zum Widerstandskreis um Goerdeler hatte. Sein Gedenktag ist der 22. März, sein Todestag.

August Hinrichs

Fotos © NWZ-Archiv

Kein Zweifel: Über keinen anderen Oldenburger ist in den vergangenen Jahrzehnten so erbittert gestritten worden wie über den Schriftsteller August Hinrichs (18.4.1879–20.6.1956). Der Tischlermeister aus Oldenburg, der schon in seiner Jugend eine Neigung zu Literatur und Theater erkennen ließ, hat in der Nazi-Zeit eine höchst umstrittene Rolle gespielt: Er war NSDAP-Mitglied und Landesleiter der Reichsschrifttumskammer für den Gau Weser-Ems und damit ein Stück weit mitverantwortlich für die Ausrichtung der Literatur im Sinne der NS-Ideologie. Dass er im Entnazifizierungsverfahren als „Mitläufer" eingestuft wurde, weil er sein Amt nicht politisch ausgeübt und Verfolgten sogar geholfen habe, spricht ihn von dieser Mitverantwortung nicht frei.

Dennoch ist sein Name auch mit Bühnenstücken verbunden, die zu den Klassikern der niederdeutschen Literatur und des niederdeutschen Theaters zählen und die ihn als bedeutenden norddeutschen Heimatschriftsteller ausweisen. Den Durchbruch erlebte Hinrichs 1930 mit seiner „Swienskomödie", dem „Krach um Jolanthe", für die er einen Steuerstreik Südoldenburger Bauern als Vorlage nutzte. 1934 wurde sie erstmals, 1955 ein zweites Mal verfilmt. Mit den weiteren Bauernkomödien „Wenn de Hahn kreiht" und „För de Katt" wurde er in den 1930-Jahren der meistgespielte lebende Autor in Deutschland. Im Gegensatz zu seinen Theaterstücken, die noch häufiger gespielt werden, sind seine Romane, Novellen und Gedichte – sein letztes größeres Werk war der Roman „Die krumme Straße" – heute praktisch in Vergessenheit geraten.

Karl Jaspers

© NWZ-Archiv

Er war einer der einflussreichsten Philosophen des 20. Jahrhunderts und er sah es zeitlebens als seine Pflicht und Verantwortung an, sich zu politischen Fragen zu äußern: An Karl Jaspers (23. 2. 1883–26. 2. 1969) und seinen Schriften schieden sich die Geister. Für die einen war er ein Repräsentant des „neuen Deutschland", andere beschimpften ihn als „Vaterlandsverräter". Dass er 1948 nach mehr als 40 Jahren Arbeit und Leben in Heidelberg nach Basel übersiedelte und schließlich auch die Schweizer Staatsbürgerschaft annahm, war eine Reaktion auf die seiner Ansicht nach enttäuschende politische Entwicklung im Nachkriegsdeutschland.

Jaspers, dessen Mutter eine Schwester des späteren oldenburgischen Ministerpräsidenten Tantzen und dessen Vater Sparkassen-Direktor und Landtagsabgeordneter war, wuchs in einem als freisinnig beschriebenen Elternhaus in Oldenburg auf. Er besuchte das Alte Gymnasium, wo er 1901 das Abitur ablegte. Vom Jura- wechselte er zum Medizinstudium, nachdem er erfahren hatte, dass er an einem unheilbaren Lungen- und Herzleiden erkrankt war. Es zwang ihn, den größten Teil seines Lebens liegend zu verbringen. 1916 wurde er Extraordinarius für Psychologie, 1921 Ordinarius für Philosophie. Er unterrichtete u. a. Hanna Arendt. Sein dreibändiges Hauptwerk „Philosophie" erschien 1932. In der Nazi-Zeit wurde Jaspers, der eine jüdische Frau geheiratet hatte, wie ein Staatsfeind behandelt, er erhielt Lehr- und Publikationsverbot. Die für den 14. April 1945 vorgesehene Deportation des Ehepaares verhinderte die vorzeitige Besetzung Heidelbergs durch die Amerikaner.

Helene Lange

Ihr Name war fast in Vergessenheit geraten, ehe sie im letzten Drittel des vorigen Jahrhunderts von der neuen Frauenbewegung wieder entdeckt wurde: die Frauenrechtlerin Helene Lange (9. 4. 1848–13. 5. 1930). An dem Tag, an dem sie geboren wurde, schreibt sie, hätten sich in Oldenburg Tumulte abgespielt, denn es war der 9. April des Revolutionsjahres 1848. Doch so kämpferisch ihr späterer Weg auch war, Kindheit und Jugend in der Heimatstadt waren die einer gutbehüteten Tochter aus einer liberalen Kaufmannsfamilie. Erst als die Eltern starben, sie 1864 zur Vollwaise wurde und der Vormund ihr den Wunsch abschlug, Lehrerin zu werden, begann ihr langer Kampf um gleiche Bildungs- und Berufschancen für Frauen.

© Stadtmuseum

Sie bestand als Autodidaktin 1872 in Berlin das Lehrerinnenexamen. Von Mitte der 1880er-Jahre an war sie eine der wichtigsten Führerinnen des gemäßigten Flügels der bürgerlichen Frauenbewegung. Berühmt wurde sie, als sie 1887 gemeinsam mit fünf anderen Frauen eine Petition und programmatische Begleitschrift an das preußische Abgeordnetenhaus verfasste, in der eine größere Beteiligung von Frauen in den Mittel- und Oberstufen der Mädchenschulen gefordert wurde. Unter anderem wegen ihres Engagements durften 1896 erstmals sechs junge Frauen in Berlin das Abitur ablegen. Lange ging es nicht um die formale Gleichberechtigung von Frauen; vielmehr müsse die Gleichberechtigung um der Ungleichheit der Geschlechter willen verlangt werden, „dass die einseitig männliche Kultur durch eine weibliche ergänzt werden müsse".

Franz Radziwill

© NWZ-Archiv

Er hat in vielen Bildern seine Heimat festgehalten, die Landschaft an der Küste und das Meer, zugleich aber auch die technische Entwicklung dokumentiert und deren Vordringen in diese seine heile Welt ebenso fasziniert wie skeptisch beobachtet: Franz Radziwilll (6. 2. 1895–12. 8. 1983) wurde nach seinem expressionistischen Frühwerk zu einem der Hauptvertreter des „Magischen Realismus" und dessen Auseinandersetzung mit den Auswirkungen der Technik auf Mensch und Natur. Er ist nach dem Urteil des Oldenburger Kunstkritikers Jürgen Weichardt der bedeutendste Maler des 20. Jahrhunderts im Oldenburger Land und einer der Großen der deutschen Kunstgeschichte dieser Zeit. Sein Werk umfasst etwa 800 Gemälde.

Der in Strohhausen in der Wesermarsch geborene Radziwill, der Maurer lernte, Architektur studierte, ein Kunststudium absolvierte und in zwei Weltkriegen Soldat war, hat den Großteil seines Lebens in seinem Haus in Dangast verbracht, das heute Museum ist. Er hatte Kontakt zu den wichtigsten deutschen Malern seiner Zeit, von Modersohn über Dix, Grosz, Pechstein, Heckel bis Schmidt-Rottluff. 1933 wurde er in der Nachfolge von Paul Klee Leiter der Meisterklasse der Düsseldorfer Kunstakademie, verlor das Amt aber schon zwei Jahre später wieder. 1938 wurden 52 seiner Werke von den Nazis als „entartet" diskriminiert, er wurde aus Reichskulturkammer und Partei ausgeschlossen, ein Arbeits- und Ausstellungsverbot über ihn verhängt. Nach dem Krieg erhielt Radziwill zahlreiche Auszeichnungen, u. a. ein Studienjahr an der Villa Massimo in Rom, das Bundesverdienstkreuz und den Großen Norddeutschen Staatspreis.

Arp Schnitger

Er war einer der berühmtesten Orgelbauer seiner Zeit, ja mit seiner Arbeit erlangte er sogar Weltruhm – doch reich geworden ist er dadurch mitnichten: Arp Schnitger (2. 7. 1648 – begraben am 28. 7. 1719), der Orgelbauer aus der Wesermarsch, wurde von Zeitgenossen nicht nur als gebildeter und frommer Mann erlebt, sondern auch als uneigennützig. Der Groninger Orgel-Forscher und Organist Meijer zitierte Mitte des 19. Jahrhunderts aus heute verloren gegangenen eigenhändigen Aufzeichnungen Schnitgers: „... habe ich nie viel verlangt, sondern den Kirchen, wenn sie keine ausreichenden Mittel besaßen, zur Ehre Gottes die Orgeln für den halben Preis gebaut."

Die vermutlich einzige Darstellung des Orgelbauers Arp Schnitger ist in der St.-Bartholomäus-Kirche in Golzwarden, seiner Taufkirche, zu sehen. Der Prospekt (Pfeifengehäuse der Orgel) in Golzwarden wird Schnitger zugeschrieben.

Weder sein Geburts- noch Todesdatum sind exakt dokumentiert: „Wahrscheinlich" ist Schnitger am 2. Juli 1648 in Schmalenfleth bei Golzwarden (Brake) geboren; das Sterbedatum, der 28. Juli 1719, ist das Datum seines Begräbnisses in der Kirchengemeinde Hamburg-Neuenfelde.

Er wuchs als eines von fünf Geschwistern in einer angesehenen Tischlerfamilie auf, lernte erst das Tischlerhandwerk und begann dann in Glücksburg an der Unterelbe eine fünfjährige Ausbildung zum Orgelbauer bei seinem vermutlich aus Oldenburg stammenden Vetter Berendt Huß. In seiner eigenen Werkstatt, erst in Stade und von 1682 an in Hamburg, entstanden Orgeln, die von Experten als „Höhepunkt und Vollendung des hochbarocken Orgelbaues" angesehen werden. Insgesamt hat er etwa 170 Orgeln neu gebaut oder wesentlich umgebaut. Die Arp-Schnitger-Orgel mit 67 Registern, vier Manualen, Pedal und mehr als 4000 Pfeifen in der Hamburger St.-Jacobi-Kirche gilt als die größte erhaltene historische Orgel der Welt.

Johann Heinrich Suhrkamp

Sein Nachfolger im Verlag, der inzwischen ebenfalls schon verstorbene Siegfried Unseld, hat wohl am besten das Werk seines Vorgängers gewürdigt. Johann Heinrich Suhrkamp (23.3.1891–31.3.1959), genannt Peter Suhrkamp, sei „ein Magier des Verwandelns des Manuskripts zum Buch“ gewesen. Der Bauernsohn aus Kirchhatten, eigentlich der Hoferbe, der gegen den erklärten Willen seines Vaters das Oldenburger Lehrerseminar besuchte, wurde eine der herausragenden Verleger-Persönlichkeiten Deutschlands. Er verlegte so berühmte Autoren wie Hermann Hesse, Marcel Proust, Samuel Beckett, Walter Benjamin, Bernhard Shaw, Max Frisch, Martin Walser und Carl Zuckmayer. Bertolt Brecht hatte an ihn geschrieben: „Natürlich möchte ich unter allen Umständen in dem Verlag sein, den Sie leiten.“

Suhrkamp war nach Stationen als Lehrer, Dramaturg, Regisseur und freier Journalist 1933 in den S. Fischer Verlag Berlin berufen worden, dessen Leitung er 1936 übernahm. Er versuchte, den Verlag ohne Anpassung an die Nationalsozialisten fortzuführen, wurde jedoch 1942 von der Gestapo verhaftet, wegen Hoch- und Landesverrates zum Tode verurteilt und in Konzentrationslager eingeliefert, die er knapp überlebte. Nach dem Krieg baute er den Suhrkamp-Verlag in Frankfurt zu einem der führenden Literaturverlage in der Bundesrepublik aus. In dem Romanfragment „Munderloh“, dessen Erzählungen in seiner oldenburgischen Heimat spielen, verarbeitet Suhrkamp auch seine Entfremdung von der Heimat, in die er freilich immer wieder zu Besuchen und Vorträgen zurückgekehrt war.

Johann Heinrich von Thünen

© Stadtmuseum

Auf seinem Gut Tellow in Mecklenburg hat er vorweggenommen, was die Sozialgesetzgebung erst Jahrzehnte später vollzog: Johann Heinrich von Thünen (24.6.1783–22.9.1850) beteiligte seine Arbeiter am jährlichen Gewinn und baute ihnen eine Altersvorsorge auf. Mit dem 60. Lebensjahr konnten sie über das auf verzinsten Konten angelegte Geld frei verfügen. Doch der Sozialreformer, der früher als andere die Brisanz der sozialen Frage erkannte und den das Problem des gerechten Lohnes beschäftigte, war nur eine Seite dieses vielseitigen Mannes, der auf allen Wissenschaftsgebieten, auf denen er Pionierleistungen vollbrachte, immer danach trachtete, seine theoretischen Erkenntnisse sogleich auch in die Praxis umzusetzen.

Von Thünen, als ältester Sohn eines Marschhofbauern im friesischen Canarienhausen (heute Wangerland) geboren, wuchs in Hooksiel und Jever auf, besuchte in Groß Flottbeck bei Hamburg eine landwirtschaftliche Lehranstalt, studierte kurz in Göttingen und wurde dann in Vorpommern und schließlich in Mecklenburg sesshaft. Er zählt zu den bedeutendsten deutschen Nationalökonomen des 19. Jahrhunderts (Hauptwerk „Der isolirte Staat in Beziehung auf Landwirtschaft und National-Oekonomie“). Ebenso bedeutend sind seine Leistungen bei der Entwicklung von landwirtschaftlichen Produktions-, Standort- und Raumstrukturtheorien (Thünensche Kreise /Ringe) und bei der Erforschung und Erprobung nachhaltiger und Ressourcen schonender, aber auch rationeller Bewirtschaftungsmethoden auf seinem Mustergut Tellow bei Teterow.

Zwei hochgelehrte Herren in heftigem Disput

Die berühmte Auseinandersetzung zwischen Justus Lipsius und Hermann Hamelmann

Wenn einer eine Reise tut ...

QUELLE: Oldenburg literarisch, Wintermann Verlag Oldenburg, 1992

„In Oldenburg hielt ich mich einige Tage auf. Ich kann mit Wahrheit sagen, dass ich noch an keinem Ort mit mehrerem Vergnügen gelebt habe. Ich hatte solches der gnädigen Aufnahme des Statthalters dieser Grafschaften, Sr. Excellenz, des Herrn von Sehestedt, zuzuschreiben ... Sein Haus war eine Zuflucht so vieler Gelehrter, dass dasselbe fast einer kleinen Academie oder einem Gymnasio ähnlich war ... Vielleicht wäre man an anderen Orten kostbarer bewirthet worden, nirgends aber konnte man freyer und mit mehrerem Vergnügen speisen."

LUDWIG VON HOLBERG (1684–1754), dänischer Schriftsteller und Dichter

„Damme, eine der weitläufigsten Parochien [Amtsbezirke der Kirche], muß nothwendig mehrere Absteigequartiere haben für fromme Pilger, wo sie ihre Holzschuhe ablegen, und die Kehlen für den Gesang schmeidigen können. Es ist mir vorgekommen, als wäre ihnen ein solches Haus wenigstens eben so lieb als die Kirche."

JOHANN GOTTFRIED HOCHE (1762–1836), deutscher Historiker und Theologe

OLDENBURG. Nein, in dieser Beziehung haben die Oldenburger noch nie Spaß verstanden. Bis heute nicht. Wer ihr Land, ihre Städte oder Dörfer schlecht macht oder durch den Kakao zieht, der kann nicht auf ihre Nachsicht rechnen. Der niederländische Altphilologe Justus Lipsius hat es vermutlich als Allererster vor mehr als 400 Jahren erfahren, als er für das, was er später als bloßen Spaß hinstellte, „den ich höchstens unvorsichtig nennen kann", den wortgewaltigen Zorn des oldenburgischen Superintendenten Hermann Hamelmann, der vom Osnabrücker

Justus Lipsius

Lipsius berichtet in Briefen seinen Freunden „aus der Barbarey bei den Breyfressern".

Syndicus Joh. Doman assistiert wurde, heraufbeschwor. Allerdings kam dieser Zorn mit fünf Jahren Verspätung über Lipsius.

Die beiden Kontrahenten waren in ihrer Heimat und darüber hinaus hochrespektierte Persönlichkeiten. Lipsius, als Joest Lips auf die Welt gekommen, war in Europa einer der berühmtesten Gelehrten seiner Zeit. Der im Geiste der Jesuiten erzogene Tacitus- und Seneca-Übersetzer, der zeitweise der katholischen Kirche den Rücken kehrte und an lutherischen und calvinistischen Universitäten lehrte, gilt als ein Vordenker der modernen Staatslehre. Das Gebäude, in dem der Rat der EU in Brüssel tagt, trägt seinen Namen.

Hamelmann, seit 1573 Hauptpastor an Lamberti und Superintendent in Oldenburg, war einen ebenfalls ungewöhnlichen Weg gegangen: Er war zunächst katholischer Priester mit streng anti-lutherischer Haltung, ehe er konvertierte und zum angesehenen lutherischen Theologen wurde. Er wehrte sich vehement gegen die „Ansprützungen“ des Lipsius auf Oldenburg.

er „aus der Barbarey bey den Breyfressern“ in seine Heimat schickt, lässt er kein gutes Haar an der Stadt, an den Menschen und an ihrer Lebensart. Insbesondere Kost und Logis drehen ihm den Magen um. „Und die Speisen – kaum menschlich sind sie“, schreibt Lipsius. Über seine Unterkunft in Oldenburg ist das Urteil ebenso bissig wie drastisch: „Was sagt' ich, Wirtshäuser? Ställe sind es.“

Hamelmann verteidigt seine Stadt als „wohlfein“, einige Oldenburger hätten „sogar Lateinisch gelernt“.

Hermann Hamelmann

Dieser will 1586 eine Reise von Leiden über Emden, Bremen und Hamburg nach Frankfurt machen, wird aber wider Willen in Oldenburg aufgehalten, was seine Stimmung von Anfang an ziemlich trübt. Und die Stadt vermag sie erst recht nicht aufzuhellen. In Briefen an Freunde, die

Beim Anblick des schwarzen, schweren und sauren Brotes fällt ihm der Plinius-Ausspruch vom „Arme[s]n Volk, das seine Erde isset“ ein. Als ihm „eine ungeheure Kumme voll braunen Kohls“, auf der fingerdick eine „Brühe von Schweinefett“ schwimmt, und danach auch noch ein angeblich verdorbenes, zerfließendes Stück Käse vorgesetzt wird und er beobachtet, wie diese Gänge von den Einheimischen regelrecht verschlungen werden, da ekelt es ihn richtig. Aber er lernt es zu essen und kündigt seinen Freunden an, dass sie bei seiner Rückkehr einen Menschen „oder vielmehr einen Vogel Strauß sehen [werden], der alles zu verschlingen lernte“.

Nicht minder deftig beschreibt Lipsius die Stadt: „Es ist ein Westphälisches Städtchen, ein wahres Nest.“ Er fühlt sich wie „in Scythischer Wüste“ und zweifelt schlicht daran, ob er überhaupt „unter Menschen weile“. „Hier leben“, schreibt er seinen Freunden,

„Ich darf es noch einmal mit vollem Recht wiederholen: Oldenburg ist durch seine Bewohner die angenehmste und interessanteste Stadt Westphalens, eine der interressantesten Deutschlands, und wird durch den Anblick des edlen Fürsten, der hier wie ein Vater unter Kindern, ohne drükkenden Rang und Etikette, friedlich lebt, jedem ächten Kosmopoliten das unvergessliche Bild einer idealischen Residenz in der Wirklichkeit gewähren.“
Justus Karl von Gruner (1777–1820), preußischer Gesandter

„Nie sah ich ein Land, wo die Bewohner im Ganzen so glücklich waren, als im Herzogthum Oldenburg ... Wahres Freyheitsgefühl herrscht überall, doch am meisten in den Marschländern, wo allgemeiner Wohlstand ist. Kein sclavisches Kriechen vor den Oberen bemerkt man, auch wird der Landmann von diesen als freyer Staatsbürger behandelt.“
L. A. v. E., Brief aus dem Jahr 1803, Namenskürzel des Verfassers bisher nicht identifiziert

„Kein zivilisiertes Land der Welt kann weniger Abwechslung in Natur und Kunst bieten oder so sehr von Überlieferungen und Gedenkzeichen der Vergangenheit entblösst sein wie dieses Land.“
Hebelius Potter, niederländischer Prediger, 1808 in der Beschreibung eines Fußmarsches von Jever nach Varel

„Oldenburg, ein ziemlich dänisch Stättgen, etwas befestigt mit einem Schloße. Man muss draußen bleiben, denn das Thor geht um 8 zu, und erst um 6 auff.“
Albrecht von Haller (1708–1777), Schweizer Schriftsteller

„Ich zog von Bremen … nach Oldenburg, einem entzückend sauberen, stillen, feinen, schmucken Örtchen, wo ich summend einen Tag herumstrich; und hernach gen Jever. Das ist ein kleines, aber noch viel hübscheres Landstädtel als Oldenburg. Ja, ein grünes Landstädtel – nahe der Nordsee. Mir hupft noch im Gedenken das Herz."
Alfred Kerr (1867–1948),
Theaterkritiker und Schriftsteller

„In Wilhelmshaven singen die Jungen auf der Straße: Lieb Vaterland magst ruhig sein, die Flotte schläft im Hafen ein!"
Theodor Plievier (1892–1955),
Schriftsteller, 1918 Mitglied des Arbeiter- und Soldatenrats Wilhelmshaven

„Aber man sehe sich bloß einmal an, wie sich die Oldenburger und die Leute aus den kleinen Marsch-, Moor- und Geestnestern im Theater aufführen, wenn da etwas ist, das an ihre Herzen rührt! Sizilianer sind sie dann an Temperament und Beifallsfreude."
Hugo Hartung (1902–1972),
Schauspieler und Dramaturg, er war vier Jahre Chefdramaturg in Oldenburg

„Es ist, in Hinsicht auf die milde Oldenburgische Censur mit gutem Grunde zu vermuthen, daß sehr oft das freimütige Wort in dieser Ecke Deutschlands eine Geburtsstätte finden könnte, die es jetzt, mit ungleich größere Gefahr der Verdächtigung, im Elsaß oder der Schweiz suchen muß."
Josef Mendelssohn (1817–1856),
Publizist und Schriftsteller, geboren in Jever

„die edlen Geschlechter der Suillen, Scrofe und Portier." Der Altphilologe hat diese Namen mit hämischem Bedacht gewählt: Sind es doch die Namen römischer Geschlechter, die im Lateinischen alle „säuisch" bedeuten. Böse resümiert Lipsius seinen Oldenburg-Aufenthalt, über dessen Dauer er die Nachwelt im Unklaren lässt: „Alles Übel, was Menschen treffen kann, hat mich betroffen."

Fünf Jahre später, 1591, als diese Briefe offensichtlich gedruckt erscheinen, schlägt Oldenburg in Gestalt von Hamelmann zurück. In einer „ungefähr 80 Quartseiten" umfassenden Erwiderung attackieren er und Dorman den „ungerechten" Lipsius, von dem sie glauben, dass „ihn unsere Herrren Adversarii in Bremen und Emden gegen die Oldenburger aufgehetzt" haben. „Hätten die Herren Brabanter nur immer eine volle Schüssel Kohl mit Fett, sie würden alle Fünfe danach lecken", schreiben die Verteidiger und preisen die Stadt: „Oldenburg ein Nest? Es ist wohl eine ordentliche Stadt, und so wohlfein darin zu leben." Klug, stark und gesund seien ihre Bürger, gute orthodoxe Christen „ohne leidige Sectirerey", einige Oldenburger hätten „sogar Lateinisch gelernt", die Mädchen seien hübsch-sittsam und Oldenburgs fette Ochsen und schöne Pferde weithin bekannt.

Als Gotteslästerung empfindet es Hamelmann, „unser stärkendes Brod Erde zu nennen", und dass der Niederländer die deutsche Sitte, sich beim Trunk die Hand zu reichen, lächerlich gemacht hat, ärgert ihn ebenfalls sehr: „Mich dünkt sie besser, als eure modischen Kratzfüße, eure unendlichen Verbeugungen und eure Gesichtsverzerrungen." Unter Berufung auf das Evangelium wird Lipsius dem höllischen Feuer überantwortet, zugleich aber die Bitte an Gott gerichtet, ihm ein „von Reue zerknirschtes Herz" zu schenken, damit er „ein Gefäß des Erbarmens und nicht des Zorns" werde.

Der Angegriffene freilich bleibt, bei allem Erschrecken über die unerwartete Philippika und „unchristlichen Verwünschungen“ aus Oldenburg, uneinsichtig. Er habe doch nur „der

Zum Schluss noch eine boshafte Bemerkung: „Aber freylich muss man selbst Witz haben, um Witz zu verstehen.“

Landleute äussern Art zu leben“ geschildert und „dass diese elegant sey, dürften sie wohl selbst nicht behaupten“. Und dann setzt er noch eine weitere boshafte Bemerkung drauf: „Aber freylich muss man selbst Witz haben, um Witz zu verstehen.“

QUELLE Gerhard Anton von Halem: Geschichte des Herzogthums Oldenburg, 1795

Ansicht auf die Stadt Oldenburg von Nordosten, vermutlich in den Jahren 1598/99.

„Es herrscht große Geselligkeit in der kleinen Stadt, und das Theater, in welchem freilich weder Opern noch Ballette gegeben werden, gehört zu den vorzüglichsten in Deutschland.“

HANS CHRISTIAN ANDERSEN (1805–1875), dänischer Märchendichter, der verschiedentlich Oldenburg besucht hat

„Ein paar Meilen westlich von Bremen liegt im Oldenburgischen das reinliche Städtchen Delmenhorst ... Die Menschen sind hier freundlicher, hübscher, schierer und hellerfarbig, auch ehrlicher aussehend, als weiter östlich im Hannöverschen.“

KNUT JUNGBOHN CLEMENT (1803–1873), Sprachforscher und Historiker

„... daß Du ... eine gute Wohnung in dem feinen und reizenden Oldenburg gefunden hast. Du wirst noch weiterhin die Wahrnehmung machen, daß alles, was an dem Küstenstriche von Nord- und Ostsee liegt, viel schöner, reicher, feiner ist als das Binnenland, ganz besonders als die Provinz Brandenburg ...

THEODOR FONTANE (1819–1898), Schriftsteller, an seinen Sohn Friedrich

„Wenn ich aber der Stunden gedenke, die ich unter dem Schornsteinkleide des Dorfkruges im Ammerlande verbrachte, und die vergangen sind wie die Funken, die aus der Glut sprangen und zerflogen, ... dann wundere ich mich, wie lebendig alles das, was ich dort erlebte, in mir geblieben ist.“

HERMANN LÖNS (1866–1914), Schriftsteller, der 1911 am Zwischenahner Meer war.

IM FOKUS:

12 historische Stätten im Oldenburger Land

Das **St.-Veit-Denkmal** erinnert an die Schlacht bei Altenesch, als die freien Stedinger Bauern im Jahr 1234 von einem übermächtigen Kreuzfahrerheer des Bremer Erzbischofs Gerhard II. und dessen Verbündeten vernichtend geschlagen wurden. Anlass war die Aufhebung der Abgabenfreiheit durch den Erzbischof. Das Denkmal wurde 600 Jahre nach der Schlacht, am 27. Mai 1834, eingeweiht.

Zum **Tillyhügel** umbenannt wurde 1925 der Teepen-Barg bei Wardenburg. Er erinnert an den katholischen Feldherrn Tilly, der 1623, im 30-jährigen Krieg, mit einer 25.000 Mann starken Truppe südlich von Wardenburg in Stellung gegangen war. Graf Anton Günther soll es gelungen ein, ihn durch das Geschenk edler Pferde zu bewegen, die Stadt Oldenburg von seinen Truppen zu verschonen. Auf dem Tillyhügel erinnert ein großer Stein an die Gefallenen der beiden Weltkriege.

Auf **Burg Dinklage** wurde Clemens August Graf von Galen 1878 geboren und verlebte dort auch seine Kindheit. Die Familie des späteren Kardinals („Löwe von Münster"), der unlängst selig gesprochen wurde, hatte die Burg 1667 erworben. Eine erste Burg wurde bereits 980 erwähnt. Die Wasserburg, eine der schönsten in Norddeutschland, ist heute ein Benediktinerinnenkloster.

An den Matrosenaufstand in Wilhelmshaven und Kiel, mit dem im Oktober 1918 die Revolution begann und an deren Ende die Republik stand, erinnert ein Denkmal auf dem **Ehrenfriedhof in Wilhelmshaven** am Rande des Rüstringer Stadtparks. Ursprünglich stand an dieser Stelle seit dem 2. Mai 1920 ein Sarkophag zum Andenken an die Toten der Revolution. Die Nazis zerschlugen diesen Stein. Erst 1989 wurde das Denkmal in neuer Form wieder aufgestellt.

An den Tod der Kanzleiräte Christian Daniel von Finck und Albrecht Ludwig von Berger erinnert ein **Denkmal auf dem Gertrudenfriedhof** in Oldenburg. Sie hatten im März 1813 nach dem vorläufigen Rückzug der Franzosen die Leitung einer Kommission in Oldenburg übernommen, um Unruhen zu verhindern. Nach der Rückkehr der Franzosen wurden sie wegen Meuterei vor ein Kriegsgericht gestellt und erschossen.

Die **Herrschaft Kniphausen**, gegen Ende des 15. Jahrhunderts entstanden, war einer der kleinsten Zwergstaaten Deutschlands. Noch 1803 wurde sie beim Reichsdeputationshauptausschuss als neutraler Staat anerkannt. Erst 1854, als sie in das Großherzogtum Oldenburg eingegliedert wurde, hörte sie auf, als politische Einheit zu bestehen. Die Burg Kniphausen war 1438 als Sitz einer mittelalterlichen Häuptlingsherrschaft erbaut worden. Das Schloss wurde 1708 durch ein Feuer zerstört, der Marstall zur Gräflichen Wohnung umgebaut.

Seit 1917 stehen das **Landtags-Gebäude** und das **Oldenburgische Staatsministerium** auf dem Dobben. Das Ensemble wurde 1914–1917 von den Architekten Bonatz und Scholer im neoklassizistischen Stil erbaut. Für knapp 30 Jahre war es der Ort der politischen Macht, ehe das Land Oldenburg am 1. November 1946 im Land Niedersachsen aufging.

Der **Willehadbrunnen** an der St.-Hippolyt-Kirche in Blexen (Stadt Nordenham) erinnert an den im Jahr 789 gestorbenen christlichen Missionar und ersten Bremer Bischof Willehad. Er gründete in Blexen die erste christliche Gemeinde, die wohl älteste im Oldenburger Land, und ließ in Bremen den ersten Dom bauen. Willehad starb während eines Besuches in Blexen. Der Brunnen stammt aus dem Jahr 1875.

Das **Pestruper Gräberfeld** in der Nähe von Wildeshausen ist ein 39 Hektar großer Friedhof aus der Bronze- bzw. Eisenzeit. Er umfasst rund 500 niedrige Grabhügel, einige so genannte Königsgräber mit einem Durchmesser von 30 Metern und mehrere Langhügel, alle aus der Zeit um 900–400 v. Chr.. Die Asche der Toten wurde in Urnen, Leder- oder Leinenbeuteln beigesetzt. Die Anlage ist einzigartig in Europa.

Geistiger, wirtschaftlicher und politischer Mittelpunkt im Osten der Grafschaft Oldenburg war mehr als zwei Jahrhunderte lang das 1232 gegründete **Zisterzienserkloster in Hude**. Als sich die Mönche von ihren asketischen Grundsätzen entfernten, löste der Bischof von Münster das Kloster auf, seine Truppen zerstörten es 1536 weitgehend. Die Klosterruine ist ein Denkmal von nationaler Bedeutung.

Ein Grabmal für den letzten Häuptling des Jeverlandes: Das **Edo-Wiemken-Denkmal** in der Stadtkirche Jever ließ dessen Tochter, das Fräulein Maria, zwischen 1561 und 1564 errichten. Nach Wiemkens Tod im Jahr 1511 geriet das Jeverland vorübergehend unter die Herrschaft ostfriesischer Grafen, ehe Fräulein Maria die Unabhängigkeit wieder herstellte. Das Denkmal hat mehrere Kirchenbrände überstanden.

Die Reliquie des heiligen Alexander wurden im Jahr 851 von Rom nach Wildeshausen überführt.
Sie machte die heutige **Alexanderkirche**, gebaut im 13. Jahrhundert, und deren zwei Vorläufer-Kirchen vorübergehend zum Wallfahrtsort. Sie ist die einzige Basilika im Oldenburger Land. Das anschließende Kapitelhaus der Stiftsherren, der Remter, ist mit über 1000 Jahren das älteste Gebäude in Wildeshausen.
Die silbernen Alexanderarmreliquiare – Reliquienbehälter – kamen 1699, als die Schweden das Alexanderkapitel aus Wildeshausen vertrieben, in die Propsteikirche St.-Georg in Vechta.

Teil des kleinen oldenburgischen Regierungsviertels in Birkenfeld: das so genannte Schloss.

Kuriosum der besonderen Art

Der Landesteil Birkenfeld

BIRKENFELD. Wie zufrieden die Birkenfelder mit der Oldenburger Herrschaft waren, lässt sich nicht eindeutig beantworten. Da sind einmal jene Überlieferungen, die den Oldenburger Großherzögen, die nach der Verfassung mindestens einmal innerhalb von fünf Jahren ihr Fürstentum besuchen mussten, Aufgeschlossenheit gegenüber den Sorgen und Nöten der Exklave bescheinigen und von einem, wenn auch bescheidenen wirtschaftlichen Aufschwung berichten. So entstanden in Birkenfeld bis zur Mitte des 19. Jahrhunderts ein kleines oldenburgisches Regierungsviertel mit dem so genannten Schloss, ein neues Gefängnis und eine Kaserne, alles im antikisierenden Stil der Zeit. Wie wenig die spätere Stadt, die seinerzeit zwischen 1800 und 2500 Einwohnern groß war, zunächst als Fürstenresidenz hermachte, belegt die Bitte von Großherzog Paul Friedrich August aus dem Jahr 1831, „tätig darauf hinzuwirken, dass die Straßen nicht von Düngerhaufen verunstaltet und von aufgestapelten Brennholzmassen versperrt werden".

Aber es gibt auf der anderen Seite auch Berichte, die eine allgemeine Unzufriedenheit mit den Oldenburger Landesherren ausdrücken, die schließlich in zwei Separatistenbewegungen gipfelte, denen allerdings

keine lange Lebensdauer beschieden war. Oldenburg, so beklagten die Revolutionäre des Jahres 1919, zeige wenig Interesse an Birkenfeld und übertrage „mit constanter Bosheit“ die oberste Regierungsstelle abgearbeiteten Ministerialbeamten als „Altersversorgungsplätzchen“. Am 14. Juli 1919 wurde die Republik Birkenfeld ausgerufen, am 30. August sagte sie sich vom Freistaat Oldenburg los, doch Ende Dezember war der Spuk auch schon wieder vorüber. Im Oktober 1923 setzten dann Separatisten mit Hilfe französischer Militärs den amtierenden Regierungspräsidenten ab, der kurz danach in seinem Bericht der Landesregierung in Oldenburg die Vorstellungen der Aufständischen in Birkenfeld so erklärte: „Die ‚alte Firma‘ sollte durch eine neue unter dem Titel ‚Rheinische Republik‘ ersetzt werden.“ Anfang 1924 war auch diese Bewegung gescheitert.

Oldenburg, beklagten die Birkenfelder Revolutionäre, übertrage „mit constanter Bosheit“ abgearbeiteten Ministerialbeamten die oberste Regierungsstelle.

Herzog Peter Friedrich Ludwig muss geahnt haben, dass er und seine Nachfolger mit dem Landstrich um Birkenfeld, zu dem u. a. auch die damals noch getrennten Orte Idar und Oberstein gehörten, nicht so ganz glücklich werden sollten. Nur widerstrebend soll er 1817 dieses Gebiet von „20.000 Seelen“ im ehemaligen Saardepartment übernommen haben, das ihm zwei Jahre zuvor in der Schlussakte des Wiener Kongresses als Wiedergutmachung für die durch Napoleon erlittene Unbill zugesprochen worden war. Es war auch für die Kleinstaaterei in Deutschland ein Kuriosum der besonderen Art, dass ein Gebiet so groß wie der Bodensee einem 500 Kilometer entfernten und völlig anders orientierten „Mutterland“ zugeschlagen wurde. Und dennoch war es von einiger Dauer. Erst 1937 musste das Land Oldenburg den Landesteil Birkenfeld an die Rheinprovinz abtreten und erhielt dafür das bis dahin preußische Stadtgebiet von Wilhelmshaven zurück. In den 120 Herrschaftsjahren hatten die Großherzöge und auch die Regierung des Freistaates wiederholt versucht, in Austauschverhandlungen mit Preußen die zuweilen ungebärdige Exklave los zu werden.

Zu den ereignisreichsten Jahren in Birkenfeld zählen die Jahre des Regierungspräsidenten Hannibal Fischer. Er war 1831 zum oldenburgischen Regierungspräsidenten des Fürstentums ernannt worden. „Ohne Zweifel“, so stellt es der Birkenfelder Heimathistoriker Dr. Hugo Klar in der Festschrift zum 650-jährigen Stadtjubiläum dar, „wollte der Mann nur das Beste für die Bevölkerung.“ Mit eigenem Geld baute er zum Beispiel ein Mustergut auf, um die Landwirtschaft zu fördern. Doch die selbstherrliche Art, in der er regierte und die jegliches Verständnis für die aufkeimenden freiheitlich-demokratischen Bestrebungen jener Zeit vermissen ließ, machte ihn äußerst unbeliebt. Im Revolutionsjahr 1848 forderten sowohl radikale wie gemäßigte Vereinigungen, die sich im Fürstentum gebildet hatten, vom Großherzog in Oldenburg Pressefreiheit, eine moderne Verfassung und die Abberufung von Staatsrat Fischer. Als er keine preußischen Truppen zur Niederschlagung dieses Aufruhrs gewinnen konnte, kehrte Fischer Birkenfeld, in dem er 17 Jahre nicht ohne Erfolg gewirkt hatte, für immer den Rücken. Er erlangte später noch einige Berühmtheit, als er 1852 die Versteigerung der Flotte des Deutschen Bundes leitete.

Das politische Ergebnis der 1848er-Revolution war für das Fürstentum jedoch eher kläglich: Es wurde ein machtloser, weil nur beratender Provinzialrat eingesetzt und die Kassentrennung von der oldenburgischen Zentrale dekretiert. Wobei acht bis zehn Prozent der gemeinsamen Kosten vom Fürstentum zu tragen waren.

Sommerresidenz der Oldenburger Herzöge: Eutin und sein Schloss direkt am See.

Tauschgeschäft unter Verwandten

Der Landesteil Lübeck-Eutin

EUTIN/LÜBECK. Es war ein großer Ländertausch zwischen Dänemark, Russland und dem Haus Holstein-Gottorp und er sollte „die Ruhe des europäischen Nordens sichern“: Nach mehr als einem Jahrhundert Herrschaft war dem dänischen Königshaus der Besitz der vereinigten Grafschaften Oldenburg und Delmenhorst zu kostspielig und politisch fragwürdig geworden. In einem Tausch ging 1773 der oldenburgische Besitz Dänemarks an den russischen Zarenthron, auf dem in Petersburg eine ältere Linie des Hauses Gottorp-Holstein saß. Großfürst Paul trennte sich jedoch nach nur wenigen Tagen wieder davon und trat den neuen Besitz an seinen Verwandten ab, den Lübecker Fürstbischof Friedrich August (1710–1785) aus der jüngeren Linie des Hauses Holstein-Gottorp.

Friedrich August wurde damit zum ersten Oldenburger Herzog, denn ein Jahr nach dem Tauschgeschäft, 1774, wurde die Grafschaft zum Herzogtum erhoben. Allerdings: Den neuen Landesteil besuchte er nur höchst ungern, er zog es vor, in seinem Bistum zu bleiben. Das Fürstbistum Lübeck mit der Residenz Eutin, das 1803 säkularisiert und in den Landesteil „Fürstentum Lübeck“ umgewandelt wurde, hatte damals 22.000

Einwohner und umfasste Eutin und ausgedehnte Ländereien bis vor die Tore Lübecks; in der Stadt Lübeck selbst gehörten nur der Chorraum des Domes und bis 1803 einige Grundstücke um den Dom zum Fürstentum.

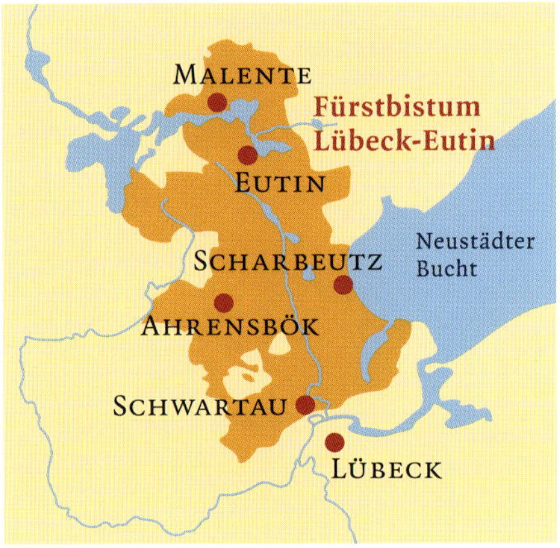

Um 1800 erlebte die Residenz eine kulturelle Blütezeit und wurde eines der geistigen Zentren Deutschlands: Goethe soll vom „Weimar des Nordens" gesprochen haben.

Herzog Peter Friedrich Ludwig, der 1785 nach dem Tod von Friedrich August die Regierungsgeschäfte übernommen hatte, verlegte seine Residenz von Eutin nach Oldenburg. Das holsteinische Städtchen war fortan nur noch herzogliche Sommerresidenz. Wie in Oldenburg erwarb sich PFL auch in Eutin den Ruf eines vom Geist der Aufklärung durchdrungenen Landesherrn mit besonderer Neigung zu den Bildenden Künsten, zur Architektur, aber auch aufgeschlossen gegenüber sozialen Problemen. Der Dichter und Homer-Übersetzer Johann Heinrich Voß, Rektor in Eutin, nannte ihn schon 1802 in einem Gedicht den „Vater Eutins". Um 1800 erlebte die Residenz, auch Geburtsort des Komponisten Carl Maria von Weber, eine kulturelle Blütezeit und wurde eines der geistigen Zentren Deutschlands. Zu den berühmten Geistesgrößen, die zeitweise im „Weimar des Nordens" (diese Bezeichnung wird Goethe zugeschrieben) wohnten oder als Besucher kamen, gehörten u. a. die Dichter Matthias Claudius und Friedrich Gottlieb Klopstock, der Philosoph Friedrich Heinrich Jacobi, Wilhelm von Humboldt und der Goethe-Maler Johann Heinrich Wilhelm Tischbein, der die letzten 20 Jahre seines Lebens als Hofmaler in Eutin lebte.

Während der napoleonischen Zeit, als das Herzogtum Oldenburg Teil des französischen Reiches und auch Eutin von den Franzosen besetzt war, ging PFL mit seiner Familie ins russische Exil, aus dem er nach gut zweieinhalb Jahren 1813 zurückkehrte. Nachdem 1803 bereits die münsterschen Ämter Vechta und Cloppenburg und das hannoversche Amt Wildeshausen in oldenburgischen Besitz zurückgekommen waren, vergrößerte sich das Gebiet des Herzogtums in den Folgejahren: 1817, nachdem beim Wiener Kongress 1815 das fern an der Nahe gelegene, neu gebildete Fürstentum Birkenfeld als dritter Landesteil zugesprochen worden war, ebenfalls 1817, als die Kirchspiele Damme, Neuenkirchen ganz und Goldenstedt größtenteils zu Oldenburg kamen, 1818, als Russland die Herrschaft Jever an Oldenburg abtrat, und schließlich 1867, als dem Fürstentum Lübeck mit dem Amt Ahrensbök weitere 170 Quadratkilometer und 12.500 Einwohner zufielen. In der Schlussakte des Wiener Kongresses wurde PFL der Titel Großherzog zuerkannt. Doch erst seine Nachfolger führten ihn.

Mit dem Groß-Hamburg-Gesetz von 1937 endete die Zeit der oldenburgischen Exklave in Holstein. Eutin wurde Landkreis der preußischen Provinz Schleswig-Holstein. Heute gehört es zum neuen Großkreis Ostholstein, in dem es seit 1970 „wieder" mit Oldenburg vereint ist – diesmal freilich mit dem ehemaligen Landkreis Oldenburg in Holstein.

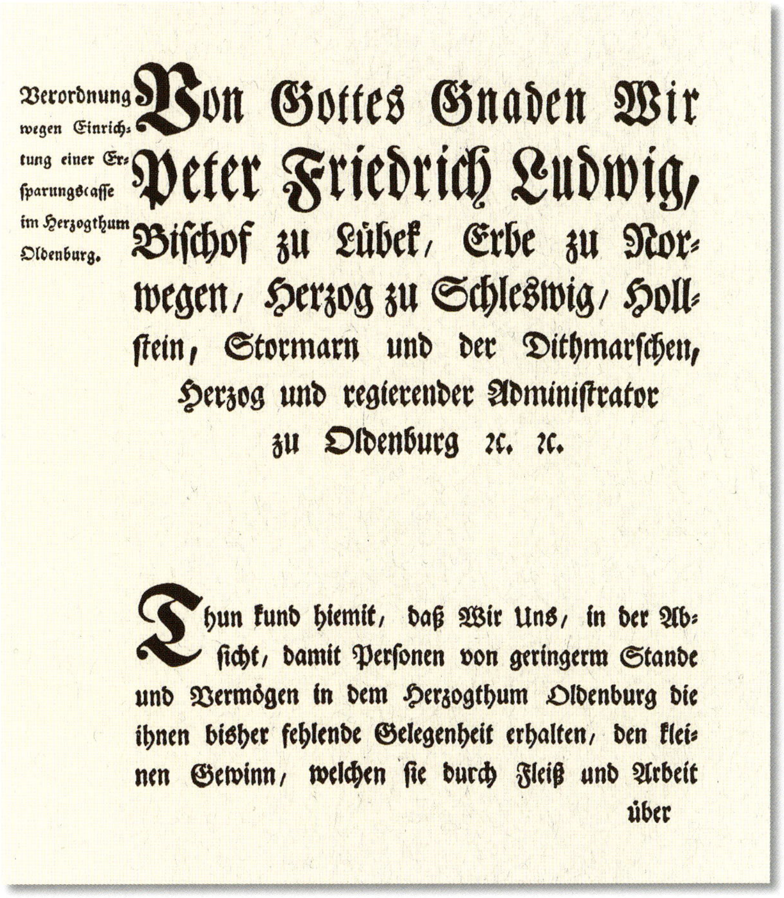
Verordnung wegen Einrichtung einer Ersparungscasse im Herzogthum Oldenburg.

Von Gottes Gnaden Wir Peter Friedrich Ludwig, Bischof zu Lübek, Erbe zu Norwegen, Herzog zu Schleswig, Hollstein, Stormarn und der Dithmarschen, Herzog und regierender Administrator zu Oldenburg ꝛc. ꝛc.

Thun kund hiemit, daß Wir Uns, in der Absicht, damit Personen von geringerm Stande und Vermögen in dem Herzogthum Oldenburg die ihnen bisher fehlende Gelegenheit erhalten, den kleinen Gewinn, welchen sie durch Fleiß und Arbeit

über

Die Verordnung zur Gründung der „Ersparungscasse im Herzogthum Oldenburg".

Ein großer Schritt für die kleinen Leute

Wie und warum in Oldenburg die erste Sparkasse der Welt gegründet wurde

OLDENBURG. Er ist im Laufe der Jahre hin und wieder in Frage gestellt worden, aber letzten Endes war an dem Anspruch nie zu rütteln: Die Landessparkasse zu Oldenburg (LzO) ist die älteste noch bestehende Sparkasse der Welt. Detmold beispielsweise machte zeitweise geltend, dass die „Gräflich-Lippische Leihekasse zu Detmold" schon ein paar Monate eher gegründet worden sei; doch allein die Namensgebung verrät, dass es der „Leihekasse" zuvörderst wohl nicht ums Sparen gegangen sein kann. Die „Ersparungsclasse" der Allgemeinen Versorgungsanstalt von 1778 in Hamburg könnte heute tatsächlich die älteste Sparkasse der Welt sein – hätte sie sich nicht im Zuge der napoleonischen Herrschaft wieder aufgelöst.

So bleibt es dabei: Mit seinem Namenszug auf der Gründungsurkunde der „Ersparungscasse“ für das Herzogtum Oldenburg hat Herzog Peter Friedrich Ludwig am 1. August 1786 die Geschäftstätigkeit der ältesten, nur aufs Sparen angelegten Sparkasse in Gang gesetzt. Außerhalb Deutschlands gab es zu jener Zeit überhaupt noch keine Sparkassen. Ein Oldenburger spielte übrigens bei den ersten deutschen Gründungen eine maßgebliche Rolle: Georg Christian Oeder (1728–1791), seit 1772 als Landvogt in herzoglich-oldenburgischen Diensten und ein typischer Vertreter der Aufklärung, war der Schöpfer der Hamburger „Ersparungsclasse“ und half später mit Rat und Tat, die „Ersparungscasse“ zu planen.

© Archiv Lore und Peter Bachmann

Das Haus der Ersparungscasse am Marktplatz in Oldenburg im Jahr 1905.

Die Untergrenze für die Einzahlung entsprach dem dreifachen Tageslohn, den man mit Strohflechten verdienen konnte.

Sie war Teil einer Reform des Armenwesens, an der eine Kommission seit 1784 gearbeitet hatte und die in eine „Verordnung wegen Einrichtung des Armenwesens im Herzogthum Oldenburg“ mündete. Sie regelte in erster Linie die Zentralisierung des Armenwesens und die Verwaltung der Mittel. Diese Verordnung am Beginn der Regierungszeit Peter Friedrich Ludwigs, der 1785 von Eutin in sein Herzogtum – es umfasste damals nur die Grafschaften Delmenhorst und Oldenburg – übergesiedelt war, wurde durchaus bestimmend für die vom Geist der Aufklärung geprägte Herrschaft des Herzogs, der sich nachhaltig sozialen und erzieherischen Aufgaben widmete.

Mit der „Ersparungscasse“ sollten, so steht es in der Gründungsurkunde, „Personen von geringerem Stande und Vermögen ... die ihnen bisher fehlende Gelegenheit erhalten, den kleinen Gewinn, welchen sie durch Fleiß und Arbeit über ihren nothdürftigen Unterhalt erwerben können, zu künftigen Bedürfnissen sicher aufzubewahren und ohne Gefahr des Verlustes zinsbahr zu nutzen“. Als „geringe Personen“ werden „Häuerleute, Dienstboten, Taglöhner, Handwerksleute, Seefahrende, Soldaten und dergleichen“ aufgeführt, die „berechtigt seyn, die Kleinigkeiten, welche sie erübrigen, in die Ersparungscasse zu legen“.

Die Verordnung legte eine Untergrenze für die Einzahlung fest: 36 Grote, das entsprach etwa einem halben Reichstaler und damit dem dreifachen Tageslohn, den man gewöhnlich mit Strohflechten verdienen konnte. Es durften auf der anderen Seite aber auch nicht mehr als 25 Reichstaler im halben Jahr eingezahlt werden – 20 Reichstaler kostete etwa eine Kuh –, „weil zu Unterbringung größerer Summen sich immer anderweite sichere Gelegenheiten werden finden lassen.“

Dass die „Ersparungcasse“ sich mitnichten an die „total Armen“ gewandt habe, darauf hat der Oldenburger Historiker Professor Dr. Heinrich Schmidt schon in einem Vortrag zum 200-jährigen Bestehen der LzO aufmerksam gemacht. Denn Sparen setzte ja den Besitz gewisser Mittel voraus. Zugleich wurde die Kasse jedoch geschlossen für vermögende Personen, die nicht auf den Pfennig sehen mussten und in ihrer Altersversorgung nicht auf öffentliche Hilfe angewiesen waren. Denn die Kasse war für die „kleinen Leute“ gedacht, die zwar einen gewissen Verdienst, aber dauerhaft keine existenzielle Sicherheit hatten. Ihnen sollte bei einem garantierten Zinssatz von 3,5 Prozent das Sparen nahe gelegt werden, um nicht im Alter oder durch Krankheit in die totale Armut abzugleiten und die (öffentlichen) Armenkassen zu belasten. Der soziale Auftrag wurde so ernst genommen, dass die neue Sparkasse selbst den Inhalt aus Spardosen von Kindern begüterter Eltern nicht annahm.

Eine Besonderheit dieser Gründung war auch, dass sie von Anfang an das gesamte, zu Beginn des 19. Jahrhunderts dann erheblich vergrößerte Herzogtum Oldenburg umfasste. Die „Armendirectionen“ der Kirchspiele waren, wie in der Gründungsurkunde festgelegt, für die Ein- und Auszahlung der Einlagen zuständig. In diesem Netz von Zahlstellen wurden die Geschäfte in den Privatwohnungen von „Receptoren“, wie die Sparkassenleiter damals hießen, abgewickelt. Allerdings lief das Geschäft eher schleppend an, so dass die Kasse auch noch Jahrzehnte nach ihrer Gründung längst nicht überall im Herzogtum bekannt war. Überwiegend nutzten sie Dienstboten in der Stadt Oldenburg.

Selbst der Inhalt von Spardosen von Kindern begüterter Eltern wurde nicht angenommen.

Im Jahr 1822 wurden deshalb die Prediger auf dem Land aufgefordert, „den angesehensten Einwohnern ihrer Gemeinen das Nützliche dieser Anstalt mehr begreiflich zu machen, damit diese dann auf ihre Dienstboten wirken“. Und 1847 trug man Landschullehrern an, Kenntnisse über die Kasse bei den Schulkindern zu verbreiten. Ganz allmählich wurde die „Ersparungscasse“ dann aber doch populär, so dass 1855, fast 70 Jahre nach ihrer Gründung, ein „Receptor“ endlich frohlocken konnte, die Kasse habe „in den letzten Jahren ... eine Ausdehnung gewonnen, die früher nicht im Entferntesten geahnt und erwartet werden konnte“.

Für Professor Schmidt hat die „Ersparungscasse“ mehr für eine enge und intensive Beziehung der „kleinen Leute“ zum oldenburgischen Staat bewirkt, als es irgendwelche abstrakten Formeln je hätten erreichen können. Wer der großherzoglichen Kasse seine sauer verdienten Groschen anvertraute, entwickelte geradezu zwangsläufig ein positiveres Bewusstsein zum Staat. Die Einlage, mochte sie auch noch so gering sein, begründete ein Gefühl der Identifikation mit dem Herzogtum. Die Sparkasse, 1913 dann in Landessparkasse zu Oldenburg umbenannt, wurde, unbeschadet aller politischen und ökonomischen Auf- und Umbrüche in den vergangenen rund 220 Jahren, einer der Pfeiler der oldenburgischen Regionalidentität.

Warum der Graf nicht Feuer fing

Anton Günther verpasste die Gründung der ältesten Brandversicherung der Welt

OLDENBURG. Hätte er doch nur zugestimmt. Dann würde die Stadt Oldenburg heute außer der ältesten Sparkasse der Welt auch die älteste Brandversicherung der Welt in ihren Mauern beherbergen. Ein Hamburger namens Wilhelm Stiell hatte 1609 dem Oldenburger Herrscher, in großer Geheimhaltung und Diskretion übrigens, die Gründung einer landesherrlichen Feuerversicherung für seine Untertanen nahegelegt. Weil der Graf jedoch das Vorhaben ablehnte und es danach mehr als 150 Jahre dauerte, ehe 1764 in den Grafschaften Oldenburg und Delmenhorst die „Generale Brand-Versicherungs-Societét" ins Leben gerufen wurde, gilt die 1676 gegründete Hamburger Feuerkasse heute als älteste Brandversicherung der Welt.

Warum Anton Günther nicht Feuer fing bei Stiells Vorschlag, erklärt sich mit seiner hohen Auffassung von den Pflichten eines Landesherrn und damit, dass der Vorschlag einfach seiner Zeit voraus war. Hatte Stiell doch dem Grafen nichts weniger als den Gedanken einer gewerbsmäßigen Feuerversicherung unterbreitet, eine Idee, die bei Hofe als geradezu verwegen empfunden wurde. Dass er sich mit der Brandkasse eine neue Einnahmequelle erschließen könnte, war offenbar unter der Würde des Herrschers. Mehr noch: Ihm erschien eine Versicherung gegen Feuer als gegen die göttliche Vorsehung gerichtet. „Jedoch machte der Hw. Graf den vernünftigen Entschluss, das Gott dadurch möchte versucht werden. Gott hätte sein uraltes Haus Oldenburg so viele hundert Jahre her ohne dieses oder dergleichen Mittel erhalten und beglückseligen lassen, würde auch forthin durch seinen Segen demselben beywohnen und seine Untertanen für große Feuersflammen behüten", hieß es in der Ablehnung. Neun Jahre nach dem Tod Anton Günthers, 1676, vernichtete eine Feuersbrunst 600 Häuser in der Stadt Oldenburg.

Bis weit ins 17. Jahrhundert hinein wurde das Bedürfnis, sich gegen Not und Unglück, von den tief religiösen Menschen als Prüfungen und Strafen angesehen, zu wappnen, als Versuch verdächtigt, in Gottes Ratschluss einzugreifen. Allenfalls durch die Gemeinschaft, sei es die Kirche, die Zunft, die Gilde oder die Gemeinde, konnte man bei einem Schicksalsschlag auf Hilfe rechnen. Nach der Gründung der Hamburger Feuerkasse 1676 entstanden dann allerdings in rascher Folge landauf, landab Brandversicherungen. In den Grafschaften Oldenburg und Delmen-

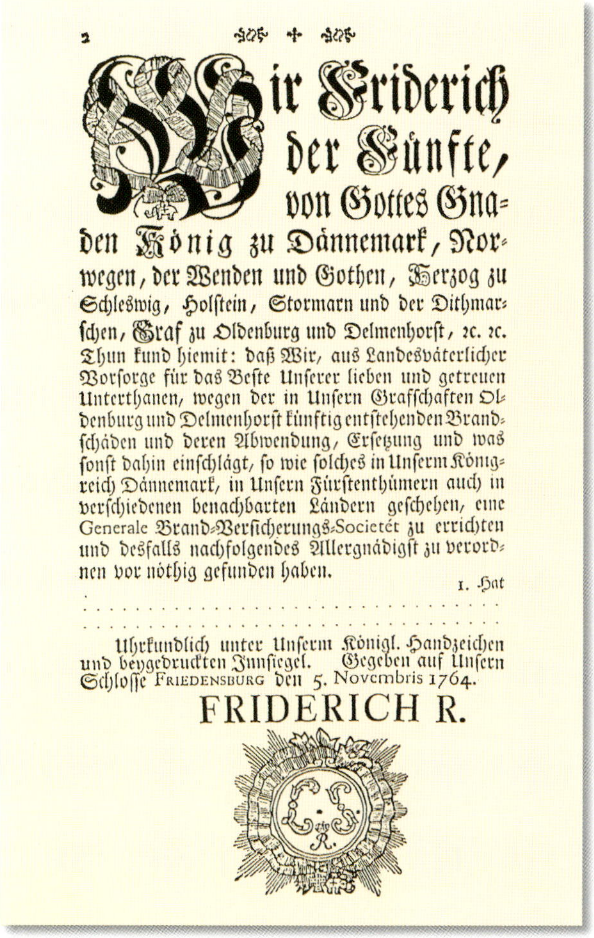

2

Wir Friderich der Fünfte, von Gottes Gnaden König zu Dännemark, Norwegen, der Wenden und Gothen, Herzog zu Schleswig, Holstein, Stormarn und der Dithmarschen, Graf zu Oldenburg und Delmenhorst, rc. rc.

Thun kund hiemit: daß Wir, aus Landesväterlicher Vorsorge für das Beste Unserer lieben und getreuen Unterthanen, wegen der in Unsern Graffschaften Oldenburg und Delmenhorst künftig entstehenden Brandschäden und deren Abwendung, Ersetzung und was sonst dahin einschlägt, so wie solches in Unserm Königreich Dännemark, in Unsern Fürstenthümern auch in verschiedenen benachbarten Ländern geschehen, eine Generale Brand-Versicherungs-Societét zu errichten und desfalls nachfolgendes Allergnädigst zu verordnen vor nöthig gefunden haben.

1. Hat

. . . .

Uhrkundlich unter Unserm Königl. Handzeichen und beygedruckten Innsiegel. Gegeben auf Unsern Schlosse FRIEDENSBURG den 5. Novembris 1764.

FRIDERICH R.

Der Herrscher und sein Dekret: der dänische König Friedrich V. und die Urkunde über die Gründung der „Generale Brand-Versicherungs-Societét" am 5. November 1764.

In der Gründungsverordnung wurde „alles Schießen in oder neben den Häusern und Gebäuden, besonders bey Hochzeiten", unter Strafandrohung untersagt.

horst scheiterte zunächst 1755 Stadtsyndikus und Kanzleirat Anton Wilhelm von Halem mit dem Versuch, 100 Leute zu finden, die bereit waren, ihre Häuser freiwillig versichern zu lassen; einem Küster Wichmann erging es danach nicht besser. Das dänische Königshaus, dem nach dem Tode Anton Günthers die Grafschaften zugefallen waren, zog aus den missglückten Anläufen die richtige Konsequenz: Die „Generale Brand-Versicherungs-Societét", am 5. November 1764 gegründet, wurde als Zwangsversicherungsanstalt errichtet, „aus Landesväterlicher Vorsorge für das Beste Unserer lieben und getreuen Unterthanen, wegen ... künftig entstehenden Brandschäden und deren Abwendung, Ersetzung und was sonst dahin einschlägt", wie es in der von Friedrich V. besiegelten Urkunde heißt. Den Status einer Zwangs- respektive Pflicht- und Monopolanstalt behielt die Oldenburgische Landesbrandkasse noch bis zum Jahr 1994, erst dann fiel das Monopol durch europäisches Recht.

44 Ziffern umfasste die dänische Gründungsverordnung. So werden etwa die Einwohner von Atens, Elsfleth, Berne, Blexen, Bockhorn, Ovelgönne und Westerstede angewiesen, „hinführe alle neu zu erbauende Häuser nicht mit Reith oder Stroh, sondern Pfannen dekken zu lassen". Oder es wird „alles Schießen in oder neben den Häusern und Gebäuden, besonders bey Hochzeiten", unter Strafandrohung – „fünf Goldgülden" – untersagt. Hauswirte werden angehalten, „dass das Feuer auf dem Heerde alle Abende fleißig zusammen geschüret, und damit Katzen und Hunde solches nicht verschleppen, mit einem eisernen Stülper bedecket werde". Den Wert der versicherten Gebäude hatten der Bürgermeister und zwei Bausachverständige zu schätzen. Und wenn ein „Abgebrannter im Rufe eines nachläßigen, liederlichen Hauswirths stehet" und „das aus der Kasse auszuzahlende Quantum" nicht zum Wiederaufbau des Gebäudes verwendete, dann behielt das General-Directorium die Versicherungssumme kurzerhand ein.

Mehr als 22.000 Gebäude waren drei Jahre nach Gründung der Brandkasse in den Grafschaften Oldenburg und Delmenhorst sowie der Herrschaft Varel versichert. Die Versicherungssumme betrug 1767, umgerechnet auf die heutige Währung, gut 7,5 Millionen Euro. Die Verwaltung bestand aus zwei Mitgliedern der Oldenburgischen Regierung, die ein Anerkennungshonorar von jährlich 50 Reichstalern erhielten. Ihnen zur Seite stand ein „gewissenhafter, tüchtiger und süffisanter Rezeptor", er führte

Raritäten aus dem Feuerwehrmuseum in Jever.

Die Versicherungssumme betrug 1767, umgerechnet auf die heutige Währung, gut 7,5 Millionen Euro.

die Akten und erhob die Beiträge. Dafür wurde er mit 1000 Reichstalern entlohnt, was einem Jahresgehalt von etwa 45.000 Euro heute entspricht. Diese sparsame Verwaltung wurde fast 150 Jahre beibehalten, obwohl sich das Geschäftsgebiet der Brandkasse parallel zur territorialen Ausdehnung des Großherzogtums ständig vergrößerte.

Freilich, Zahl und Umfang der Brände waren in den ersten Jahrzehnten nach der Gründung der Feuerversicherung mitunter besorgniserregend. Wiederholt brannten ganze Dörfer oder Häuserzeilen ab: 1773 in Wildeshausen 15 Häuser, 1775 in Ganderkesee 22, 1776 in Elsfleth 39, 1801 in Barßel 26, 1811 in Essen 47. Kümmerlich dagegen die Ausrüstung der Feuerwehren. In der Stadt Oldenburg, die damals etwa 3500 Einwohner zählte und deren Dächer vielfach noch mit Stroh gedeckt waren, standen 1772 zur Brandbekämpfung zur Verfügung: 3 Spritzen mit einem 100 Fuß langen ledernen Schlauch, 18 große Wasserkannen auf Schlitten, 8 Feuerhaken und 6 große und kleine Feuerleitern. Auf dem Land war die Ausrüstung noch dürftiger.

Nur einmal in der mehr als 240-jährigen Geschichte schien die Oldenburgische Brandkasse am Ende zu sein. Der Präfekt des Departements Wesermündung, das in der napoleonischen Zeit geschaffen worden war, löste am 27. Januar 1813 die Brandkasse auf, um zahlreiche kleine Feuerversicherungen in einer einzigen großen Anstalt zusammenzufassen. Zehn Monate später war die französische Herrschaft jedoch vorbei und der aus dem russischen Exil heimgekehrte Herzog Peter Friedrich Ludwig übernahm wieder die Regierungsgeschäfte. Der Landesbrandkasse wurde ihr Status zurückgegeben, „mit rückwirkender Kraft und ganz auf dem alten Fuße", wie es in der Bekanntmachung am 8. März 1814 hieß.

IM FOKUS:

12 historische Bauten und Kirchen im Oldenburger Land

St.-Andreas-Kirche Cloppenburg

Ein seltenes barockes Kleinod im Norden ist die St.-Andreas-Kirche. Sie ist die älteste Kirche in Cloppenburg, schon im 10. Jahrhundert standen an dieser Stelle mehrere Vorgängerbauten; ihre eindrucksvolle Innenausstattung stammt aus dem 18. Jahrhundert. Zunächst, unmittelbar nach der Fertigstellung des heutigen Baues im Jahr 1728, wurde die Kirche eher spärlich ausgeschmückt. Drei prachtvolle Altäre prägen den Innenraum: der bis ins Gewölbe hinaufreichende und mit Figuren und Gemälden geschmückte Hochaltar und die beiden Seitenaltäre an den Ecken des Choreinganges. Sie wurden 1767 von dem in Münster ansässigen Hofbildhauer Johann Heinrich König fertiggestellt; auch die Kanzel stammt aus dieser Bildhauerwerkstatt. Eine Josephsdarstellung gilt als charakteristische Arbeit des Bildhauers Thomas Jöllemann aus Holte-Hümmling, das Taufbecken wird ebenfalls der Jöllemann-Werkstatt zugeordnet.

Gertrudenfriedhof Oldenburg Herzogliches Mausoleum

Es war der erste klassizistische Bau in Oldenburg, das Herzogliche Mausoleum auf dem Gertrudenfriedhof. Herzog Peter Friedrich Ludwig hat es 1786/87 für seine im Kindbett gestorbene Gemahlin Friederike von Württemberg erbauen lassen. Der kubische und fensterlose Giebelbau mit einer Frontbreite von 18 Metern sollte auch Begräbnisstätte der Dynastie sein.
Die Portalschrift – „Erde des Vaterlandes sey leicht der Asche derer, die Väter des Volks waren und Mütter des Volks“ stammt von Friedrich Leopold Graf zu Stolberg (1750–1819), Schriftsteller, Diplomat und u. a. Kammerpräsident in Eutin. Im Innenraum befindet sich an der Nordwand der Sarkophag Friederikes und Peter Friedrich Ludwigs, in zwei Nischen stehen Skulpturen des württembergischen Bildhauers Heinrich Dannecker (1758–1841). Bis heute ist die herzogliche Begräbnisstätte der Öffentlichkeit nicht zugänglich. Die Umgebung des Mausoleums mit ihren zahlreichen klassizistischen Grabmälern gehört zu den bedeutensten Friedhofsanlagen Deutschlands.

Gnadenkapelle Bethen

Als Wallfahrtsort berühmt ist der kleine Ort Bethen vor den Toren Cloppenburgs mit der Gnadenkapelle St.-Marien. Die barocke Kapelle wurde im Jahr 1669 gebaut und im selben Jahr vom münsterschen Fürstbischof Christoph Bernhard von Galen geweiht. Blickpunkt im Inneren der Kapelle, einem kleinen Saalbau, ist der vom Fürstbischof gestiftete Barockaltar mit dem Gnadenbild; die Pietà „Maria – Mutter der sieben Schmerzen" wird auf die Zeit zwischen 1380 und 1400 datiert. Hinter der Gnadenkapelle befindet sich die Antoniuskapelle.

Schloss Jever

Das markante und weithin sichtbare Wahrzeichen Jevers ist der 67 Meter hohe Turm im Schlosshof. Dem Bergfried mit einem Durchmesser von 12 Metern, den zunächst ein Kegeldach mit vier kleinen Ecktürmchen krönte, wurde 1736 unter der Herrschaft des Fürsten Johann August von Anhalt-Zerbst die barocke Zwiebelkuppe aufgesetzt. Das Schloss, in seinen Grundzügen 1428 als Wasserburg erbaut, erhielt durch den mächtigen Turm seinen Festungscharakter. Im Laufe des 15. und 16. Jahrhunderts wurden vier Flügel errichtet. Einer der Bauherren war Häuptling Edo Wiemken der Jüngere (1468–1511), der Vater von Fräulein Maria. Die Herrscherin legte ihrerseits bei den Ausbauten in ihrer Zeit Wert auf repräsentativen Glanz. So ließ sie in den Jahren von 1560 bis 1564 in den heutigen Audienzsaal nach Stichvorlagen des Antwerpener Meisters Cornelis Floris die aus Eichenholz geschnitzte Decke einbauen, eine der großartigsten Kassettendecken Deutschlands. Den Schlosscharakter erhielt die Burg, als die Grafen von Oldenburg nach dem Tod Marias die Herrschaft Jever über- und weitere Aus- und Umbauten vornahmen. Die Oldenburger Herzöge, die nach dem Fürstenhaus Anhalt-Zerbst und Katharina II, der Zarin von Russland, Jever wieder in ihren Herrschaftsbereich einbeziehen konnten, nutzten das Schloss lediglich als Nebenresidenz. Heute befindet sich in den historischen Räumen des Schlosses das kulturhistorische Museum.

Kaiser-Wilhelm-Brücke Wilhelmshaven

Die Kaiser-Wilhelm-Brücke in Wilhelmshaven, gebaut Anfang des letzten Jahrhunderts, war einst die größte Drehbrücke Europas. Sie hat eine Spannweite von 159 Metern, ist 8 Meter breit und ruht auf zwei gut 20 Meter hohen Pfeilern. Heute ist die Brücke, die nach dem Zweiten Weltkrieg demontiert werden sollte, ein technisches Kulturdenkmal von hohem Rang. Im Jahr 2007 wird sie zum 100-jährigen Bestehen Motiv auf einer Sonderbriefmarke sein. Auch dass sie noch immer den Namen „Wilhelm" trägt – benannt nicht nach dem Stadtgründer, sondern nach Wilhelm II. –, ist mitnichten selbstverständlich: Es war die britische Militärregierung, die den Rat letztlich davon abhielt, den Namen zu ändern. Im Hintergrund die so genannte Südzentrale, ein stillgelegtes, unter Denkmalschutz stehendes und dennoch offenbar dem Verfall preisgegebenes Kraftwerk. Es wurde von Ende 1908 an von Marinebaumeister Fritz Riekert für die Kaiserliche Werft errichtet und gilt als eines der wichtigsten Industriedenkmale Norddeutschlands.

© Gemeinde Rodenkirchen

Einige seiner Hauptwerke hat Ludwig Münstermann für die St.-Matthäus-Kirche in Rodenkirchen geschaffen. Der Hamburger Bildhauer und Holzschnitzmeister, auch „Riemenschneider des Nordens" genannt, stellte 1629 das große, reich dekorierte Altarretabel (Altaraufsatz) auf. Der Taufstein ist ein ehemaliges mittelalterliches Becken, das die Münstermann-Werkstatt umgearbeitet hat. 1631 schuf er die reich verzierte Kanzel mit den allegorischen Darstellungen am Aufgang und 1637 das Epitaph der Eheleute Dethmers. Die Matthäus-Kirche war die Hauptkirche des rüstringischen Stadlandes. Wo seit etwa 1050 die aus Sandsteinen auf einer Wurt erbaute Kirche steht, soll bereits eine vorchristlich-chaukische Siedlung gewesen sein. Der Ortsname wird 1244 urkundlich als Rodenkerken erwähnt.

St.-Matthäus-Kirche in Rodenkirchen

Lambertikirche Oldenburg

Seit seinem Umbau im Jahr 1795 wurde der Innenraum der Lambertikirche in Oldenburg nicht mehr wesentlich verändert. Die klassizistische Rotunde als Gottesdienstraum war auf Anregung von Herzog Peter Friedrich Ludwig und nach den Plänen des Architekten Joseph Bernhard Winck entstanden. Für die Rundkirche mit Kuppel, dem Pantheon in Rom nachempfunden, hatte zuvor die baufällige Kirche bis auf die Außenmauern abgerissen werden müssen. An der Stelle der heutigen Lambertkirche mit ihren fünf Türmen, der höchste 86 Meter hoch, stand schon seit der Zeit um 1200 eine Kirche, vermutlich zunächst ein einschiffiger romanischer Bau, benannt nach dem Hl. Lambertus, Bischof von Maastricht und Märtyrer, und gegründet durch die Familie der Grafen zu Oldenburg. Fast 80 Jahre hatte die Kirche keinen Turm, ehe 1873 die neugotische Umgestaltung des Äußeren begann und ein neuer Turm hinter dem Altar gebaut wurde; die vier Ecktürme folgten 1885 bis 1887. 1968 wurde der Innenraum um 180° gedreht, um eine große Orgel einzubauen.

Oldenburger Schloss

Dass das Oldenburger Schloss „unter die schönen Residenzen gehöret“, berichtete schon 1644 der reiseerfahrene italienische Graf Galeazzo Gualdo Priorato. Graf Anton Günther hatte die alte Wasserburg, die zum Schutz des Überganges über die Hunte errichtet worden war, in den Jahren 1607 bis 1615, in der Umbruchzeit zwischen Renaissance und Barock, zu einem Schloss umbauen lassen. Damit beauftragt wurden der mecklenburgische Baumeister Jörg Reinhard und der lombardische Architekt Andrea Spezza. Umgestaltungen in der Dänenzeit von 1737 bis 1743, der Bau eines nordöstlichen Flügels von 1774 bis 1778 (der so genannte Holmerflügel), eines Bibliotheksflügels von 1819 bis 1821 durch Carl Heinrich Slevogt und schließlich die letzte große Erweiterung durch den Festsaalflügel (1894–1897) machen das Schloss zu einer baugeschichtlich komplizierten Anlage. 1923 wurde im Schloss das Oldenburger Landesmuseum für Kunst und Kulturgeschichte eröffnet.

Peter Friedrich Ludwigs Hospital

Es ist das wohl schönste Bauwerk des Klassizismus in der Stadt Oldenburg: Das ehemalige Peter Friedrich Ludwigs Hospital, von 1838 bis 1841 als Krankenhaus errichtet, ist heute ein Kulturzentrum, in dem auch die Stadtbibliothek untergebracht ist. Der dreiflügelige Bau mit seiner 65 Meter langen Straßenfront, dem sechsteiligen Säulenportikus und zahlreichen Nebengebäuden wurde im Volksmund „Tempel der Kranken" genannt. Tatsächlich erinnert das von Heinrich Strack d. Ä. erbaute Krankenhaus – Baukosten: 65.000 Reichsthaler – eher an ein herrschaftliches Palais. Als das „PFL" am 8. Oktober 1841 seine Pforten öffnete, war es das erste allgemeine Krankenhaus im Großherzogtum Oldenburg und gehörte mit seinen 22 Zimmern und 136 Betten zu den fortschrittlichsten Krankenanstalten in Deutschland. Im Mai 1984 endete die medizinische Geschichte des „PFL", für dessen Bau der Namensgeber zu seinen Lebzeiten bereits 12.000 Reichsthaler in einen Fonds gezahlt hatte.

St.-Petri-Kirche Westerstede

Die Gründung der romanisch-gotischen St.-Petri-Kirche in Westerstede im Zeitraum von 1123 bis 1148 geht auf Erzbischof Adalbero von Bremen und auf eine Stiftung der Herren von Fikensolt zurück. Diese stifteten Grund und Boden und statteten die Kirche auch mit reichen Einkünften aus. Sie ist heute die größte Kirche im Ammerland und das Wahrzeichen der Stadt. Ihr Westteil mit Turm wurde nach der Überlieferung im Jahr 1232 geweiht. In einer zweiten Bauphase in der zweiten Hälfte des 13. Jahrhunderts wurde das Kirchenschiff vermutlich zum ersten Mal eingewölbt. Im 14. Jahrhundert erhielt der 48 Meter hohe Turm mit den spitzbögigen Fenstern sein markantes Aussehen, zugleich wurden im Längsschiff und im Chor Kreuzgratgewölbe eingebaut. 1979 wurde der Turm aufwendig restauriert und auf Träger gestellt. Der frei stehende Glockenturm südlich der Kirche stammt aus dem 13. Jahrhundert und wurde im 15. Jahrhundert aufgestockt und teilweise geschlossen.

Rathaus Delmenhorst

Das Delmenhorster Rathaus ist ein Musterbeispiel für die so genannte Reformarchitektur, mit der vor allem Bremer Architekten die Stadt im ersten Viertel des vorigen Jahrhunderts zur „Idealstadt“ umzuformen versuchten. Einer ihrer herausragenden Vertreter war Heinz Stoffregen, der das Rathaus, den 44 Meter hohen Wasserturm und die Markthalle gestaltete. Im Rathaus, erbaut von 1912 bis 1914, beeindruckt vor allem der Große Ratssaal mit den verzierten Glasfenstern und der roten Holzvertäfelung. Vor dem Saal hängen zwei Gemälde von Arthur Fitger, in den Rathausfluren stehen von Stoffregen entworfene Bänke. Auch die Möblierung im Trauzimmer stammt von ihm. Die Fassade zeigt Arbeiten des Bildhauers Ernst Wachhold sowie Atlanten und eine Stoffregen-Büste. Mit der Rathausanlage entstand das heutige Zentrum der Stadt.

Rasteder Schloss

Das Rasteder Schloss war lange Zeit die Sommerresidenz der Herzöge des Hauses Oldenburg und befindet sich noch heute im Familienbesitz. Es ist der wichtigste Profanbau im Ammerland. Im Mittelalter war Rastede Sitz eines bedeutenden, 1091 geweihten Benediktinerklosters, das geistiges und kulturelles Zentrum des Oldenburger Landes war. Im Zuge der Reformation ging der Klosterbesitz an die Grafen von Oldenburg über. Graf Anton Günther gestaltete ihn um zur Residenz mit Marstall und „Lusthaus“. Die in der Dänenzeit an einen Privatmann verkaufte und von diesem umgebaute Anlage kaufte Herzog Peter Friedrich Ludwig 1777 zurück. Er ließ ab 1782 den ersten rein klassizistischen Schlossbau des Oldenburger Landes errichten. Der 300 Hektar große Schlosspark wurde ab 1778 von dem in England geschulten Hofgärtner Carl Ferdinand Bosse im Stile eines Englischen Landschaftsgartens angelegt.

Was Recht und Unrecht ist

OLDENBURG. „Wer zuerst kommt, mahlt zuerst“: Auf Anhieb würde man dieses Sprichwort wohl nicht mit der Rechtsprechung in Verbindung bringen. Und doch geht es, wie eine Reihe weiterer Sprichwörter und Redewendungen auch, auf eines der bedeutendsten deutschen Rechtsbücher zurück, auf den Sachsenspiegel. Es beschreibt die Regel, die einst für die Reihenfolge des Kornmahlens galt. Die Oldenburger Landesbibliothek ist seit 1991 im Besitz einer bibliophilen Kostbarkeit, der bebilderten mittelalterlichen Handschrift des Sachsenspiegels, von der es nur noch vier Exemplare (Codices picturati) gibt. Es ist die einzige in reinem Mittelniederdeutsch geschriebene Handschrift und 1336 im Kloster Rastede entstanden.

Der Sachsenspiegel war von dem sächsischen Ministerialen Eike von Repgow zwischen 1224 und 1230/31 verfasst worden. Seine Sammlung und Aufzeichnung des bis dahin nur mündlich überlieferten sächsischen Gewohnheitsrechtes war insbesondere in Norddeutschland bis weit in die Neuzeit hinein eine wichtige Grundlage für die Rechtsanwendung und Rechtsprechung. Der Sachsenspiegel ist das erste große Rechtsdokument in Deutschland, das in deutscher und nicht in lateinischer Sprache verfasst wurde; zugleich ist es eines der ersten Prosawerke in deutscher Sprache. Es erhielt die Bezeichnung „Spiegel“, weil die Menschen wie in einem Spiegel Recht und Unrecht erkennen sollten.

Auftraggeber des Oldenburger Sachsenspiegels war Graf Johann III. (gest. 1344), der die Handschrift in dem 1091 gestifteten Benediktinerkloster Rastede anfertigen ließ; der Schreiber war Hinrich Gloyesten. Mit dem Codex, der ein Lehrbuch war und dessen Illustrationen das zeitgenössische Alltagsleben im Detail widerspiegeln, wollte der Graf einer möglichen Rechtsunsicherheit in seinem Lande vorbeugen, weil die jüngere Generation kaum mehr mit den Rechtssätzen der Vorväter vertraut war. 125 der 136 Pergamentblätter, 22,8 cm breit und 32,8 cm hoch, sind mit Rechtstexten beschrieben, 81 davon weisen zum Teil sorgfältig kolorierte Bildkolumnen auf. 40 Bildszenen finden sich nur in der Oldenburger Handschrift, in den Exemplaren in Dresden, Heidelberg und Wolfenbüttel gibt es dazu keine Parallelen. Starke Fingerspuren auf den illustrierten Blättern legen nahe, dass sie sehr häufig in die Hand genommen wurden.

www.lb-oldenburg.de

Mitbringsel? Kriegsbeute? Fromme Gabe?

Die Herkunft des sagenumwobenen Trinkhorns ist bis heute nicht geklärt

OLDENBURG. Mit ihm verbindet sich eine der volkstümlichsten Sagen des Oldenburger Landes: das „Oldenburger Wunderhorn“. Das spätgotische, vergoldete und aufwendig gestaltete Trinkhorn aus Silber, dessen Original im dänischen Schloss Rosenborg aufbewahrt wird, ist aber nicht nur Gegenstand einer Sage, sondern seine bis heute nicht geklärte Herkunft ist mindestens ebenso sagenumwoben.

Jeder Trank nimmt in dem Horn einen widerlichen Geschmack an.

Zuerst die Sage, die 1599 in der berühmten Hamelmann-Chronik erstmals publiziert wird, in Kurzfassung: Eine schöne Fee reicht Graf Otto von Oldenburg nach der Jagd im Barneführer Holz das prachtvolle Trinkhorn zur kühlen Labsal. Indes mutet ihn der Trank merkwürdig an, einige verschüttete Tropfen bestätigen seinen bösen Verdacht: Sie versengen ein paar Haare seines edlen Rosses. In hohem Bogen schüttet Otto das Trinkhorn aus, derweil die Fee wieder in einem Bodenspalt versinkt, und galoppiert zurück zu Jagdgenossen und Burg. Das kostbare Trinkhorn verleibt er zum Gedenken an seine wundersame Errettung der Schatzkammer des gräflichen Hauses ein, nutzt es aber nie zum Trinken, weil jeder Trank in dem Horn einen widerlichen Geschmack annimmt. In einer erweiterten Version der Sage prophezeit die Fee dem Grafen zudem für den Fall, dass er nicht trinkt, ewige Zwietracht im Grafenhaus.

Wie immer: In einem gegen Ende des 16. Jahrhunderts erstellten Inventarverzeichnis der gräflichen Schatzkammer ist das Kleinod tatsächlich aufgeführt und bleibt bis zum Jahr 1690 auch in Oldenburg. Dann wird es auf Geheiß des Königs von Dänemark, an den die Grafschaft Oldenburg-Delmenhorst nach dem Tod Graf Anton Günthers 1667 gefallen war, auf Schloss Rosenborg bei Kopenhagen gebracht.

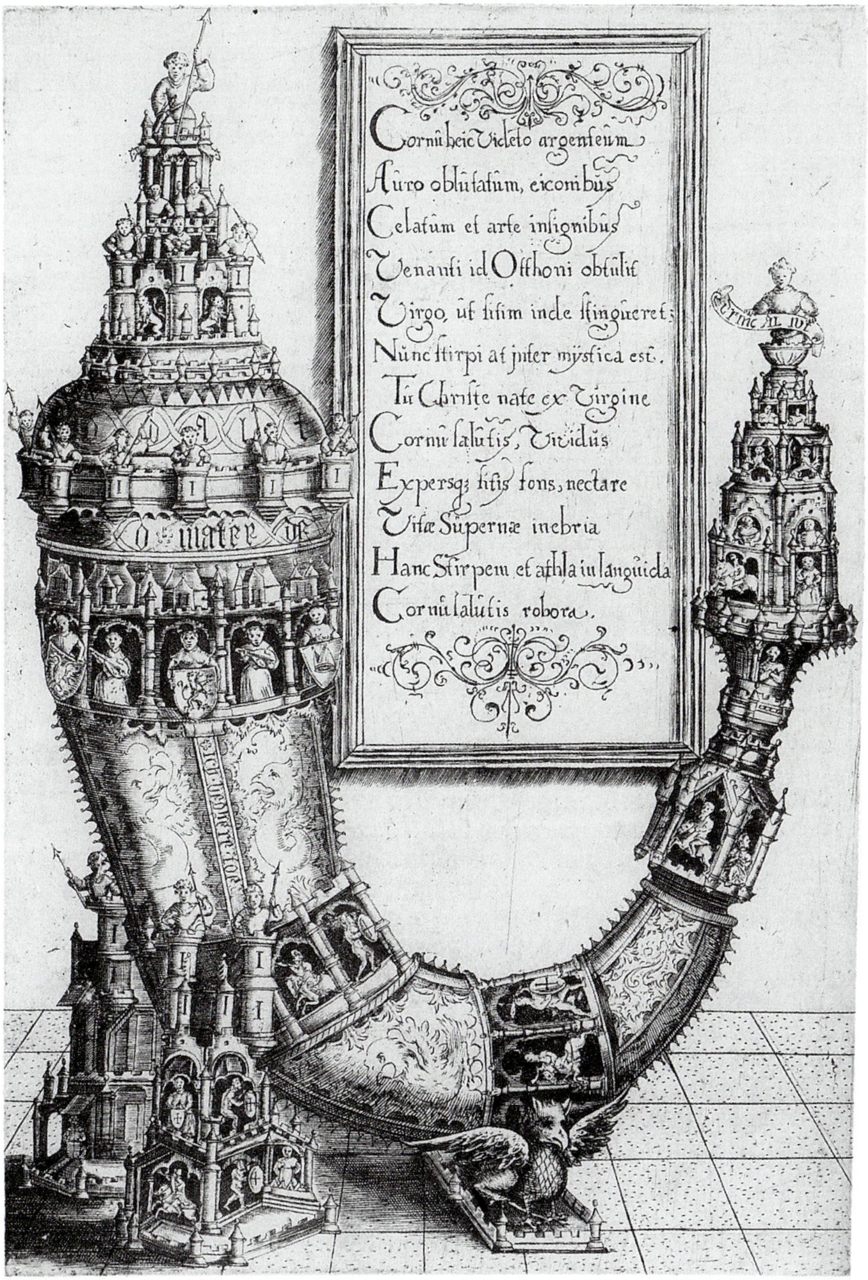

Das Oldenburger Wunderhorn: Kupferstich eines unbekannten, vermutlich niederländischen Meisters um 1595 (aus der „Oldenburgisch Chronicon" von Hermann Hamelmann, 1599).
Eine moderne Fassung des Wunderhornes im Oldenburger Stadtmuseum (Bild linke Seite).

Zu Entstehung, Fertigung und Herkunft des „Wunderhornes" gibt es lediglich Vermutungen. Als halbwegs verlässlich gilt noch die Datierung des Prunkgefäßes – zwischen 1455 und 1475 –, wie es jedoch in den Besitz des Oldenburger Grafenhauses gekommen ist, ist völlig unklar. Eine Annahme geht von einem Mitbringsel von einer Rheinfahrt aus, die das Brüderpaar Christian I. von Dänemark und Gerhard der Mutige von Oldenburg 1474/75 unternommen haben; eine andere spricht von einer Kriegsbeute, die Landsknechtführer Christoph von Oldenburg im Kölner Domschatz konfiszierte. Just das Gegenteil besagt eine dritte Version, wonach Christian I. und Gerhard der Mutige das Trinkhorn am Dreikönigstag 1475 dem Kölner Domschatz als fromme Gabe übereignen wollten, doch irgendwie daran gehindert worden sein sollen. Der frühere Oldenburger Museumsdirektor Gilly hat schließlich eine eigene Version entwickelt: Danach könnte das „Wunderhorn" eine Antwerpener Arbeit sein, die dem Brüderpaar Christian und Gerhard 1475 im Feldlager vor Neuss von Karl dem Kühnen von Burgund bei der Unterzeichnung des oldenburgisch-burgundischen Bündnisvertrages als Freundschaftspfand überreicht wurde.

QUELLE Wilhelm Gilly: Oldenburg, der Stuhl Petri, das Reich und die anderen Mächte Europas, Holzberg Verlag Oldenburg, 1989.

Vom armen in den Wilden Westen

Mehrere Zehntausend wanderten nach Amerika aus

OLDENBURG. Nein, der typische Oldenburger Amerika-Auswanderer war der Postschreiber Johann Friedrich Ernst nicht. Oder sollte man doch besser von Christian Friedrich Dierks schreiben? Unter diesem Namen wurde er jedenfalls am 18. Juni 1796 im friesischen Neustadtgödens geboren. Gestorben ist er dann zwischen dem 16. Mai und 10. Juli 1848 als Friedrich Ernst in der ersten deutschen Ortsgründung in Texas, der er 1829 den Namen „Industry“ gab. Er wurde in Texas als „Vater der deutschen Einwanderung“ bekannt. Die wahre und abenteuerliche Geschichte dieses Mannes wurde allerdings erst fast 150 Jahre später ausgegraben: Der hochangesehene Neu-Amerikaner Friedrich Ernst war nämlich ein Posträuber.

Auf solche bizarren Lebensgeschichten stößt der Oldenburger Historiker Dr. Wolfgang Grams (52) immer mal wieder. Er forscht seit etwa 20 Jahren über Amerika-Auswanderer aus der Region, erst an der Universität Oldenburg, dann gründete er 1997 „Routes to the Roots“, ein privatwirtschaftlich betriebenes, forschungsnah arbeitendes Institut, das zugleich Reiseveran-

© Deutsches Schiffahrtsmuseum Bremerhaven

Seit 20 Jahren erforscht Dr. Wolfgang Grams die Amerika-Auswanderung aus der Region. Europas bedeutendster Auswandererhafen war Bremerhaven; das Gemälde stammt aus dem Jahr 1870 (links), das Foto entstand in den 1920er-Jahren (oben). – Eine bizarre Auswanderer-Geschichte verbindet sich mit dem steckbrieflich gesuchten Posträuber Friedrich Ernst (Bild links unten).

stalter ist. Grams und seine Mitarbeiter helfen und begleiten Amerikaner, die auf den Spuren ihrer Vorfahren und auf der Suche nach ihren historisch-biographischen Wurzeln nach Deutschland kommen. Umgekehrt bringen sie deutsche Reisende schon mal zu einer Kohlfahrt des Plattdüütschen Volksfestvereens nach New York-Brooklyn, zur Steubenparade oder nach „Little Oldenburg" in Nebraska. Als „Popularisierung von Wissenschaft und eine Form von Kulturarbeit" beschreibt Grams seine zwischen Forschung und Tourismus wechselnde Tätigkeit.

Am 7. Januar 1869 erstellte der Gemeindevorstand von Hude eine Liste von neun Personen, die im verflossenen Jahr „auf ihre Heimath verzichtet haben" und nach Amerika ausgewandert waren. Fast die gesamte Gruppe, darunter auch ein Hermann Voigt aus Hudermoor, seine Frau und sein Sohn, finden sich gut ein Jahr später in Logan County wieder, einer Gegend im Nordosten von Nebraska. Rund zwei Wochen hatte die Überfahrt an Bord des Bremer Dampfers „Main" nach New York gedauert, berichtete Voigt in einem Brief vom 8. November 1870 in die alte Heimat. Danach fuhren die Auswanderer mit dem Zug weiter nach Nebraska. Voigt gehörte zu den ersten Siedlern, die unweit des Platte Rivers an der Eisenbahnlinie nach Westen „Little Oldenburg" gründeten. Er baute eine Farm auf und starb am 31. Mai 1886.

Diesen für Auswanderer schon eher typischen Lebensweg hat Grams wie viele andere recherchiert und in einer Datenbank dokumentiert. Auf mehrere Zehntausend schätzt er die Zahl der (legalen) Auswanderer aus dem Oldenburger Land in der Zeit zwischen 1830 bis 1880, die meisten davon kamen aus den heutigen Landkreisen Cloppenburg und Vechta, aus der Wesermarsch und aus Delmenhorst. Aber auch illegal hat sich vermutlich eine nicht unbeträchtliche Zahl von Männern und Frauen nach Amerika aufgemacht. Im Gegensatz zum ersten großen europäischen Emigrantenstrom in die USA im 18. Jahrhundert, der in der Hauptsache aus Süddeutschland kam, religiös oder politisch motiviert war und an der das Großherzogtum Oldenburg dank seiner liberalen Regierung kaum Anteil hatte, wagten die nächsten Auswanderer-Generationen das

Zur Beförderung von Auswanderern und Reisenden mit den Dampfschiffen des Norddeutschen Lloyd empfiehlt sich
Edo Meiners, conc. Lloydagent.
Oldenburg, Achternstr. 46 oben.

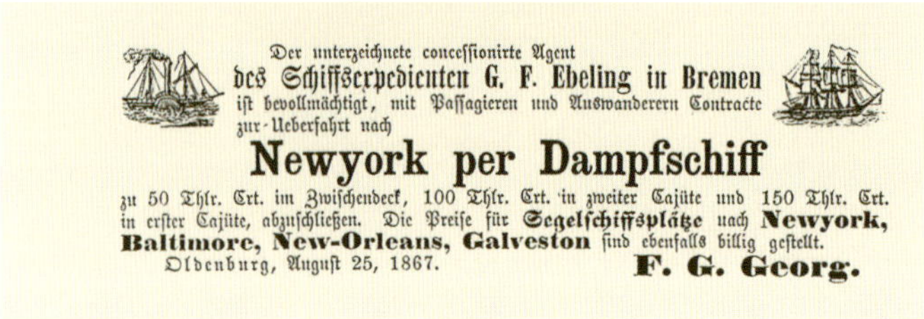
Der unterzeichnete concessionirte Agent
des Schiffsexpedienten G. F. Ebeling in Bremen
ist bevollmächtigt, mit Passagieren und Auswanderern Contracte
zur-Ueberfahrt nach

Newyork per Dampfschiff

zu 50 Thlr. Crt. im Zwischendeck, 100 Thlr. Crt. in zweiter Cajüte und 150 Thlr. Crt. in erster Cajüte, abzuschließen. Die Preise für **Segelschiffsplätze** nach **Newyork, Baltimore, New-Orleans, Galveston** sind ebenfalls billig gestellt.

Oldenburg, August 25, 1867. **F. G. Georg.**

Abenteuer, weil sie „aus ihren angestammten Lebensläufen ausbrechen wollten", wie Grams sagt.

Die europäische Aufklärung, die das Recht auf ein selbstbestimmtes Leben postulierte, das Versprechen der amerikanischen Verfassung, in der das „Streben nach Glück" verankert ist, und eine Reihe von ökonomischen Gründen, von Missernten über Erbteilungen bis zum Bevölkerungswachstum, bildeten zusammen ein Bündel von Motiven, das vor allem auch eine ganz große Hoffnung enthielt: In den Weiten Nordamerikas endlich eigenes Land bewirtschaften zu können! „Der Wunsch nach Landbesitz war die treibende Kraft", sagt Grams.

Insbesondere für die einfachen Menschen auf dem platten Land, die sich in der Mehrzahl noch bei Bauern ver-

Auswanderer aus dem Norden Deutschlands, die sich in Nebraska niedergelassen haben, bauten vielfach zunächst so genannte Sod-houses aus Torfsoden. – Die Grafik zeigt die fünf Oldenburg-Gründungen, die Grams recherchiert hat.

dingten und allerhöchstens 10 bis 15 Taler an Bargeld am Ende eines Jahres zusammengespart hatten, mussten die Berichte der Pioniere wie Erzählungen aus einem märchenhaften Land anmuten: Konnte man doch in dieser neuen Welt einen ganzen Dollar, also einen Taler, an einem einzigen Tag verdienen, und auch ein Stück Land in der Größe eines Hektars war schon für weniger als einen Dollar zu erwerben. Nach dem Bürgerkrieg (1861–65), als die Nation buchstäblich ausgeblutet und der Regierung daran gelegen war, den Bevölkerungsschwund auszugleichen, wurde den Einwanderern sogar Land geschenkt, 160 Acres, das sind 64 Hektar, gab es gegen eine geringe Verwaltungsgebühr. Der ehemalige Oldenburger Postschreiber Ernst, der eine Art Musterfarm hatte, schrieb schon 1832 aus Texas einen langen und in mehreren Zeitungen abgedruckten Brief an seine alten Freunde in Deutschland: „Kommt alle, ... keiner verliert beim Tausche.“ Viele folgten ihm, ganze Familienverbände verkauften Hab und Gut und wanderten aus. Es entwickelte sich das, was Historiker als „Kettenwanderung“ bezeichnen, sagt Grams: „Der eine zieht den anderen nach.“ Einer der oldenburgischen Siedlungspioniere, der eine solche Kettenwanderung auslöste, war Franz Joseph Stallo aus Sierhausen in der Nähe von Damme. Er ging 1831 mit fünf Kindern nach Amerika. Dem Schullehrer, Buchdrucker und Buchbinder, ein aufrührerischer und freisinniger Mann, der zu Steuerverweigerung und Auswanderung aufrief, blieb, nachdem seine Druckerei von der Obrigkeit konfisziert worden war, selbst nur noch die Auswanderung. Er startete sein neues Leben zunächst in Cincinatti, einer Stadt, in der im Jahr 1840 16.000 von 40.000 Einwohnern deutsche Einwanderer waren, und setzte seine Agitation in Briefen an die alte Heimat heftig fort. Mit großem Erfolg, wie sich bald zeigte, als viele aus der Gegend um Damme, Vechta und Osnabrück ihm in den amerikanischen Westen folgten. Sie erwarben gemeinsam Land in Ohio und gründeten eine Siedlung, die sie – gegen den Willen von Stallo – „Stallotown“ nannten, später aber, als es Ärger mit dem Namensgeber gab, in Minster umtauften.

Der Wunsch nach Landbesitz war die treibende Kraft.

Es waren nicht die allerärmsten Schlucker, die nach Amerika aufbrachen. Denn immerhin 30 bis 40 Taler, das Drei- bis Vierfache eines durchschnittlichen Jahresverdienstes auf dem Lande, mussten für ein Schiffsticket hingelegt werden. Von Cuxhaven bis Damme, von Verden bis

GROSSHERZOGTHUM OLDENBURG.

REISE PASS

Herzogthum Oldenburg.

Alle Civil- und Militair Behörden

werden hierdurch ersucht

No. 365.

Bezeichnung des Inhabers dieses Passes.

Religion
Alter
Grösse
Statur
Haare
Stirn
Augen
Augenbraunen
Nase
Mund
Zähne
Kinn
Bart
Gesichtsform
Gesichtsfarbe
Besondere Kennzeichen

Unterschrift

Martin Christian Ernst

gebürtig aus Jever

und wohnhaft Jever

welcher von hier über Bremerhaven

nach Newyork

zu reisen gewillet ist, frey und ungehindert passiren und repassiren zu lassen, auch denselben nöthigenfalls zur Beförderung seiner Reise behülflich zu seyn

Dieser Pass ist gültig auf zwei Jahre

Oldenburg, den vierzehnten Februar

Eintausend Achthundert und ein und Sechzig

Großherzoglich Oldenburgische Regierung des Herzogthums Oldenburg

Reisepass eines Auswanderers aus Jever.

In Illinois baute sich die Auswandererfamilie Behrens aus Ostfriesland ein Holzhaus (Bild rechts oben).

Strücklingen war die Region mit einem Netz von privaten Agenturen überzogen, die Auswanderer berieten und ihnen quasi ein Pauschalarrangement anboten, von der Anfahrt nach Bremerhaven über die Schiffspassage bis zur Zugfahrt in den Staaten. Man müsse sich die Arbeit dieser Agenturen, eine davon war im Oldenburger Degode-Haus untergebracht, vorstellen wie „Vorläufer der Reisebüros", sagt Grams. Bremerhaven wurde von 1830 an zu Europas geschäftigstem und bedeutendstem Auswandererhafen, Spötter sprachen von „New York's Outer Harbor". Aber auch die Häfen Brake und Elsfleth und Schiffe unter oldenburgischer Flagge hatten durchaus ihren Anteil am einträglichen Geschäft mit den Auswanderern.

So wenig es genaue Zahlen über die Auswanderung in die USA aus dem Oldenburger Land gibt, so wenig gibt es Zahlen über die Rückkehrer. Zwischen 10 und 30 Prozent, wird geschätzt, kamen in die alte Heimat zurück, entweder noch ärmer, als sie losgefahren waren, oder um den Daheimgebliebenen vorzuführen, zu welchem Wohlstand und Ansehen sie es gebracht hatten. Für die allermeisten deutschen Auswanderer jedoch, die sich im 19. Jahrhundert in der Regel in den Staaten des Mittleren Westens niedergelassen hatten, war der Schritt eine unumkehrbare „Lebensentscheidung".

Fünf Ortsgründungen mit dem Namen Oldenburg hat Grams im Laufe der Jahre recherchiert, über manche ist freilich längst wieder das Gras gewachsen. Oldenburg in Indiana, einst von Einwanderern aus Südoldenburg gegründet, ist mit 2000 Einwohnern

© Archiv Grams-routes

auch heute noch eine stattliche Gemeinde. Zu „Little Oldenburg" gibt es kein Ortsschild mehr, es bezeichnet jetzt einen Landstrich in Nebraska. Von jenem Oldenburg in Texas, das 1886 Gustav Steenken, August Heinze und Johannes Schmidt unweit von der Ernst-Gründung „Industry" aufgebaut haben, stehen auch nur noch ein paar Häuser mit vielleicht 80 Einwohnern. Oldenburg in Illinois am Ostufer des Mississippi war es ebenso wenig vergönnt, auf Dauer zu bestehen. Sein Ruf soll wegen eines Bordells nicht der beste gewesen sein. In den Zeiten der Prohibition in den 1920/1930er-Jahren gab es in dem Flecken tatsächlich noch ein als anrüchig geltendes Ausflugslokal, das von Männern aus dem nahen St. Louis besucht wurde. Und nur noch ein Ortsschild ist auch von Oldenburg in Mississippi übrig geblieben.

Auch die Häfen Brake und Elsfleth und Schiffe unter oldenburgischer Flagge hatten Anteil am einträglichen Geschäft mit den Auswanderern.

Zurück zum Posträuber Ernst: In einem Museum in San Antonio halten ihn die Texaner als den „Vater der deutschen Immigration in Texas" hoch in Ehren, sein Portrait hängt in der deutschen Ecke. Dass er 1829 an seinem Arbeitsplatz im „Ersten Staatlichen Postgebäude" in Oldenburg mehr als 1600 Taler unterschlug, ein Vermögen für damalige Verhältnisse, das ihm und seiner sechsköpfigen Familie 1830/1831 eine komfortable Flucht über Le Havre, New York und New Orleans in die Nähe von Austin ermöglichte, ist mittlerweile wahrscheinlich auch bis Texas gedrungen. Doch die Texttafel zum Beispiel im Ernst Memorial Park in Industry erwähnt nichts von diesem Vorleben des 1829 im Oldenburger Land steckbrieflich gesuchten Postschreibers. Er hat sich um seine neue Heimat offenbar so große Verdienste erworben, dass niemand ein Interesse daran zu haben scheint, an seinem guten Ruf zu kratzen.

Routes to the Roots

„Routes to the Roots" ist aus einem Forschungsprojekt an der Universität Oldenburg hervorgegangen und von dem Inhaber Dr. Wolfgang Grams seit 1997 privatwirtschaftlich etabliert. „Routes to the Routes" führt gegen Honorar historisch-biographische Recherchen durch, ermittelt Herkunft und Verbleib von Auswanderern, organisiert Kulturprojekte, Ausstellungen und historische Datenbanken. Studienreisen führen amerikanische Besucher auf familienhistorische Exkursionen nach Deutschland und Deutsche in die USA. Eine in englischer Sprache gehaltene „Heritage-Map Northwest" stellt das Oldenburger Land im Spiegel der Auswanderungsgeschichte vor. Datenbanken, Recherchehilfen und Oldenburger Auswanderer auf den Webseiten: www.routes.de, www.roots-in-germany.de, www.familienkunde-oldenburg.de und www.dausa.de

Beileibe nicht mit offenen Armen empfangen

Wie aus Flüchtlingen ganz allmählich Oldenburger wurden

Mit einigen wenigen Habseligkeiten sind Zehntausende von Vertriebenen in den Jahren nach dem Krieg im Oldenburger Land angekommen. Auf dem Delmenhorster Bahnhof wurden aus Polen vertriebene Schlesier von einem Team englischer Quäker in Empfang genommen (Bild rechts oben). Die Fotos stammen aus den Jahren 1946 und 1947.

OLDENBURG. Es ist gewiss Zufall und doch symptomatisch: Horst Milde (72) und Hans-Ulrich Minke (70) haben beide eine Schwarzbrotschnitte vor Augen, wenn sie sich an die ersten bleibenden Eindrücke von ihrer Ankunft in den Orten erinnern, in denen sie nach der Vertreibung gelandet waren. Der eine bekam die Schnitte am 30. Juni 1946. Da war der damals 13-Jährige mit seinen Eltern im ostfriesischen Holtland angekommen. Noch heute mutet ihn der Belag aus Schinken und Zucker etwas seltsam an. Der andere bekam seine mit Apfelmus bestrichene Schnitte am 16. Oktober 1946 bei seiner ersten Mahlzeit im ammerländischen Vreschen-Bokel. Dort hatten der damals Zehnjährige und seine Mutter nach einer eineinhalb Jahre dauernden Odyssee durch tschechische Arbeitslager und die sowjetische Besatzungszone schließlich den Vater und Ehemann in die Arme geschlossen.

Sowohl Milde, der spätere Oldenburger Oberbürgermeister und Niedersächsische Landtagspräsident, als auch Minke, der spätere Oldenburger Landespfarrer der Diakonie, sind nach dem Zweiten Weltkrieg aus ihrer Heimat Schlesien gewaltsam vertrieben worden. Ihre Eltern und Großeltern und sie als Kinder haben an Leib und Seele erlitten, was Millionen von Vertriebenen haben erleiden müssen: die bitteren Erfahrungen von Flucht, Vertreibung und Deportation und einen radikalen Existenz-, Traditions- und Kulturbruch. Plötzlich herausgerissen aus ihrer Lebenswelt, die sie geprägt hatte, ihren sozialen Bindungen und ihrer Kultur, mussten sie sich in einer Lebenswelt zurechtfinden, die nicht nur neu für sie war, sondern oft abwehrend auf sie reagierte. Mehr als 60 Jahre danach arbeiten Milde und Minke im Auftrag der Oldenburgischen Landschaft gemeinsam an einem Buch über die Geschichte der Vertriebenen im Oldenburger Land.

Das Oldenburger Land ist durch die Vertriebenen anders geworden.

„Das Oldenburger Land ist durch die Vertriebenen anders geworden. Seine Gesellschaft hat sich nachhaltig verändert“, sagt Minke. Zu den 600.000 Einwohnern 1945 waren bis 1950 mehr als 200.000 Vertriebene hinzugekommen. Die Ankunft von so vielen Menschen konnte nicht ohne nachhaltige Wirkung auf die Lebenswelt und die Kultur bleiben. Was heute von Milde als ein „Segen für das Land“ gewertet wird, war ein mühsamer, schwieriger und zuweilen auch äußerst schmerzvoller Integrationsprozess, der den Vertriebenen abverlangt wurde und sich bei Einzelnen mitunter sogar über Jahrzehnte hinzog.

Zwar verklärt der Abstand der Jahre manche Erinnerung, doch die Antworten in einer repräsentativen Umfrage unter Vertriebenen zu Vertreibung und Neuanfang im Oldenburger Land lassen keinen Zweifel zu: Sie wurden beileibe nicht mit offenen Armen empfangen. Mehr als die Hälfte sagen auch 60 Jahre später noch, dass die Einheimischen „abweisend“ bis „distanziert“ gegenüber den Neuankömmlingen aus den ehemaligen Ostgebieten gewesen seien; die anderen urteilen in der Rückschau milder, sie seien „freundlich“ bis „verständnisvoll“ aufgenommen worden.

Ein englischer Offizier bringt eine Badewanne in ein Flüchtlingslager im Oldenburger Land (1947).

„Wie sollte es auch ohne Probleme gehen?", sagt Minke. Da standen eines Tages Leute vor der Tür, ausgeplündert und zerlumpt, ungewaschen und unrasiert, entwurzelt und gedemütigt, mit denen die Einheimischen nun zwangsweise Haus, Wohnung, Töpfe, Tassen und Teller teilen mussten: „Niemand, weder die Vertriebenen noch die Einheimischen, waren – auch nur ansatzweise – darauf vorbereitet, dass der Krieg in dieser Katastrophe enden und solche Auswirkungen und Konsequenzen haben würde." Fast täglich trafen Transporte mit Menschen aus Landschaften und Orten ein, die den Oldenburgern eher fremd waren. Die Ankunft der Neuankömmlinge bedeutete für die Alteingesessenen, auf nicht absehbare Zeit Einbußen in der ohnehin nach dem Krieg kargen Lebensqualität hinnehmen zu müssen. Einheimischen wie Heimatvertriebenen gestand die britische Militärregierung per Dekret 3,7 Quadratmeter Wohnraum zu. Befürchtungen, wie sie etwa der damalige niedersächsische Verkehrsminister Martens – er lebte in der Wesermarsch – äußerte, der 1947 in den Heimatvertriebenen, „da noch nicht integriert, eine ständige Gefahr für die ordnungsmäßige Wirtschaft und die Moral" sah, blieben allerdings Einzelstimmen.

Jeder Wohnblock beherbergt ein Dorf.

Was auf dem Land und, in noch viel wuchtigeren Dimensionen, in den Städten geleistet werden musste, um den Strom der Vertriebenen zu verkraften und unterzubringen, belegen zum Beispiel drastische Zahlen aus Delmenhorst und Oldenburg. Delmenhorst, das 1939 38.000 Einwohner zählte, wuchs allein von März bis August 1946 um 8000 Neubürger, für die Wohnraum bereitgestellt werden musste. Die Stadt Oldenburg, 1944 noch 80.000 Einwohner groß, hatte sechs Jahre später 120.000 Einwohner. Der größte Teil der „Flüchtlinge" – das Wort Vertriebene war seinerzeit politisch verpönt, beschrieb es doch zu offenkundig deren gewaltsames und systematisch betriebenes Schicksal – fand erst einmal Unterschlupf in Sammellagern, Notunterkünften in Sälen von Gaststätten, in Schulen, in Turnhallen und Kasernen.

In Oldenburg wurde die Hindenburgkaserne im Stadtsüden die größte geschlossene Flüchtlingssiedlung des Landes. Rektor Joachim Engelmann beschrieb im Mai 1950 in der „Schlesischen Rundschau", diese Unterkunft: „Kreyenbrück ist ein Kinderdorf! Fast 53 Prozent aller Einwohner sind Kinder und Jugendliche … Nur 8 – 9 Prozent der Einwohner sind arbeitsfähige Männer. Kreyenbrück ist also auch eine Frauensiedlung! … Die Wohndichte ist zehnmal so hoch wie die in Rumpfdeutschland, jeder Wohnblock beherbergt durchschnittlich 38 bis 45 Familien mit rund 190 Menschen … Die Belegung eines Wohnblockes entspricht der eines normalen Oldenburger Dorfes."

Abgesehen vom wirtschaftlichen Aufschwung nach der Währungsreform, der die Hungerjahre beendete und die Sorgen ums tägliche Brot allmählich vergessen ließ, setzte sich bei vielen Vertriebenen schon früh die Einsicht durch, dass es wahrscheinlich keine Rückkehr in die alte Heimat mehr geben würde. Sie begannen, den zunächst nur als vorübergehend empfundenen Zufluchtsort als die neue Heimat zu akzeptieren. Immerhin bekannten sich in der Umfrage 18 Prozent zu dieser Einsicht. Auf die Frage, was ihnen das Einleben im Oldenburger Land erleichtert habe, sagten 18 bzw. 23 Prozent, die Anerkennung in der Nachbarschaft bzw. einheimische Freunde hätten maßgeblich zur Eingewöhnung beigetragen. „Wir waren doch nach allem, was wir bei der Vertreibung durchgemacht hatten, so froh, wenn die Leute hier freundlich waren. Das war doch viel wichtiger als etwa die Frage, ob man in einer Wohnung mit Spülklosett saß oder über den Hof zum Plumpsklo musste", sagt Milde.

Horst Milde (links) und Dr. Hans-Ulrich Minke schreiben gemeinsam an einem Buch über die Geschichte der Vertriebenen im Oldenburger Land. Minke, Leiter der Arbeitsgemeinschaft Vertriebene der Oldenburgischen Landschaft, hat zusammen mit Stefan Wenskat eine Umfrage zur Situation der Heimatvertriebenen 60 Jahre nach der Vertreibung ausgewertet und unter dem Titel „Zuhause sind wir jetzt im Oldenburger Land" zusammengefasst (Isensee-Verlag, Oldenburg, 2005, 106 S., Abb. ISBN 3-89995-259-6)

Der Ollnborger Kring, damals von Heinrich Diers geleitet, wurde in dieser Zeit für die Heimatvertriebenen eine wichtige Anlaufstelle. Er unterlief nämlich das von den Briten dekretierte und von den deutschen Ministerpräsidenten bestätigte Koalitionsverbot für die Heimatvertriebenen, indem er ihnen anbot, ihre Lieder, ihre Tänze, ihr Brauchtum unterm Dach des Krings zu pflegen. Es entstand, berichtet Milde, gewissermaßen im „Untergrund" der Anfang einer Vertriebenen-Organisation, denn erst 1948 wurden die Landsmannschaften offiziell zugelassen. Sofort als gleichberechtigt anerkannt wurden die Vertriebenen in ihren Kirchengemeinden: Die Kirchen im Oldenburger Land wuchsen beträchtlich, die römisch-katholische von 141.000 (1939) auf 220.000 (1950), die evangelische von 382.000 (1939) auf 554.000 (1950). Es wurden neue katholische Gemeinden im protestantischen Norden gegründet, und umgekehrt entstanden evangelische Gemeinden im Oldenburger Münsterland.

Dennoch: Es brauchte seine Zeit, bis die Vertriebenen einigermaßen heimisch wurden und noch viel länger dauerte es in der Regel, bis sie sich als „Oldenburger" fühlten. „Ich war vom Bewusstsein her Schlesier, so wie andere etwa Bayern sind, und habe mich sehr lange nicht als Oldenburger gefühlt", sagt Minke. Für viele Vertriebene, so sie nicht zu den wenigen zählen, die sich entweder „von Anfang an" als Oldenburger fühlten oder „es nie werden", war dieses Gefühl, nun ganz dazuzugehören, meistens verbunden mit privaten Ereignissen: Hochzeit, Geburt der Kinder, Beginn der Schulzeit oder auch ein Besuch in der alten Heimat, deren Verlust die überwiegende Mehrzahl als Konsequenz aus dem verlorenen Krieg zu akzeptieren lernte.

Nun bin ich nur noch Oldenburger!

Minke kann sich noch genau erinnern, dass er 1980 bei einer Reise durch ein verregnetes und unwirtliches Schlesien ein Oldenburger wurde: „Da habe ich laut zu meiner Frau gesagt: Nun ist aber Schluss mit dem Schlesier. Nun bin ich nur noch Oldenburger!"

Was ihn freilich nicht hinderte, weiter nach Schlesien zu reisen und seine schlesischen Wurzeln lebendig zu halten. 1975 hatte er sich als Pfarrer in Wilhelmshaven schon bei einer Wahlparty für die Wiederherstellung eines selbstständigen Landes Oldenburg engagiert.

Auch Milde hat schon lange eine pragmatische Balance zwischen der Zugehörigkeit zur alten und neuen Heimat gefunden: Wann immer er in seine Heimatstadt Breslau fährt, „fahre ich nach Hause". Wenn er dann in Breslau die Rückreise antritt, fährt er „eben auch wieder nach Hause – und das ist dann Oldenburg".

Mario Ammazzalorso – der Autodidakt in seiner Restaurantküche.

Ein italienischer Oldenburger. Oder ein oldenburgischer Italiener

Mario Ammazzalorso gehört zur ersten Generation der Migranten, die man damals Gastarbeiter nannte

Oldenburg. Ein schöneres Kompliment kann man einer Stadt kaum machen. Er sei, sagt Mario Ammazzalorso (63), „in Oldenburg selten jemand begegnet, der mir unangenehm gewesen wäre“. Gut 40 Jahre lebt er nun in der Stadt. Dabei hat es durchaus Situationen gegeben, in denen er, der heute das Restaurant „Italia“ in Sandkrug betreibt, in Oldenburg auch herbe Erfahrungen machen musste. Anfang der 1970er-Jahre etwa, als er eine Wohnung suchte. Der Makler, dem am Telefon nicht aufgefallen war, dass ein Italiener anrief – was nur belegt, wie perfekt Ammazzalorso offenbar schon seinerzeit die deutsche Sprache beherrschte –, lehnte es im persönlichen Gespräch rundweg ab, einem Ausländer eine Wohnung zu vermitteln. Er hätte besser den Mund gehalten. Am nächsten Tag berichtete die Nordwest-Zeitung darüber, der Ammazzalorso noch aus der Telefonzelle vor dem Maklerbüro den Vorfall geschildert hatte. „Wir vermieten nicht an Ausländer!“, war der Artikel überschrieben. Wenige Tage später hatte die Familie eine neue Wohnung.

Mario benötigte, weil nicht volljährig, die Unterschrift der Mutter, um Italien verlassen zu können.

Er sei immer bereit gewesen, sich den Gegebenheiten in Deutschland anzupassen, aber er habe sich auch zu wehren gewusst, sobald er sich benachteiligt oder unfair behandelt fühlte, sagt Ammazzalorso. Im Gegensatz zu den allermeisten Gastarbeitern, wie die Migranten der ersten Generation hießen, die mit dem in Deutschland verdienten Geld ihre Familien in der Heimat ernährten und Unfreundlichkeiten im Betrieb oder auf der Straße häufig schluckten, ging der 18-Jährige aus einer gutbürgerlichen Familie in Pescara Anfang November 1962 nicht aus materiellen Gründen, sondern aus Abenteuerlust ins Ausland. Er benötigte, weil nicht volljährig, die Unterschrift der Mutter, um überhaupt das Land verlassen zu können. „Du hast ja noch nie ein Ei gekocht oder einen Pott Wasser aufgesetzt“, warnte sie ihren ältesten Sohn. Vergebens. Er wollte nach Frankreich, nachdem er die Schule als ausgebildeter Maschinenbautechniker abgeschlossen hatte. Doch schließlich fuhr er mit der Bahn nach Braunschweig, weil bei der Vermittlungsagentur in Mailand sein Arbeitsvertrag für Frankreich verloren gegangen war und er sich, um nicht zurück nach Pescara zu müssen, von einem deutschen Anwerber hatte anheuern lassen.

Ein halbes Dutzend Arbeitsstellen probierte Ammazzalorso aus, in Braunschweig, Berlin, Düsseldorf, Frankfurt und Oldenburg, ehe er sich 1970 bei Hüppe in Oldenburg festsetzte und 19 Jahre und 11 Monate lang blieb. Das sagt einerseits einiges über die Arbeitsmarktlage in jener Zeit aus, andererseits über Marios Selbstbewusstsein: „Ich habe immer gern gearbeitet, aber auch darauf geachtet, mich nicht billig zu verkaufen.“ Der junge Mann aus Mittelitalien, der anfangs nicht ein einziges Wort verstand und zehn Jahre brauchte, eher er sich überwinden konnte, auch mal eine „deutsche“ Tasse Kaffee mit Milch zu trinken, hatte zunächst schwer mit der „Unlogik der deutschen Sprache“ zu kämpfen. Und noch etwas fiel ihm auf: Allenthalben begegnete ihm eine „skandierte Sprache und ein militärischer Befehlston“. Heute seien die Deutschen in Tonfall und Ausdruck „viel weicher“, sagt er. Zuhause redet die Familie Ammazzalorso seit langem nur noch Deutsch.

Bei der Fußballweltmeisterschaft wurde er wieder zum Tifosi.

Einige Stationen auf Marios Lebensweg hätte sich ein Drehbuchautor nicht phantasievoller ausdenken können. Nach Oldenburg etwa hat es ihn regelrecht verschlagen. Denn Mitte der 1960er-Jahre verfranzen sich er und Freunde auf dem Heimweg von der Reeperbahn in Hamburg nach Braunschweig und irren stundenlang über norddeutsche Landstraßen, ehe sie am Ende hungrig im „Wienerwald“ in Oldenburg landen. Einige Wochen später packt Mario seine Siebensachen in Braunschweig und zieht um nach Oldenburg, denn an jenem ersten Abend hatte er sich Hals über Kopf in eine Kellnerin verguckt, der er später auch nach Frankfurt folgt. 1968 kehrt er, jetzt wieder solo, zurück nach Oldenburg und trifft schon nach ein paar Tagen – in einem kleinen Restaurant mit Namen „Romantica“ – seine zukünftige Frau Maria Rosa, eine 20-Jährige aus Kalabrien, die eben von Zuhause durchgebrannt war und eine Arbeitsstelle in Oldenburg gefunden hatte. Er sei, sagt Ammazzalorso, wenn er sich an die ersten Tage erinnert, gleich in Oldenburg „vernarrt“ gewesen und habe sich sofort wohl gefühlt.

1986 kommt es wieder zu einer Zäsur im Leben der Familie. Nicht zuletzt, weil Ammazzalorso ahnt, dass bei Hüppe die Krise, die dann ja auch bald einsetzte, nicht mehr fern ist, übernehmen er und seine Frau in einem Stadtteil im Süden ein kleines Eiscafé. Unbeleckt von jeglichen Kenntnissen, beginnt Mario, der noch bis 1990 bei Hüppe arbeitet, nächtelang mit Eis-Rezepturen zu experimentieren, ziemlich verlustreich, wie er einräumt, bis

es endlich nach seinem Geschmack gelingt. Autodidakt ist er dann auch als Koch in seinen Restaurants, über die Jahre arbeitet er sich gleichsam von der schlichten Pizza zum mehrgängigen Menü hoch. Auf Wunsch hat er sich einmal auch an Grünkohl gewagt, aber alles getan, um das im Vergleich zur italienischen Küche doch eher massige Gericht weitgehend zu entfetten und mit Öl und Balsamico zu verfeinern. Er habe das Grünkohlessen „italienisiert“, sagt er.

Ist Mario Ammazzalorso, der nie die deutsche Staatsangehörigkeit beantragt hat, nun nach über 40 Jahren in Oldenburg immer noch ganz Italiener oder doch schon mehr ein Deutscher? Für seine erwachsenen Kinder, zwei Söhne und eine Tochter, weiß er die Antwort. Sie seien eher Deutsche, was sich schon daran zeige, dass sie „lieber nach Mallorca als nach Italien

Mario und Maria Rosa Ammazzalorso: auf dem Hochzeitsfoto, 1969 in Oldenburg aufgenommen, und heute vor ihrem Restaurant in Sandkrug.

fahren“. Für sich selbst, der nur noch selten nach Pescara am Fuße der Abruzzen kommt, ist die Zuordnung weniger eindeutig. Er lebe ganz wie ein Deutscher, sagt er, und stelle dann doch immer wieder fest, dass er aus seiner italienischen Haut nicht herausschlüpfen kann. Zuletzt bei der Fußballweltmeisterschaft, wo er wieder zum Tifosi wurde. Eines ist er aber längstens: ein Oldenburger. Mal ein italienischer Oldenburger, mal ein oldenburgischer Italiener.

Cavolo Verde all' Italiana

Grünkohl auf Italienisch

Zutaten für 4 bis 6 Personen

2 kg Grünkohl
ca. 500 g Kartoffeln,
Kochwurst, Pinkel nach Geschmack
500 g Kasselerlachs
300 g Bauchspeck
700 g Zwiebeln
2 Zehen Knoblauch
500 g geschälte Äpfel
250 ml Orangensaft
6 Esslöffel Olivenöl
Muskat, Zucker, Balsamico, Rosmarin,
Salz und Pfeffer

Zwiebeln, Knoblauch und geriebene Äpfel andünsten, Grünkohl dazugeben und mit Wasser und Orangensaft leicht bedecken, Kartoffeln hineinreiben, mit Olivenöl, Muskat, Zucker, Balsamico, Salz und Pfeffer würzen, Bauchspeck dazugeben.

Kasselerlachs mit Rosmarin anbraten und in Wein und Wasser 1 Stunde bei ca. 90 Grad pochieren.

30 Minuten vor Garende den Bauchspeck herausnehmen, Pinkel, Kochwurst und Kasselerlachs hinzugeben. Wenn der Grünkohl gar ist, ein Fünftel im Mixer pürieren und wieder hinzugeben. Mit etwas Balsamico nachwürzen – und fertig ist der Grünkohl auf Italienisch.

Buon Appetito

Beide großen Kirche

Von Willehad über Edo Boling und Herman

OLDENBURG/VECHTA. Das Oldenburger Land, dessen Kirchengeschichte bis ins 8. Jahrhundert zurückreicht, ist seit dem Beginn des 19. Jahrhunderts eine bikonfessionelle Region mit überwiegend katholischer Bevölkerung im Oldenburger Münsterland, also den Landkreisen Vechta und Cloppenburg, und vornehmlich evangelischer Bevölkerung in den drei kreisfreien Städten und den nördlichen Landkreisen. Zwar hatte der Zustrom von Heimatvertriebenen nach dem 2. Weltkrieg in Nordoldenburg die Gründung neuer katholischer und in Südoldenburg neuer evangelischer Gemeinden zur Folge, doch die jeweiligen konfessionellen Mehrheiten wurden dadurch nicht wesentlich verändert: Im Süden gehören heute 80 Prozent der Bevölkerung der römisch-katholischen, im Norden 80 Prozent der evangelischen Kirche an. Die Evanglisch-Lutherische Kirche hat im Oldenburger Land gegenwärtig rund 470.000 Mitglieder in 123 Gemeinden, in den 111 katholischen Gemeinden (Stand 1. 5. 2006) sind 270.000 Gläubige registriert.

Die Kanzel in der St.-Ulrichs-Kirche in Rastede. Sie wurde 1612 vom Hauptrepräsentanten des norddeutschen Manierismus, Ludwig Münstermann (um 1574–1637/38), geschaffen, gestiftet hat sie Graf Anton Günther.

Die oldenburgische Kirchengeschichte beginnt mit dem angelsächsischen Priester Willehad (gestorben 789 in Blexen, der ersten von ihm gegründeten christlichen Gemeinde), dem späteren ersten Bischof von Bremen, der mit seinen Helfern um das Jahr 780 Predigt und Taufe zu den Sachsen und Friesen in das Gebiet der Wesermündung gebracht hatte. Fast gleichzeitig wurde in Visbek von dem aus einheimischem Adel stammenden Priester Gerbert, genannt Castus, ein erstes Kloster gegründet, dessen Abt er auch wurde. Zu einem der wichtigsten geistlichen Zentren und vielbesuchten Wallfahrtsort entwickelte sich Wildeshausen, nachdem im Jahr 851 Graf Waltbert aus Rom den Leichnam des Märtyrers Alexander überführt und für die kostbare Reliquie eine Kirche hatte errichten lassen, später kam ein Kanonikerstift dazu.

Vom 9. bis zum 12. Jahrhundert wurden in dem recht dünn besiedelten Nordwesten immer mehr Pfarreien, Kirchen und Klöster gegründet, so zum Beispiel im Jahr 1100 die Benediktinerabtei Rastede und 1232 das

sind Mehrheit und Minderheit zugleich

Hamelmann zu Clemens August von Galen

Zisterzienserkloster Portus sanctae Mariae in Hude. Ein düsteres Kapitel der Missionsgeschichte ist der Kreuzzug gegen die angeblich ketzerischen Stedinger Bauern, zu dem Papst Gregor IX. auf Betreiben des Bremer Erzbischofs aufgerufen hatte. In der Schlacht von Altenesch 1234 wurden die Bauern aus der Wesermarsch, die die Befreiung von Abgaben verlangt hatten, vernichtend geschlagen.

Die Reformation konnte sich im Oldenburger Land erst mit Verzögerung und gegen den Widerstand der altgläubigen Obrigkeit durchsetzen. Um 1525/30 wurde die evangelische Lehre aber schon in Edewecht, Zwischenahn, Rodenkichen und Esenshamm verkündigt, als erster Reformator gilt Edo Boling von Esenshamm. Im Jeverland sprachen sich 1532 19 von 22 Pastoren für den neuen Glauben aus. In Oldenburg begann mit dem Regierungsantritt von Graf Anton I. im Jahr 1529 die Wende hin zur Wittenberger Reformation. Im Süden, in den Ämtern Cloppenburg, Vechta, Wildeshausen und der damals dazugehörigen Grafschaft Delmenhorst, versuchte Franz von Waldeck, in Personalunion Fürstbischof von Osnabrück und Münster, 1543 die Reformation einzuführen; er erließ eine neue Kirchenordnung, nach der u. a. das Abendmahl in beiderlei Gestalt ausgeteilt wurde und die im Konkubinat lebenden Geistlichen zur Heirat aufgefordert wurden.

Im „De kleene Katechismus“, dem ältesten in „Oldenborch“ gedruckten Buch, wird der evangelische Glaube in Plattdeutsch nahegebracht.

Von Waldeck musste seine Kirchenreform bereits fünf Jahre später widerrufen, doch hielt sich in den offiziell wieder als katholisch geltenden Gegenden der evangelische Gottesdienst vielfach bis ins frühe 17. Jahrhundert. In Oldenburg und Delmenhorst festigte der erste lutherische Superintendent Hermann Hamelmann mit seiner Kirchenordnung von 1573 und der Visitation endgültig die Reformation. 1575 übernahm auch die Herrschaft Jever diese Kirchenordnung. Im „De kleene Katechismus“, dem ältesten in „Oldenborch“ gedruckten Buch, wurde den Menschen der evangelische Glaube in Plattdeutsch nahegebracht.

Anfang des 17. Jahrhunderts setzte im Süden die Gegenreformation bzw. die Rekatholisierung ein. So waren nach dem Friedensvertrag von 1648, dem Westfälischen Frieden nach dem 30-jährigen Krieg, im Bistum Osnabrück abwechselnd ein Katholik und ein Protestant Fürstbischof. Als es dem katholischen münsterschen Fürstbischof Christoph Bernhard von Galen 1667 jedoch gelang, dem Dom-

Die Pietà in der Gnadenkapelle in Bethen wird auf etwa 1380/1400 datiert.

kapitel in Osnabrück die geistliche Herrschaft abzuhandeln, war die Rekatholisierung, bis auf einige wenige Kirchspiele in Grenzlage, fast abgeschlossen. Die Grafschaften Oldenburg und Delmenhorst und Jever gerieten demgegenüber unter – allerdings mäßigen – pietistischen Einfluss, als sie von 1667 bis 1773 unter dänischer Herrschaft standen. Die Anhänger der Aufklärung ab etwa 1730 und Herzog Peter Friedrich Ludwig, der das Land nach der Dänenzeit wieder voranbrachte, haben in der oldenburgischen Kirche deutlichere Spuren hinterlassen: „Gesangbuch, Gottesdienst und Unterricht atmeten jene freie, selbstbewusste Mentalität, die auch Rudolf Bultmann, den bekanntesten aus Oldenburg stammenden Theologen prägte", schreibt der Oldenburger Pfarrer Reinhard Rittner. 1803 wurden die geistlichen Fürstentümer im Zuge der Säkularisation aufgelöst. Die Ämter Cloppenburg und Vechta fielen an den Herzog von Oldenburg, was die Menschen im nunmehrigen Südoldenburg durchaus zufriedenstellte, weil sie keine Preußen werden wollten. Zugleich war mit dieser Eingliederung aber die konfessionelle Einheitlichkeit des Herzogtums Oldenburg dahin. Als Ergebnis der Verhandlungen über die Neuordnung der katholischen Hierarchie in Deutschland mit dem Vatikan, an denen auch Oldenburg teilnahm, wurde für die katholischen Pfarreien 1831 das Bischöflich Münstersche Offizialat in Vechta eingerichtet. Somit war einerseits die kirchliche Zugehörigkeit zum Bistum Münster und andererseits die politische Zugehörigkeit zum Herzogtum Oldenburg sichergestellt. In einem zähen Ringen, im so genannten Oldenburger Kirchenstreit, wehrte sich die katholische Kirche in den folgenden Jahrzehnten nachdrücklich gegen jede staatliche Bevormundung.

Gesangbuch, Gottesdienste und Unterricht atmeten jene freie, selbstbewusste Mentalität, die auch Rudolf Bultmann prägte.

Die evangelische Kirche blieb zunächst noch Staatskirche, doch 1849 wurden dann im Kirchenverfassungsgesetz die rechtlichen Verhältnisse neu geregelt. Die Kirche baute sich von den Gemeinden her auf und wählte einen Oberkirchenrat als Leitung. Für vier Jahre, von 1849 bis 1853, waren, nachdem der Großherzog auf seine kirchlichen Rechte verzichtet hatte, im Herzogtum Oldenburg Kirche und Staat vollständig getrennt – damals einzigartig in Deutschland.

1853 unterstellte die Revision der Kirchenverfassung im Jahr 1853 das Kirchenregiment wieder dem Landesherrn, doch 1918, als die oberste Kirchengewalt des Großherzogs erlosch, kehrte man zur Verfassung von 1849 zurück.

Unter dem Präsidenten des Oberkirchenrats, Heinrich Tilemann, wurde diese Verfassung 1920 erneuert und erweitert. Zu einer ersten Auseinandersetzung mit den Nationalsozialisten, die in Oldenburg schon 1932 in die Landesregierung gewählt worden waren, kam es wegen eines Vortrages eines schwarzen Kirchenführers aus Togo. 1933 betrieb dann aber eine Mehrheit der „Deutschen Christen" in der Synode den Rücktritt von Tilemann und den Eintritt der Oldenburger Kirche in die Reichskirche. Die „Bekennende Kirche" stellte sich zwar gegen die von „Deutschen Christen" dominierte Kirchenleitung, konnte sich aber nicht entscheidend durchsetzen. Im Oldenburger Münsterland, das sich bei den Landtagswahlen 1932 klar zur Zentrumspartei bekannt hatte, wehrte sich die katholische Kirche 1936 im legendären „Kreuzkampf" mit Erfolg gegen die Verbannung der Kruzifixe aus den Schulen und zwang die Nazis zu einem Rückzieher. Zu einem mutigen und scharfen Kritiker der Nationalsozialisten und deren „neuheidnischen Irrlehren" wurde der auf Burg Dinklage geborene Münsteraner Bischof Clemens August von Galen.

© Beherens

Festakt zum 175-jährigen Bestehen des Offizialats Vechta, das gegenüber der „Mutter-Diözese" Münster finanzielle und juristische Hoheit hat (von links): Bischof Norbert Trelle (Hildesheim), der Oldenburger evangelische Landesbischof Peter Krug, Bischof Reinhard Lettmann (Münster), der Apostolische Nuntius Erzbischof Erwin Josef Ender und Weihbischof Heinrich Timmerevers (Vechta). Vechta ist nach Eichstätt der zweitkleinste Bischofssitz in Deutschland.

Im legendären „Kreuzkampf" wehrte sich die katholische Kirche erfolgreich gegen die Nazis, die Kruzifixe aus den Schulen verbannen wollten.

Seit der Offizial Dr. Max Georg Freiherr von Twickel 1973 von Papst Paul VI. zum Weihbischof ernannt wurde, ist die Stadt Vechta katholischer Bischofssitz. Die Evangelisch-Lutherische Kirche in Oldenburg bildet seit 1971 mit den Landeskirchen von Braunschweig, Hannover, Schaumburg-Lippe und der Evangelisch-Reformierten Kirche die „Konföderation evangelischer Kirchen in Niedersachsen", der sie auch einen Teil der kirchlichen Gesetzgebung übertragen hat.

Kirche muss Gegenwart und Zukunft gestalten

Fragen an Weihbischof Heinrich Timmerevers …

© Offizialat

Welches Erbe aus der Geschichte der katholischen Kirche im Oldenburger Land halten Sie für besonders wichtig und bewahrenswert?

TIMMEREVERS: In den vielfältigen politischen Veränderungen der vergangenen Jahrhunderte und den damit verbundenen unterschiedlichen Zugehörigkeiten der Katholiken im Oldenburger Land steckt eine für heute wichtige Erfahrung. Die Kirche ist stets einer sich wandelnden Zeit unterworfen. Sie kann nicht stillstehen,

Wir werden vieles verlieren und hier und da klein werden.

sie muss Gegenwart und Zukunft gestalten, damit die Frohbotschaft die Menschen ihrer jeweiligen Zeit wirklich erreicht. Einige in der Geschichte gewachsenen Merkmale sind dabei auch heute besonders hilfreich: das ausgeprägte katholische Schul- und Bildungswesen. Bildung und Begegnung, die am christlichen Menschenbild orientiert sind, vollziehen sich im Dialog und fördern die Verantwortung füreinander – Werte, die wir in unserer Gesellschaft heute so sehr brauchen. Ebenso hilfreich sind auch die an der Schnittstelle zur Gesellschaft stehenden katholischen Verbände und Vereine. Obwohl bereits im 19. Jahrhundert gegründet, setzen sich viele von ihnen bis heute für gerechte Strukturen und ein solidarisches Miteinander ein und halten die soziale Frage wach. Schließlich ist auch die lebendige liturgische Tradition zu nennen, die uns daran erinnert, dass auch das Miteinander-Feiern wichtiger Bestandteil unseres Lebens ist. Mehr noch, im Fest besinnen wir uns auf das, was uns trägt. Wir machen uns gleichsam fest in dem, was uns gemeinsam ist und bestärken uns damit gegenseitig. So ist die katholische Feierkultur für viele von uns eine Art Anker, der uns mit Christus, seiner Gegenwart gestern und heute verbindet.

Beide Kirchen haben gegenwärtig strukturelle und finanzielle Probleme. Wie wird die katholische Kirche im Jahr 2020 im Oldenburger Land organisiert sein?

„Wir sind missionarische Kirche in vielen kleinen, lebendigen Gemeinschaften und Gemeinden: für andere da, selbstbewusst, glaubwürdig und mit Nachwuchs.“ So lautet unsere Vision. In diese Richtung beten, denken und arbeiten wir. Wir werden unsere Strukturen so verändern, dass die Kirche auch im Jahr 2020 bei den Menschen sein kann und sie zu einer bewussten Glaubensentscheidung befähigen und gewinnen kann für die Gemeinschaft mit Christus. Wir werden Pfarreien und Kräfte konzentrieren, um unserer eigentlichen Sendung treu bleiben zu können. Wir werden vieles verlieren und hier und da klein werden. Als Bischof sehe und spüre ich, wie schwer es ist, den Kurs zu ändern, höre die Bedenken vieler und fühle die Trauer, von Vertrautem Abschied zu nehmen. Aber ich erlebe schon jetzt auch positive Entwicklungen in den neuen Gemeinden und bin der festen Überzeugung, dass die Anzahl derer, die sich bewusst und entschieden zu Christus und seiner Kirche bekennen, wachsen wird. Wie genau im Jahr 2020 die katholische Kirche im Oldenburger Land organisiert sein wird, vermag ich nicht zu sagen. Aber schon jetzt weiß ich, sie wird lebendig sein, weil auch morgen der auferstandene Herr inmitten seiner Kirche am Werk sein wird. Er ist es, der sie führt!

Ehrenamtliche Mitarbeit wird noch bedeutender

... und Landesbischof Peter Krug

Welches Erbe aus der Geschichte der evangelischen Kirche im Oldenburger Land halten Sie für besonders wichtig und bewahrenswert?

KRUG: Im Oldenburger Land stammen viele Kirchen aus dem Mittelalter, die es zu bewahren und zu nutzen gilt. Ludwig Münstermann schuf in der Anton-Günther-Zeit prächtige Altäre, Kanzeln und Taufen. Der Glaube sollte durch Anschauung gebildet werden. Herzog Peter Friedrich Ludwig ließ vor 200 Jahren die Aufklärung ins Land. Sie verknüpft Freiheit, Selbstbewusstsein und Heimatverbundenheit und hat zwei herausragende Oldenburger geprägt: Karl Jaspers und den Theologen Rudolf Bultmann. 1849 trat eine Kirchenverfassung in Kraft, die ihrer Zeit weit voraus war. Kirche und Staat wurden getrennt, und die Landeskirche verstand sich als Teil der evangelischen Kirche in Deutschland. Zwar ließ sich das bei der Revision der Kirchenverfassung 1853 nicht aufrechterhalten, aber die Prinzipien bleiben bestehen. Die Kirche baut auf die Gemeinden auf. Ihre Organe werden zur Wahl bestellt. Das reformatorische Priestertum aller Gläubigen hat seinen Reflex in der Leitung der Kirche durch eine mehrheitlich von Laien gebildete Synode und durch einen für Kontinuität bürgenden Oberkirchenrat. Das ist nach Ende des landesherrlichen Kirchenregiments durch die Kirchenverfassung 1920 bekräftigt worden. In der Zeit des Nationalsozialismus war die Barmer Theologische Erklärung der Bekennenden Kirche ein gemeinsames Zeugnis von Lutheranern und Reformierten. Nach dem Zweiten Weltkrieg fand dies in der Evangelischen Kirche in Deutschland (EKD) seine Gestalt. Damit kam zum Ziel, wofür Oldenburg sich schon 100 Jahre zuvor engagiert hat.

Beide Kirchen haben gegenwärtig strukturelle und finanzielle Probleme. Wie wird die evangelische Kirche im Jahr 2020 im Oldenburger Land organisiert sein?

Auch in den nächsten Jahrzehnten wird das Evangelium von der Liebe Gottes in Jesus Christus von den Kanzeln und im seelsorgerlichen Gespräch, in der Konfirmandenzeit und der Erwachsenenbildung, bei Trauungen und Beerdigungen, im diakonischen Einsatz, in der Kirchenmusik und Seniorenarbeit zu hören sein. Bei zahlenmäßig weniger Gemeindegliedern und geringeren finanziellen Mitteln werden diese Aufgaben von weniger hauptberuflichen Personen erfüllt werden. Die ehrenamtliche Mitarbeit wird noch mehr Bedeutung erlangen. Schon jetzt werden von der Synode die Weichen auf mehr Kooperation in den Regionen und Handlungsfeldern der Kirche gestellt. Auch Fusionen von Gemeinden und Kirchenkreisen sind denkbar und möglich. Wir haben die Freiheit und

Die Kirchenverfassung von 1849 war ihrer Zeit weit voraus.

die Chance, in größerem Rahmen Zeit und Kraft, Kreativität und Geld so zu bündeln und so zu teilen, dass viele Gemeinden sich über den eigenen Kirchturm hinaus entdecken und gemeinsam Verantwortung tragen. Im Übrigen sollten wir dem Wirken des Heiligen Geistes in einer Gewinnung neuer Mitglieder keine Schranken setzen. Auch unter veränderten gesellschaftlichen Bedingungen wird sich die Evangelisch-Lutherische Kirche im Oldenburger Land lebensnah, glaubensstark und hilfsbereit erweisen.

Das Vertrauen ist stetig gewachsen

Zur Ökumene eine gemeinsame Antwort

Wie fortgeschritten ist nach Ihrer Erfahrung und Einschätzung die Ökumene im Oldenburger Land?
Die Oldenburger Ökumene erhielt nach dem Zweiten Vatikanischen Konzil einen kräftigen Impuls. Am 8. Januar 1966 trat erstmals der ökumenische Arbeitskreis zusammen, zu dem Bischof Dr. Josef Höffner auf Vorschlag von Bischof Gerhard Jacobi 16 hochrangige Mitglieder der evangelischen und katholischen Kirche in Vechta eingeladen hatte. Im 40. Jahr seines Bestehens unternahmen die kirchlichen Repräsentanten aus Vechta, Münster und Oldenburg eine Schiffsreise auf Hunte und Weser bis nach Blexen. Alle saßen im selben Boot - zumindest an diesem 26. September 2005. Besonderer Gast an Bord war Bischof Dr. Reinhard Lettmann, der bereits 1966 als 32-jähriger bischöflicher Kaplan als Protokollant zugegen war. In den vier Jahrzehnten haben beide Konfessionen im deckungsgleichen Kirchengebiet des Bischöflich Münsterschen Offizialats in Vechta und der Evangelisch-Lutherischen Kirche in Oldenburg wechselseitig die Taufe anerkannt, die so genannten ökumenischen Trauungen zugelassen, gemeinsame Handreichungen erarbeitet, die gemeinsame Erklärung zum christlichen Rechtfertigungsverständnis begrüßt, die europäische Charta Oecumenica bestätigt, zu unterschiedlichsten Anlässen ökumenische Gottesdienste gefeiert und in sozialethischen und bildungspolitischen Fragen, Projekten und Einrichtungen zusammengearbeitet. Das Vertrauen zwischen beiden Kirchen ist stetig gewachsen – trotz der Unterschiede im Kirchen-, Amts- und Sakramentsverständnis. Angesichts des zunehmenden Pluralismus der Religionen und Weltanschauungen bedarf es weiterhin der Profilierung des christlichen Glaubens in seiner katholischen und evangelischen Gestalt mit so viel ökumenischer Gemeinsamkeit wie möglich.

Dem Vatikan aus der Patsche geholfen

Schwester Hilliganda ist täglich auf Sendung

Wieder mal zu Besuch in „ihrer" alten Schule in Vechta: Schwester Hilliganda.

VECHTA. Wer hat in seinem Leben schon die Gelegenheit, dem Vatikan aus der Patsche helfen zu können? Schwester Maria Hilliganda Rensing, 25 Jahre lang Leiterin der Liebfrauenschule in Vechta, hat die Gelegenheit zwar erst spät bekommen, sie aber dann entschlossen genutzt. Und deshalb hat sie heute ihren Schreibtisch nicht, wie ursprünglich geplant, im Bistum Hildesheim. Vielmehr sitzt sie ca. 25 Stunden in der Woche im Büro der deutschsprachigen Redaktion von Radio Vatikan in Rom, mit Blick auf die Engelsburg und nur ein paar Gehminuten von der Peterskirche entfernt.

Wie es dazu kam, ist freilich eine längere Geschichte, die mit feiner Ironie zu erzählen der heute 74-jährigen Nonne sicht- und hörbar Vergnügen bereitet. Ebenso wie die Geschichte ihres ungewöhnlichen Schwesternnamens Hilliganda, den anzunehmen ihr Vater sie gebeten hatte, als sie ihm als Mädchen eröffnete, Ordensschwester werden zu wollen. Hilliganda war der Ordensname einer Schwester ihrer Mutter, also einer Tante, in die der Vater einmal verliebt gewesen war, ehe sie Nonne wurde und nach Papua-Neuguinea ging. Sie wurde im Zweiten Weltkrieg von den Japanern hingerichtet, weil sie einen abgeschossenen amerikanischen Piloten aufgelesen und ihm das Leben gerettet hatte. Im Heiligen Jahr 2000 ehrte Papst Johannes II. sie im Kolosseum in einer Feier für die Märtyrer des 20. Jahrhunderts.

> *Hilliganda war der Ordensname einer Tante, die im Zweiten Weltkrieg von den Japanern hingerichtet wurde.*

Dieses Heilige Jahr wiederum war der Grund dafür, dass das Leben von Sr. Hilliganda im Ruhestand noch einmal eine ungeahnte und spannende Wendung nahm, obwohl sie Anfang 1998 nach ihrer Verabschiedung als Schulleiterin auf eine eher beschauliche Zeit hoffte. An „ihrer" Schule in Vechta hatte sie 1952 das Abitur gemacht – es war auch das Jahr ihres Eintrittes in die Kongrega-

Für ihr Engagement im Heiligen Jahr 2000 wurde Schwester Hilliganda vom verstorbenen Papst Johannes Paul II. mit einer Medaille ausgezeichnet.

tion der Schwestern Unserer Lieben Frau – und danach die Fächerkombination Deutsch und Latein in Münster belegt. Am Studienseminar in Oldenburg erhielt sie ihre Ausbildung für den Unterricht am Gymnasium. Hätte sie nicht als Zehnjährige dem Herrgott versprochen, Nonne zu werden, wenn ihr Vater heil aus dem Krieg zurückkehren würde, dann wäre sie liebend gern auch in ein Politikstudium und in die Politik eingestiegen. Gewissermaßen als Ersatz engagierte sie sich später in diversen schul- und hochschulpolitischen Gremien und betrieb da Politik, unter anderem im Hochschulrat Vechta.

Die schmächtige Ordensfrau aus Deutschland wird „Illy" gerufen – es ist der Name der bekanntesten italienischen Kaffeemarke.

Sr. Hilliganda hat einmal in einem Interview gesagt, sie sei in Rom gelandet, weil „Gott am Webstuhl meines Lebens sitzt." Wäre 1998 ihr Büro zwei Monate früher bezugsfertig gewesen, wäre sie wohl heute noch für den Bischof von Hildesheim tätig. So aber reiste sie, vermeintlich nur, um diese Zeitspanne zu überbrücken, nach Rom, quartierte sich in einem Haus ihrer Kongregation ein und begann, sich einen langgehegten Wunsch zu erfüllen, nämlich Italienisch zu lernen. Doch ein Anruf aus dem Vatikan, von wem auch immer eingefädelt, beendete das gemächliche Pensionärinnendasein jäh. Der dringlichen Bitte an die Schwester, die deutsche Homepage für das Heilige Jahr zu betreuen, konnte sich am Ende selbst der Bischof von Hildesheim nicht verschließen. „Wenn der Vatikan in der Patsche sitzt, sollte man ihm anständigerweise helfen", sagte er und ließ Sr. Hilliganda ziehen. 3800 Seiten stellte sie dann in der Zeit von Februar 1999 bis zum Beginn des Jahres 2001, als das Heilige Jahr zu Ende war, ins Netz.

Damit war sie freilich noch immer nicht bei Radio Vatikan mit seinen 40 fremdsprachigen Redaktionen. Von Papst Johannes Paul II. für ihr Engagement im Heiligen Jahres mit einer Medaille ausgezeichnet, war Sr. Hilliganda vielmehr darauf eingestellt, Rom nun wieder als Ruheständlerin genießen zu können und gelegentlich Besucher aus der alten Heimat sachkundig durch die Vatikanischen Gärten oder den Petersdom zu führen. Daraus wurde aber wieder nichts. Denn eines Tages kreuzte ihr jetziger Chef SJ Pater Eberhard von Gemmingen ihren Weg und irritierte sie mit der saloppen Aufforderung: „Sie sind die richtige Frau für mich! Kommen Sie zu mir in die Redaktion."

Sr. Hilliganda ist inzwischen seit gut fünf Jahren die „richtige Frau" im deutschen Redaktionsteam von Radio Vatikan. Sie hat als ehemalige Leiterin eines Gymnasiums sowohl Erfahrung in der Verwaltungsarbeit und kann auf diesem Feld ihren Chef entlasten, als auch journalistisches Talent, um sich gegebenenfalls an der Produktion der täglichen Sendungen in deutscher Sprache zu beteiligen und außerdem die morgendliche Messe, die als Live-Übertragung in alle Welt ausgestrahlt wird, als Latein-Lektorin mitzufeiern. Längst ist sie in der Studiotechnik fit und macht ihre Beiträge, vornehmlich Buchrezensionen, allein sendefertig. Nur an ihren ausgefallenen Namen haben sich ihre deutschen und internationalen Kolleginnen und Kollegen offenbar nicht recht gewöhnen können: Die kleine, schmächtige Ordensfrau aus Deutschland wird kurzerhand „Illy" angesprochen. „Das behalten die Leute – weil Italiens bekannteste Kaffeemarke so heißt", sagt Sr. Hilliganda und lächelt, wie so oft, still vergnügt in sich hinein.

Bleibt mehr als der Gruß „Moin, moin“?

Oldenburg-Bewusstsein: zwischen Skepsis und Zuversicht

Horst Milde kämpfte erfolglos gegen den Verlust der Bezirksregierung Weser-Ems an. Er sieht die Identifizierung der Oldenburger mit ihrer Region nachhaltig beschädigt.

OLDENBURG. Die Schlachten vergangener Tage will Horst Milde (73) nicht noch einmal schlagen. Er weiß, dass es müßig ist, und dass sich auch in Zukunft kaum eine politische Konstellation im Landtag denken lässt, die Oldenburg die Bezirksregierung Weser-Ems wieder zurückgibt. Und deshalb ist er skeptisch, ob auf Dauer noch ein Oldenburg-Bewusstsein wachgehalten werden kann, „das mehr umfasst, als einen Landstrich, von dem man weiß, dass man sich mit ‚Moin, moin' grüßt."

Milde hat an vorderster Stelle, wenn auch am Ende erfolglos, in Wort und Schrift gegen den Verlust der Bezirksregierung in Oldenburg angekämpft. Noch heute beklagt er, dass der Landtag seinerzeit nicht gegen die Zerschlagung der Behörde vor den Staatsgerichtshof gezogen ist. Denn er glaubt, dass diese Entscheidung die Identifizierung der Oldenburger mit ihrer Region nachhaltiger beschädigt hat, als es zurzeit wahrgenommen wird. Erst in einigen Jahrzehnten werde sich herausstellen, ob mit dieser Verwaltungsreform möglicherweise der Anfang vom Ende des tradierten Oldenburg-Bewusstseins verbunden gewesen ist, sagt er. Auf jeden Fall werde sie „kein Ruhmesblatt in der Geschichtsschreibung des Oldenburger Landes sein“.

Der erbitterte Streit um die Reform wurde vorwiegend unter Fachleuten und Politikern ausgetragen, die Menschen in Stadt und Land begleiteten ihn eher irritiert bis teilnahmslos, weil sie sich vermutlich nicht unmittelbar von den Folgen betroffen fühlten. Der ehemalige Oldenburger Verwaltungspräsident Milde hatte seiner Streitschrift gegen die Auflösung der Bezirksregierung den Titel gegeben „Ist Oldenburgs Zukunft schon Vergangenheit?“ Heute würde er das Fragezeichen wohl weglassen. Zumal er inzwischen ziemlich sicher ist, dass die Reform die angestrebten Ziele nicht erreichen wird. Ein Urteil, dem in jüngster Zeit auch andere Verwaltungsfachleute beipflichten. Nicht zuletzt ein Beitrag in den Niedersächsischen Verwaltungsblättern, in dem ein ehemaliges Mitglied des Landesrechnungshofes mit der Reform hart ins Gericht gegangen ist, und der fortgesetzte Streit von Gutachtern über Effizienz und Übersichtlichkeit der neuen Behördenorganisation, bestärken ihn in seiner Kritik.

Folgt man Milde, dann war die Verwaltung von jeher, in dynastischen Zeiten ebenso wie in den demokratischen, mehr als nur eine staatliche Organisationsstruktur. Sie war vielmehr stets auch die starke Klammer, die das historisch und konfessionell erst in langen Zeitabständen zusammengewachsene Oldenburger Land zusammenhielt. Es sei nicht ohne Ironie, das just die Oldenburger Wirtschaft, die bei der Verteidigung der Bezirksregierung nicht sonderlich auffiel, jetzt nach einer neuen „Klammer“ Ausschau hält. Man werde noch zu spüren bekommen, in Zukunft immer heftiger, wie schwierig und gebremst etwa die Planung von Projekten im Oldenburger Land vor sich gehen werde, wenn nicht mehr vor Ort geplant und entschieden wird, sondern verschiedene Behörden außerhalb der Region Takt und Tempo vorgeben, sagt Milde. Und im Süden des Oldenburger Landes ist schon zu besichtigen, was es heißt, überkommene Verbindungen zum Norden zu kappen und die Geschlossenheit der Region aufzubrechen, offensichtlich, um eine Umorientierung hin zum Osnabrücker Land zu forcieren.

Die Verwaltung, sagt Milde, war stets auch eine starke Klammer, die das erst in langen Zeitabständen zusammengewachsene Oldenburger Land zusammenhielt.

„Noch“, so räumt Milde ein, identifizierten sich die Menschen mit ihrer Stadt oder Gemeinde und dem Landstrich. Diverse Umfragen belegen, wie immer wieder stolz auf die Zugehörigkeit zum Oldenburger Land gepocht wird. Daraus könnte man vielleicht auch Zuversicht für die Zukunft schöpfen: Scheint es doch nicht undenkbar zu sein, dass das ausgeprägte Beharrungsvermögen der Oldenburger auch diesem jüngsten Eingriff in ihren Sonderstatus, den die Niedersächsische Verfassung in ihrer Traditionsklausel ausdrücklich schützt, zu widerstehen vermag.

Traditionsklausel nicht gering schätzen

Der ehemalige Regierungspräsident Dr. Schweer zur Zukunft des Oldenburg-Bewusstseins

Dr. Joseph Schweer (73) war von 1976 bis 1978 Verwaltungspräsident des Verwaltungsbezirkes Oldenburg und dann, nach der Verwaltungs- und Gebietsreform, von 1978 bis 1990 Regierungspräsident des Regierungsbezirkes Weser-Ems. Schweer, in Lastrup geboren, wurde 1966 vom Cloppenburger Kreistag mit damals 32 Jahren zum jüngsten Oberkreisdirektor der Bundesrepublik Deutschland gewählt; das Amt hatte er bis 1976 inne. Heute lebt er in Oldenburg und ist Fachanwalt für Verwaltungsrecht.

Herr Dr. Schweer, werden Ihre Enkelkinder in ein paar Jahrzehnten noch ein Oldenburg-Bewusstsein pflegen, wie es sich über viele Generationen ausgeprägt hat?

Dr. Schweer: Das Oldenburg-Bewusstsein resultiert bekanntlich wesentlich aus der herzoglichen Zeit und aus der Zeit des Freistaates Oldenburg. Als Verwaltungspräsident konnte man dieses Bewusstsein ebenfalls noch mit staatlicher Autorität pflegen. Deshalb hielten die Verwaltungspräsidenten Kontakt zum herzoglichen Haus, zu den Kirchen, deren Zuständigkeit noch heute deckungsgleich ist mit den Grenzen des Oldenburger Landes, und zu weiteren Einrichtungen, die einen historischen Bezug zum Land haben, wie etwa Oldenburgische Landschaft, LzO, OLB, Öffentliche Versicherung, Staatstheater und Landesmuseen. Vor allem diese Einrichtungen werden meiner Ansicht nach bewirken, dass das Oldenburg-Bewusstsein auch in den nächsten Generationen, wenn auch vielleicht etwas abgeschwächt, wach bleibt.

Von den Menschen wird erwartet, mobil zu sein über Ländergrenzen und Kontinente hinweg. Ist da ein starkes Regionalbewusstsein, dem ja durchaus auch Beharrendes anhaftet, in Zukunft nicht eher hinderlich?

Ein starkes Regionalbewusstsein und die Mobilität über Ländergrenzen und Kontinente hinweg schließen sich keinesfalls aus. Ich sehe in einem starken Regionalbewusstsein kein Hindernis für eine Aufgeschlossenheit gegenüber größeren Zusammenhängen.

Haben Kritiker recht, die als Folge der Auflösung historischer staatlicher Organisationsstrukturen – wie dem Verwaltungsbezirk Oldenburg oder der Zerschlagung der Bezirksregierung Weser-Ems – das allmähliche Ende des tradierten Oldenburg-Bewusstseins befürchten?

Die Zusammenführung des Verwaltungsbezirks Oldenburg mit den Regierungsbezirken Aurich und Osnabrück zum Regierungsbezirk Weser-Ems im Jahr 1978 hatte zur Folge, dass es einen staatlichen Repräsentanten für das historische Oldenburger Land nicht mehr gab. Dennoch blieb der Residenzcharakter erhalten, symbolisiert im „Oldenburgischen Staatsministerium". Auch die Bevölkerung hat das so empfunden, so dass das Oldenburg-Bewusstsein durch diesen Einschnitt in die Verwaltungsorganisation kaum verändert wurde. Ein Weser-Ems-Bewusstsein ist allerdings nicht entstanden. Es blieb das eigene Bewusstsein der Ostfriesen, der Osnabrücker, der Emsländer und der Oldenburger. Für sie war die Bezirksregierung im Wesentlichen eine behördliche Instanz. Mit der Auflösung der Bezirksregierung Weser-Ems hat Oldenburg aber seinen Residenzcharakter verloren, was leider nachteilige Auswirkungen auf das Oldenburg-Bewusstsein haben wird. Die Kommunen kritisieren zu Recht, dass die veränderten staatlichen Organisationsstrukturen sich zunehmend nicht an den Grenzen des ehemaligen Landes Oldenburg orientieren. Das schwächt das tradierte Oldenburg-Bewusstsein.

Die Niedersächsische Verfassung schützt in der Traditionsklausel den Sonderstatus des Oldenburger Landes. Hat diese Klausel, die insbesondere auf die kulturelle Identität abhebt, nicht schon heute nur noch einen überwiegend deklamatorischen Wert?
Die Traditionsklausel in der Niedersächsischen Verfassung sollte nicht gering geschätzt werden. Die Einrichtungen, die dadurch einen besonderen Schutz genießen, sind die verbliebenen Reste des Residenzcharakters, zu dem auch die Bevölkerung des ehemaligen Landes Oldenburg außerhalb der Stadt Oldenburg einen besonderen Bezug hat. Die Traditionsklausel darf man nicht überstrapazieren und muss sie auf diese wesentlichen Einrichtungen beschränken. Im Übrigen darf man die Politik schon ermahnen, das Regionalbewusstsein im Oldenburger Land bei Organisationsentscheidungen zu bedenken. Die Traditionsklausel ist nicht nur ein rechtliches Instrument, sondern auch eine argumentative Unterstützung zur Wahrung oldenburgischer Interessen. Das hindert nicht daran, bei wirtschaftlichen Entwicklungen und Hochschul-Kooperationen über die Grenzen hinweg zu agieren.

Zum Schluss: Was eigentlich macht den Oldenburger, die Oldenburgerin aus Ihrer Sicht aus? Was ist ihnen besonders eigen und welche Eigenschaften schätzen Sie an ihnen am meisten?
Ich weiß es letztlich nicht, was den Oldenburger oder die Oldenburgerin ausmacht. Die Geschichte trägt dazu bei, dass man sich als Oldenburger fühlt. Es ist auch bis zur jüngsten Vergangenheit zu spüren, dass hier empfindlicher und zugleich deutlicher reagiert wird als in anderen Teilen des Landes Niedersachsen, wenn es den Anschein hat, dass historische Beziehungen verletzt werden. Daher wird das Oldenburg-Bewusstsein nicht in einem Niedersachsen-Bewusstsein aufgehen. Das sollte man erst gar nicht anstreben.

Es ist zu spüren, dass hier empfindlicher reagiert wird, wenn historische Beziehungen verletzt werden.

Oldenburger Land

Fläche: 5721 km²
größte Nord-Süd-Ausdehnung: ca. 155 km (einschl. Wangerooge)
größte Ost-West-Ausdehnung: ca. 75 km
Bevölkerung: ca. 1.050.000 Einwohner
höchste Erhebung: 145,5 m, Signalberg/Dammer Berge
Verwaltungsstruktur: 3 kreisfreie Städte, 6 Landkreise

Landkreis Ammerland

Park der Gärten

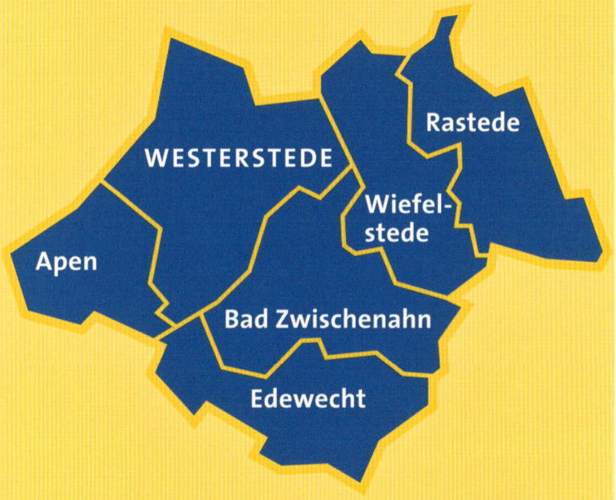

GESCHICHTE

Schon in sächsischer Zeit, um 800, gab es ein eigenständiges Herrschaftsgebiet, den Ammergau, dessen Gebiet sich in etwa mit dem heutigen Kreis deckte. Über den Ursprung des Namens „Ammerland“ sind zwei Deutungen im Umlauf: die eine führt den Namen auf das indogermanische Wort Ameri, Amiri oder Ambri für Wasser, Sumpf und Regen zurück, die andere auf Asen, Amsen oder Emsen, die im deutschen Sprachgebiet gebräuchliche Gattungsbezeichnung von vielgewundenen Wiesenmoortälern. Als moderne Verwaltungseinheit geht der Landkreis Ammerland, wie die anderen oldenburgischen Kreise auch, auf die Verwaltungsreform von 1933 zurück. Damals wurden die sechs heute noch bestehenden Großgemeinden gebildet, deren Grenzen sich an den alten Kirchspielen orientieren.

GEOGRAFIE

Das Ammerland liegt im Zentrum der nordwestdeutschen Tiefebene, ein von mächtigen Randmooren umgrenztes Geestgebiet, in das das Zwischenahner Meer („Perle des Ammerlandes“) eingebettet ist. Weite Wiesen und Weiden in den Niederungsbereichen, land- und baumschulwirtschaftliche Flächen auf der Geest, umrahmt und durchzogen von ausgedehnten Mooren, prägen das Landschaftsbild. Wallhecken, Baum- und Gehölzreihen sowie zahlreiche Wälder gliedern und beleben die Landschaft, die als „Parklandschaft“ gepriesen wird.

STÄDTE UND GEMEINDEN

Das 728,33 Quadratkilometer große Kreisgebiet hat eine Ost-West-Ausdehnung von rund 41 Kilometern und von Norden nach Süden rund 33 Kilometer. Annähernd 116.000 Einwohner (Stand September 2005) – seit 1970 ist die Einwohnerzahl um 30.000 angestiegen – leben in sechs Großgemeinden: Kreisstadt ist Westerstede (ca. 22.000 Einwohner), die größte Gemeinde ist Bad Zwischenahn (27.000); die weiteren vier Gemeinden sind Apen (11.000), Edewecht (20.700), Rastede (20.200) und Wiefelstede (14.600). (Alle Einwohnerzahlen Stand Juni 2005).

St.-Johannes-Kirche in Wiefelstede

WIRTSCHAFT

Ernährungswirtschaft, Landwirtschaft und Baumschulen, Maschinen- und Stahlbau, Möbel- und Textilindustrie, Handel und Dienstleistungen, Bauwirtschaft und Tourismus sind die wichtigsten Branchen in der mittelständisch strukturierten Wirtschaft des Kreises. Das Handwerk ist mit weit über 1000 Betrieben vertreten. Jeweils etwa 30 Prozent der Erwerbstätigen sind im produzierenden Gewerbe, im Handel und im Dienstleistungsbereich beschäftigt. Mit 10 Prozent arbeiten überdurchschnittlich viele Erwerbstätige in der Land- und Forstwirtschaft, darunter in rund 350 Baumschulen.

TOURISMUS

Schwerpunkt des Fremdenverkehrs ist die Gemeinde Bad Zwischenahn am Zwischenahner Meer, mit 545 Hektar Fläche der drittgrößte See in Niedersachsen. Von den insgesamt mehr als eine Million Übernachtungen im Kreis (Statistik fürs Jahr 2005 unter Einbeziehung auch der privaten Vermietungen) wurden allein mehr als 600.000 in Zwischenahn gebucht. Der Kurort mit seinen vielen Kuranlagen und -kliniken sowie Beauty- und Wellnessangeboten erreicht in der Sommersaison eine Bettenauslastung von fast 60 Prozent, der höchste Wert im Oldenburger Land. Die anderen fünf Gemeinden kamen auf rund 450.000 Übernachtungen.

SEHENSWÜRDIGKEITEN (Auswahl)

Park der Gärten (Landesgartenschau 2002) und Ammerländer Freilichtmuseum in Bad Zwischenahn, Freilichtmuseum „Tollhus up'n Wurnbarg" (ehemaliges Zollhaus) in Edewecht, Hengstforder Mühle, Schinkenmuseum (älteste Schinkenräucherei des Ammerlandes) in Apen, St.-Johannes-Kirche in Wiefelstede (älteste Kirche im Ammerland aus dem Jahr 1057) Vogel- und Landschaftspark in Fikensolt, Rhododendronpark in Linswege, Schloss, Erbprinzenpalais und Schlosspark in Rastede.

DREI FRAGEN AN:
LANDRAT JÖRG BENSBERG

Warum muss man in Ihrem Landkreis gewesen sein?

Um die einzigartige historische Kulturlandschaft und den Strukturreichtum der Ammerländer Parklandschaft zu genießen.

Was darf ein Besucher Ihres Landkreises auf keinen Fall verpassen?

Ich empfehle sehr, das Auto stehen zu lassen und das Ammerland per Fahrrad oder zu Fuß zu erleben. Nur so gewinnt man einen unvergesslichen Eindruck von der Vielfalt und dem Reichtum dieser Landschaft.

Was sollte man auf jeden Fall unterlassen?

Man sollte nicht versuchen, den Rekord von Slawa Kahushin aus Murmansk zu überbieten: Ihm ist es im Februar 1995 in der Gaststätte „Der Spieker" gelungen, 16 Ammerländer Smoortaale innerhalb von zwei Stunden zu vertilgen.

Landkreis Cloppenburg

Thülsfelder Talsperre

GESCHICHTE

Der Landkreis Cloppenburg wurde als Verwaltungseinheit 1933 aus den oldenburgischen Ämtern Cloppenburg und Friesoythe geschaffen. Das Wappenschild deutet auf die historische Vergangenheit des Kreises hin: Der obere Wappenschild symbolisiert die Zugehörigkeit zu Oldenburg ab dem Jahr 1803; im unteren Teil wird mit den roten Seerosenblättern an die frühere Landesherrschaft der Tecklenburger Grafen bis 1400 und mit dem roten Balken an die der Bischöfe von Münster ab 1400 erinnert. Noch nicht ganz geklärt ist die Herkunft des Namens Cloppenburg: Denkbar ist eine Ableitung vom niederdeutschen Wort „clop“ (= Berg oder Hügel) oder von „kloppen“ (= klopfen, schlagen, prügeln) in Bezug auf die Ende des 13. Jahrhunderts errichtete mittelalterliche Befestigungsanlage.

GEOGRAFIE

Eine Vielzahl verschiedener Landschaften prägen den Kreis. Er repräsentiert einen breiten Querschnitt typischer nordwestdeutscher Marsch-, Moor-, Altmoränen- und Auenlandschaften mit einer Vielfalt an Arten- und Lebensgemeinschaften. Der Dichter Hermann Allmers beschrieb das Oldenburger Münsterland einmal so: „Hier ist alles im Wechsel – bald ernst, bald heiter. Hier dämmriger Wald, dort schattenlose Moorwüste, hier rauschende Mühlenbäche, dort rohrumflüsterte Teiche.“

STÄDTE UND GEMEINDEN

Der Kreis umfasst eine Fläche von 1418,17 Quadratkilometern. Die größte Nord-Süd-Ausdehnung beträgt 52 Kilometer, in Ost-West-Richtung sind es 37 Kilometer. Mehr als 156.000 Einwohner leben im Kreis, der mit einem Bevölkerungszuwachs von 12,5 Prozent in den Jahren von 1995 bis 2005 in Deutschland an der Spitze liegt; in der Gemeinde Molbergen betrug der Bevölkerungszuwachs in diesem Zeitraum sogar 32,2 Prozent. Die Kreisstadt Cloppenburg (rd. 32.000 Einwohner) und die Städte Friesoythe (20.500 Einwohner) und Löningen (13.250) bilden zusammen mit zehn Gemeinden den Kreis: Saterland (13.000), Garrel (12.700), Barßel (12.500), Emstek (11.500), Essen (8200), Molbergen (8000), Bösel (7600), Cappeln (6800), Lastrup (6700) und Lindern (4700). (Alle Angaben Stand 30. 6. 2005).

Friesoythe

WIRTSCHAFT

Nach wie vor dominiert im Kreis Cloppenburg die Landwirtschaft, die gut 70 Prozent der Fläche nutzt. Zwar verringerte sich die Zahl der landwirtschaftlichen Betriebe in den vergangenen 30 Jahren um mehr als die Hälfte auf nunmehr knapp 2800 (Stand 2003), doch zugleich stieg die Durchschnittsgröße der Betriebe von 14,9 auf 34,2 Hektar. Neben einigen europa- bzw. weltweit operierenden Großbetrieben ist die Wirtschaftsstruktur von einer Vielzahl mittelständischer und kleiner Unternehmen geprägt. Die bedeutendsten Wirtschafts- und Industriebetriebe sind in den mit der Landwirtschaft verflochtenen Bereichen zu finden, so allein 40 Betriebe in der Ernährungsbranche (Stand 30. 9. 2004). Daneben bestimmen vor allem das Baugewerbe, der Maschinen- und Metallbau sowie die Herstellung von Kabeln und elektrischen Geräten die Branchenstruktur. Als ausgesprochen günstig wird die Altersstruktur im Kreis gewertet, über 20 Prozent der Bevölkerung sind bis zu 15 Jahre alt, mehr als 40 zwischen 15 und 45 Jahren. Die Arbeitslosenquote gehört zu den niedrigsten in Niedersachsen.

TOURISMUS

Der Tourismus, vor wenigen Jahrzehnten in diesem Landstrich noch eher ein Fremdwort, hat in den vergangenen Jahren an Bedeutung gewonnen. Es sind vor allem drei Erholungsgebiete, die ganz oder teilweise im Kreis liegen und als besonders attraktiv gelten: das Erholungsgebiet Barßel-Saterland mit seinen Flüssen und Fehnkanälen, das Erholungsgebiet Thülsfelder Talsperre mit seiner schärenartigen Seenlandschaft und das Erholungsgebiet Hasetal, geprägt durch das Urstromtal der Hase mit Auen, Wäldern und Moor.

SEHENSWÜRDIGKEITEN (Auswahl)

Museumsdorf Cloppenburg, Marienwallfahrtsort Bethen, Tier- und Freizeitpark Thüle, Moor- und Fehnmuseum Elisabethfehn, Museumseisenbahn Ammerland-Saterland, Holländer Galerie Windmühle in Scharrel/Saterland, Barßeler Hafen und Fahrgastschiff „MS Spitzhörn" und Postgeschichtliches Museum Friesoythe.

DREI FRAGEN AN: LANDRAT HANS EVESLAGE

Warum muss man in Ihrem Landkreis gewesen sein?

Um zu erleben, wie wohl sich die Menschen hier fühlen, insbesondere Familien mit vielen Kindern, und wie optimistisch sie in die Zukunft blicken.

Was darf ein Besucher Ihres Landkreises auf keinen Fall verpassen?

Das Museumsdorf Cloppenburg gehört zum Pflichtprogramm.

Was sollte man auf jeden Fall unterlassen?

Auf keinen Fall Essen und Trinken mitbringen. Sonst entgehen einem die vielen Spezialitäten der Region und die Gastlichkeit.

Stadt Delmenhorst

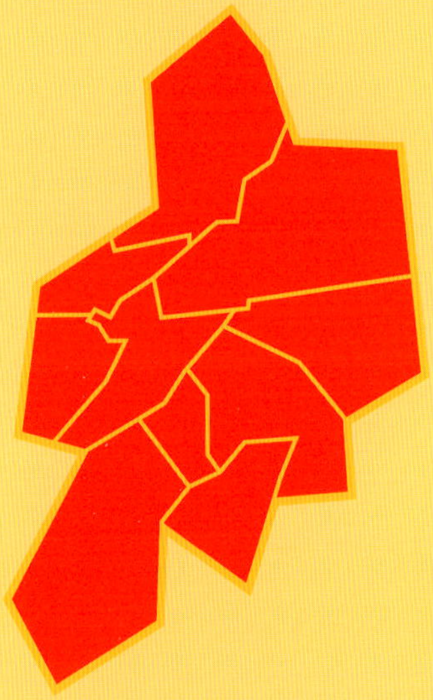

Wasserturm

GESCHICHTE

Eine Straße macht Geschichte – für die Lange Straße in Delmenhorst, heute Fußgängerzone, trifft dies in besonderem Maße zu: Schon als sich im 13. Jahrhundert im Schatten einer Wasserburg – erstmalig wird der Name Delmenhorst im Jahr 1254 urkundlich erwähnt – die Stadt zu entwickeln begann, war die Lange Straße die erste Straße und blieb über Jahrhunderte auch die einzige. Bis ins 19. Jahrhundert hinein war Delmenhorst ein beschauliches Landstädtchen, das 1371 die Stadtrechte bekommen hatte und abwechselnd von der eigenständigen Grafenlinie, den Bischöfen von Bremen und Münster, den Oldenburger Grafen, den Dänen und dem Kurfürstentum Hannover beherrscht wurde. Der Anschluss an die Bahnlinie Oldenburg-Bremen 1867 löste dann eine sprunghafte Industrialisierung aus mit Unternehmensgründungen in den Bereichen Jute, Kork, Wolle und Linoleum. 1895 gab es bereits 43 Fabriken. Die Stadt, der 1903 die Kreisfreiheit verliehen wurde, wuchs zur größten Industriestadt im Oldenburger Land heran und verfünffachte innerhalb weniger Jahrzehnte Zeit ihre Einwohnerzahl. Nach dem 2. Weltkrieg stieg die Einwohnerzahl erneut, diesmal durch den Flüchtlingsstrom von 38.000 im Jahr 1939 auf 57.000 im Jahr 1950. Die Großindustrieanlagen erreichten bald wieder die Vorkriegs-Produktionszahlen. In den 1980er- und 1990er-Jahren aber traf dann der Strukturwandel die Stadt, traditionelle Großbetriebe wurden aufgelöst. Auf den frei werdenden Flächen entstanden Dienstleistungsbetriebe und neue Wohnquartiere.

STADT UND STADTTEILE

Delmenhorst, zehntgrößte Stadt in Niedersachsen, liegt am Rande des Weserurstromtales in einem ehemaligen Geestrandmoor. Auf einer Fläche von 62,35 Quadratkilometern leben knapp 79.200 Einwohner (Stand 31. 1. 2006) in zehn Stadtteilen. Die maximale Nord-Süd-Ausdehnung beträgt 14, die maximale Ost-West-Ausrichtung 9 Kilometer.

WIRTSCHAFT

Die Stadt, im Jahr 2000 einer der Außenstandorte der Weltausstellung Expo, ist geprägt von einem differenzierten Branchenmix, weit überwiegend aber ein Dienstleistungsstandort. Im produzierenden Gewerbe sind es international tätige Unternehmen in der Nahrungsmittelindustrie, im Maschinenbau, die Hersteller von Linoleum, von Offshore-, Marine- und Unterwassertechnik sowie Zulieferer der Automobilindustrie, der Airbus-Produktion und für den Eisenbahnbau. Auf dem ehemaligen Nordwolle-Gelände ist ein Medien- und Technologiezentrum untergebracht.

SEHENSWÜRDIGKEITEN (Auswahl)

Evangelische Stadtkirche mit Grafengruft, angelegt in den Jahren 1614–1619; Rathausanlage: Sie entstand in den Jahren 1909 bis 1925. Ihr Herzstück ist das von dem Architekten Heinz Stoffregen erbaute Rathaus in der so genannten Reformarchitektur; zum Ensemble gehört auch der 44 Meter hohe Wasserturm, das Wahrzeichen der Stadt; das Europäische Industriedenkmal Nordwolle besteht aus Ziegelbauten der ehemaligen Norddeutschen Wollkämmerei & Kammgarnspinnerei; die Graft, eine Parkanlage mit Wasserläufen, mit der Burginsel, auf der noch Fundamente der 1247 erbauten Wasserburg erhalten sind, mit dem gräflichen Gartenhaus aus dem Jahr 1564 und der Alten Wassermühle aus dem Jahr 1880.

Gräfliches Gartenhaus

DREI FRAGEN AN: OBERBÜRGERMEISTER PATRICK DE LA LANNE

Warum muss man in Ihrer Stadt gewesen sein?

Delmenhorst ist einer der großen Industriestandorte im Oldenburger Land und als solcher Herausforderung und Auftrag zugleich, Arbeit zu schaffen. Einzigartig ist auch das bürgerschaftliche Engagement über alle Parteigrenzen hinweg im Kampf gegen Neonazis.

Was darf ein Besucher Ihrer Stadt auf keinen Fall verpassen?

Das Ensemble von Rathaus, Graftanlagen und Markthalle.

Was sollte man auf jeden Fall unterlassen?

Delmenhorst zu unterschätzen.

Landkreis Friesland

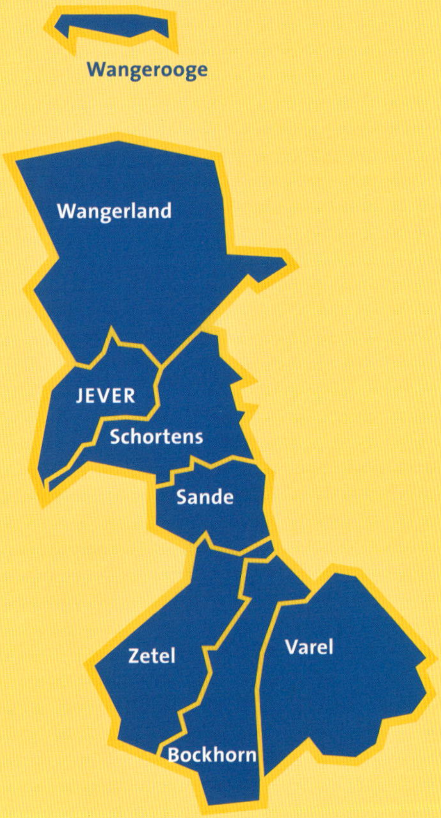

Schloss Gödens

GESCHICHTE

Der Landkreis Friesland hat gewissermaßen zwei „Geburtsstunden": Am 15. Mai 1933 wurden im Zuge der oldenburgischen Verwaltungsreform die Amtsbezirke Varel und Jever zum „Amtsverband Friesland" zusammengelegt, der am 1. Januar 1939 zum „Landkreis Friesland" wurde. Die zweite Geburtsstunde ist der 1. Januar 1980, als die Kreisreform vom 1. August 1977 zurückgenommen und der alte Kreis mit dem Kreissitz Jever wiederhergestellt werden musste. Vorausgegangen waren heftige Proteste der Bevölkerung und Verfassungsklagen vor dem Niedersächsischen Staatgerichtshof in Bückeburg. Die Kreisreform hatte Bockhorn, Zetel und Varel dem Landkreis Ammerland zugeschlagen; Jever, Sande, Schortens, Wangerland und Wangerooge sowie der Landkreis Wittmund waren zu einem neuen Kreis Friesland mit der Kreisstadt Wittmund zusammengefügt worden. Historisch zählte das heutige Kreisgebiet zum alten Friesland, es gehörte aber nie zur Grafschaft Ostfriesland, sondern zu Oldenburg.

GEOGRAFIE

Das Landschaftsbild wird geprägt von der Marsch (55 Prozent Flächenanteil), der Geest (35 Prozent) und dem Moor (10 Prozent). Dem Festland vorgelagert ist die einzige oldenburgische Insel Wangerooge. Die Marsch mit ihren Wurten, Seedeichen und Wallhecken beherrscht die Landschaft des nördlichen Jeverlandes und des Küstensaumes am Jadebusen. Die Geest bestimmt das Gesicht des südlichen Kreisgebietes. Die Friesische Wehde im Westen kennzeichnen ausgedehnte Wälder und eine offene, lebhafte Geestlandschaft.

STÄDTE UND GEMEINDEN

In dem knapp 607,74 Quadratkilometer großen Kreisgebiet leben rund 101.600 Einwohner. Der Kreis umfasst 8 Gemeinden. Kreisstadt ist Jever mit ca. 14.000 Einwohnern; die größte Gemeinde ist die Stadt Varel mit 25.100 Einwohnern. Die weiteren Gemeinden: Stadt Schortens 21.300 Einwohner, Zetel 11.800, Wangerland 10.200, Sande 9400, Bockhorn 8800 und Wangerooge 1100 (alle Angaben Stand 30. 6. 2005). Fast zwei Drittel der Bevölkerung des Kreises leben in den drei Städten.

Vareler Yachthafen

WIRTSCHAFT

Nach wie vor spielt die Landwirtschaft eine beträchtliche Rolle. In der Marsch überwiegt die Grünlandnutzung, auf den Geest- und Moorböden die Ackernutzung. Die insgesamt gut 43.000 Hektar an landwirtschaftlicher Nutzfläche werden von etwa 900 Betrieben bewirtschaftet, über 500 sind größer als 30 Hektar. Neben der Landwirtschaft bestimmt das produzierende Gewerbe die Wirtschaftsstruktur. 45 Betriebe des verarbeitenden Gewerbes haben ihre Betriebsstätten im Kreis, darunter sind Unternehmen der Büroelektronik, der Computertechnologie, des Flugzeug- und Satellitenbaues, der Nahrungs- und Genussmittelindustrie, Gießereien, Ziegeleien und Hersteller von Getriebe und Fördertechnik. Dem Handwerk und Versorgungs- und Dienstleistungen kommt ebenfalls eine wesentliche Bedeutung zu, vor allem mit Blick auf den Fremdenverkehr (Zahlenangaben Stand Mai 2006).

TOURISMUS

Die Bedeutung des Fremdenverkehrs lässt sich an den Übernachtungszahlen messen: Bei ca. 25.000 Gästebetten und 436.000 Gästen wurden im Jahr 2004 mehr als 3,44 Millionen Übernachtungen registriert (Jahresbericht 2005, Oldenburgische IHK). Die wichtigsten touristischen Ziele sind die Nordseeheilbäder Insel Wangerooge und Horumersiel-Schillig, das Nordseebad Dangast, die Küstenbadeorte Hooksiel und Minsen-Förrien sowie die staatlich anerkannten Erholungsorte Bockhorn, Hohenkirchen, Neuenburg und Jever.

SEHENSWÜRDIGKEITEN (Auswahl)

Schlossmuseum Jever (Audienzsaal mit Kassettendecke), Schloss Gödens (Schlosspark), Schloss Neuenburg, Historisches Vorwerk Sande-Altmarienhausen, Bismarck-Museum Jever, Brauereimuseum Jever, Nordwestdeutsches Schulmuseum in Zetel-Bohlenbergerfeld, Nationalpark-Haus „Alte Schule Dangast“, Accumer Mühle, Rutteler Mühle und Wedelfelder Wasserschöpfmühle.

DREI FRAGEN AN: LANDRAT SVEN AMBROSY

Warum muss man in Ihrem Landkreis gewesen sein?

Das kann man nicht beschreiben. Das muss man sehen und fühlen. Hier ist es einfach schön und friesisch herb. Friesland: keine Kompromisse.

Was darf ein Besucher Ihres Landkreises auf keinen Fall verpassen?

Eigentlich darf er gar nichts verpassen – aber besonders drei Dinge nicht: den Rhabarberkuchen am Wochenende im Alten Kurhaus Dangast mit Blick auf den Jadebusen, die Aussicht vom Alten Leuchtturm von Wangerooge, das köstliche Kaltgetränk aus Jever, genossen im Biergarten des Cafés im Schlosspark.

Was sollte man auf jeden Fall unterlassen?

Zu lange im Watt bleiben.

Wangerooge – die wandernde Insel

WANGEROOGE. Wangerooge ist die östlichste der sieben Ostfriesischen Inseln, die einzige oldenburgische und mit knapp 4,8 Quadratkilometern die kleinste. Sie ist etwa 9 Kilometer lang und zwischen einem halben und eineinhalb Kilometer breit. Vom Festland trennen die Insel gerade mal 9 Kilometer, von der Nachbarinsel Spiekeroog sind es ganze 3 Kilometer. Seit 1933 gehört Wangerooge zum Landkreis Friesland. Knapp 1300 Insulaner und, von Frühjahr bis Herbst, rund 300 Saisonarbeitskräfte, leben auf der Insel, sie sind überwiegend in der Tourismusbranche beschäftigt. In der Hauptsaison leben gut 10.000 Menschen auf der Insel, im Jahresdurchschnitt werden rund 900.000 Übernachtungen gezählt.

Der Name leitet sich vom altgermanischen „Wanga“ für Wiese oder Ebene und vom friesischen Wort „og“ für Insel ab und bedeutet, zusammengesetzt, „Insel vor dem Festland“. Das zweite „o“ im Namen haben niederländische Kartographen hinzugefügt. Die Schreibweise „Wangerooge“ wurde 1885 von der Oldenburgischen Regierung verfügt, was die vornehmlich plattdeutsch sprechenden Inselbewohner noch lange als willkürlichen Verwaltungsakt empfanden.

In Urkunden taucht Wangerooge zum ersten Mal im Jahr 1217 auf, doch ist davon auszugehen, dass die Insel schon zur Zeitenwende bewohnt war und auch von den Römern besucht worden ist. Sie wurde später zur Frieseninsel und gehörte zum Machtbereich der jeverschen Häuptlinge. Ihre Geschichte ist auch die Geschichte der wechselnden Herrschaft übers Jeverland, das 1818 endgültig zurück zum Herzogtum Oldenburg kam. 1804 ist erstmals vom Badeleben die Rede, als der Inselvogt in einem Schreiben vom 13. März die „Regierung“ in Jever um eine Badekarre und ein Badezelt bat. Wangerooge ist nach Bad Doberan-Heiligendamm an der Ost- und Norderney an der Nordsee das älteste deutsche Seebad. In den letzten Kriegstagen des 2. Weltkrieges zur „Festung“ erklärt, erlebte die Insel am 25. April 1945 einen verheerenden Luftangriff von etwa 480 alliierten Bombern, die innerhalb von 15 Minuten 6000 Bom-

ben abwarfen. Bis in die 1970er-Jahre hinein wurden noch Kriegsreste beseitigt. Seit 1978 darf die Insel die Bezeichnung „Staatlich anerkanntes Nordseeheilbad“ führen.

Wangerooge, das wie die anderen Ostfriesischen Inseln nach der letzten Eiszeit vor ca. 5000 Jahren aus dem Meer angeschwemmt wurde, kämpft seit Jahrhunderten mit der Erosion: Starke Strömungen des Wassers und die vorherrschenden Westwinde tragen im Westen der Insel Sand ab und lagern ihn zum Teil im Osten wieder an. Innerhalb von 300 Jahren hat sich die Insel auf diese Weise einmal um ihre Länge verschoben. Mit langen Buhnen, also Wellenbrechern, die in das Meer hineingebaut werden, und starken Uferbefestigungen wird versucht, dieser Wanderung Einhalt zu gebieten. Um den ortsnahen Strand zu erhalten, müssen jedes Jahr mindestens 50.000 Kubikmeter Sand mit Lastwagen vom Osten der Insel zurücktransportiert werden. In einem besonders stürmischen Winter können am Badestrand sogar bis zu 150.000 Kubikmeter Sand verloren gehen, so dass mitunter noch bis Anfang Juni Sand aufgefahren werden muss.

Auf der Insel, auf der außer einem Krankenwagen, einem Auto der Deutschen Gesellschaft zur Rettung Schiffbrüchiger, mehreren Feuerwehr- und einem Müllwagen nur Fahrzeuge mit Elektromotor zugelassen sind, ist das Fahrrad das Hauptverkehrsmittel, zumal seit Ende der 1990er-Jahre auch keine Pferdefuhrwerke mehr unterwegs sind. Die wichtigsten Sehenswürdigkeiten auf der Insel sind:

- Der so genannte Alte Leuchtturm, 1855 von Großherzog Nikolaus Peter erbaut und 1886 in Betrieb genommen, versah 113 Jahre lang seine Aufgabe als Wegweiser für die Schifffahrt, ehe das Feuer 1969 für immer gelöscht wurde. Heute wird der 39 Meter hohe Turm mit seinen 161 Stufen als Aussichtsturm genutzt. Und seit 1996 können sich freitags Paare auf dem Leuchtturm trauen lassen, was bis zum Jahr 2005 schon mehr als 3200 Paare getan haben. Im Trauzimmer, der alten Wachstube des Leuchtturmwärters, haben maximal sieben Leute Platz.

- Der Neue Leuchtturm wurde 1969 in Betrieb genommen. Auf der Spitze des 65 Meter hohen Turmes ist eine Drehoptik eingebaut, deren roter Blitz noch im gut 42 Kilometer entfernten Helgoland zu sehen ist.

- Der Westturm, dessen Vorläufer von der Marineleitung im Ersten Weltkrieg gesprengt worden war, weil er möglicherweise feindlichen Schiffen als Orientierung hätte dienen können, wurde 1932/33 nach dem alten Modell als Wahrzeichen der Insel neu gebaut. Vor allem Mitglieder des Oldenburger Turnerbundes waren am Bau beteiligt. Bis zur Windfahne ist der Turm, als Jugendherberge genutzt, 56,5 Meter hoch.

- Das Café Pudding, erst ein Kiosk und seit 1948/49 ein Café, gilt heute als eines der Wahrzeichen der Insel. Den Namen hat es von einem runden Hügel, auf dem seit 1859 eine Dünenbake als Zeichen für die Küstenschifffahrt und 1944 ein kleiner Bunker als eine Art Vorposten für den Kriegshafen Wilhelmshaven errichtet wurden. Als die Alliierten nach dem Krieg den Bunker sprengen ließen, ergriff Bäckermeister Heinrich Folkerts die Chance, sich diesen hervorstechenden Platz zu sichern.

- Die 3,30 Meter hohe Skulptur „Der Navigator“ am westlichen Ende der Oberen Strandpromenade wurde von dem römischen Bildhauer Paolo Marazzi aus einem einzigen großen Monolithen gemeißelt.

Stadt Oldenburg

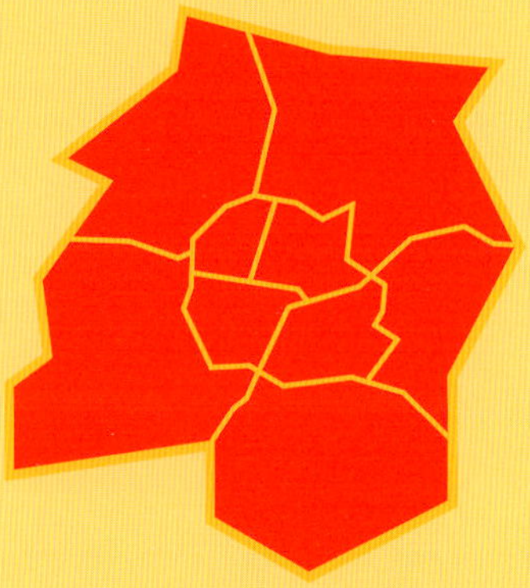

Rathausmarkt

GESCHICHTE

Die Geschichte Oldenburgs beginnt 1108: Die Burg Aldenburg an einer Furt über die Hunte wird erstmals urkundlich erwähnt. Die Siedlung „Oldenburg", die sich im Schutz dieser Burg entwickelt, bekommt 1345 das Stadtrecht verliehen. 1607 baut Graf Anton Günther die alte Wasserburg in ein Renaissanceschloss um. Nach seinem Tod 1647 fällt die Stadt an die Dänen und wird von zwei Katastrophen heimgesucht: 1647 wütet die Pest und 1676 ein verheerender Brand, verursacht von mehreren Blitzeinschlägen. Bis Mitte des 18. Jahrhunderts sinkt die Einwohnerzahl auf 3000. Erst als 1773 das Haus Holstein-Gottorp die Grafschaft übernimmt, blüht Oldenburg wieder auf, ist Haupt- und Residenzstadt des Großherzogtums, in der viele neue Bauten im klassizistischen Stil entstehen, und „Stadt I. Klasse", was auch Kreisfreiheit bedeutet. 1919 wird sie zur Hauptstadt des Freistaates Oldenburg, von 1933 bis 1945 Gauhauptstadt der Nationalsozialisten. Nach dem Krieg, den sie weitgehend unbeschädigt übersteht, wächst die Stadt durch den Flüchtlingsstrom zur Großstadt mit 120.000 Einwohnern heran und wird Hauptstadt des Verwaltungsbezirkes Oldenburg. 1974 nimmt die Carl-von Ossietzky-Universität den Lehrbetrieb auf. 1978 wird Oldenburg Sitz des Regierungspräsidenten des Bezirkes Weser-Ems. Mit Beginn des Jahres 2005 löst die Landesregierung Bezirk und Behörde auf und etabliert als Ersatz eine Regierungsvertretung.

GEOGRAFIE

Oldenburg liegt in einer Niederung am Ufer der Hunte und an der Mündung der Haaren. Ein Drittel des Stadtgebietes ist nach dem Niedersächsischen Naturschutzgesetz besonders geschützt. Fast fünf Prozent der Stadtfläche, 508 Hektar, sind als reine Naturschutzgebiete ausgewiesen, keine andere kreisfreie Stadt in Niedersachsen hat mehr Naturschutzflächen.

STADT UND STADTTEILE

Oldenburg hat eine Fläche von 102,96 Quadratkilometer und fast 159.000 Einwohner (Stand 31. 12. 2004). Erst in den 1920er- und 1930-er Jahren wurde eine Reihe von Nachbargemeinden eingegliedert. Es gibt neun Stadtbezirke mit 33 Stadtteilen. Mehr als 70 Prozent der Oldenburger leben in Ein- und Zweifamilienhäusern mit eigenem Garten. Das Niedersächsische Landesamt für Statistik geht davon aus, dass Oldenburg bis zum Jahr 2021 mit einer Einwohnerzahl von knapp 172.000 zur drittgrößten Stadt Niedersachsens angewachsen sein wird.

Schlossgarten

WIRTSCHAFT

Oldenburgs Wirtschaftsstruktur ist geprägt vom Dienstleistungssektor, in dem rund 85 Prozent der 98.000 Erwerbstätigen arbeiten. Zusammen mit dem Einzel- und Großhandel ist er das Rückgrat der Wirtschaft; die Bedeutung der Stadt als Einkaufszentrum unterstreicht die Tatsache, dass Oldenburg die höchste Umsatzkennziffer aller niedersächsischen Großstädte hat. Kennzeichnend ist auch, dass in den allermeisten Branchen – von der Elektrotechnik über Automobilzulieferer bis zur metallverarbeitenden und chemischen Industrie, dem Druckereigewerbe, der Nahrungsmittelindustrie und der Telekommunikation – mittelständische Unternehmen das Bild bestimmen. Neben namhaften Banken und Versicherungen ist Oldenburg auch der Sitz der EWE, fünftgrößtes Energieversorgungsunternehmen in Deutschland, und von CeWe Color, Europas größter konzernunabhängiger Fotofinisher. Als wissenschaftliche „Leuchttürme", die eine enge Verzahnung von Universität/Fachhochschule und Wirtschaft belegen, gelten u. a. das Informatik-Institut OFFIS, in dessen Nachbarschaft sich zahlreiche weitere IT-Unternehmen niedergelassen haben, ferner das Institut für Rohrleitungsbau, das Institut für Chemie und Biologie des Meeres, das Kompetenzzentrum HörTech und das Kompetenzzentrum Forwind für regenerative Energien.

SEHENSWÜRDIGKEITEN (Auswahl)

Schloss, Schlosswache und Landesmuseum für Kunst und Kulturgeschichte, Horst-Janssen-Museum, Landesmuseum Natur und Mensch, Fußgängerzone (eine der größten Deutschlands), Lappan, das Wahrzeichen der Stadt, Altes Rathaus, Degodehaus, Schlossgarten, Landesbibliothek.

DREI FRAGEN AN: OBERBÜRGERMEISTER GERD SCHWANDNER

Warum muss man in Ihrer Stadt gewesen sein?

Man muss in Oldenburg gewesen sein, um das einzigartige Lebensgefühl dieses besonderen Ortes zu empfinden.

Was darf ein Besucher Ihrer Stadt auf keinen Fall verpassen?

Den perfekten Oldenburg-Tag: Morgens joggen oder spazieren gehen, Frühstück im Café, vormittags Museumsbesuch, Mittagessen draußen, etwa mit Blick auf den Stadthafen, nachmittags Radtour, abends Kultur/Theater und zum Abschluss noch einen „Absacker" in der Wallstraße.

Was sollte man auf jeden Fall unterlassen?

Die Bedeutung des Fahrrades in der oldenburgischen Verkehrsordnung zu unterschätzen, „Moin" mit „Guten Morgen" zu verwechseln und Kohl und Pinkel nicht zu mögen.

Landkreis Oldenburg

Hunte in Wildeshausen

GESCHICHTE

Als im Land Oldenburg 1933 die Verwaltung neu organisiert wurde, entstand aus Teilen der ehemaligen Ämter Wildeshausen, Oldenburg und Delmenhorst der Landkreis Oldenburg, der seine fast kreisrunde Gestalt schließlich bei der letzten Kreisreform 1977 erhielt. Die Kreisverwaltung, die zunächst in Oldenburg war, ist seit 1. Juli 1988 in Wildeshausen. Der nördliche Teil des heutigen Kreisgebietes war von jeher oldenburgisch, seine Geschichte ist Geschichte der Grafschaften Oldenburg und Delmenhorst. Das im Süden liegende Wildeshausen, um 800 als Wigaldeshusen an der Nord- und Westeuropa verbindenden Flämischen Straße gegründet, hatte eine sehr viel wechselvollere Geschichte zu überstehen. Es war bis zur Reformation ein berühmter Wallfahrtsort und hatte im Laufe der Jahrhunderte viele Besitzer: Oldenburger und Wildeshauser Grafen, die Bischöfe von Bremen und Münster, die Schweden, denen es im Westfälischen Frieden 1648 zugesprochen wurde, und ab 1700 das Kurfürstentum Hannover. Erst 1803 wurden Stadt und Amt Wildeshausen wieder oldenburgisch.

GEOGRAFIE

Marsch, Moor, Geest, Sanddünen, Heide und ausgedehnte Wälder, wie etwa den Urwald Hasbruch, und die Flussläufe von Hunte, Delme und Lethe bestimmen das Landschaftsbild. 90 Prozent der Kreisfläche liegen im Naturpark „Wildeshauser Geest“. Zahlreiche prähistorische Bodendenkmäler von internationalem Rang, 19 Naturschutzgebiete, zu denen auch die Ahlhorner Fischteiche als die größten Karpfenteiche in Westniedersachsen gehören, 57 Landschaftsschutzgebiete und 353 Naturdenkmale sind ausgewiesen.

STÄDTE UND GEMEINDEN

In dem 1063,05 Quadratkilometer großen Kreis leben gut 125.600 Einwohner. Außer der Stadt Wildeshausen mit rund 18.300 Einwohnern bilden sechs Gemeinden und die Samtgemeinde Harpstedt (mit acht

Mitgliedsgemeinden) den Kreis: Dötlingen (ca. 6000 Einwohner), Ganderkesee (31.000), Großenkneten (13.800), Harpstedt (11.350); Hatten (13.500), Hude (15.600) und Wardenburg (16.100). (Alle Einwohnerzahlen Stand 30. 6. 2005).

WIRTSCHAFT

Der Landkreis Oldenburg verfügt bei Großenkneten über das größte deutsche Erdgasfördergebiet. Die Wirtschaftsstruktur wird bestimmt von fast 1500 landwirtschaftlichen Betrieben (Stand 2003) und mehr als 8000 in der gewerblichen Wirtschaft (Stand 2005), vorwiegend mittelständische und kleine Betriebe, aber auch einige Großunternehmen von internationaler Geltung. Die meisten Menschen sind im verarbeitenden Gewerbe, der Energie- und Wasserversorgung, im Dienstleistungsbereich und im Handel beschäftigt.

TOURISMUS

In den vergangenen Jahren hat sich der Fremdenverkehr gut entwickelt. Mehr als 125.000 Übernachtungen wurden in der Sommersaison 2005 registriert (Jahresbericht 2005, Oldenburgische IHK). Zu den Publikumsmagneten gehören die vielen Großsteingräber und die prähistorischen Grabanlagen. Das Netz an Wander- und Radwegen ist gut ausgebaut, im Naturpark Wildeshauser Geest sind über 750 Kilometer Radwege.

SEHENSWÜRDIGKEITEN (Auswahl)

Pestruper Gräberfeld mit 500 Grabhügeln aus der Bronzezeit (bei Wildeshausen); Alexanderkirche (13. Jahrhundert) in Wildeshausen, die einzige Basilika im Oldenburger Land; Ahlhorner Fischteiche; Klosterruine eines ehemaligen Zisterzienserklosters (1240–1280) in Hude; 1000 Jahre alte Dorfeiche in Dötlingen; Druckereimuseum Sandkrug; historische Kleinbahn „Jan Harpstedt“ auf der Strecke Harpstedt-Delmenhorst-Lemwerder.

1000 Jahre alte Dorfeiche in Dötlingen

DREI FRAGEN AN:
LANDRAT FRANK EGER

Warum muss man in Ihrem Landkreis gewesen sein?

Weil die Menschen freundlich sind und weil es im Naturpark Wildeshauser Geest so unheimlich viele schöne Ecken zu entdecken gibt.

Was darf ein Besucher Ihres Landkreises auf keinen Fall verpassen?

Da gibt es zu viel, als dass ich es eingrenzen könnte. Die quer über den Landkreis verteilten Großsteingräber sollte man sich aber auf keinen Fall entgehen lassen.

Was sollte man auf jeden Fall unterlassen?

Auf der Autobahn unseren Landkreis durchkreuzen ohne anzuhalten. Das könnte sich später als ärgerlich herausstellen.

Landkreis Vechta

Moorerlebnispfad Goldenstedt

GESCHICHTE

Der Landkreis Vechta, der seit 1933 die Bezeichnung Kreis trug, war der erste Landkreis in Deutschland, der nach dem Zusammenbruch der Nazi-Diktatur gebildet wurde. Er sei der erste Kreis, der „zur demokratischen Selbstverwaltung schreitet", erklärte Oberst Betteley von der britischen Militärregierung am 19. Oktober 1945, als der Kreistag zu seiner konstituierenden Sitzung zusammentrat. Von 1968 bis 1977 musste der Kreis um seine Erhaltung kämpfen. Er sollte der geplanten kommunalen Neugliederung zum Opfer fallen und mit dem Landkreis Cloppenburg zusammengelegt werden. Am 9. Juni 1977 beschloss der Landtag dann aber, dass Vechta selbstständig bleibt. Die Ämter Vechta und Cloppenburg waren erst 1803, als das Stift Münster säkularisiert wurde, dem Herzogtum Oldenburg zugefallen. Im Wappen weisen die beiden roten Balken auf goldenem Grund auf die Zugehörigkeit zum Oldenburger Land hin.

GEOGRAFIE

Das Kreisgebiet erscheint mit Ausnahme der Dammer Berge relativ homogen, ist jedoch von einem sehr vielfältigen Landschaftscharakter geprägt. Ausgedehnte Geestflächen, große Niederungsflächen der Hase und Hunte und Nieder- und Hochmoorgebiete bestimmen das Bild. Neben dem Naturpark Wildeshauser Geest, dem Naturpark Dümmer und dem Erholungsgebiet Dammer Berge gibt es noch acht weitere Naturschutzgebiete. 70 Prozent der Fläche werden landwirtschaftlich genutzt. Der 145,5 Meter hohe Signalberg in den Dammer Bergen ist die höchste Erhebung im Oldenburger Land.

STÄDTE UND GEMEINDEN

Der Landkreis Vechta umfasst eine Fläche von 812,52 Quadratkilometern und hat annähernd 137.000 Einwohner. Die Stadt Vechta mit rund 31.200 Einwohnern, die Städte Lohne (25.400), Damme (16.100) und Dinklage (12.600) sowie sechs Gemeinden bilden den Kreis: Bakum (rd. 5700 Einwohner), Goldenstedt (10.100), Holdorf (6500), Neuenkirchen-Vörden (8000), Steinfeld (9500) und Visbek (11.500). (Alle Einwohnerzahlen Stand Juni 2005).

Stadt Vechta

WIRTSCHAFT

Der Kreis Vechta gehört zu den prosperierenden Wirtschaftsstandorten im Norden, ihm wird, wie dem gesamten Oldenburger Münsterland, in diversen bundesweiten Experten-Prognosen eine erfolgreiche ökonomische Entwicklung vorausgesagt, wie sie sonst nur für einige Kreise in Süddeutschland prognostiziert wird. Zum einen weisen die Kreise Vechta und Cloppenburg die höchste Viehdichte in Europa auf und sind Zentrum der Fleischveredelungsindustrie, zum anderen haben beide Kreise eine wachsende und vor allem junge Bevölkerung. 23,7 Prozent beträgt der Anteil der Kinder und Jugendlichen bis 17 Jahre im Kreis Vechta. Neben der Ernährungsindustrie sind die Branchen Maschinen- und Anlagenbau, Kunststofftechnik und das Baugewerbe das Rückgrat der Wirtschaft. Die Arbeitslosenquote gehört zu den niedrigsten in Niedersachsen.

TOURISMUS

Mit gut 100.000 Übernachtungen in der Sommersaison 2005, von Mai bis Oktober (Jahresbericht 2005, Oldenburgische IHK), scheinen die touristischen Möglichkeiten des Landkreises noch nicht ausgeschöpft zu sein. Eine Studie kommt zu dem Schluss, dass der Tourismus trotz der attraktiven Naturparks und Landschaftsschutzgebiete, „noch eine ökonomische Schwäche" darstellt.

SEHENSWÜRDIGKEITEN (Auswahl)

Zitadelle Vechta mit dem Museum im Zeughaus, Industriemuseum Lohne, prähistorische Steinsetzungen wie „Visbeker Braut" und „Bräutigam" und historische Mühlen aus dem 15. und 16. Jahrhundert in Visbek, Moorerlebnispfad in Goldenstedt, barockes Wasserschloss (1755 erbaut) in Bakum, Burg Dinklage, älteste und bedeutendste Wasserburg im Oldenburger Münsterland und Geburtsort von Kardinal Clemens-August von Galen.

DREI FRAGEN AN:
LANDRAT ALBERT FOCKE

Warum muss man in Ihrem Landkreis gewesen sein?
Weil man hier wirklich nette und freundliche Menschen kennen lernen kann.

Was darf ein Besucher Ihres Landkreises auf keinen Fall verpassen?
Den Stoppelmarkt und den Dammer Carneval. Außerdem sind Dümmer und Dammer Berge immer eine Reise wert.

Was sollte man auf jeden Fall unterlassen?
Das Engagement der hiesigen Bevölkerung zu unterschätzen, wenn es um für sie bedeutsame und wichtige Vorhaben geht.

Landkreis Wesermarsch

Wurtendorf Langwarden

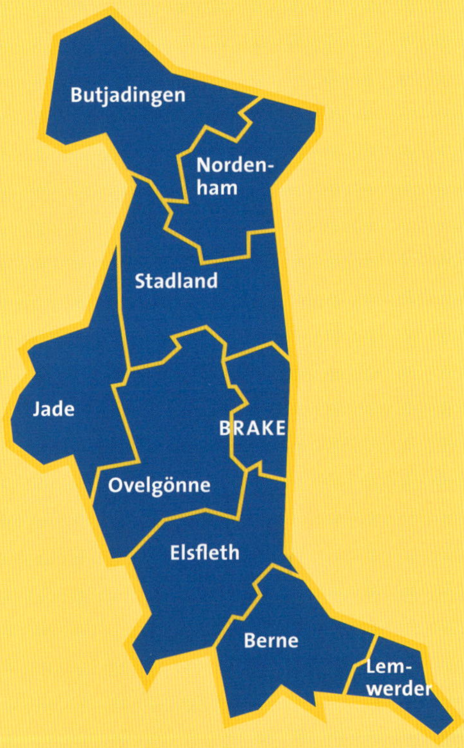

GESCHICHTE

Der Landkreis Wesermarsch wurde 1933 aus den damaligen Amtsbezirken Butjadingen, Brake und Elsfleth sowie aus Teilen der Ämter Delmenhorst und Varel gebildet. Er überstand fast unbeschadet die folgenden Gebietsreformen und blieb in seiner früheren Größe erhalten. Die politische Zugehörigkeit zum Oldenburger Land ist im Wappen durch die roten „ammerschen Balken“ auf Gold dokumentiert. Ein „Rüstringer Friese“ und eine Dreimastkogge in der rechten Wappenhälfte erinnern an den Wohlstand und die Freiheiten, die sich die Bewohner der Wesermarsch über Jahrhunderte bewahrt hatten, ehe sie 1514 von einem oldenburgisch-braunschweigischen Heer besiegt und damit Teil der Geschichte des Oldenburger Landes wurden.

GEOGRAFIE

Weite Marsch- und Moormarschflächen sind charakteristisch für die Wesermarsch, die auch gekennzeichnet ist durch 60 Kilometer Wattenküste und 90 Kilometer Flussufer an Weser und Hunte. Kein anderer Landkreis in Deutschland ist so von Wasser umgeben, 94 Kilometer Flussdeiche und 62 Kilometer Seedeiche schützen das niedrig gelegene Marschenland vor Überflutungen. Die Einheimischen selbst sprechen von einer Landschaft „flach wie eine Flunder“. Zum Territorium des Kreises gehört auch die Vogelinsel Mellum in der Wesermündung. Weltweit einmalig ist das „Schwimmende Moor“ von Sehestedt im Deichvorland am Jadebusen.

STÄDTE UND GEMEINDEN

Knapp 94.000 Einwohner leben auf einer Fläche von 821,89 Quadratkilometern. Der Landkreis teilt sich in sechs Gemeinden und drei Städte auf. Kreissitz ist Brake mit gut 16.200 Einwohnern, die größte Stadt ist Nordenham mit rund 27.700 Einwohner, die Stadt Elsfleth hat 9300 Einwohner. Die sechs Gemeinden sind: Berne (7100), Butjadingen (6600), Jade (5900), Lemwerder (7300), Ovelgönne (5700) und Stadland (7900). (Alle Einwohnerzahlen Stand 30. 6. 2005).

WIRTSCHAFT

Die Wirtschaftsstruktur ist traditionell stark durch industrielle Betriebe geprägt, vornehmlich durch Unternehmen der Luft- und Raumfahrtindustrie, durch die Hafenwirtschaft und durch einen hochspezialisierten Schiffsbau. Der Anteil von Beschäftigten in Großbetrieben, deren Konzernzentralen zumeist außerhalb der Region sind, ist überdurchschnittlich hoch, allein in sechs Betrieben arbeiten 5000 Beschäftigte. Nur 35 Prozent der Industriearbeitsplätze sind in eigenständigen Unternehmen. Der Landkreis befindet sich in einem Strukturwandel. Insbesondere im produzierenden Sektor sind Arbeitplätze verloren gegangen, ein Verlust, der bisher noch nicht hinreichend von anderen Branchen aufgefangen werden konnte.
Der Kreis ist auch stark landwirtschaftlich geprägt: 60.000 Hektar, 96 Prozent der landwirtschaftlichen Fläche, werden ausschließlich als Grünland genutzt und bilden eines der größten zusammenhängenden Grünlandareale Deutschlands.

TOURISMUS

Die Halbinsel Butjadingen am Jadebusen mit den Nordseebädern Burhave und Tossens und dem malerischen Fischerort Fedderwardersiel ist mit annähernd 340.000 Übernachtungen (Stand Mai bis Dezember 2005/ Jahresbericht 2005 der Oldenburgischen IHK) die mit weitem Abstand führende Tourismusgemeinde im Kreis. Auf einem 200 Kilometer Radrundkurs kann der Landkreis umrundet werden; der Kurs ist in vielen Streckenabschnitten identisch mit der „Deutschen Sielroute", auf der das weitverzeigte Be- und Entwässerungssystem vorgestellt und erläutert wird.

SEHENSWÜRDIGKEITEN (Auswahl)

„Schwimmendes Moor" bei Sehestedt, Tier- und Freizeitpark Jaderberg, Center Parc Tossens, Nationalparkhaus und Museum Butjadingen, Schiffahrtsmuseum der Oldenburgischen Seehäfen in Brake, Kinderparadies Spielscheune in Butjadingen, St.-Laurentius-Kirche im historischen Wurtendorf Langwarden (850 Jahre alt, Orgel aus dem Jahr 1650/51), Jagdschloss des Grafen Anton Günther in Elsfleth.

Spielscheune in Butjadingen

DREI FRAGEN AN: LANDRAT MICHAEL HÖBRINK

Warum muss man in Ihrem Landkreis gewesen sein?
Um einmal die satten Farben der Wesermarsch gesehen zu haben: das Grün der Wiesen und Weiden, das helle Blau des Himmels und das Schimmern des Wassers, wenn man über den Deich schaut.

Was darf ein Besucher Ihres Landkreises auf keinen Fall verpassen?
Eine geführte Wattwanderung.

Was sollte man auf jeden Fall unterlassen?
Blumen und Bäume auf dem Deich anzupflanzen.

Stadt Wilhelmshaven

Südstrand

GESCHICHTE

Die Marine war Geburtshelfer, und bis auf den heutigen Tag ist die Stadtgeschichte eng verwoben mit der Geschichte der Deutschen Marine. Sie beginnt am 20. Juli 1853, als Preußen im so genannten Jade-Vertrag dem Großherzogtum Oldenburg ein 313 Hektar großes Gebiet in den Kirchspielen Heppens und Neuende abkauft, um für die Preußische Marine einen Stützpunkt am Jadebusen zu bauen. Es ist die damals größte Baustelle Europas, für die im Laufe der Jahre noch weitere 109 Hektar benötigt werden. Am 17. Juni 1869 gibt König Wilhelm I. von Preußen dem neuen Krieghafen offiziell seinen Namen, wobei man sich in der Schreibweise mit „v“ der norddeutschen Form anpasst. Schon 1916 zählt Wilhelmshaven, das noch zum Landkreis Wittmund gehört und erst 1919 zur kreisfreien Stadt erhoben wird, zusammen mit dem oldenburgischen Rüstringen 80.000 Einwohner. 1937 werden das preußische Wilhelmshaven und Rüstringen zur nunmehr oldenburgischen Stadt Wilhelmshaven zusammengefasst. 1939 werden mehr als 113.000 Einwohner gezählt, die höchste Einwohnerzahl überhaupt. Zweimal erlebt die Stadt, von 1871 bis 1914 und von 1933 bis 1939, wirtschaftliche Blütezeiten, die jeweils aber auch zu Niedergang und Zerstörung führen, 1918 und 1945. Im 2. Weltkrieg werden allein 60 Prozent aller Wohnungen zerstört. Nach der Wiederbewaffnung 1956 kommt die Marine zurück nach Wilhelmshaven. Mit rund 9000 Soldaten und zivilen Mitarbeitern bleibt die Stadt auch nach dem Transformationsprozess der Bundeswehr der größte und bedeutendste Marinestandort Deutschlands.

STADT UND STADTTEILE

Auf den 10,37 Quadratkilometern Stadtfläche leben heute knapp über 82.200 Einwohner (Stand Mai 2006). Wilhelmshaven, das eingebettet in die Marschlandschaft am Westufer des Jadebusens liegt, hat 27 Stadtteile. Eine Besonderheit ist Sengwarden, das erst 1972 mit seinen zugehörigen Ortsteilen in die Stadt eingemeindet wurde. Sengwarden hat einen von der Bevölkerung gewählten Ortsrat, der aus seiner Mitte einen Ortsbürgermeister als Vorsitzenden wählt.

Eine Einheit: Marine und Wilhelmshaven

WIRTSCHAFT

Wilhelmshaven ist Deutschlands einziger Tiefwasserhafen – die natürliche Fahrwassertiefe beträgt 20 Meter – und der bedeutendste deutsche Tankerlöschplatz. Vier Umschlagbrücken sind auf das Laden und Löschen sowohl flüssiger und fester als auch gasförmiger Massengüter und Chemikalien ausgelegt. Die Hafenwirtschaft, die Chemieindustrie mit diversen petrochemischen Großanlagen und die Marine sowie andere öffentliche Arbeitgeber – sie erreichen zusammen einen Anteil von 25 Prozent der Beschäftigten – sind das Rückgrat der Wirtschaft. Betriebe in der Metallverarbeitung, ein Kohlekraftwerk, eine Reihe von Dienstleistungsbetrieben, ein Biotechnologiepark, Handwerk und Handel ergänzen die Wirtschaftstruktur. Das richtungweisende Projekt für die Zukunft ist der Jade-Weser-Port, in dem zum Ende des Jahrzehnts die größten Containerschiffe der Welt ihre Ladung löschen sollen. Darüber hinaus versprechen eine Anzahl von neuen Großprojekten der Chemieindustrie und von Energieversorgungsunternehmen eine Stärkung der „Energiedrehscheibe Wilhelmshaven“.

TOURISMUS

Beliebter Anziehungspunkt auch für Gäste ist der Südstrand, der seinen Namen der Tatsache verdankt, dass er der einzige Nordseestrand mit Südlage ist. Die Promenade und ausgedehnte Liege- und Freizeitflächen gehören dazu. Die Stadt mit vielen Einkaufsmöglichkeiten und Sehenswürdigkeiten zieht vornehmlich Touristen aus den umliegenden Badeorten an.

SEHENSWÜRDIGKEITEN (Auswahl)

Maritime Meile mit Piratenamüseum, der virtuellen Unterwasserstation Oceanis, dem Feuerschiff Weser, heute Museumsschiff mit Gastronomie, der Kaiser-Wilhelm-Brücke (1903-1907 gebaut), Wahrzeichen der Stadt und einst die größte Drehbrücke Europas, dem Wattenmeerhaus, dem Deutschen Marinemuseum und dem Aquarium. Eine Sehenswürdigkeit ist auch das 1929 eingeweihte Rathaus mit seinem 49 Meter hohen Aussichtsturm.

DREI FRAGEN AN:

OBERBÜRGERMEISTER EBERHARD MENZEL

Warum muss man in Ihrer Stadt gewesen sein?

Um festzustellen, dass alle Vorurteile, die man über Wilhelmshaven hatte, nicht zutreffen.

Was darf ein Besucher Ihrer Stadt auf keinen Fall verpassen?

Den Übergang von der Ebbe zum Hochwasser am Wilhelmshavener Südstrand zu verfolgen. Nach einem tiefen Fall geht es immer aufwärts ...

Was sollte man auf jeden Fall unterlassen?

Den Versuch, herauszufinden, wie der Wilhelmshavener über seine Stadt denkt.

Immer wieder ein schöner Termin für den Cloppenburger Bürgermeister Dr. Wolfgang Wiese (rechts). Er gratuliert der Familie Weis zum siebten Kind. Von links: Kjara (1 ½ Jahre), Janes (2 ½), Milene (5), Nicole (6), Alex (7), Miriam (9), Mutter Swetlana Weis (27) mit Elias (3 Monate) und Vater Andreas Weis (32).

Zahlen, die nicht von schlechten Eltern sind

Cloppenburg ist die geburtenreichste Stadt Deutschlands

CLOPPENBURG. Dr. Wolfgang Wiese (49) ist eloquent im Umgang mit Journalisten. Aber vorsichtig. Seit Cloppenburg im Jahr 2003 erstmals in einer Studie als geburtenreichste Stadt Deutschlands herausgestellt wurde und diesen Spitzenplatz vermutlich auch etliche Jahre behalten wird, empfängt der Bürgermeister regelmäßig und routiniert Reporter aus ganz Deutschland. Dass freilich die Kunde vom Südoldenburger Kindersegen sogar Zeitungsleser in Japan erreichen würde, überraschte ihn denn doch. Vor einiger Zeit saß Tsuyoshi Toyoda, Berlin-Korrespondent von „The Sekai Nippo“, in Wieses Büro, um über die Gründe für

Eine Boulevardzeitung verpasste ihm den Titel „Babymeister“: Dr. Wolfgang Wiese.

den Babyboom zu recherchieren. Sein Land habe die gleichen demografischen Probleme wie das alternde Deutschland, und es habe auch sein Cloppenburg, eine kleine Insel im Süden, auf der mehr Kinder geboren werden als im übrigen Japan, berichtete der Besucher.

Cloppenburg – eine deutsche Insel der Seligen? Nein, dieses Bild würde der agile Bürgermeister nicht stehen lassen. Seit ihm eine Boulevardzeitung den Titel „Babymeister“ verpasste und seine Stadt in Medien als „Babyboomtown“ und „Insel der Fruchtbarkeit“ gepriesen wird, bemüht er sich im Gespräch erkennbar darum, alles Marktschreierische zu vermeiden. Sachlich schildert er, warum Cloppenburg in der Statistik mit einer so genannten Fertilitätsrate von 1,9 Kindern je Frau – also der abstrakten Fruchtbarkeitsrate je Frau, die im Bundesdurchschnitt bei 1,3 Kindern liegt – auf dem ersten Platz steht. Auf die „Einheit“ Familie übertragen, besagt dieser Index, dass jede Familie mindestens zwei oder drei Kinder hat. Der Bürgermeister mit zwei Töchtern und einem Sohn dürfte in dieser Beziehung ziemlich genau die Cloppenburger Durchschnittsfamilie repräsentieren. Die größte Familie hat übrigens 12 Kinder, zurzeit, muss man wohl einschränken.

Die Gründe für den Kinderreichtum sind indes weniger spektakulär, als es manche Schlagzeile vermuten lässt. Den ein bisschen bemühten Scherz vorausschickend, „dass die Cloppenburger eben immer schon aktiver waren als andere“, zählt Wiese eine Reihe von einleuchtenden Gründen auf, die seine Stadt zum gerühmten Gegenentwurf einer angeblich aussterbenden Nation machen. An vorderster Stelle steht natürlich die katholische Tradition, die das Leben in diesem Landstrich seit Jahrhunderten tiefgehend prägt, auch wenn in der Stadt Cloppenburg nur noch 60 Prozent der Einwohner der katholischen Kirche angehören. Im Oldenburger Münsterland sind Familien mit vielen Kindern seit jeher die Norm. „Kindersegen ist Gottessegen“, heißt es noch heute. Das Modell der Großfamilie, in der mehrere Generationen unter einem Dach leben, funktioniert ebenfalls noch oft. Dass in diesem Umfeld die Rolle der Frau eher konservativ definiert wird, bestreitet Wiese erst gar nicht. Es ärgert ihn aber, wie in manchen Veröffentlichungen diese „hohe Wertschätzung der Familie“ ins Negative verkehrt wird. Dass die Frau zu Hause bleibt, wenn Kinder kommen, und in den Beruf wieder zurückkehrt, wenn das Alter der Kinder es erlaubt – das kann man doch ebenso gut positiv werten, sagt der Bürgermeister und zupft mit Nachdruck an seinem Markenzeichen, der bunten Fliege am Hemdkragen.

Die Geschichte des Kinderreichtums in Cloppenburg wäre ohne die Geschichte der Spätaussiedler, der Russlanddeutschen, nicht vollständig.

Die Geschichte des Kinderreichtums in Cloppenburg wäre ohne die Geschichte der Spätaussiedler, der Russlanddeutschen, nicht vollständig. Ihr Zuzug trug nicht unwesentlich dazu bei, dass in der mehr als 32.000 Einwohner zählenden Kreisstadt (Stand 1.12.2005) jeder Vierte unter 18 Jahre alt ist und die Zahl der Kinder der einer Stadt von 60.000 Einwohnern entspricht. Innerhalb eines Jahrzehntes schnellte die Bevölkerung in den 1990er-Jahren von knapp 24.000 auf über 30.000 Ein-

© Christoph Koopmeiners/NWZ-Archiv

Cloppenburg hat nicht nur viele, sondern auch schöne Kinder: Lena Gercke, Siegerin im Topmodel-Wettbewerb.

Vor drei Jahrzehnte standen Cloppenburg und Vechta noch in dem Ruf, das Armenhaus der Nation zu sein.

wohner hoch. Die Migranten sind zu einem Teil strenggläubige Freikirchler, Pfingstler oder Baptisten, sie legen die Bibel wörtlich aus und Familienplanung ist in ihrem Denken des Teufels. Zehn und mehr Kinder waren in der ersten Generation der Aussiedler keine Ausnahme, sagt Wiese. 6500 Bürger sind heute formal Russlanddeutsche, obwohl in vielen Familien der Nachwuchs erst hierzulande geboren wurde. Die Kinder der Russlanddeutschen seien „der Schluck obendrauf" gewesen, sagt Wiese auch in diesem Gespräch wieder, obwohl ihm diese saloppe Formulierung hie und da schon den Vorwurf eingebracht hat, er zeichne eine zu heile Welt und rede die Schwierigkeiten bei der Integration der Aussiedler klein.

Nicht kleinreden lässt er sich jedenfalls den Anteil, den nach seiner Einschätzung die Kommunalpolitik daran hat, dass Familien mit Kindern sich in Cloppenburg besser aufgehoben fühlen als anderswo, „weil sie spüren, dass sie willkommen sind".

„In den vergangenen Jahren hat die Stadt in einer Tour Schulen und Kindergärten gebaut, für fast 50 Millionen Euro", sagt er. Elf Kindergärten und eine Kindertagesstätte garantieren, dass alle Dreijährigen in der Nähe ihres Wohnortes auch einen Platz finden. 15 Schulen gibt es in der Stadt, und nicht ohne Chuzpe erzählt Wiese, wie der CDU-dominierte Rat still und leise die Schulpolitik der Parteifreunde im Landtag in Hannover unterlief, indem Haupt- und Realschulen zusammengelegt wurden, auch der Integration der russlanddeutschen Schüler wegen; mittlerweile eine Standard-Erkenntnis in der Schulpolitik. Nicht weniger stolz ist der Bürgermeister auf das städtische Baulandprogramm, das jungen Familien bezahlbare Grundstücke anbietet, unter 50 Euro pro Quadratmeter. 18 Baugebiete wurden in den vergangenen zehn Jahren erfolgreich vermarktet. Der Anteil der Eigenheime beträgt in Cloppenburg 85 Prozent, ein Wert, der selbst schwäbische Häuslebauer vor Neid erblassen lässt.

Die Stadt hat den Kindersegen längst auch in ihre Marketingstrategie eingebaut. „Wo Familien sich wohlfühlen, kann es nicht schlecht sein", sagt Wiese. Die heimische mittelständische Wirtschaft schätzt es, verlässliche, weil durch die Kinder stark an den Ort gebundene Arbeitskräfte und auch den Nachwuchs vor Ort rekrutieren zu können. Vechta und Cloppenburg, denen noch vor drei Jahrzehnten der Ruf anhing, das Armenhaus der Nation inmitten ewig stinkender Felder zu sein, haben heute mit Quoten zwischen 5,5 und 7 Prozent die niedrigsten Arbeitslosenquoten in Niedersachsen. Besonders gern erzählt der Bürgermeister, dass McDonalds, als 2003 die erste demografische Studie veröffentlicht wurde, gleich seine Rechercheure in Cloppenburg ausschwärmen ließ und eine Filiale eröffnete, obwohl die Hamburger-Kette sonst in Städten unter 50.000 Einwohnern nicht vertreten ist. Unterdessen haben weitere Fast-Food-Läden und ein auf junge Kundschaft spezialisierter schwedischer Textilkonzern die große Zielgruppe in Cloppenburg ausgemacht. Die Stadt hat, Wiese erwähnt es wie nebenei, das in der Studie prognostizierte Bevölkerungswachstum fürs Jahr 2010 bereits heute erreicht.

Dabei ist die Nachbarschaft buchstäblich auch nicht von schlechten Eltern: die Gemeinde Molbergen ist die geburtenreichste Gemeinde Deutschlands, der Landkreis Cloppenburg der geburtenreichste Kreis und die Region Oldenburger Münsterland die geburtenreichste Region und eine der jüngsten. Seit ein paar Monaten kann Wiese noch einen weiteren, ziemlich attraktiven Trumpf ausspielen: „Wir haben nicht nur die meisten Kinder, wir haben neuerdings auch das schönste Kind." Die Rede ist von der 18-jährigen Schülerin Lena Gercke, die im Fernsehen den Wettbewerb „Germany's Next Topmodel" gewann. Mit Genugtuung hat der Bürgermeister beobachtet, dass Lena, die bei ihren ersten öffentlichen Auftritten etwas verschämt ihre Heimat noch mit „Oldenburg" umschrieb, sich inzwischen ohne Umschweife zu Cloppenburg bekennt.

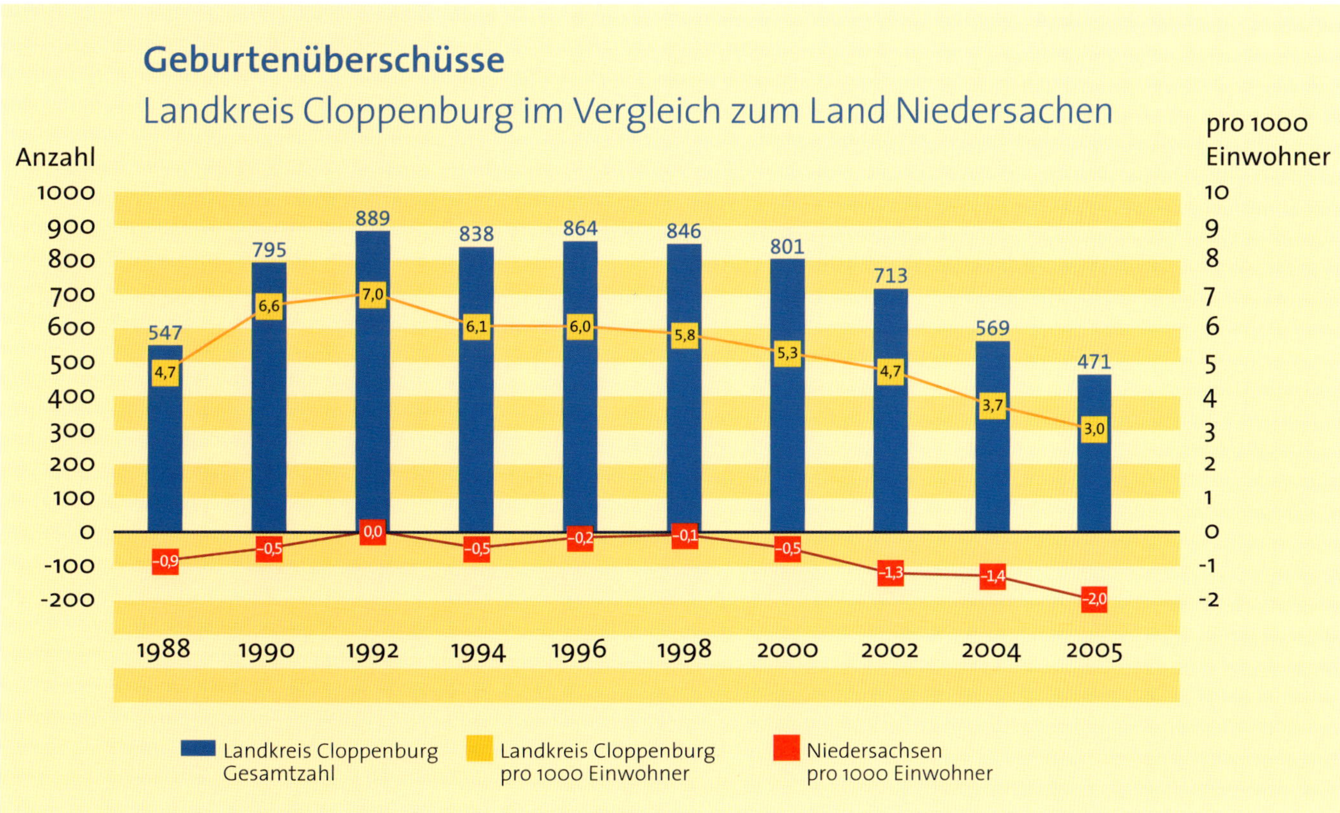

Von Gletschern abgehobelt

In der Eiszeit bildeten sich die Geestrücken, in der Nacheiszeit Watt und Marsch heraus

OLDENBURG. Es ist gerade mal 11.500 Jahre her, dass die letzten Eisflecken in Norddeutschland abtauten und damit eine Periode endete, die vor rund 2,5 Millionen Jahren begonnen hatte und in der in einer Abfolge von Kalt- und Warmzeiten auch die Landschaft des Oldenburger Landes geprägt wurde. Die Eismassen aus Skandinavien erreichten in mehreren Etappen im Verlauf der so genannten Elster- und Saale-Kaltzeit, also vor 500.000 bis 125.000 Jahren, das heutige Niedersachsen. Das mitgeführte Gestein zeigt, dass sich die Gletscher während der Elster-Eiszeit erst aus nördlicher Richtung, aus Norwegen und Schweden, und später, während der Saale-Eiszeit, aus nordöstlicher Richtung, aus Schweden, Finnland und dem Baltikum, mehr als 1000 Kilometer in die norddeutsche Tiefebene vorschoben.

Die riesigen Geröll- und Steinmassen hobelten den Untergrund der ursprünglichen Landschaft ab. Das ausgeschürfte Material lagerte sich an der Sohle der Gletscher als Grundmoräne aus Sand, Kies, Lehm und Steinen ab, darunter waren auch große Gesteinsblöcke, die nach dem Schmelzen des Eises als tonnenschwere Findlinge liegen blieben. An ihrer Front schoben die Gletscher Endmoränenwälle auf, so zum Beispiel die Dammer Berge.

In der Eiszeit bildeten sich auch die beiden Geestrücken, die das Oldenburger Land durchqueren: der aus Ostfriesland kommende Ostfriesisch-Oldenburgische Geestrücken endet in Oldenburg und erreicht mit einem der nördlichen Ausläufer die Küste bei Dangast; der Norddeutsche Geestrücken zieht sich von der Weser bis zur Ems. Im Verlauf der letzten Eiszeit, der Weichsel-Eiszeit, deren Gletscher nur bis Dänemark und Schleswig-Holstein vordrangen, waren das Oldenburger Land und die Ostfriesische Halbinsel Periglazialgebiet, d. h. an der Peripherie der Gletscher. Die Geest-Landschaft war der Erosion preisgegeben und wurde zu seiner heutigen Form eingeebnet.

Während des Maximums der letzten Eiszeit vor ungefähr 18.000 Jahren lag der Meeresspiegel 130 Meter tiefer als heute, so dass damals die Küstenlinie rund 600 Kilometer nördlich der jetzigen lag. Ems, Weser, Elbe und Eider waren ein zusammenhängendes Flusssystem. Mit Beginn des nachfolgenden Holozän, der Nacheiszeit vor ca. 11.500 Jahren, bildete sich im Zusammenspiel von Meeresspiegelanstieg, Verschiebungen der Küstenlinie und Sedimentablagerungen die heutige Küstenlandschaft von Watt und Marsch heraus. Die Ostfriesischen Inseln entstanden erst sehr viel später. Nur auf Langeoog konnten bisher Schichten nachgewiesen werden, die auf eine Existenz dieser Insel bereits vor rund 5000 Jahren schließen lassen. Es ist sehr wahrscheinlich, dass

Im Nordwesten Niedersachsens waren einmal 30 Prozent der Fläche von Moor bedeckt. Lange Zeit war es für die Menschen ein unwirtlicher und unüberwindbarer Lebensraum.

Das Nordseeküstengebiet am Ende der letzten Eiszeit um 8000 v. Chr. Zum Vergleich die heutige Küstenlinie in Dunkelgrün.
QUELLE: II. Oldenburgischer Deichband

Mit der Klimaverbesserung stieg der Meeresspiegel anfangs sogar um mehr als 2 Meter pro Jahrhundert an.

die anderen Inseln ebenfalls um diese Zeit schon existierten, doch gesicherte Hinweise auf ihre Existenz gibt es erst aus der Zeit vor gut 2000 Jahren.

Mit der Klimaverbesserung und den höheren Temperaturen im Holozän stieg der Meeresspiegel anfangs sogar um mehr als 2 Meter pro Jahrhundert an. Während weit draußen in der heutigen Nordsee das Wasser stieg, entwässerte sich gleichzeitig die Geest. Dabei entstanden Rinnen, die vermutlich im Verlaufe des weiteren Meeresspiegelanstieges zumindest teilweise von Gezeitenrinnen nachgeformt wurden. Die durch den Meeresspiegelanstieg abgelagerten Sedimente bilden heute die Marschlandschaft.

In der Nacheiszeit vor ca. 8000 Jahren entstanden auch die Moore, die noch heute als so genannte Geestrandmoore einen großen Anteil an der Gesamtfläche des Oldenburger Landes haben. Sie sind allerdings durch Grünlandnutzung weitgehend nicht mehr offensichtlich. Man unterscheidet zwischen Hochmoor und Niedermoor. Niedermoore, die stellenweise schon mit der einsetzenden Klimaverbesserung vor 15.000 Jahren entstehen konnten, sind vom Grundwasser abhängig. Hochmoore, die sich vor ca. 8000 Jahren auszubreiten begannen, sind durch Regenwasser entstanden und haben keine direkte Verbindung zum Grundwasser. Im Nordwesten Niedersachsens waren einmal rund 30 Prozent der Fläche von Moor bedeckt. Lange Zeit war es für die Menschen ein unwirtlicher und unüberwindbarer Lebensraum, ehe gegen 4000 v. Chr. erstmals breite Bohlenwege gebaut wurden. Im 16. Jahrhundert fing die landwirtschaftliche Nutzung von Hochmooren an und die systematische Gewinnung von Brenntorf.

MITARBEIT: Dr. Friederike Bungenstock, Geologin am Niedersächsischen Institut für historische Küstenforschung, Wilhelmshaven

Was hat die Nilgans hier zu suchen?

Rüdiger Wohlers über gefährdete Lebensräume, bedrohte Artenvielfalt und zweifelhafte „Einwanderungs"-Dynamik

Herr Wohlers, das Oldenburger Land als das Land zu bezeichnen, wo Enzian und Orchideen blühen, erscheint vermessen …

Rüdiger Wohlers: … aber es stimmt. In ein paar verschwiegenen Mooren in Südoldenburg, deren Standorte wir lieber nicht preisgeben, blühen in der Tat der blaue Lungenenzian und Orchideen. Beide würde man eher nicht in der norddeutschen Tiefebene vermuten. Doch in der norddeutschen Tiefebene und da in besonderer Weise im Oldenburger Land haben sich im Laufe der Erdgeschichte auf vergleichsweise engem Raum – die Region misst ja gerade mal 155 Kilometer in Nord-Süd-Richtung und 75 Kilometer in Ost-West-Richtung – Landschaftsformen von einer erstaunlichen Vielfalt herausgebildet.

Auf vergleichsweise engem Raum haben sich Landschaftsformen von einer erstaunlichen Vielfalt herausgebildet.

Was sind die bestimmenden Landschaftsformen?

Die drei prägenden Landschaftstypen sind Moor, Marsch und Geest, hinzu kommt die Küstenflora und -fauna. Das ergibt ein vielgestaltiges Mosaik von Lebensräumen: von den Sand- und Schlickwatten des Nationalparks Wattenmeer über Salzwiesen und tideabhängige Flussmündungen, uralte Eichen- und Buchenwälder, Reste ausgedehnter Hochmoore bis hin zu den Binnenseen wie Zwischenahner Meer oder Dümmer.

Und jeder dieser Lebensräume beherbergt ganz spezielle Arten?

Ja, man könnte diese Arten als „Botschafter" ihres Lebensraumes bezeichnen. Um einmal einige zu nennen, beileibe ohne Anspruch auf Vollständigkeit: Küste und Watt sind die großen Drehscheiben und Rastplätze des internationalen Vogelzuges, zudem bedeutende Brutkolonien vieler Seevögel und die Kinderstube der Fischbestände in der Nordsee. Die

Vor einer Orchidee, dem breitblättrigen Knabenkraut (Dactylorhiza majalis), geht Rüdiger Wohlers schon mal zu Boden. Wohlers ist als Geschäftsführer des Bezirksverbandes Oldenburg des Naturschutzbundes (Nabu) einer der engagiertesten Umweltschützer im Oldenburger Land.

Wälder, vor allem Urwälder wie bei Neuenburg oder der Hasbruch bei Hude, sind für zahlreiche Arten, vom Schwarzspecht über den Feuersalamander bis zur Fledermaus, von eminenter Bedeutung. Im Moor wiederum finden sich hochspezialisierte Arten wie der fleischfressende Sonnentau, der Moorbläuling, eine seltene Schmetterlingsart, oder der Goldregenpfeifer. In den Flussmarschen von Hunte und Weser ist neben dem Weißstorch unter anderem der Kiebitz zu Hause, der Charaktervogel des Oldenburger Landes schlechthin. Und in den Binnenseen schließlich haben sich viele Amphibienarten erhalten, so etwa der sehr seltene Laubfrosch und die größte europäische Amphibienart, der Seefrosch.

Urwälder wie der Hasbruch im Landkreis Oldenburg sind für zahlreiche Arten von eminenter Bedeutung.

Das Oldenburger Land ist aber auch eine der landwirtschaftlich am intensivsten genutzten Gegenden Deutschlands – welche Chance hat da überhaupt der Natur- und Umweltschutz?

Es gibt zwei höchst bedenkliche Entwicklungen, die freilich schon vor gut 50 Jahren eingesetzt haben. Da ist zum ersten die scheinbar unaufhaltsam vorrückende Intensivlandwirtschaft mit der Massentierhaltung, wodurch in weiten Teilen eine uniformierte, landwirtschaftlichen Großgeräten gerechte Landschaft mit Monokulturen, dominiert vom Maisanbau, entstanden ist. Zum zweiten kommt ein anhaltender und riesiger Flächenverbrauch für Verkehr und Gewerbe hinzu, der einhergeht mit einer verantwortungslosen Bodenversiegelung. Wertvolle Lebensräume existieren deshalb oft nur noch in Form von kleinen Populationsinseln …

… mit welchen Folgen für die Artenvielfalt?

Das lässt sich zum Beispiel am bereits erwähnten Kiebitz verdeutlichen: Jahrhundertelang bevölkerte dieser Brachvogel, dessen Eier schon Bismarck schätzte, die Marschlandschaften der Hunte, der Weser, der Wapel und der Jade. Inzwischen ist der Kiebitzbestand in wirklich dramatischer Weise zurückgegangen, weil der Lebensraum dieses Vogels und aller anderen Wiesenvögel durch die Grünlandbewirtschaftung, die aus ehemals artenreichen Wiesen uniforme Grasäcker gemacht hat, immer stärker eingeengt wurde. Es ist abzusehen, wann für den Kiebitz die letzte Klappe fällt. Nicht besser sieht es im Moor aus: In den meisten der ohnehin winzigen Reste einst ausgedehnter Moore darf noch bis Mitte dieses Jahrhunderts Torf abgebaut werden. Ich fürchte, das Moor und die in ihm lebenden Arten werden eines Tages nur noch im Museum zu sehen sein.

Der Orkan vom November 1972, als monotone Kiefernwälder wie Streichhölzer umknickten – wie etwa in der Wildeshauser Geest –, führte zu einem Umdenken. An ihrer Stelle sind inzwischen artenreiche Mischwälder herangewachsen.

© NWZ-Archiv

Aber es gibt, etwa in den Wäldern, auch gegenteilige Entwicklungen.
Ja, das ist ausnahmsweise mal eine erfreuliche Entwicklung. Nachdem die seit Mitte des 19. Jahrhunderts betriebene monotone Aufforstungspolitik dazu geführt hatte, dass artenarme Kiefernwälder die alte Kulturlandschaft der Heide fast vollständig verdrängten, hat in den 70er-Jahren des vergangenen Jahrhunderts ein Umdenken eingesetzt. Nicht zuletzt beschleunigt durch den verheerenden Orkan vom November 1972, als viele dieser Monokulturen an nur einem Tag wie Streichhölzer umknickten. An ihrer Stelle sind seitdem viele artenreiche Mischwälder hochgewachsen. Wäre nicht der Schadstoffeintrag aus der Luft – um den Wald müsste man sich aus Sicht des Artenschutzes noch am wenigsten sorgen.

Wäre da nicht der Schadstoffeintrag aus der Luft – um den Wald müsste man sich noch am wenigsten Sorgen machen.

Wie passt das eigentlich zusammen: Ihre Beschwörung der ökologischen Gefährdungen und der von Ihnen nicht bestrittene Umstand, dass die Artenliste im Oldenburger Land durch „Einwanderung" dennoch länger wird?
Man sollte sich da nicht täuschen lassen: Allein dass quantitativ mehr Arten auftauchen, sagt gar nichts über die Qualität der Lebensräume aus. Da siedelt sich etwa bei Wilhelmshaven der farbig brillierende Karmingimpel an, vielleicht als Folge der Klimaveränderung, vielleicht wegen eines plötzlich vorhandenen Nahrungsangebotes. Zugleich jedoch verliert eine der in Europa am meisten gefährdeten Vogelarten, die heimische Rohrdommel, in eben diesem Wilhelmshaven durch den Bau des Jade-Weser-Ports einen ihrer seltenen und wichtigsten Brutplätze. Oder: Während neuerdings die Nilgans in Norddeutschland eingewandert ist, verschwinden einst häufig vorkommende Wiesenvogelarten und sogar Feldlerche, Sperling und Schwalben. Diese „Einwanderungs"-Dynamik ist also eher negativ einzuordnen.

Wenn das Moor ins Schwimmen gerät

Weltweit einmaliges ökologisches Kleinod bei Sehestedt

Dieter Bloem, Naturschutzbeauftragter des Kreises Wesermarsch, an der Abbruchkante des „Schwimmendes Moores" von Sehestedt, dem Übergang vom Moor zum salzhaltigen Vordeichland.

SEHESTEDT. Ein wenig melancholisch könnte man ja werden. In 40 bis 60 Jahren, wenn also die heutige Schülergeneration langsam ins Rentenalter kommt, wird aller Voraussicht nach der Rest des „Schwimmenden Moores" von Sehestedt der Deichsicherheit geopfert werden müssen. Dann sind die Tage des 200 Meter breiten und 700 Meter langen ökologischen Kleinodes gezählt. Von diesem weltweit einzigartigen Naturschutzgebiet wird dann kaum mehr etwas übrig bleiben. So lautet jedenfalls die Prognose der Fachleute, falls Wucht und Häufigkeit von Sturmfluten in Zukunft so anhalten oder gar weiter zunehmen sollten, woran ernsthaft kaum ein Klimaforscher mehr zweifelt. Dieter Bloem (67) neigt freilich überhaupt nicht zur Melancholie, und deshalb wird er sich weiter unverdrossen für den Schutz dieses Moores einsetzen, wie er das seit über 40 Jahren tut. Es sei eben ein „Naturschutzgebiet auf Zeit", sagt er.

Der Naturschutzbeauftragte des Landkreises Wesermarsch und pensionierte Schulleiter gehört zu den wenigen Menschen, die dieses Moor tatsächlich haben schwimmen sehen. Eigentlich, sagt er, ist die Bezeichnung „Schwimmendes Moor" ja insofern nicht ganz korrekt, als dass große Teile des Moores nur höchst selten schwimmen. Nur bei ganz schweren Sturmfluten löst sich die leichte obere, stark süßwasserhaltige Hochmoortorfschicht vom darunter liegenden schweren Niedermoortorf ab und „schwimmt auf", wie die Fachleute es nennen. Unter dem Moor kommt das Wasser zur Ruhe, die mitgeschwemmten kalkhaltigen Sedimente sinken zu Boden. Dieser so genannte Klappklei ist mittlerweile zwischen 3 und 30 Zentimeter dick und eine Besonderheit des Schwimmenden Moores.

Das dramatische Naturschauspiel des Aufschwimmens ist allerdings an bestimmte Voraussetzungen gebunden. Eine gewöhnliche Herbstflut richtet da noch nichts an und aus. Es muss schon eine Orkanflut sein, bei der Sturm in Stärke 12 aus Nordwesten das Meer aufpeitscht und in den Jadebusen drückt. Lange Zeit galt als eine Art Faustregel, dass das Moor im Schnitt nur alle 50 Jahre ins Schwimmen gerät. Sie gilt spätestens nicht mehr, seit bei der schweren Sturmflut von 1962 in der Nacht vom 16. auf den 17. Februar annähernd dreieinhalb Hektar des wertvollen Gebietes auf einen Schlag weggerissen und ins Meer hinausgeschwemmt wurden, elf Jahre später, im Spätherbst 1973, sechs Sturmfluten kurz hintereinander aufliefen, und schließlich die schwere Orkanflut vom 3. Januar 1976 weitere Substanz kostete. Bloem stand damals wiederholt auf dem Deich, auch 1976. „Wenn sich das Moor hebt, ist das ein Gefühl, als würde man in einem Fahrstuhl stehen. Man meint, der Deich sacke einem unter den Füßen weg. Sumpfgas tritt aus, es riecht nach Schwefelwasserstoff, wie nach faulen Eiern."

Das letzte Heuerhaus auf dem Außendeichsmoor wurde 1906 von einer schweren Sturmflut getroffen. Die Bewohner und ein Schwein, das sich zu ihnen in das etwas höher gelegene Schlafzimmer gerettet hatte, überlebten nur, weil die Fluten die Rückwand durchschlugen. So konnte das Wasser durchs Haus hindurchlaufen und abfließen, andernfalls wäre alles ins Meer gespült worden. Zwei Jahre später, das Haus war wieder instandgesetzt worden, brannte es aus – vom Blitz getroffen.

Wenn sich das Moor hebt, ist das ein Gefühl, als würde man in einem Fahrstuhl stehen.

Entstanden ist das „Schwimmende Moor", als vier Jahre nach der verheerenden Weihnachtsflut von 1717 damit begonnen wurde, die sieben Kilometer lange und letzte Deichlücke am Jadebusen zwischen Schweiburg und Hobenbrake zu schließen. Diese Deichstrecke, an der unter der Regie des dänischen Statthalters Admiral Sehestedt bis zum Jahr 1725 zeitweise bis zu 2000 Menschen arbeiteten und 1000 Pferde eingesetzt wurden, führte bei der später nach ihrem Baumeister benannten Ortschaft übers Hochmoor. Eine damals 135 Hektar große Moorfläche, auf der mehrere Häuser standen, wurde dadurch ausgedeicht und dem unmittelbaren Angriff des „Blanken Hans" ausgesetzt. Dieses Stück ist im Laufe der folgenden Jahrhunderte auf die heutige Größe von gerade mal noch zehn Hektar geschrumpft.

Die Geschichte des „Schwimmenden Moores" ist weitgehend auch eine Geschichte des Küstenschutzes, „der den Menschen hier heilig ist und auch sein muss", wie Bloem es formuliert. So versackte der Deich 1958 über Nacht eineinhalb Meter im Untergrund. Er drückte den nachgebenden weichen Klei, der unter dem Niedermoortorf liegt, unter der am Deich entlang führenden Straße und den angrenzenden Wiesen wieder hoch. Der Klei

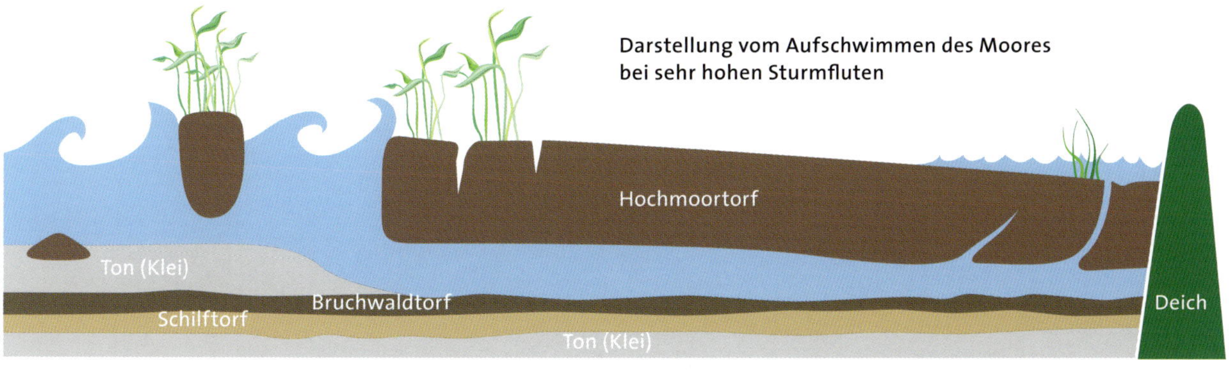

Darstellung vom Aufschwimmen des Moores bei sehr hohen Sturmfluten

Birken prägen die Landschaft, doch ihr Bestand wird stellenweise bewusst kurz gehalten. Zwischen 300 und 600 Liter Wasser entzieht ein ausgewachsener Baum dem Boden an einem heißen Tag.

verhält sich, wie Bloem es in ein eingängiges Bild verpackt, „wie ein Wackelpudding“, denn er gibt bei Druck von oben nach, bei einer Deicherhöhung etwa. Heute sichert eine stählerne Spundwand die Deichhöhe bei Sehestedt. Solange das Moor als „Wellenbrecher“ vor dem Deich liegt, reicht diese Lösung aus, sagt Bloem. Er habe in den mitunter recht verbissen geführten Diskussionen und Verhandlungen in den 1970er-Jahren, als die Deicherhöhung und der Schutz des Moores zeitweise unvereinbar zu sein schienen, immer auch das legitime Sicherheitsbedürfnis der Menschen hinterm Deich im Kopf gehabt.

Der Klei verhält sich wie ein Wackelpudding.

Inzwischen liegt das Außendeichsmoor in der Schutzzone 1 des Nationalparks Wattenmeer, die exakt bis zum Deichfuß reicht. Es darf nicht betreten und kann nur auf einem Wanderweg, dem Salzwiesen-Erlebnispfad, umrundet werden. An der Abbruchkante, dem von Brackwassertümpeln geprägten Übergang vom Moor zum 600 Meter breiten salzhaltigen Vordeichland, sterben die Birken ab. Ihre kahlen Äste ragen wie Gespensterklauen in den Himmel. Sie vertragen, wie alle anderen Moorpflanzen auch, das bei Sturmfluten eindringende Salz nicht; dafür finden sich an diesen Stellen nun typische Salzwiesenpflanzen wie Strandbeifuß oder Strandgrasnelke.

Auf zwei großen Flächen wird die Birke überdies bewusst kurz gehalten. Bloem hat bei den ersten Birken-Rodungen in den 1970er-Jahren selbst Hand mit angelegt, denn zu viele der wasserschluckenden Birken – ein ausgewachsener Baum zieht an einem heißen Tag zwischen 300 und 600 Liter aus dem Boden – würden den Wasserspeicher Moor auf Dauer regelrecht aussaugen. Das Hochmoor hat nämlich keine Verbindung zum Grundwasser und wird ausschließlich vom Regen aufgefüllt.

Die zehn Hektar Moor, teilweise von der Nationalparkverwaltung gemanagt, teilweise im Urzustand belassen, sind heute ein Refugium vornehmlich für Pflanzen, die im Oldenburger Land sonst nur noch äußerst selten zu finden sind. Der Gagelstrauch etwa, der fleischfressende Sonnentau, die Moorlilie, die Krähenbeere, Rosmarin- und Glockenheide, die Moosbeere, das gefleckte Knabenkraut, der Königsfarn und verschiedene Torfmoosarten – Bloem entdeckt diese mitunter eher unscheinbaren Pflanzen mit geschultem Blick. „Würde das Hochmoor noch leben, es würden 1000 Jahre vergehen, bis es um einen Meter herangewachsen ist“, sagt er. Da kann man verstehen, dass sich in dem verbliebenen Rest dieses immer noch hochempfindlichen Ökosystems nur schwerlich ein touristischer Trampelpfad verlegen lässt.

Es gibt aber noch einen Grund, das Gebiet besser zu meiden: Nur intime Kenner des Moores können jene fast unsichtbaren Spalten im Boden ausmachen, in die ein Erwachsener leicht bis zur Brust einbrechen kann.

© FotoNatur.de

Der Kolkrabe

Corvus corax

Der Kolkrabe, der größte Rabenvogel Europas, gilt als ein Tier von hoher Intelligenz. Mit einer Größe von 64 cm und einer Flügelspannweite von 1,20 m ist er deutlich größer als Krähen. Die Färbung seines Gefieders, das aus der Nähe metallisch glänzt, führte zu der Bezeichnung „kohlrabenschwarz". Der Kolkrabe hat eine Reihe bemerkenswerter Eigenschaften: Er kann nicht nur artenfremde Laute und die menschliche Sprache täuschend echt nachahmen, sondern er ist auch das vermutlich einzige Tier, das beim Schuss eines Jägers in die Richtung fliegt, aus der der Schuss gekommen ist. Als Alles- und auch Aasfresser hat er gelernt, dass dort, wo gejagt wird, möglicherweise auch für ihn etwas abfällt (Aas). Der Bestandsrückgang der Kolkraben – er wurde vor allem im 19. Jahrhundert als Schädling fast bis zur Ausrottung bekämpft – hielt bis Ende des Zweiten Weltkrieges an. Erst in den letzten Jahrzehnten erholten sich die Bestände wieder.

IM FOKUS:

Die 12 seltensten Brutvögel im Oldenburger Land

DIE LISTE WURDE ZUSAMMENGESTELLT
in Zusammenarbeit mit dem
Oldenburger Diplom-Biologen Volker Moritz
(www.moritz-umweltplanung.de).

© FotoNatur.de

Der Raubwürger

Lanius excubitor

Der Raubwürger ist der größte einheimische Würger. Sein lateinischer Name excubitor (Wächter) deutet auf eine seiner typischen Verhaltensweisen hin, auf den scharfen Warntriller, den er ausstößt, sobald er Flugfeinde sichtet. Er verfügt über eine Vielfalt von Lautäußerungen, die oft rau und heiser klingen. Der Raubwürger ist etwa so groß wie eine Amsel und wird bis zu 70 g schwer. Auffallend ist die schwarz-weiße Färbung des Vogels. Seine Oberseite ist überwiegend hellgrau und die Unterseite reinweiß. Charakteristisch ist auch die schwarze Gesichtsmaske. Der Raubwürger sitzt gern auf erhöhter Warte, z. B. in zwei bis fünf Metern Höhe, und schlägt dann seine Beute am Boden. Diese besteht aus kleinen Säugetieren, Kleinvogelarten, kleinen Reptilien und Großinsekten; er frisst auch Aas. Als Brutgebiete bevorzugt er Waldlichtungen, Kahlschläge, Heide, Moore, Feldgehölze, Streuobstwiesen und Hecken. Früher ein weit verbreiteter Brutvogel, ist er heute durch Landschaftsveränderungen selten geworden.

© FotoNatur.de

Der Waldbaumläufer

Certhia familiaris

Der Waldbaumläufer gehört zu den kleinsten Vögeln Deutschlands, er ist kleiner als ein Feldsperling, nur 12 bis 13 cm groß sowie ganze 9 Gramm schwer. Er hat ein Federkleid, das an der Unterseite fast weiß und an der Oberseite dunkelbraun, rindenartig gefärbt ist. Um Nahrung zu finden, klettert der Vogel ruckartig spiralförmig von unten nach oben um den Stamm, wobei er sich mit dem vergleichsweise langen Schwanz am Baum Halt verschafft. Durch den langen und spitzen, nach unten gebogenen Schnabel ist der Waldbaumläufer in der Lage, Spinnen und Kerbtiere aus den Rissen und Spalten der Baumrinde hervorzuholen. Er baut sein Nest hinter abstehenden Rindenstücken oder in Baumspalten und brütet jährlich nur einmal. Das Weibchen legt in der Regel fünf bis sieben Eier. Der Waldbaumläufer lebt das ganze Jahr über in Mittel- und Osteuropa, vornehmlich in Nadel- und Mischwäldern und kann bis zu 7 Jahre alt werden.

Der Uhu

Bubo bubo

© FotoNatur.de

Die Wiederansiedlung des Uhu, der in Deutschland Mitte des vorigen Jahrhunderts fast ausgestorben war – beispielsweise lebte das letzte Männchen in Niedersachsen bei Osterode bis 1965 –, ist eine Erfolgsgeschichte des Naturschutzes. Heute gilt der Bestand dieser größten Eulenart der Welt als stabil, allerdings noch abhängig von Schutzmaßnahmen. Der Uhu, der wegen seiner nächtlichen Lebensweise früher als Trauer- und Totenvogel galt, erreicht eine Größe von etwa 70 und eine Spannweite von bis zu 188 cm. Er ist ein Felsbrüter, doch auch Baum- und Bodenbruten werden regelmäßig gefunden. Mit dem in hellen und dunklen Brauntönen gemusterten Gefieder ist er, trotz seiner Größe, im Wald gut getarnt.

Der Uhu begibt sich mit der Dämmerung auf Jagd, legt um Mitternacht eine Pause ein und jagt dann bis zur Morgendämmerung. Jagdphasen werden von langen Ansitzphasen unterbrochen. Der Uhu wird als „Nahrungsopportunist" bezeichnet, er erbeutet Feldmäuse und Ratten ebenso wie Kaninchen und Feldhasen oder Vögel von der Größe eines Bussards, gelegentlich sogar Fische, Aas oder Fleischabfälle.

Der Wachtelkönig

Crex rex

Der Wachtelkönig gehört zu der Familie der Rallen und ist in Europa die einzige Art der Gattung Crex. Der Rückgang des Bestandes dieser global gefährdeten Vogelart ist hauptsächlich durch den Verlust von Lebensräumen verursacht. Vor allem die Trockenlegung von Feuchtgebieten und die Vorverlegung von Mähterminen sowie starke ökologische Beeinträchtigungen in den Überwinterungsgebieten haben dazu geführt, dass die Wachtelkönigsbestände in Mitteleuropa zum Teil rapide zurückgingen. Der Vogel, dessen Flug eher unbeholfen wirkt, ist kleiner als ein Teichhuhn. Sein Großgefieder ist gelblich-braun gefärbt. Der hochbeinig wirkende Vogel lebt sehr versteckt und einzelgängerisch. Auffällig sind jedoch die typischen, monoton vorgetragenen Rufe, die in den späten Abendstunden bis in die Nacht hinein zu hören sind; sie klingen, als ob man mit einem Hölzchen über Kammzinken streicht. Als Lebensraum braucht der Vogel Flächen mit dichter Vegetation, um darin Deckung zu finden; auch extensiv genutzte Ackerflächen oder Brachen kann er besiedeln.

© Hans Fürst

Die Wiesenweihe

Circus pygargus

Die Wiesenweihe gehört zu den nach europäischem Recht besonders geschützten Vogelarten. Ihr Bestand ist in Deutschland stark gefährdet, in Niedersachsen sogar vom Erlöschen bedroht. Ursache für den europaweiten Rückgang seit den 1950er-Jahren ist die fortschreitende Zerstörung des ursprünglichen Lebensraumes dieses Greifvogels, vor allem durch Entwässerung von Feuchtgebieten oder Feuchtgrünland-Umbruch. Gefährdet ist die Wiesenweihe auch daduch, dass sie sich ökologisch inzwischen umgestellt hat und nunmehr ihr Nest in Feldern mit Wintergerste oder -weizen baut und ihre Jungen zur Erntezeit im Juni bzw. Juli noch nicht flügge sind. Dadurch können sie unbemerkt ausgemäht werden. Oft brüten mehrere Paare auf engem Raum zusammen. Wiesenweihe-Männchen und -Weibchen sehen verschieden aus: das Weibchen (46 cm lang) ist braun gesprenkelt mit quer gebänderten Flügel- und Schwanzfedern und einem im Flug auffälligen weißen Bürzelfleck; das Männchen (38 cm lang) ist tauben-graublau mit schwarzen Flügelspitzen und sehr lang wirkenden Flügeln. Bei ihren Balzflügen im April/Mai überschlagen sich die Vögel in der Luft – ein herrliches Naturschauspiel.

© FotoNatur.de

Die Kornweihe

Circus cyaneus

Die Kornweihe ist eine Greifvogelart aus der Familie der Habichte. Sie gehört in Mitteleuropa zu den seltensten Brutvogelarten. Das Weibchen ist mit gut 50 cm Länge und bis zu 700 g Gewicht deutlich größer als das schlank gebaute Männchen (gut 40 cm und bis zu 400 g). Die Geschlechter sehen auch verschieden aus: Die Weibchen sind braun und haben einen im Flug gut sichtbaren, weißen Bürzel, das Männchen ist auf dem Rücken aschgrau, Kopf und Brust sind graublau. In den Monaten März und April sind beeindruckende Balzflüge zu beobachten. Das Paar kreist dabei in verschlungenen Kurven, das Männchen steigt immer wieder senkrecht in die Höhe und kehrt im Sturzflug zur Partnerin zurück. Die Kornweihe kommt in Deutschland nur noch in Restbeständen vor – es ist von nicht einmal mehr als 50 Brutpaaren die Rede, die hauptsächlich auf den Ostfriesischen Inseln leben; sie ist damit eine der seltensten Greifvogelarten in Deutschland und steht auf der Roten Liste in der Kategorie „Vom Erlöschen bedroht“.

Der Fischadler

Pandion haliaetus

© FotoNatur.de

Der Fischadler ist der einzige Adler, der sich auf Fische als Beute spezialisiert hat. Er bevorzugt fischreiche Binnengewässer und baut sein Nest vorwiegend auf frei stehenden Bäumen. Der Vogel ist, je nach Unterart, 50 bis 70 Zentimeter groß; die Kopfober- und unterseite sowie der Bauch sind weiß gefiedert, der Rücken dunkelbraun bis schwarz. Die Flügelspannweite beträgt 145 bis 170 cm, das Männchen wiegt 1,1 bis 1,7 kg, das Weibchen, das auch etwas größer ist, 1,5 bis 2,1 kg. Fischadler suchen aus 15 bis 60 Metern Höhe ihre Beute und schlagen sie in Wassertiefen bis zu einem Meter. Die Beute wiegt 150 bis 350 g, maximal bis 700 g. Messungen haben ergeben, dass ein Fischadler mit einer Geschwindigkeit von bis zu 70 Kilometern senkrecht oder schräg auf das Wasser bzw. auf den Fisch zustürzt. Die Erfolgsquote liegt bei 20 Prozent. Der Fischadler hat kaum natürliche Feinde, ist aber u. a. durch die Fällung von Horstbäumen und durch illegalen Abschuss auf dem Zug und im afrikanischen Winterquartier bedroht.

Die Große Rohrdommel

Botaurus stellaris

Die Rohrdommel (Botaurus stellaris) hält sich gern im Verborgenen auf, im Schilf und in Rohrbeständen. Sie gehört zur Familie der Reiher; zur Unterscheidung von der Zwergdommel wird sie auch als „Große Rohrdommel" bezeichnet. Sie ist deutlich größer als ein Haushuhn, wird ca. 75 cm lang, bis zu 1900 g schwer und ist von gedrungener Gestalt. Die Oberseite ist gelbbraun gefärbt mit schwarzen Längsstreifen und Flecken, die Unterseite hellbraun bis gelblich mit langen schwarzen Streifen. Der Vogel ernährt sich von kleinen Fischen, Amphibien und Insekten, mitunter auch von Kleinsäugern und -vögeln. Die Männchen sind Einzelgänger und verpaaren sich mit mehreren Weibchen. Die überwiegend nachtaktiven Vögel bewegen sich langsam und nehmen bei Gefahr die so genannte Pfahlstellung mit senkrecht nach oben gerichtetem Kopf ein. Ihr Bestand ist durch die Zerstörung von Röhrichtbeständen und durch Entwässerung gefährdet; die Rohrdommel steht auf der Roten Liste als „vom Erlöschen bedroht" und ist streng geschützt.

Der Schwarzhalstaucher

Podiceps nigricollis

Der Schwarzhalstaucher gehört zur Familie der Lappentaucher. Wie bei allen Lappentauchern sind die Zehen nicht durch Schwimmhäute verbunden, sondern sie tragen vielmehr verhornte Hautlappen. Dadurch können sie hervorragend schwimmen und tauchen. Der Schwarzhalstaucher wird 30 bis 35 cm groß und wiegt zwischen 210 und 450 g. Auffällig sind sein leicht nach oben gebogener Schnabel und die während der Brutzeit roten Augen. Während der Brutzeit lebt der Vogel an Binnengewässern, bevorzugt an nährstoffreichen Seen und Teichen mit dichtem Uferbewuchs und starker Unterwasservegetation. Brutkolonien von Schwarzhalstauchern können bis zu 100 Paare umfassen. Häufig schließen sich die Vögel auch Lachmöwenkolonien an und profitieren dabei offenbar von der Wachsamkeit der Möwen. Schwarzhalstaucher sind tag- und nachtaktiv und erbeuten ihre Nahrung vor allem durch Tauchen. Ihre Nester schwimmen auf dem Wasser oder werden auf Blüten angelegt. Die ersten Tage werden die Jungen auf dem Rücken getragen.

Die Schwarzkopfmöwe

Larus melanocephalus

Die Schwarzkopfmöwe ähnelt sehr der Lachmöwe, in deren Gesellschaft sie auch oft auftritt. Der Bestand nimmt in Deutschland, wo 1951 die erste Brut auf der Ostsee-Insel Langenwerder in Mecklenburg-Vorpommern entdeckt wurde, seit Mitte der 1990er-Jahre zu – aktuell brüten in Deutschland 140 bis 150 Paare; dieser Brutbestand ist damit im Vergleich zu anderen Ländern in Mittel- und Westeuropa niedrig. Der Vogel ist in Deutschland auf der Roten Liste als Art mit geographischer Restriktion eingestuft, in Niedersachsen ist er stark gefährdet. Die bis zum Hals reichende Kappe der knapp 40 Zentimeter großen Schwarzkopfmöwe ist tiefschwarz, der kräftige Schnabel blutrot mit einer schwarzen Binde und die Flugoberseite ist ganz weiß gefärbt. Sie ist etwas größer als die Lachmöwe, in deren Kolonien sie sich im Frühjahr aufhält und gelegentlich auch brütet. Sie ernährt sich von Fischen, Würmern und Abfall, brütet am Boden und überwintert von September/Oktober bis mindestens Ende März im Mittelmeergebiet. Früher war die Schwarzkopfmöwe nur am Schwarzen und Kaspischen Meer regelmäßiger Brutvogel.

Die Schellente

Bucephala clangula

© FotoNatur.de

Was bei der Schellente sofort auffällt, sind ihre leuchtend gelben Augen, die ihr im Englischen den Namen „Goldeneye" eingebracht haben. Sie gehört zur Familie der Entenvögel. Sie ist 45 bis 50 cm groß, wiegt 650 bis 1200 g und hat eine Flügelspannweite von bis zu 80 cm. Das Männchen hat ein schwarzweißes Gefieder und einen dunkelgrünen Kopf mit weißem Fleck, das Weibchen graues Gefieder und einen dunkelbraunen Kopf ohne Fleck. Sie kann bis zu 10 Meter tief tauchen und dort ihre Beute finden, Insekten, Krebstiere, Pflanzenteile, kleine Fische. Eine Besonderheit der Schellente ist, dass sie in Baumhöhlen (auch Kunsthöhlen) nistet, und zwar möglichst in Ufernähe. Doch wurden auch schon Nisthöhlen ein bis zwei Kilometer vom Wasser entfernt entdeckt. Schellenten-Gelege von einzelnen Weibchen können bis zu 11 Eier enthalten, oft kommen Doppel- und Mehrfachgelege (bis 40 Eier!) vor. Die Eier werden vom Weibchen ca. 30 Tage lang bebrütet, ehe die schwarzweiß gefärbten Küken schlüpfen. Sie müssen oft aus großer Höhe auf den Boden springen und dann mehr oder minder lange Strecken zu Fuß zum Gewässer wandern: eine gefährliche Zeit für die Jungenten!

Hügel, die als Berge hochstapeln

In den Dammer Bergen ist man in der „Oldenburgischen Schweiz“

DAMME. Zugegeben, es ist ein wenig vermessen, von der „Oldenburgischen Schweiz“ zu sprechen. Und die Dammer Hügel, die gerade einmal über 140 Meter kommen, als Berge zu bezeichnen, erscheint ebenfalls etwas großspurig. Andererseits aber legt die Bezeichnung Zeugnis ab von dem nicht zu knappen Selbstbewusstsein, das den Menschen in diesem Landstrich schon immer zu eigen war und bis heute noch ist.

Dass sich die Dammer für diese Kette von Hügeln aus der vorletzten Eiszeit, die vor 300.000 Jahren begann und vor 135.000 Jahren endete, ausgerechnet den doch etwas hochtrabenden Namen „Oldenburgische Schweiz“ aussuchten, hing vermutlich damit zusammen, dass sie ihre Eigenart im Herzogtum Oldenburg besonders betonen wollten; Damme, Holdorf und Neuenkirchen waren nach jahrhundertelangem Streit um die Zugehörigkeit endgültig erst 1817 zum Herzogtum gekommen. Großherzog Nikolaus Friedrich Peter hat einmal sogar wegen der Dammer Eigenwilligkeiten von der „Republik hinter den Bergen“ gespöttelt. Im Volksmund, berichtet der Dammer Heimatforscher Wolfgang Friemerding, war der Begriff bereits länger im Schwange; doch erstmals dokumentarisch belegt ist er erst 1887, als in Nienhausen ein Wirtshaus mit dem Namen „Zur Oldenburgischen Schweiz“ feierlich eröffnet wurde.

Die sanft geschwungenen, von Wäldern bewachsenen Dammer Berge sind die höchste Region im Oldenburger Land und in einigen Tälern bemerkenswert artenreich. Bis 1800

Vom Aussichtsturm auf dem Mordkuhlenberg hat man eine weite Sicht über die Dammer Berge. Auf dem höchsten Berg, dem 145, 5 Meter hohen Signalberg, steht eine rot-weiße Richtfunkstation der Bundeswehr.

war es allerdings eher traurig bestellt um diese Landschaft. „Nicht ein Gesträuch steht auf diesen Bergen, es sind kahle Steine und Sandhaufen mit etwas Heidekraut bewachsen", heißt es in einem zeitgenössischen Bericht. Diese „wahre sibirische Steppe" war die Folge von Überweidung und Viehverbiss seit dem späten Mittelalter. Erst eine massive Wiederaufforstung, die weit über 100 Jahre dauerte und sich auf einzelnen Flächen bis in die 20er-Jahre des letzten Jahrhunderts hinzog, gab den Dammer Bergen ihr Gesicht von heute.

Die beiden größten Erhebungen sind der Signalberg, exakt 145,5 Meter hoch, und der Mordkuhlenberg mit 141,6 Metern. Beide Namen weisen auf Traditionen bzw. eine Überlieferung hin: Die Bezeichnung „Signalberg" stammt vermutlich aus der Franzosenzeit, denn 1811 hatte die französische Militärverwaltung auf dem höchsten Hügel einen optischen Telegraphen errichtet. Die Dammer bauten darauf zweimal einen Aussichtsturm, beide allerdings nur von kurzer Lebensdauer. Nach dem Zweiten Weltkrieg stationierten die Engländer eine Nachrichtentruppeinheit auf dem Hügel. Als sie in den 1970er Jahren abzogen, übernahm die Bundeswehr den Signalberg und errichtete eine Richtfunkstation.

Erst eine massive Wiederaufforstung, die sich bis in die 20er-Jahre des letzten Jahrhunderts hinzog, gab den Dammer Bergen ihr Gesicht von heute.

Der Name „Mordkuhlenberg" rührt von einer schaurig-schönen Sage (mit Happy End) her, deren Hauptperson ein Mädchen ist, das von Räubern in eine Höhle verschleppt, aber von den Dammern gerettet wird. Wie der Signalberg ist auf Grundstückskarten aus der Zeit zwischen 1820 bis 1830 auch der Mordkuhlenberg bereits verzeichnet, was den Schluss zulässt, dass der Name damals schon lange gang und gäbe war. Von der Plattform des 20 Meter hohen Aussichtsturmes aus Eichenholz, der 1992 gebaut wurde, nachdem sein Vorgänger einer Brandstiftung zum Opfer gefallen war, hat man einen Rundum-Blick weit über die Dammer Berge hinaus.

QUELLE: Wolfgang Friemerding, Dammer Berge, Zur Sonderausstellung im Stadtmuseum Damme, ebd. 1998

Nationalpark Niedersächsisches Wattenmeer

Der Nationalpark Niedersächsisches Wattenmeer, der zweitgrößte Nationalpark Deutschlands, ist kein Totalreservat für die Natur. In drei abgestuften Schutzzonen wird versucht, Tiere, Pflanzen und Landschaft streng zu schützen und dennoch zugleich Naturerlebnis und Erholung zu ermöglichen. Mehr als 60 Prozent Parkfläche gehören zur Ruhezone, in der der Schutz von Tieren und Pflanzen Vorrang hat; auf Wander-, Reit- und Radwegen kann in dieser Zone die Natur beobachtet werden, ohne sie zu stören. Der Park wurde 1986 eingerichtet und 2001 auf jetzt ca. 280.000 Hektar erweitert. 49 Prozent der Fläche sind Watt, 44 Prozent permanent unter Wasser und 7 Prozent Land (Inseln und Küste). Nicht zum Nationalpark gehören Siedlungen, Hafenanlagen und die Fahrwasser von Ems, Jade, Weser und Elbe. Sitz der Nationalparkverwaltung ist Wilhelmshaven.

INFORMATIONEN:
www.wattenmeer-nationalpark.de

sischen Instituts für historische Küstenforschung in Wilhelmshaven, die natürlich wissen, wie man sich angemessen kleidet, wenn man ins Watt geht. Mit stillem Neid schauen die Turnschuh-Wanderer auf den Herrn, der in dicken Pantoffeln, wie sie früher Großmütter als Fußwärmer strickten, tritt- und rutschsicher durchs Watt stapft.

Eine Wattwanderung ist die Begegnung mit einem ökologisch anspruchsvollen und schwierigen Raum, „dessen Leben in Hülle und Fülle sich aber nur erschließt, wenn man genau hinschaut", sagt Hensel. Immer wieder mal geht er wie ein Ministrant im Gottesdienst in die Knie und gräbt mit Forke und bloßen Händen aus, was da unterm Sand und Schlick alles kreucht und fleucht. Mit wahrer Hingabe erzählt er von Algen, dem „Meeressalat, der ohne weitere Zubereitung total langweilig schmeckt", vom Wattwurm, der für gigantische Sandbewegungen verantwortlich ist, schafft ein einziger Wurm doch im Jahr 25 Kilogramm Sand an die Oberfläche, vom Liebesleben der Butterkrebse oder vom „Wattknistern" der Herzmuscheln, das Theodor Storm als „des gärenden Schlammes geheimnisvollen Ton" beschrieben hat, wie er zu zitieren weiß. Es irritiert ihn auch keinesfalls, dass die „spannenden Entdeckungen", die ihm zuweilen auf seinen Touren unterkommen, der mittlerweile seltene Köcherwurm etwa oder die Seemaus, ebenfalls ein Wurm, den er seit Jahren nicht mehr gesehen hat, nicht bei jedem Zeitgenossen auf Anhieb die gleiche Begeisterung auszulösen vermögen.

Auf dem Weg zur streng geschützten Vogelinsel Minsener Oog, die zu den wichtigsten Seevogelbrutplätzen an der Nordseeküste zählt, muss die Gruppe diverse Priele durchqueren. Meterhohe Pricken, von denen bei Hochwasser nur die Spitze herausragt, markieren die Fahrrinne. Die Untiefen der Priele und deren mitunter buchstäblich mitreißende Fließgeschwindigkeit vermitteln eine Ahnung davon, wie gefährlich der Ausflug auf den Meeresgrund werden kann, sobald man den ständigen Wechsel der Gezeiten unterschätzt. Zwei bis zweieinhalb Meter beträgt im Watt vor Schillig der Unterschied zwischen

Die beiden Wanderer glauben, stramm auf die Küste zuzumarschieren. In Wirklichkeit laufen sie im Kreis.

In Prielen geht der Wattführer ein Stück voraus, um die Tiefe zu testen (oben). Auf dem Rückweg bei einsetzender Abenddämmerung löst sich die Gruppe allmählich (links).

Ebbe und Flut. Hensel hat in seinem Rucksack ein ganzes Arsenal von Rettungsgerätschaften verstaut, Leuchtraketen, eine Hand- und eine Rauchfackel, ein 30 Meter langes Seil zum Überbrücken von Prielen, mit dem man zudem im Nebel notfalls alle Teilnehmer gleichsam zusammenspannen kann, und natürlich Verbandszeug, Kompass und Handy. Bisher ist er, der in der Saison mehrere hundert Menschen durchs Watt führt und im Winter auch schon mal im Neopren-Anzug loszieht, noch nie in eine wirklich brenzlige Situation geraten, sagt er.

Denn im Grunde sei im Watt eigentlich alles vorausschauend planbar. Bis auf eine Ausnahme: das Wetter. Bei plötzlich einsetzendem Seenebel zum Beispiel tut auch ein erfahrener Wattführer wie Hensel gut daran, den Kompass zu Hilfe zu nehmen. Warum das so ist, demonstriert er eindrucksvoll auf dem Rückweg, als er zwei Mitwanderer mit verbundenen Augen ein paar hundert Meter vermeintlich stramm auf die Küste zumarschieren lässt. Schon nach wenigen Metern beginnen sie, einen sanftem Bogen einzuschlagen. Im Ernstfall wären sie im Kreis gelaufen.

Minsener Oog

An der Stelle, an der heute die Insel Minsener Oog nördlich von Schillig liegt, war noch vor einem Jahrhundert nur eine Ansammlung von Sandbänken. Heute gibt es auf der von Menschenhand geschaffenen Insel bis zu 12 Meter hohe Dünen. Sie gehört zur Ruhezone des Nationalparks Niedersächsisches Wattenmeer und ist nur zu Fuß von Schillig aus zu erreichen. Entstanden ist sie, zunächst in der winzigen Größe von 0,7 Hektar, durch den Bau eines Buhnensystems im Jahr 1909, um die Versandung der Jade-Fahrrinne nach Wilhelmshaven zu verhindern. In den 1970er-Jahren vergrößerte sie sich durch Sandaufspülungen aus der Jadevertiefung auf ca. 210 Hektar. Minsener Oog, auf der es auch einen Süßwasserteich gibt, ist vor allem als Brutplatz für Seeschwalben von großer Bedeutung, aber auch für Sandregenpfeifer, Austernfischer, Rotschenkel und den stark gefährdeten Seeregenpfeifer. Im Frühjahr und Herbst ist die Insel Rastgebiet für eine Anzahl von Wat- und Wasservögeln. Zum Schutz der Seevögel während der Brutzeit ist auf der Insel ein ehrenamtlicher Naturschutzwart des Mellumrates e. V. stationiert. Der Mellumrat, 1925 gegründet, betreut außerdem noch Schutzgebiete auf Wangerooge, am Sager Meer, auf der Strohauser Plate, auf der unbewohnten Vogelinsel Mellum und am Dümmer.

INFORMATIONEN: www.mellumrat.de

© Sauer, Hecker

Moorlilie

Narthecium ossifragum

Die Moorlilie ist ein Liliengewächs von 20 bis 30 cm Wuchshöhe mit schwertförmigen Blättern und einem orchideenähnlichen Blütenstand. Durch Verzweigung ihrer Rhizome (Wurzelstöcke) kann sie an geeigneten Standorten individuenreiche Bestände ausbilden. In Heidemooren kontrastieren ihre leuchtend gelben Blüten mit dem Rosa der Glockenheide. Wie der Gagelstrauch ist auch die Moorlilie auf die küstennahen Bereiche beschränkt und daher für die Region charakteristisch. Auch sie ist durch die Vernichtung ihrer Lebensräume selten geworden. Restbestände sind vor allem in den an die Ostfriesische Geest angrenzenden Bereichen der Oldenburger Geest zu finden.

GEFÄHRDUNG UND SCHUTZ:
gefährdet (3), besonders geschützt

Sumpf-Bärlapp

Lycopodiella inundata

Der Sumpf-Bärlapp ist der kleinste Vertreter der Bärlappe, die mit den Farnen und Schachtelhalmen zu den Sporenpflanzen gehören. Er besitzt ein stark verzweigtes kriechendes Spross-System mit nadelartigen Blättern, aus dem sich maximal 10 cm hohe aufrechte Triebe entwickeln, an deren Ende die den Blüten entsprechenden Sporophyllstände (Sporophyloll = sporentragendes Blatt) mit leuchtend gelben Blättern entwickeln. Er ist extrem konkurrenzschwach und wird schon bei geringen Änderungen der Standortbedingungen von wüchsigeren Arten verdrängt. Im Oldenburger Land ist er auf feuchten, nährstoffarmen Sandböden in Dünentälern und Feuchtheiden zu finden, meidet dagegen die Marschen und die basenreicheren Gebiete der Geest.

GEFÄHRDUNG UND SCHUTZ:
gefährdet (3), besonders geschützt

© Wolfgang Eber

© Wolfgang Eber

Lungenenzian

Gentiana pneumonanthe

Die Enziane sind vor allem im Hochgebirge mit einer größeren Zahl attraktiver Arten vertreten. Im Flachland dagegen gibt es im Oldenburger Land mit dem Lungenenzian nur einen einzigen, aber nicht weniger ansehnlichen Vertreter dieser Gattung. Während die meisten alpinen Arten niedrigwüchsige Polsterpflanzen sind, wird der Lungenenzian bis zu 50 cm hoch. Wenn sich seine trichterförmigen Blüten von Juli bis September bei einer Temperatur von 19 Grad öffnen, zeigt er das berühmte Enzianblau seiner Gattung.
Ein Schmetterling, der Kleine Moorbläuling, legt seine Eier nur an diese Pflanze. Sie liebt sonnige und feuchte Standorte im Uferbereich von Moorgewässern. Der Lungenenzian – im Oldenburger Land einst weit verbreitet – ist heute durch die Inkulturnahme und Eutrophierung (Nährstoffreichtum) seiner Lebensräume extrem selten geworden.

GEFÄHRDUNG UND SCHUTZ:
stark gefährdet (2), besonders geschützt

Fieberklee

Menyanthes trifoliata

Der Fieberklee, u. a. auch Butterklee oder Bitterklee genannt, ist eine ausdauernde Sumpfpflanze, die im Uferbereich bzw. in der Sumpfzone mesotropher (= durchschnittlicher Nährstoffgehalt) Gewässer wächst. Sie entwickelt auf der Bodenoberfläche kriechende Wurzelstöcke, die in die freie Wasserfläche hineinwachsen und dort flutende Bestände ausbilden können. Der Fieberklee blüht im Mai zartrosa-weiß an bis zu 30 cm hohen blattlosen Sprossen. Sein Name ist auf die dreizähligen Blätter sowie auf die fiebersenkende Wirkung seiner Inhaltsstoffe zurückzuführen.
In Ostfriesland gibt es noch zum Teil ansehnliche Bestände, im Oldenburger Land dagegen ist er sehr viel seltener; in den Bornhorster Huntewiesen im Stadtgebiet von Oldenburg sind noch einige wenige Pflanzen an Grabenrändern zu finden.

GEFÄHRDUNG UND SCHUTZ:
stark gefährdet (2), besonders geschützt

© Wolfgang Eber

© Roland Spohn

Sumpf-Calla oder Schweinsohr

Calla palustris

Wie der Fieberklee besitzt auch die Sumpf-Calla daumendicke Rhizome (Wurzelstöcke) und kann im Uferbereich nährstoffarmer Gewässer flutende Bestände bilden. Grundlage dafür sind wie beim Fieberklee voluminöse Luftkammern im Inneren der Rhizome, die ein Absinken verhindern. Ein großes weißes Hochblatt, dessen Form zu ihrem zweiten deutschen Namen geführt hat, umschließt den kolbenartigen Blütenstand mit zahlreichen unscheinbaren Blüten, aus denen zur Fruchtreife leuchtendrote Beeren hervorgehen. Dieser charakteristische Blütenstand ist bei allen Vertretern der vor allem in den Tropen mit zahlreichen Arten verbreiteten Familie der Aronstabgewächse zu finden. Wegen ihrer zarten, austrocknungsempfindlichen Wurzeln ist sie auf ganzjährig nasse, meist nicht betretbare Standorte angewiesen, die zudem noch nährstoffarm sein müssen. Wegen der Seltenheit derartiger Lebensräume ist auch die Sumpf-Calla zu einer Rarität geworden, die unter Naturschutz gestellt werden musste. Eines der bedeutendsten Vorkommen liegt am Südrand des Ipweger Moores in unmittelbarer Nähe der Stadt Oldenburg.

GEFÄHRDUNG UND SCHUTZ:
gefährdet (3), besonders geschützt

© Wolfgang Eber

Zwergwasserlinse

Wolffia arhiza

Die Zwergwasserlinse besitzt wie die häufigen Verwandten Kleine und Vielwurzelige Wasserlinse einen auf der Wasseroberfläche schwimmenden linsenartigen Vegetationskörper, der die charakteristische Gliederung in Spross und Blatt nicht mehr erkennen lässt. Die Zwergwasserlinse ist sogar völlig wurzellos. Mit nur Stecknadelkopfgröße ist sie die mit Abstand kleinste Blütenpflanze Europas. Sie besaß in Deutschland schon immer nur wenige Vorkommen vor allem in Nordwestdeutschland, die in neuerer Zeit weiter geschrumpft sind. Am Südrand des Ipweger Moores bedeckte die Zwergwasserlinse bis noch vor etwa 10 Jahren die gesamte Oberfläche von zwei benachbarten ehemaligen Fischteichen. Mittlerweile ist dieses Vorkommen, eines von nur zweien im Oldenburger Land, aus unbekannter Ursache erloschen.

GEFÄHRDUNG UND SCHUTZ:
stark gefährdet (2), besonders geschützt

Pillenfarn

Pilularia globulifera

Der Pillenfarn weicht völlig vom vertrauten Erscheinungsbild der Farne ab. Statt flächiger Wedel besitzt er 5-15 cm lange binsenartige Blätter, an deren Grund der für die Benennung verantwortliche kugelige Sporenbehälter zu finden ist. Er bildet dichte Rasen am Grunde flacher, im Sommer oft trockenfallender Heidegewässer mit unverschlammten basenarmen Sandböden. Der Pillenfarn ist auf die küstennahen Regionen beschränkt und durch Eutrophierung (Nährstoffreichtum) und Standortvernichtung sehr selten geworden. Im Oldenburger Land ist er zerstreut an sehr wenigen Orten zu finden.

GEFÄHRDUNG UND SCHUTZ:

stark gefährdet (2)

© Wolfgang Eber

© Wolfgang Eber

Igelschlauch

Baldellia ranunculoides

Der Igelschlauch ist ein bis zu 30 cm hoher Vertreter der Froschlöffelgewächse mit den für diese Familie charakteristischen drei weiß bis lila gefärbten Blütenblättern und rundständigen lanzettlichen Blättern. Er teilt mit dem Pillenfarn Verbreitungsgebiet (küstennahe Bereiche) und Standort (Heideweiher), ist jedoch noch seltener. Im Naturschutzgebiet Holtgaster Moor an der Westgrenze des Ammerlandes ist er seit Jahrzehnten kontinuierlich vorhanden, auch wenn er, wie es für die Art charakteristisch ist, in vielen Jahren nur in der Samenbank auftritt.

GEFÄHRDUNG UND SCHUTZ:

vom Aussterben bedroht (1), besonders geschützt

DIE LISTE WURDE ZUSAMMENGESTELLT von Professor Dr. Wolfgang Eber, Universität Oldenburg, und dem Oldenburger Diplom-Biologen Andreas Lehmann. Gefährdungskategorie nach der Roten Liste.

Deichbau hört nie auf

Gespräch über Klimaveränderung und Küstenschutz

Herr Cornelius, Klimaforscher sagen übereinstimmend, der Meeresspiegel steige schneller und stärker, als man bisher angenommen hat. Sind die Deiche diesem Anstieg gewachsen?
Die Deiche im Oldenburger Land sehen generell ganz passabel aus. Unsere Wissenschaftler von der Forschungsstelle Küste in Norderney rechnen in den nächsten 50 Jahren mit einem Anstieg des Meeresspiegels um 25 bis 30 Zentimeter. Andere hantieren mit weit höheren Zahlen. So habe ich noch den Vortrag des Berliner Klimaforschers Professor Rahmstorf im Ohr, der sogar von eineinhalb Metern in 100 Jahren und von 4,50 Metern in 300 Jahren spricht. Er stützt seine Prognose vor allem auf das rasante Tempo der Klimaveränderungen und begründet sie mit dem zunehmenden Erdöl- und Gasverbrauch in China und anderen aufstrebenden Ländern Ostasiens sowie in den Entwicklungsländern.

Können sich Deichbauer und Deichschützer da noch guten Gewissens auf nur 30 Zentimeter Anstieg einrichten?
Wir gehen vorerst davon aus. Nach unserer Einschätzung verkraften gegenwärtig etwa 80 Prozent der Deiche in Niedersachsen einen Anstieg des Meeresspiegels in dieser Größenordnung. Von den insgesamt rund 260 Kilometern See- und Flussdeichen allein im Oldenburger Land, die in der Verantwortung von drei Deichbänden stehen und von ihnen betreut werden, ist der II. Oldenburgische Deichband für gut 140 Kilometer See- und Flussdeiche zuständig – und wir haben da in der Tat noch einige gravierende Schwachstellen …

… um welche Stellen handelt es sich dabei in erster Linie?
Verstärkt beziehungsweise auf die heute erforderliche Höhe von durchschnittlich 8,50 bis 9,50 Metern gebracht werden müssen noch Deiche

Leenert Cornelius ist Verbandsvorsteher des II. Oldenburgischen Deichbandes und der Braker Sielacht. Erst in den 1960er- und 1970er-Jahren hat der Deichband damit begonnen, Schafe auf den Deichen grasen zu lassen.

Einen Anstieg des Meeresspiegels um 30 Zentimeter können etwa 80 Prozent der Deiche in Niedersachsen verkraften.

bei Brake, bei Blexen-Nordenham, im Raum Schweiburg, die vermutlich am meisten gefährdete Stelle, zwischen Sehestedt und Dangast und schließlich zwischen Eckwarderhörne und Langwarden. Vieles davon ist bereits in Angriff genommen worden oder wird innerhalb der nächsten zehn Jahre angepackt. Gegenüber anderen Deichbänden an der ostfriesischen und friesischen Küste haben wir fraglos einen großen Nachholbedarf. Das hat nicht zuletzt mit der prekären geographischen Lage der Wesermarsch zu tun, die gleichsam wie eine Suppenschüssel geformt ist; das heißt, dass die Marsch ein bis zwei Meter tiefer liegt als der zur

Sturmflut-Historie

17. Februar 1164

Die **Julianenflut** ist eine der ersten sehr schweren Sturmfluten nach dem Bau von Deichen. Diese Deiche waren allerdings zunächst nur niedrige Erdwälle zum Schutz kleinerer Flächen oder als Verbindung zwischen Wurten; sie waren ca. einen Meter hoch und an der Basis etwa vier Meter breit. Die Julianenflut, durch die auch der Anfang des Jadebusens entstand, trifft die gesamte Nordseeküste und fordert nach zeitgenössischen Angaben 20.000 Tote zwischen Rhein und Elbe. Bedeutende Landverluste sind für das Oldenburger Land nicht nachweisbar.

Das Jadegebiet um 1200–1250 vor den Sturmfluteinbrüchen. Heutige Küstenlinie des Jadebusens schwarz eingezeichnet. **QUELLE:** II. Oldenburgischer Deichband

16. Januar 1219

Von der **Ersten Marcellusflut**, die insbesondere West- und Ostfriesland heimsucht, gibt ein überlieferter Augenzeugenbericht die Zahl der Toten mit 36.000 an. Sie zerstört die erste, einigermaßen geschlossene, jedoch sehr schwache Hauptdeichlinie, die um 1200 entstanden sein dürfte.

14. Dezember 1287

Durch die **Luciaflut** werden die spätmittelalterlichen Landverluste im Gebiet des Jadebusens eingeleitet. Die Flut, die die gesamte Norsdeeküste erfasst und die den Beginn der Bildung des Dollarts markiert, soll 50.000 Todesopfer gefordert haben.

23. November 1334

Die **Clemensflut** erweitert den Jadebusen nach Süden und Osten. Zu dieser Zeit enstehen die Heete- und Ahneeinbrüche, Verbindungen zwischen Jade und Weser, die Butjadingen zur Insel werden lassen.

16. Januar 1362

Die **Zweite Marcellusflut** wird wegen ihrer verheerenden Wirkung – sie soll an der gesamten Nordseeküste 100.000 Menschen das Leben gekostet haben – auch als **„Große Manndränke"** bezeichnet. Es entsteht das Lockfleth, eine zweite Verbindung zwischen Jade und Weser, so dass auch das Stadland zur Insel wird. Als Folge der Landverluste werden im Jade-Weser-Gebiet viele Höfe und im Gebiet des Jadebusens viele Dörfer aufgegeben.

9. Oktober 1374 und 1377

Die **Erste** und **Zweite Dionysusflut**, jeweils am gleichen Tag, treffen die ostfriesische und die oldenburgische Küste. Die Leybucht erreicht ihre größe Ausdehnung bis zur Stadt Norden.

Geest hin ansteigende Außenrand. Ohne Deiche stünden zwei Drittel des Landkreises Wesermarsch schon bei normaler Ebbe und Flut, also bei ca. 3,50 Meter Tide, zweimal täglich unter Wasser.

Könnte der Deichband rechtzeitig reagieren, wenn sich herausstellen sollte, dass der Anstieg des Meeresspiegels über die derzeitigen Berechnungen hinausgeht?

Wir gehen bei allen Deich-, Siel- und Sperrwerksbauten grundsätzlich angemessen in Vorlage. Deichsicherheit gründet immer auf Kriterien, die aus den statistischen und physikalischen Erkenntnisssen und Erfahrungen in der Vergangenheit und Gegenwart gewonnen wurden und in die Zukunft, auf ca. 100 Jahre, projiziert werden. Sollten die Klimaveränderungen rascher eintreten, wie es verschiedene Szenarien nahelegen, dann wäre dieses Sicherheitspolster eben bereits nach 50 Jahren „verbraucht". Das Deichgesetz zwingt die Deichbände geradezu zum vorausschauenden Küstenschutz: Wenn irgendwo 20 Zentimeter an der Deichhöhe fehlen, dann ist gesetzlich Handlungsbedarf geboten. Nur steht im Gesetz auch die Einschränkung, dass das Land zahlt, „wenn die Haushaltslage es zulässt". Man muss jedoch fairerweise sagen, dass das Geld für den Küstenschutz in Niedersachsen, 45 Millionen Euro im Jahr, in den vergangenen zwei Jahrzehnten nicht gekürzt wurde. Aber die Deichbände selbst sind nach dem Gesetz „schutzpflichtig"; ich frage mich oft: Können wir das leisten?

© NWZ-Archiv

Kommt es faktisch nicht einer Kürzung gleich, wenn ein Etat 20 Jahre lang nicht erhöht wird?

Nicht unbedingt. Weil die Technik im Deichbau enorme Fortschritte gemacht hat, können wir mit dem gleichen Geld – der II. Deichband erhält zurzeit etwa neun bis zehn Millionen Euro jährlich – praktisch die gleiche Leistung erbringen wie vor 20 Jahren. Eines ist jedoch auch klar: Deichbau hört nie auf. Er ist eine ständige Aufgabe, sei es, dass es Versackungen gibt, sei es, dass der Meeresspiegel weiter steigt, sei es, dass sich Flussläufe etwa durch Ausbaggerungen verändern.

Wie viel Geld braucht der II. Oldenburgische Deichband noch, um die Deiche auf jene Maße – den Bestick – zu bringen, die nach den Vorstellungen der Forschungsstelle Küste unabdingbar sind?

Nach heutiger Kalkulation sind für die Erhöhung und Verstärkung unserer Deiche noch 200 Millionen und

für die Vordeichsicherung weitere 50 Millionen Euro, also insgesamt 250 Millionen Euro erforderlich.

Orkanflut vom 16./17. Februar 1962: Bei Augustgroden schlug das Wasser über die Deichkappe hinweg und zerstörte große Teile der Innenböschung. Hätte die Sturmflut nur eine halbe Stunde länger angehalten, wäre der acht Kilometer lange Deich an mehreren Stellen gebrochen und das Wasser Richtung Stadt Oldenburg geströmt.

Sie haben die denkwürdige Sturmflut von 1962 erlebt. Können Deichschützer heute noch einmal derart überrascht werden von der Wucht einer Flut, wie das damals der Fall war?

Ich war seinerzeit in Käseburg bei Brake, wo der Deich fast gebrochen war. Wenn damals die Sturmflut nur eine halbe Stunde länger angehalten hätte, wäre womöglich der Deich in Augustgroden gebrochen, das Wasser Richtung Oldenburg geströmt, die Menschen wären im Schlaf überrascht worden. Keiner hat mit solch einer gewaltigen Flut gerechnet und niemand war darauf vorbereitet. Heute werden wir, was Meteorologie und Pegelstände anbetrifft, präzise vorgewarnt. Das Warnsystem ist mittlerweile so gut, dass wir ausreichend Zeit haben, uns rechtzeitig auf die Deichverteidigung einzustellen.

Die Menschen haben, speziell in der Wesermarsch, offenkundig auch ein ausgeprägtes Bewusstsein für Deichsicherheit.

Richtig. Wir können zum Beispiel bei einer entsprechenden Alarmstufe sofort so viele Leute mobilisieren, dass wir auf den Deichen alle 300 Meter einen Mann platzieren können, der die Strecke kontrolliert. Das sind im Beritt des II. Deichbandes mehr als 500 Leute. Es gibt aber auch keinen Landkreis in Deutschland, der eine so große Deichlänge aufweist wie die Wesermarsch: 196 Meter Deich pro Quadratkilometer Kreisfläche. Ein Deichbruch würde für drei Viertel des Kreises „Land unter" bedeuten.

26. September 1509

Die **Cosmas-** und **Damianflut** führt zu neuen Zerstörungen an Jade und Weser. Der Jadebusen wird vergrößert und der Dollart erreicht seine größte Ausdehnung.

16. Januar 1511

Die **Antoniusflut** ist eine Sturmflut bei gleichzeitigem starken Eisgang. Dabei richten die Eisschollen Zerstörungen an den Deichen an. Der Jadeeinbruch erreicht in dieser Zeit seine größte Ausdehnung. Nach dieser Sturmflut versuchen die Küstenbewohner durch vermehrten Deichbau dem weiteren Vordringen des Meeres Einhalt zu gebieten und verlorenes Land wiederzugewinnen.

1. November 1570

Die **Allerheiligenflut** trifft die gesamte Nordeeküste. Zwischen Weser und Ems gibt es 9000 bis 10.000 Tote. Landverluste nur in Ostfriesland.

26. Februar 1625

Die **Fastnachtsflut**, eine Eisflut, zerstört erneut zahlreiche Deiche an Weser und Jade. Verschiedene Deiche müssen zurückverlegt und das davor liegende Land aufgegeben werden.

11. Oktober 1634

Die „**Zweite Manndränke**" trifft vor allem die Westküste Schleswig-Holsteins. Die Insel Strand zerreißt in Nordstrand und Pellworm. Mindestens 8000 Tote.

→

24. und 25. Dezember 1717

Die **Weihnachtsflut** richtet an der gesamten Nordseeküste ungeheure Verwüstungen an. 10.000 Quadratkilometer Land werden überflutet. Es sollen mehr als 18.000 Menschen ums Leben gekommen sein, davon 5600 in Ostfriesland und im Jeverland. Mehr als 100.000 Stück Vieh sind tot. Die bleibenden Landverluste sind gering, doch es müssen zahlreiche Deiche zurückgenommen werden. Flutmarke in Dangast NN + 4,89 Meter.

3. und 4. Februar 1825

Die Flutmarke in Dangast steht bei der **Februarflut** bei NN + 5,26 Meter. Es werden an der gesamten Küste große Gebiete überflutet und 800 Todesopfer gezählt.

1. und 2. Januar 1855

Die **Januarflut** trifft die ganze Nordseeküste. Sie richtet jedoch auf den Ostfriesischen Inseln die schwersten Zerstörungen an.

13. März 1906

Die ostfriesische und die oldenburgische Küste werden von der **Märzflut** heimgesucht. Flutmarke in Dangast: NN + 5,35 Meter.

31. Januar und 1. Februar 1953

Die **Hollandflut** fordert mehr als 2000 Tote in den Niederlanden.

In Sophiengroden im Wangerland werden am Tag nach der Flut vom 16./17. Februar 1962 die Löcher im Deich gestopft; 180 Hektar waren überflutet worden.

Wie unterscheidet sich der Deichbau heute vom dem früherer Jahrhunderte?

Das Deichprofil war einst sehr viel steiler. Die Länge des Deichfußes von der See- bis zur Landseite betrug höchstens zwischen 35 und 50 Meter. Heute bauen wir einen Deichfuß von 100 bis 105 Metern Länge. Das heißt die Neigung von der Deichkrone zur Außen- und zur Binnenböschung hin ist viel, viel flacher. Die Neigung nach außen, also zur See hin, beträgt 1 : 6, nach innen, zum bebauten und bewohnten Gebiet 1 : 4. Das hat den Vorteil, dass bei einer Sturmflut die Wellen nicht mit aller Kraft gegen den Deich knallen, sondern sich aufwärts totlaufen und auch nach unten wieder sanft auslaufen. Deshalb kann man heute, weil es an deichfähigem Boden mangelt, nicht mehr alles aus Klei bauen, sondern muss im Deichkörper einen großen Sandkern einspülen, der dann von einer starken Kleiabdeckung geschützt wird …

… und den Boden dafür holen Sie sich mitunter auch aus den Salzwiesen oder dem Watt, aus dem Nationalpark also, und das bringt wieder die Umweltschützer gegen die Deichbauer auf …

… das hat sich glücklicherweise beruhigt. Beide, Deichbauer und Umweltschützer, sind aufeinander zugegangen. Wir nehmen natürlich Rücksicht auf den Nationalpark; doch es wird immer Ausnahmen geben, da kommen wir nicht umhin, Boden aus dem Watt entnehmen zu müssen. Manchmal muss die Ökologie zurückstehen, wenn eine andere Lösung ökono-

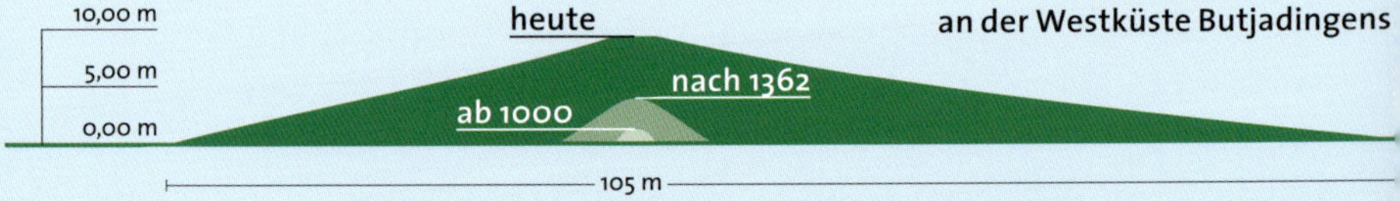

Entwicklung der Deichprofile an der Westküste Butjadingens

QUELLE:
II. Oldenburgischer Deichband

misch nicht mehr zu vertreten ist. Das muss auch für den Fall gelten, dass der Nationalpark Wattenmeer als Weltnaturerbe oder Biosphärenreservat anerkannt werden sollte.

Sorgen machen bisweilen auch die Flussdeiche, vor allem an der Weser, nicht wahr?

Die Weser ist der am stärksten kanalisierte Fluss in Europa, wahrscheinlich sogar in der ganzen Welt. Ein paar Zahlen machen das deutlich: Vor dem ersten Weserausbau im Jahr 1888 hatten wir in Bremen einen Tidehub von 20 Zentimetern, heute von mehr als vier Metern. Es gibt, weil lange kaum eine bemerkbare Tidebewegung da war, an keinem anderen Strom in Deutschland so viel Gewerbe- und Wohnbebauung auf dem Deich und außendeichs. Früher war der Scheitelwasserstand in Bremerhaven höher als in Brake, jetzt ist es umgekehrt. Jede weitere Ausbaggerung der Weser hat Auswirkungen auf die Spundwände und auf die Deichsicherheit. Das wollen wir in den Planungen berücksichtigt sehen, ohne uns generell gegen einen Ausbau zu stellen.

Letzte Frage: Der II. Oldenburgische Deichband unterhält als Beitrag zur Deichsicherheit auch zehn Deichschäfereien mit rund 18.000 Schafen. Warum dürfen eigentlich nur Schafe auf dem Deich grasen?

Vielfach besteht ja die Ansicht, Schafe würden schon seit altersher auf Deichen grasen. Das war aber nicht überall so. Erst in den 1960er- und 1970er-Jahren wurde bei uns damit begonnen, Schafe auf die Deiche zu lassen. Bekanntlich ist auf den Deichen eine Kleidecke; damit diese möglichst fest bleibt, wird ein kurz wachsendes Gras angesät – wir reden von Untergräsern –, das die Schafe fressen und zugleich festtreten. Am Boden bildet sich dadurch ein „Mantel“, der den Deich bei starkem Wellenschlag schützt. Ein schweres Rind dagegen würde bei unseren Bodenverhältnissen Löcher in die Kleidecke treten.

Die Weser ist der am stärksten kanalisierte Fluss in Europa, wahrscheinlich sogar in der ganzen Welt.

© NWZ-Archiv

Soldaten im Einsatz auf dem Deich zwischen Horumersiel und Schillig.

16. und 17. Februar 1962

Die **Februarflut**, auch **Zweite Julianenflut** genannt, hat an der gesamten Nordseeküste starke Deichschäden und 61 Deichbrüche zur Folge. Es gibt 340 Tote. Die Flutmarke beim Schweiburger Siel erreicht NN + 5,57 Meter.

13. November bis 14. Dezember 1973

Insgesamt **fünf schwere Sturmfluten** suchen kurz hintereinander die Nordseeküste heim. Die Scheitelhöhen liegen zum Teil nur wenig unter denen im Jahr 1962.

1. und 21. Januar 1976

Bei diesen beiden nicht mehr mit Namen belegten Sturmfluten werden an vielen Pegelorten die bisher **höchsten Scheitelhöhen** erreicht, insbesondere an der Elbe.

28. Januar 1994

Im Bereich der Ems oberhalb von Leerort und in Vegesack/Lemwerder treten bei dieser Sturmflut die bisher **höchsten Scheitelwasserstände** auf.

QUELLEN: II. Oldenburgischer Deichband (Brake), Niedersächsischer Landesbetrieb für Wasserwirtschaft und Küstenschutz (NLWK, Betriebsstelle Brake).

wenn auch arbeitsaufwendige Abwechslung. Ansonsten transportiert das Schiff für den Niedersächsischen Landesbetrieb für Wasserwirtschaft, Küsten- und Naturschutz (NWLKN) das Jahr über Menschen und Material zu Baustellen, im Ernstfall würde es auch bei einem Schadstoffunfall eingesetzt.

ungestüm auf der glitschigen Rampe nachrücken und dabei dem Rand des Hafenbeckens bedenklich nahe kommen. Doch alles geht glatt. Innerhalb einer Viertelstunde sind die 49 Rinder von Willms und die 16 von Damm an Bord. Sie sind erkennbar gestresst, aber ruhiger, als man nach dieser Prozedur annehmen konnte.

Die natürliche Beweidung ist die Voraussetzung für ein ungestörtes Brutgeschäft der Vögel.

Es sei „immer wieder spannend, weil man nie weiß, wie die Tiere sich verhalten", sagt der Kapitän und behält das Unternehmen vom Ruderhaus aus im Auge. Die Unberechenbarkeit der Rinder beim Be- und Entladen lässt Bauer Willms und seine Cowboy-Truppe aus freiwilligen Helfern, die auf der Insel noch von einigen Mitarbeitern des Nationalpark-Hauses „Rosenhaus" verstärkt wird, vorsichtig zu Werke gehen. Hat im Harlesieler Hafen erst einmal ein besonders couragiertes Rind, sozusagen als Wegbereiter, die vielleicht 20 Meter vom Viehtransporter auf die mit Holzbrettern verschalten Verschläge auf dem Schiff hinter sich, heisst es aufpassen, dass die anderen Tiere in ihrem Herdentrieb nicht zu

Zumal es das erste Mal überhaupt ist, dass sie nach dem langen Winter aus dem Stall gekommen sind. Und dann gleich reif sind für die Insel.

Auf Wangerooge erwartet die Kühe und Ochsen ein recht angenehmes Leben. Man könnte vielleicht sogar von Urlaub sprechen, wenn es ausnahmsweise gestattet ist, menschliche Kategorien anzuwenden. Bis Oktober sind sie gern gesehene (und oft fotografierte) Pensionsgäste auf der Insel und müssen nichts anderes tun als grasen und fressen, grasen und fressen. 30 im Westen der Insel, 35 im Osten. Und das im amtlichen Auftrag und für ein hehres Ziel.

Die Rinder werden von der Domänenverwaltung des Landes angeheuert, um auf den Innengroden in der Schutzzone I des Nationalparks, der am strengsten geschützen Zone, das Gras kurz zu halten. Sie tragen damit dazu bei, Wiesenbrütern in Ruhe das Brutgeschäft zu ermöglichen. Kiebitz, Uferschnepfe und Rotschenkel profitieren von dem unermüdlichen Fress-Einsatz der Rinder. Sie bauen nämlich ihre Nester im Gras, wollen aber zugleich ein halbwegs freies Blickfeld haben. Die Groden maschinell zu mähen, wäre nicht nur zu gefährlich, sondern würde auch die Versteppung der Wiesen befördern. Die natürliche Beweidung dagegen ist die Voraussetzung für ein weitgehend ungestörtes Brutgeschäft der Vögel. Nicht von ungefähr ist auf Wangerooge inzwischen eine Kiebitz-Population von „nationaler Bedeutung" herangewachsen und beheimatet, sagen die Naturschützer. Ganz im Gegensatz zur umgekehrten Entwicklung auf dem Festland.

Ein strammes Marschtempo legt die Herde auf ihrem sechs Kilometer langen Weg vom Hafen quer über die Insel vor. Die Cowboys und Cowgirls haben die Herde mit einer Leine eingekreist.

Die Herde der 65 Rinder vom Insel-Hafen aus auf die beiden jeweils 35 Hektar großen Groden zu verteilen, erfordert sehr viel mehr Zeit als die eine Stunde Überfahrt. Die 30 Tiere, die zum nahe gelegenen Westturm sollen, lassen sich noch vergleichsweise problemlos von ein paar Cowboys auf Fahrrädern treiben und lenken. Die zweite Herde indes muss quer über die Insel und mitten durch den Ort dirigiert werden, was nur gelingt, indem die Cowboy-Truppe sie mit einer rot-weißen Leine einkreist. Wobei die Herde auf der rund sechs Kilometer langen Strecke eher gebremst als getrieben werden muss, denn die Rinder legen einen strammes Marschtempo vor.

Erst Ende Oktober wird Bauer Willms sie wieder aufs Festland zurückholen. „Hoffentlich vollzählig", wie er in Erinnerung ans Vorjahr sagt, als eine Kuh vom Blitz erschlagen worden war. Und auch das Wetter aus dem Jahr 2003 möchte er nicht noch einmal erleben: Damals lagen, als er die Rinder am 24. Oktober von den Wangerooger Weiden holte, schon 50 Zentimeter Schnee.

Kultur | Kunst | Sport

Ein wahres Schmuckstück

Die Goldscheibenfibel – der wertvollste Besitz der Oldenburgischen Landschaft

OLDENBURG. Wenn sie nicht gerade als immer wieder begehrte Leihgabe von Ausstellung zu Ausstellung im In- und Ausland unterwegs ist, dann wird sie sicher in einem Banktresor in Oldenburg verwahrt: die frühmittelalterliche Goldscheibenfibel, ein in doppeltem Wortsinn wahres Schmuckstück. Es ist der mit Abstand wertvollste Besitz der Oldenburgischen Landschaft. Gilt doch die Gewandschließe als eines der herausragendsten Zeugnisse der karolingischen Goldschmiedekunst im Norden Europas.

Schon der Zufallsfund der Fibel – der Name leitet sich aus dem lateinischen „fibula" (Nadel) ab – war eine kleine archäologische Sensation. Ein Schüler fand sie im März 1977 auf einem umgepflügten Acker in einer Niederung in Oldenburg-Wechloy. Weil es eher unwahrscheinlich ist, wenngleich nicht gänzlich auszuschließen, dass ein derart wertvolles Stück einfach verloren gegangen ist, vermuten Fachleute, dass es höchstwahrscheinlich absichtlich deponiert worden war. Freilich nicht am späteren Fundort, sondern vermutlich in oder an einer benachbarten Bäke, deren Aushub zuvor auf dem Acker gelandet war. Um zu verhindern, dass das kostbare Stück in den Kunsthandel gelangte und dann unter Umständen nicht mehr im Oldenburger Land verbleiben würde, erwarb es die Oldenburgische Landschaft mit Unterstützung von Sponsoren für damals 10.000 DM.

Fibeln wurden benutzt, um Kleider, Umgänge oder Mäntel zusammenzuhalten. In Europa waren sie seit etwa dem 14./13. Jahrhundert v. Chr. und bis ins späte Mittelalter hinein in Gebrauch. Man kann sie am ehesten mit einer heutigen Brosche vergleichen. Die Oldenburger Goldscheibenfibel – 5,4 Zentimeter im Durchmesser, 0,91 Zentimeter stark und 30 Gramm leicht – wird auf die erste Hälfte des 9. Jahrhunderts datiert. Sie ist nicht zuletzt deshalb ein bemerkenswertes Schmuckstück, weil sie sich im Besitz eines Angehörigen des karolingischen Hochadels befunden haben dürfte und damit eines der raren Beispiele karolingischer Hofkunst ist, von der es nur sehr wenige Exponate gibt.

Die Fibel mit dem zentralen roten Edelstein, den Emailleeinlagen und den goldenen Verzierungen widerspiegelt in ihrem Dekor – Kreuzmotiv, Vögel und der Lebensbaum – christliche Symbolik. Fachleute erkennen an stilistischen Merkmalen eine enge Verbindung zu anderen Schmuckstücken aus der Regierungszeit Karls des Großen, so etwa zum Talisman des Kaisers in Reims. Hergestellt wurde die Scheibenfibel vermutlich in einer Werkstatt am Mittel- oder Oberrhein, im Salzburger Land oder in Norditalien.

oldenburgische landschaft

Gesetzlicher Auftrag

Die Bezeichnung Oldenburgische Landschaft irritiert etwas. Legt sie doch die Vermutung nahe, dass damit eine Naturlandschaft beschrieben wird. Der Begriff, dem Vorbild Ostfriesische Landschaft entlehnt, geht indes zurück auf die Landstände. Diese Ständevertretung, die sich aus den drei Gruppen der Ritter, Bürger und Bauern zusammensetzte, gab es in Ostfriesland jahrhundertelang. Aus ihr entwickelte sich im 20. Jahrhundert die moderne Ostfriesische Landschaft. Im Oldenburger Land bzw. im Herzogtum Oldenburg hat es hingegen Landstände nie gegeben; insofern ist die Bezeichnung Oldenburgische Landschaft historisch eigentlich nicht korrekt.

Die Geschichte der Oldenburgischen Landschaft beginnt genau genommen schon 1946 mit dem Ende der Selbstständigkeit des Landes Oldenburg und der Gründung des Landes Niedersachsen. Am 6. November 1946 fordern die Abgeordneten des Oldenburgischen Landtages in ihrer letzten Sitzung ausdrücklich die Schaffung einer Selbstverwaltungsorganisation für das Gebiet des Oldenburger Landes. Als der Ver- →

KULTUR FÖRDERN
TRADITION PFLEGEN
NATUR SCHÜTZEN

Nicht nur das Traditionelle im Auge

Oldenburgische Landschaft will gezielt junge Leute ansprechen

Herr Dr. Brandt, im Jahr 2005 waren bei der Oldenburgischen Landschaft Anträge auf Kulturförderung in Höhe von 430.000 Euro eingereicht worden, vergeben konnten Sie gerade mal 125.000 Euro; im Jahr 2006 betrug dieses Verhältnis 368.000 zu 185.000 Euro. Schafft man sich bei diesem Missverhältnis nicht mehr Ärger an den Hals, als dass man Freunde gewinnt?

DR. BRANDT: Man könnte den Verdacht haben, wenn man nur die nackten Zahlen betrachtet. Es ist rein rechnerisch in der Tat ein desaströses Missverhältnis. Dennoch: In Wirklichkeit haben wir in beiden Jahren jeweils nur knapp die Hälfte der Anträge ablehnen müssen. Das wurde möglich, weil wir in einigen Fällen die Bewilligungssumme um bis zu

Anträge auf 10.000 Euro und mehr werden ans Ministerium in Hannover weitergereicht.

Dr. Michael W. Brandt, Geschäftsführer der Oldenburgischen Landschaft

50 Prozent kappten; bei manchen Anträgen war diese Luft durchaus drin. Dass wir im Jahr 2006 60.000 Euro mehr zur Verfügung hatten als 2005, hat übrigens damit zu tun, dass noch zwei weitere Sparten, Soziokultur und Kunstschulen, hinzugekommen sind.

Stets lautet die Frage: Warum soll der Steuerzahler gerade dieses Projekt finanzieren?

Wie nachvollziehbar ist das Auswahlverfahren für die Antragsteller? Anders gefragt: Begründen Sie in jedem Einzelfall, warum ein Antrag abgelehnt oder bewilligt wurde?

Das Verfahren ist allein schon deshalb nachvollziehbar, weil es an die Förderrichtlinien des Landes gebunden ist, die den Antragstellern in aller Regel bekannt sind. Wir vergeben die Fördermittel – bis zu einer Obergrenze von 9.999,99 Euro – ja im Auftrag des Landes. Da ist es nur recht und billig, wenn das Land in etwa die Richtung bestimmt…

… wie groß ist der Spielraum der „Landschaft" bei der Vergabe der Fördergelder?

Es sind zunächst ein paar Formalien zu beachten. Brauchtumsfeste, Druckkostenzuschüsse für Heimatchroniken, aber auch Landeseinrichtungen sind von der Förderung generell ausgeschlossen. Gefördert werden ausschließlich Projekte, immer zeitlich begrenzt. Auf unserem Tisch landen zwar alle Anträge auf Kulturförderung aus dem Oldenburger Land, doch Anträge auf 10.000 Euro und mehr reichen wir, mit oder ohne Stellungnahme, ans Ministerium für Wissenschaft und Kunst in Hannover weiter. Über alle anderen Anträge entscheidet, nachdem sie zuvor fachlich berurteilt worden waren, ein Dreier-Gremium im Haus, dem der Präsident, eine Sachbearbeiterin und der Geschäftsführer angehören; an sie hat der Vorstand diese Aufgabe delegiert. Häufig nehmen wir aber vor einer Entscheidung noch Rücksprache mit Antragstellern, lassen uns das Projekt eingehender erläutern und machen auch mal einen Ortstermin. Zu Anträgen, wo wir uns fachlich nicht ausreichend kompetent fühlen – wer von uns kann, zum Beispiel, die angemessene Höhe von Regie-Kosten beurteilen? –, holen wir externen Rat ein.

Sind Sie sich denn immer einig in diesem Gremium?

In diesem Jahre hatten wir bei 85 Anträgen keinen einzigen richtig strittigen Fall. Beim ersten Mal, im Jahr 2005, sind wir uns bei 65 Anträgen in drei oder vier Fällen nicht einig geworden. Solche Fälle legen wir dann dem Vorstand zur abschließenden Entscheidung vor.

Wie schwer fällt es, einen Antrag abzulehnen?

Bei einer relativ geringen Anzahl von Anträgen fällt die Ablehnung nicht schwer, weil sie entweder den Rahmen sprengen oder nicht die erwartete Qualität versprechen. Die Standardfrage, die wir uns neben der formalen und fachlichen Beurteilung bei jedem Antrag stellen, lautet: Warum soll der Steuerzahler gerade dieses Projekt finanzieren? Darüber wird im Gremium zuweilen lang und heftig diskutiert.

such, eine kommunale Gebietskörperschaft „Landschaftsverband Oldenburg" zu schaffen, 1954 im Niedersächsischen Landtag scheitert, wird 1961 die Oldenburg-Stiftung gegründet, um „alle oldenburgischen kulturellen Bestrebungen und Einrichtungen außerhalb des staatlichen Bereichs zusammenzufassen und zu pflegen".

Am 27. Mai 1974, nachdem sich die Landkreise, kreisfreien Städte, Gemeinden und kreisangehörigen Städte in einer Resolution für die Verbesserung der rechtlichen Stellung der Oldenburg-Stiftung eingesetzt hatten, beschließt der Landtag das Gesetz über die Oldenburgische Landschaft als Körperschaft des öffentlichen Rechts, in der die Oldenburg-Stiftung aufgeht. Ihr gesetzlicher Auftrag ist es, an der Pflege und Förderung der historischen und kulturellen Belange des ehemaligen Landes Oldenburg mitzuwirken. Anfang 2005 überträgt das Land der Landschaft die staatliche Kulturförderung für die Region und stärkt damit ihre Bedeutung zusätzlich.

Die neue Aufgabe, diese Anträge auf Förderung zu sichten und darüber zu entscheiden, wurde der Oldenburgischen Landschaft auch in der Hoffnung überlassen, dass das Verfahren unbürokratischer ablaufen sollte als früher. Hat sich diese Hoffnung erfüllt?
Wir haben uns, nachdem wir zum ersten Mal die Mittel verteilt hatten, einer Manöverkritik von Antragstellern gestellt und sind, ehrlich gesagt, mit einem mulmigen Gefühl in diese Veranstaltung gegangen. Zumal die neue Vergabe-Praxis im Vorfeld nicht nur Zustimmung gefunden hatte. Doch wir wurden angenehm überrascht: Das Verfahren sei schnell und unbürokratisch, hieß es. Vor allem der unmittelbare Kontakt zwischen unseren Mitarbeitern und den Antragstellern wurde gelobt, unabhängig davon, ob ein Zuschuss bewilligt oder am Ende abgelehnt worden ist. In einigen Fällen konnten wir den Antragstellern auch andere Finanzierungswege aufzeigen.

Eine Zielsetzung der regionalen Kulturförderung ist, Kinder und Jugendliche „an alle Sparten der Kultur heranzuführen". Es ist erfahrungsgemäß nicht leicht, mit solchen Themen an junge Leute heranzukommen …
… das ist für keine Organisationen einfach, nicht nur für die „Landschaft". Die meisten Jugendlichen sind bekanntlich nicht organisiert, allenfalls mal kurzzeitig, um einer ganz bestimmten Sache willen. Wir fördern Projekte wie die Schreibwerkstatt für Kinder, Lese- und Musikwettbewerbe oder die theaterpädagogische Arbeit, immer in der Hoffnung, dafür auch „unorganisierte" junge Menschen zu gewinnen. Außerdem versuchen wir, über unsere neue „Arbeitsgemeinschaft Kultur und Jugend" junge Leute anzusprechen, über die Schulen, Schülervertretungen und Jugendzentren.

© Welp

Landeskulturfest 2005: Eleven der Ballettschule Steigerwald (links), Sambaschule Oldenburg.

Bei der Oldenburgischen Landschaft ist, seit sie nach Auflösung der Bezirksregierung Weser-Ems als einzige kulturpolitische Sprecherin des Oldenburger Landes übrig blieb, viel von Aufbruch die Rede. Wohin soll dieser Aufbruch führen?
Neben dem Bemühen, die Jugend ins regionale Kulturleben einzubeziehen, wird eine wichtige Aufgabe der Zukunft sein, die Kulturschaffenden in der Region zu mehr Zusammenarbeit anzuhalten. Heute spricht man gern von Vernetzung, ich mag dieses Wort allerdings nicht besonders. Absprache und Kooperation treffen es meines Erachtens genauer. Ein weiterer Schwerpunkt ist die Förderung kultureller Initiativen auf dem Land. Dort ist es, im Gegensatz zur Stadt, sehr viel schwieriger, Publikum zu erreichen, Räume für Veranstaltungen zu finden und Geld dafür einzuwerben. Ein Beispiel: Ein Konzert in der Gemeinde X auf dem Land fördern wir vielleicht eher als ein ähnliches Konzert in der Stadt Oldenburg, wo es vergleichsweise viele solcher Angebote gibt. In nicht wenigen Landgemeinden hat sich durch Einzelinitiativen im Laufe der Zeit ein beachtenswertes kulturelles Leben herausgebildet.

Sie wollen vor allem Anstöße geben…
… ja. Oder bereits bestehende Initiativen begleiten. Wobei wir nicht nur das Traditionelle im Auge haben, vom Plattdeutschen bis zum Klootschießen, sondern das kulturelle Leben in der Region in seiner ganzen bunten Vielfalt, von der Sambagruppe bis zum türkischen Chor, von der Volkstanzgruppe bis zu neuer Musik. Es ist dies ein erweiterter Begriff von regionaler Kultur, der in den zurückliegenden Jahren vielleicht nicht genug beachtet worden ist. Das erste Landeskulturfest war von diesem Kulturverständnis geprägt. Es hat wieder einmal bewusst gemacht, wie stark, wie qualitiativ gut und wie vielfältig die oldenburgische Kulturlandschaft ist.

Wir sind kein Verein, bei dem man nach Gutdünken aus- und eintreten könnte.

Welche Bedeutung kommt in der regionalen Kulturpolitik dem neuen Kulturrat zu?
Der Kulturrat hat keine Kompetenzen, nur beratende Funktion und er kostet nichts – und dennoch ist er ungemein wichtig. Vertritt er doch nach dem Wegfall der Bezirksregierung die Interessen der alten, durch die Niedersächsische Verfassung geschützten oldenburgischen Landeseinrichtungen, also Staatstheater, die beiden Landesmuseen, Landesbibliothek, Museumsdorf Cloppenburg und das Staatsarchiv als Gast. Oldenburg ist, von Hannover aus gesehen, weit weg. Um nicht „übersehen“ zu werden, ist eine nachdrückliche Interessenvertretung nötig.

In der jüngeren Vergangenheit wurde aus dem Kreis der Pflichtmitglieder der „Landschaft“, den Landkreisen und Städten, gelegentlich mit Kündigung gedroht. Bröckelt dieser Rückhalt?
Nein, ganz und gar nicht. Es hat in der Vergangenheit, als man mit unserer Arbeit nicht so zufrieden war, die eine oder andere Andeutung in diese Richtung gegeben. Wir sind jedoch kein Verein, bei dem man nach Gutdünken aus- und eintreten könnte. Die „Landschaft“ könnte nur vom Landtag abgeschafft werden, nicht durch ihre Mitglieder. Das ist, zugegeben, eine komfortable Lage. Es ändert aber nichts daran, dass die vertrauensvolle Zusammenarbeit mit allen, den Pflichtmitgliedern und den freiwilligen, die Grundlage unserer Arbeit ist.

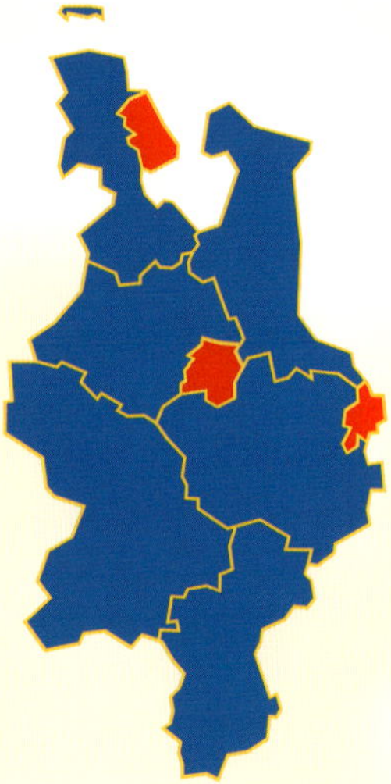

Das Gebiet der Oldenburgischen Landschaft umfasst die Landkreise Ammerland, Cloppenburg, Friesland, Oldenburg, Vechta und Wesermarsch sowie die kreisfreien Städte Delmenhorst, Oldenburg und Wilhelmshaven. In dieser Region leben mehr als eine Million Menschen. Die Landschaft hat gesetzliche und freiwillige Mitglieder. Gesetzliche Mitglieder sind die Landkreise und kreisfreien Städte, freiwillige sind Gemeinden und kreisangehörige Städte ebenso wie Kirchen und Kammern, die Hochschulen, Gewerkschaften, Kulturinstitutionen, Kreditinstitute, Wirtschaftsunternehmen, Vereine, Verbände und Einzelpersonen.

Die Landschaftsversammlung ist das höchste Beschlussorgan. Sie tritt zweimal jährlich zusammen. Alle Mitglieder haben Sitz und Stimme. Die Versammlung beschließt den Haushalt, wählt den Vorstand, den Präsidenten bzw. Präsidentin und die Mitglieder des Beirates. Der (ehrenamtliche) Präsident bzw. die Präsidentin vertritt zusammen mit der Geschäftsführung die Landschaft nach außen. Der (hauptamtliche) Geschäftsführer bzw. die Geschäftsführerin wird vom Vorstand berufen und muss von der Landschaftsversammlung bestätigt werden.

Arbeitsgemeinschaften

- **AG Archäologische Denkmalpflege**
  Leiter: Dr. Jörg Eckert
- **AG Baudenkmalpflege**
  Leiter: Focke Gerdsen
- **AG Bibliotheken**
  Leiter: Florian Isensee
- **AG Heimat- und Bürgervereine**
  Leitung: Dr. Jürgen Kessel
- **AG Kultur und Jugend**
  Leiter/in: Deliane Rohlfs, Hermann Olberding
- **AG Kunst**
  Leiter: Jürgen Weichardt
- **AG Landes- und Regionalgeschichte**
  Leiter: Prof. Dr. Albrecht Eckhardt
- **AG Museen und Sammlungen**
  Leiter: Prof. Dr. Ewald Gäßler
- **AG Naturschutz, Landschaftspflege und Umweltfragen**
  Leiter: Dr. Gerhard Plate
- **AG Niederdeutsche Sprache und Literatur**
  Leiter: Heinrich Siefer
- **AG Vertriebene**
  Leiter: Dr. Hans-Ulrich Minke

Fachgruppen

- **Fachgruppe Botanik**
  Vorsitzender: Prof. Dr. Wolfgang Eber
- **Fachgruppe Familienforschung**
  Oldenburgische Gesellschaft für Familienkunde,
  Vorsitzender: Wolfgang Martens
- **Fachgruppe Klootschießen und Boßeln**
  Vorsitzender: Werner Gerdes
- **Fachgruppe Kunsthandwerk**
  Arbeitsgruppe Kunsthandwerk Oldenburg e. V.,
  Vorsitzende: Sara-Ruth Schumann
- **Fachgruppe Niederdeutsche Bühnen**
  Leiter: Hans-Peter Blohm
- **Fachgruppe Oldenburger Münsterland**
  Heimatbund für das Oldenburger Münsterland,
  Präsidentin: Hildegard Kronlage
- **Fachgruppe Ornithologie**
  Ornithologische Arbeitsgemeinschaft Oldenburg, Sprecher: Volker Moritz

Geschäftsstelle

Gartenstraße 7, 26122 Oldenburg
Telefon 0441 · 779 18 - 0
Fax 0441 · 779 18 - 29
info@oldenburgische-landschaft.de
www.oldenburgische-landschaft.de

IM FOKUS:

12 Museen im Oldenburger Land

Schinkenmuseum Apen

Ein Himmel voller saftiger Schinken: Inhaber Arnd Müller kontrolliert die „Reife“.

Im Ortskern von Apen führt die Familie F. W. Meyer seit 1748 in neunter Generation ihre Schinkenräucherei, die älteste im Ammerland. Das denkmalgeschützte Gebäude, in dem in althergebrachter Weise bis zu 200 Schinken im Jahr hergestellt werden, ist 160 Jahre alt. Räucherstelle und Reifeboden im Obergeschoss haben ein kompliziertes Lüftungssystem, in dem die Schinken zwischen 15 und 24 Monate lang reifen. Der Rundgang durch das Schinkenmuseum beginnt in der Guten Stube des Hauses.

- **Führungen** (außer Oktober)
  Mittwoch bis Sonnabend 9–13 Uhr,
  April bis September auch
  Mittwoch bis Freitag 15–19 Uhr
- **Eintritt**
  3 Euro pro Person mit Schinkenprobe
- **Schinkenmuseum F. W. Meyer**
  Hauptstraße 212, 26689 Apen
  Telefon 04489·6501
  www.schinken-museum.de

Schiffahrtsmuseum Brake

Ein „Tante-Emma-Laden“ für Seeleute: Hier deckten sie sich vor dem Auslaufen mit Verpflegung ein.

Das einzige reine Schifffahrtsmuseum in Niedersachsen ist in zwei historischen Gebäuden in Brake beheimatet (und schreibt sich weiterhin nur mit „*ff*“): einem alten Telegraphenturm aus dem Jahr 1846 und einem Kaufmanns- und Reederhaus aus dem Jahr 1808.
Den Besucher erwarten vielfältige und spannende Einblicke in die oldenburgische Schifffahrtsgeschichte und den Fernhandel unter oldenburgischer Flagge seit dem 18. Jahrhundert. Die umfangreiche Sammlung umfasst seltene Exponate zu den Themen Werften, Navigation, seemännische Volkskunst, Geschichte des Walfangs, optische Telegraphie und Geschichte der ersten deutschen Flotte. Ein historischer Schiffsausrüsterladen, eine Friesenstube und eine Segelmacherwerkstatt vermitteln anschaulich Wohn- und Arbeitskultur früherer Zeiten.

Öffnungszeiten
April bis Oktober:
Dienstag bis Sonntag 10–17 Uhr
November bis März:
Dienstag bis Sonnabend 10–12 und 14–17 Uhr
Sonntag 10–17 Uhr

Eintritt
Erwachsene 2,40 Euro
Ermäßigte 1,30 Euro
Familien 4,90 Euro

Schiffahrtsmuseum der oldenburgischen Weserhäfen
Breite Straße 9, 26919 Brake
Telefon 04401·6791
www.schiffahrtsmuseum-brake.de

Die Lichtstation von 1884 im Turbinenhaus.

Nordwolle Delmenhorst Nordwestdeutsches Museum für Industriekultur

Das Nordwestdeutsche Museum für Industriekultur präsentiert in mehreren historischen Baukörpern, u. a. in der früheren Lichtstation von 1884 und in einem Turbinenhaus (1902), die Entwicklung der Stadt von der mittelalterlichen Burg und Grafschaft zur bedeutendsten Industriestadt im Großherzogtum Oldenburg im 20. Jahrhundert. Das Fabrikmuseum zeigt auf einer Ausstellungsfläche von rund 2300 qm die Geschichte der 1884 gegründeten „Norddeutschen Wollkämmerei & Kammgarnspinnerei" (Nordwolle). Es gilt als eines der größten Industriedenkmale Europas. Anhand aufwendiger Inszenierungen und zum Teil noch funktionsfähiger Maschinen kann der Besucher erleben, wie aus der Rohwolle das Garn entsteht. Das Stadtmuseum gibt in fünf Abteilungen einen Überblick über die Geschichte der Stadt Delmenhorst.

Öffnungszeiten
Dienstag bis Freitag
und Sonntag 10–17 Uhr

Eintritt
Erwachsene 3 / 2 Euro
Kinder bis 6 Jahre frei
Familienkarte 8 Euro

Nordwestdeutsches Museum für Industriekultur
Am Turbinenhaus 10-12
27749 Delmenhorst
Telefon 04221 · 29858 - 20
www.delmenhorst.de/nordwolle/Museen

Moor- und Fehnmuseum Elisabethfehn

Die Tjalk „Jantina", im Hintergrund die Museumsgebäude

Direkt an der „Deutschen Fehnroute" bei den „Dreibrücken" zwischen dem Elisabethfehnkanal, dem letzten noch voll schiffbaren Fehnkanal in Deutschland, und dem Bollinger Kanal liegt das Moor- und Fehnmuseum Elisabethfehn. Es ist in einem alten 1896 erbauten Kanalwärterhaus und in einem typischen Fehnhaus untergebracht und bietet eine hochinteressante Sammlung und alle Informationen über Moor, Torf und Fehn. Auf einer etwa 1,5 Hektar großen Freifläche ist ein Moorlehrgarten angelegt. Außerdem sind u. a. zu sehen: eine Moorkate, ein Buchweizenfeld, eine komplette Weißtorffabrik, der Nachbau von Bohlenwegen und eine Schmalspurdampflok. In der Wieke des Museums können im Original eine Tjalk, eine Spitzmutte und eine Schute besichtigt werden.

Öffnungszeiten
von Ende März bis 31. Oktober:
täglich, außer Montag, von 10–18 Uhr,
für angemeldete Besuchergruppen auch
außerhalb dieser Zeiten

Eintritt
Erwachsene 2,50 Euro
Schüler, Studenten,
Schwerbeschädigte 1,50 Euro
Familienkarte 8 Euro
Kinder unter 6 Jahren frei

Moor- und Fehnmuseum Elisabethfehn
Oldenburger Straße 1, 26676 Elisabethfehn
Telefon 04499 · 22 22
www.fehnmuseum.de

Horst Janssen: Selbstportrait

Horst-Janssen-Museum Oldenburg

Horst Janssen (1929–1955), der in Oldenburg seine Kindheit verbrachte, in Hamburg lebte und auf eigenen Wunsch in Oldenburg beigesetzt wurde, war ein künstlerisches Multitalent. Das Museum zeigt seine Biografie und sein Werk in ausgewählten Gruppen wie den Zeichnungen und Aquarellen, Radierzyklen, Holzschnitten, Lithografien, Plakaten und Illustrationen. Infoterminals und Filme geben neben klassischen Texttafeln Einblicke in Leben und Schaffen dieses genialen Künstlers mit der eigenwilligen Persönlichkeit. Die ständige Sammlung umfasst zahlreiche Originalwerke, die häufig ausgewechselt werden. Zu sehen sind auch Objekte wie ein Seidenteppich nach Janssens Entwurf, ein bemalter Flügel und ein von ihm gestalteter Schreibtisch. Sein Arbeitszimmer wurde im Museum wieder aufgebaut. Das Museum zeigt vier bis fünf Sonderausstellungen im Jahr, 2007 zum Beispiel das druckgrafische Gesamtwerk von Jörg Immendorf.

Öffnungszeiten
Dienstag bis Sonntag 10–18 Uhr

Eintritt
Erwachsene 3,50 Euro
Ermäßigte 1,50 Euro
Familienkarte 7 Euro

Horst-Janssen-Museum
Am Stadtmuseum 4-8, 26121 Oldenburg
Telefon: 0441 · 235-2891
www.horst-janssen-museum.de

Schlossmuseum Jever

Der Audienzsaal mit seiner prunkvollen Kassettendecke.

Das Schloss Jever, umgeben von einem englischen Garten, zählt zu den schönsten Baudenkmälern in Nordwestdeutschland. Es geht auf eine Wehranlage des späten 14. Jahrhunderts zurück, die unter Maria von Jever (1500–1575) ausgebaut wurde. Die letzten Veränderungen erfuhr die Anlage im 19. Jahrhundert unter den Oldenburger Herzögen. Die historischen Räume geben Zeugnis von der Prachtentfaltung in der einstigen Residenz des Jeverlandes. Seit 1921 ist das Museum im Schloss untergebracht. Die Dauerausstellung zur Stadt- und Landesgeschichte gibt einen Überblick von der Zeit der Häuptlingsherrschaften bis zur Abdankung der Oldenburger Großherzöge. Die umfangreiche Sammlung bietet faszinierende Einblicke in die Kulturgeschichte Frieslands.

Öffnungszeiten
Dienstag bis Sonntag 10–18 Uhr
Juli und August auch Montag
Turmaufstieg
Mai bis September 11–17 Uhr

Eintritt
Erwachsene 3,50 Euro
Kinder (6–14 Jahre) 1 Euro
Kinder ab 14 Jahre 1,80 Euro

Kulturgeschichtliches Museum in Friesland
Schlossmuseum Jever
Schlossplatz 1, 26441 Jever
Telefon 04461·969350
www.schlossmuseum.de

Zeitweise wurden in Lohne in 12 Tabakfabriken Zigarren hergestellt.

Industriemuseum Lohne

Lohne hat 200 Jahre Industriegeschichte: In dem 1988 gegründeten Industriemuseum stehen im neuen Museumsgebäude 1000 qm Ausstellungsfläche dafür zur Verfügung.
Mit der Herstellung von Schreibfedern aus Gänsekielen, dem „ersten Industriezweig“, beginnt der Rundgang, weitere Branchen sind Tabakverarbeitung und Zigarrenherstellung, Pinsel- und Bürstenfabrikation sowie Korkenproduktion. Besucher können gelegentlich einem Pinselmacher bei der Arbeit über die Schulter schauen oder eine fast 100 Jahre alte Dampfmaschine in Bewegung sehen. Wegen der bedeutenden Funde von Bohlenwegen im Großen Moor führt das Industriemuseum eine moorarchäologische Abteilung.

Öffnungszeiten
Dienstag bis Sonntag 14–18 Uhr

Eintritt
Erwachsene 2 Euro
Ermäßigte 1 Euro

Industriemuseum Lohne
Küstermeyerstraße 20, 49393 Lohne
Telefon 04442 · 73 03 80
www.industriemuseum-lohne.de

Ein „Starfighter“-Jagdbomber der Marine und der Lenkwaffenzerstörer „Mölders“.

Deutsches Marinemuseum Wilhelmshaven

Unter dem Motto „Menschen, Zeiten, Schiffe“ zeigt das Deutsche Marinemuseum in Wilhelmshaven die fast 160-jährige Geschichte deutscher Marinen. Ein gewaltiger Blickfang auf dem Freigelände ist der 2003 außer Dienst gestellte Lenkwaffenzerstörer „Mölders“ mit dem 40 Meter hohen Mast. Zerstörer dieser Klasse waren lange die modernsten Schiffe der Marine. Heute ist die „Mölders“ das größte Museumskriegsschiff Deutschlands. 334 Mann Besatzung hatte sie, personalintensiv war vor allem der Dampfturbinenantrieb. Das Unterseeboot U 10 und das Minenjagdboot „Weilheim“ sind weitere Anziehungspunkte. Im Haupthaus wird die wechselvolle Geschichte der Seestreitkräfte in einer spannenden Zeitreise dargestellt. In den Sommermonaten wird eine historische Hafenrundfahrt angeboten.

Öffnungszeiten
Vom 1. April bis 31. Oktober
täglich von 10 – 18 Uhr,
in den übrigen Monaten
von 10 – 17 Uhr

Eintritt
Erwachsene 8,50 Euro
Kinder (6 – 14 Jahre) 5 Euro
Familienkarte 20 Euro

Deutsches Marinemuseum
Südstrand 125, 26382 Wilhelmshaven
Telefon 04421 · 410 61
www.marinemuseum.de

Landesmuseum Natur und Mensch Oldenburg

Eine der drei ausgestellten Moorleichen im Landesmuseum.

Das 1836 gegründete Landesmuseum für Natur und Mensch in Oldenburg zählt zu den ältesten Museen Nordwestdeutschlands. Im Mittelpunkt aller Ausstellungen und Sammlungen stehen die Wechselbeziehung zwischen Mensch und Natur und die Vielfalt der heimischen Region mit den sie prägenden Landschaften Moor, Geest, Küste und Marsch. Sind es in der Naturkunde in den Dauerausstellungen z. B. große Tierpräparate, Exoten im 100-jährigen Saal oder die lebendige Vielfalt des Aquariums, so gehören in der Archäologie die Moorleichen, der Nachbau eines Großsteingrabs oder originale Textilreste des Mantels aus dem Vehnemoor zu den Blickfängen. Markante Details werden betont durch plastische Karten, zentrale Großinstallationen und die Darstellung auch kleinster Bestandteile aus den Landschaften.

Öffnungszeiten
Dienstag bis Donnerstag 9–17 Uhr
Freitag 9–15 Uhr
Sonnabend und Sonntag 10–17 Uhr

Eintritt
Einzelkarte 3 / 1,50 Euro
Kinder ab 7 Jahre und
Jugendliche bis 18 Jahre 1,50 Euro
Familienkarte 5 Euro
(2 Erwachsene und 2 Kinder 7–18 Jahre)

Landesmuseum Natur und Mensch
Damm 38-44, 26135 Oldenburg
Telefon 0441 · 92 44-300
www.naturundmensch.de

- **Öffnungszeiten**
  Dienstag bis Freitag 9–17 Uhr
  (Donnerstag 9–20 Uhr)
  Sonnabend und Sonntag 10–17 Uhr
- **Eintritt**
  Erwachsene 3 Euro
  Kinder 1,50 Euro
- **Landesmuseum für Kunst und Kulturgeschichte**
  Schloss, Augusteum und Prinzenpalais
  Verwaltung: Damm 1, 26135 Oldenburg
  Telefon 0441 · 2 20 73 00
  www.landesmuseum-oldenburg.niedersachsen.de

Hausbuchmeister: „Die heilige Anna Selbdritt" (anonymer Maler, der zwischen 1470 und 1505 in der Rheinpfalz tätig war).

Landesmuseum für Kunst und Kulturgeschichte Oldenburg

Das Landesmuseum für Kunst und Kulturgeschichte umfasst drei Gebäude und den historischen Schlossgarten:

Im Oldenburger Schloss (Schlossplatz), bis 1918 Residenz der Großherzöge, befindet sich heute das Museum für Kunst und Kulturgeschichte. Auf drei Geschossen wird die Dauerausstellung „Kulturgeschichte einer historischen Landschaft" präsentiert, im ersten Obergeschoss eine Ausstellung zur Geschichte des Kunstgewerbes.

Das Augusteum (Elisabethstraße 1), 1856/57 im Stil der italienischen Renaissance errichtet, beherbergt Teile der ehemaligen Großherzoglichen Gemäldesammlung, vorzugsweise italienische und niederländische Gemälde vom 16. bis zum 18. Jahrhundert.

Das ehemalige Prinzenpalais (Damm 1) dient nach seiner Renovierung als Ausstellungshaus für die Kunst des 19. und 20. Jahrhunderts. Schwerpunkte sind die Malerei des Brücke-Expressionismus und des Dangaster Malers Franz Radziwill.

Ritterrüstung zum Anziehen.

Museum im Zeughaus Vechta

Das Museum im Zeughaus in Vechta zeigt auf über 1000 Quadratmetern eine Vielfalt von historischen Inszenierungen und Mitmachaktionen zur mittelalterlichen und barocken Welt, über den historischen Strafvollzug und die Stadtgeschichte; dem Museum ist das „Erste Zentrum für Experimentelles Mittelalter Deutschlands“ angegliedert. Die phantasievoll inszenierten Erinnerungs- und Erlebniswelten bieten immer wieder neue, ungewohnte Blickwinkel in die Geschichte. Vor allem ist es ein Museum zum Anfassen und Mitmachen: eine Ritterrüstung zum Anziehen, Ketten zum Rasseln, ein glühendes Eisen zum Schmieden, eine Zitadelle zum Bauen. Vom Museum aus kann man die Museumsgärten und den Zitadellenpark besichtigen. Das Zeughaus von 1698 war erst Waffenspeicher, dann Kornmagazin und beherbergte zeitweise auch ein Gefängnis.

Öffnungszeiten
Dienstag bis Sonntag 14–18 Uhr

Eintritt
Erwachsene 1,50 Euro
Kinder und Ermäßigungen 0,75 Euro
Schulklassen frei

Museum im Zeughaus
Zitadelle 15, 49377 Vechta
Telefon 04441 · 93 09 0
www.mittelalter-zentrum.de

Ammerländer Bauernhaus (um 1700) und zweigeschossige Galeriekappenwindmühle (1811)

Freilichtmuseum Bad Zwischenahn

Die Hofanlage in Bad Zwischenahn besteht aus alten, reetgedeckten Häusern („Eenrumhuus", „Dweersack") mit Bauerngarten, Ställen und Scheunen und gibt einen Einblick in die bäuerliche Lebenskultur im Ammerland des 17. Jahrhunderts. Alle 16 Gebäude des Freilichtmuseums haben einmal an anderen Orten der Gemeinde gestanden und sind zwischen 1910 und 1941 im Strandpark original wieder aufgebaut worden. Schmuckstück ist neben dem Bauernhaus die Kappenwindmühle. Der Galerie-Holländer hatte drei verschiedene Standorte, ehe er 1959/60 im Strandpark wieder aufgebaut wurde. Besichtigungen des Bauernhauses und seiner Nebengebäude sind von März bis Oktober täglich möglich.

Öffnungszeiten

Bauernhaus
April bis September täglich 10–18 Uhr, März und Oktober 11–17 Uhr

Mühle, Dweersack, Eenruumhus, Heuerhaus und Schmiede
April bis September
täglich 14–18 Uhr
Sonnabend, Sonntag auch 10–12 Uhr

Museum Specken
ganzjährig am Sonnabend 14–17 und Sonntag 11–17 Uhr

Eintritt

Alle Häuser Erwachsene 3 Euro
Kinder und Kurgäste 1,50 Euro
Einzelpreise zwischen
25 Cent und 1 Euro oder Spenden

Verein für Heimatpflege Bad Zwischenahn

Heimatmuseum Ammerland e. V.
Auf dem Winkel 26
26160 Bad Zwischenahn
Telefon 04403 · 2071
www.ammerlaender-bauernhaus.de

Schürzen für die Mädchen (Bild oben) – erst dann kann der Unterricht beginnen.

Gerade sitzen, Hände falten, Mund halten, melden

Unterricht wie vor 100 Jahren in Bohlenbergerfeld: Schulstunde darf nie zur Persiflage geraten

BOHLENBERGERFELD. Die Erleichterung steht den Kindern ins Gesicht geschrieben. „Mit Gott fang an, mit Gott hör auf, das ist der beste Lebenslauf", sprechen die 33 Mädchen und Jungen der gestrengen Lehrerin brav das Abschlussgebet nach. Die Drittklässler haben eben im Schulmuseum in Bohlenbergerfeld Unterricht wie vor 100 Jahren hinter sich. 45 Minuten lang haben sie mit einer Mischung aus Ängstlichkeit, Respekt und Belustigung mitgemacht. Jetzt scheinen sie aber doch froh zu sein, die Schürzen, Holzschuhe und Namensschilder wieder abgeben und in die Wirklichkeit zurückkehren zu können. Schnell leert sich das Klassenzimmer aus Wilhelminischer Zeit. Nur „Einstein", der gutmütige Labradormischling des Museums, streicht noch zwischen den Bankreihen herum.

Der Klassenraum aus der Zeit um 1910, von dessen Wänden die Portraits von Kaiser Wilhelm II, Großherzog Friedrich August und Martin Luther auf die Schülerinnen und Schüler herabschauen, ist das Kernstück des Museums. Mit ihm beginnt die Geschichte

des Nordwestdeutschen Schulmuseums, das heute das älteste seiner Art in Deutschland ist und seit 1978 mehr als 300.000 Besucher gezählt hat, ein Drittel davon Schulklassen. Realschul-Konrektor Bodo Wacker aus dem friesischen Zetel war Mitte der 1970er-Jahre, als viele kleine Landschulen geschlossen wurden, von der Gemeinde beauftragt worden, in diesen Schulen die überzähligen Lehrmittel zu sichten und festzustellen, ob sich die Aufbewahrung lohne. Als er in einer Nachbarschule auf dem Boden auf ein komplettes altes Klassenzimmer mit Bänken und Pult, Bildern und naturkundlichem Anschauungsmaterial stieß, wurde aus der vagen Idee einer Museumsgründung, die Wacker und seine Frau Ursel schon seit ge-

raumer Zeit mit sich herumtrugen, eine handfeste Angelegenheit: 1978 wurde in dem Gebäude der vier Jahre zuvor aufgelösten Volksschule in Bohlenbergerfeld, an der Ursel Wacker noch unterrichtet hatte, das Schulmuseum eingerichtet und eröffnet.

Es ist ja nicht so, dass die 22 Mädchen und 11 Jungen der Grundschule aus Oldenburg-Kreyenbrück nicht zu bändigen wären: Elke Schneider spielt seit acht Jahren gut 200-mal im Jahr das energische „Fräulein Lehrerin", wie das früher hieß. Auf diese Anrede wird sie, die mit einem langen, schwarzen Rock und weißer Bluse die Strenge ihrer Rolle und ihrer Blicke noch betont, später im Unterricht ausdrücklich Wert legen. „Das Ganze geht leise, sonst zieh' ich euch die Ohren lang", sagt sie, als sich die Klasse in einer Reihe aufstellt. Die Mädchen haben sich Schürzen umhängen und die Jungs sich in Holzschuhe zwängen müssen. Tatsächlich schleift kaum einer beim Gang ins Klassenzimmer mit den Holzschuhen über den Boden. Wie überhaupt die ganze Unterrichtsstunde über die Autorität der Lehrerin ziemlich unangefochten bleibt und auch gelegentliche Versuche einiger Jungs, sich vor ihren Mitschülern als Klassenclowns zu produzieren, unbeschadet übersteht. Nur einmal, erzählt Elke Schneider, die Schüler- ebenso wie Erwachsenengruppen Unterricht wie anno dazumal erteilt und das mitunter bis zu sechsmal am Tag, nur einmal habe sie in den acht Jahren eine Klasse aus dem Zimmer expedieren müssen, weil es überhaupt nicht klappen wollte mit der Disziplin. Neuerdings hat sie sogar das Gefühl, die Schüler würden disziplinierter auftreten als noch vor ein paar Jahren.

Bodo Wacker und seiner Frau Ursel ist es jedoch nie darum gegangen, im Schulmuseum die (vermeintlich) gute

Seit 1978 wurden mehr als 300.000 Besucher gezählt.

alte Zeit zu beschwören und nostalgische Gefühle zu wecken, obwohl sich Erwachsene beim Besuch in Bohlenbergerfeld solcher Gefühle kaum erwehren können. Ist es doch für viele ein Ausflug in die Kindheit, manchmal auch eine Suche nach den Wurzeln, wie Einträge von Besuchern aus Übersee im Gästebuch belegen. „We came to Germany to see where our Oma went to school + grew up", schreibt ein Ehepaar aus New Jersey (USA). Gern ziehen Erwachsene auch

Mit einer Mischung aus Ängstlichkeit, Respekt und Belustigung bei der Sache: Drittklässler aus Oldenburg. – Ungelenke Schreibübung in Sütterlin-Schrift (Bild rechts oben).

Museumsmitgründerin Ursel Wacker

Öffnungszeiten
vom 1. April bis 31. Oktober
Dienstag bis Freitag von 14–16.30 Uhr
Sonnabend, Sonntag und feiertags
von 14–18 Uhr
Gruppen nach Vereinbarung

Eintritt
Erwachsene 2 Euro
Schüler 1 Euro
eine Unterrichtsstunde
pro Gruppe 15 Euro

Nordwestdeutsches Schulmuseum
Bohlenbergerfeld, Wehdestraße 97
26340 Zetel
Telefon 04453 · 13 81
www.schulmuseum.de

Die Jungs müssen sich in Holzschuhe zwängen.

einen Vergleich zwischen damals und heute und zuweilen fällt er nur unentschieden aus: „Früher war es zu streng und heute ist es viel zu locker."

Verklärung und Heimattümelei waren das Letzte, was die Museumsgründer im Sinn hatten. „Sollten die Besucher den Eindruck gewinnen, eine solche Schule müsste man für die Zukunft anstreben, wäre das Museum nicht zu verantworten", schreibt Bodo Wacker. Ihm, dem ehemaligen Geschichtslehrer, ist es immer darum gegangen, mit der Schulgeschichte einen „konkreten Zugang zur Geschichte überhaupt zu schaffen." Seine Frau geht noch einen Schritt weiter. „Wenn die Schüler aus der Unterrichtsstunde kommen und sagen: ‚Wie gut wir es doch jetzt in der Schule haben', dann haben wir es richtig gemacht." Deshalb dürfe die Schulstunde aus der Vergangenheit auch nie zur Persiflage geraten. Dass das gelingt, bestätigen Besucher dem Museum, das inzwischen mit dem Schlossmuseum Jever im Verbund ist. „Eine tolle Sache, Geschichte so weiterzugeben", lobt eine Familie aus Schwäbisch-Hall.

Es war abzusehen, dass der vorwitzige August der Erste sein würde, der den Rohrstock zu spüren bekommen würde und dann auf der „Schlingelbank" Platz nehmen müsste. Elke Schneider deutet freilich nur an, wie seinerzeit der Rohrstock auf das (von cleveren Schülern vorher gepolsterte) Hinterteil eines Delinquenten auftraf, auch bei den Mädchen, denen auf die Finger geklopft wurde, belässt sie es bei der Andeutung. Die Drittklässler aus Oldenburg, die an den zerkratzten Viererbänken mit den Tintenfässern sitzen und sich mit Schiefertafeln, Griffeln, Schulheften und Federhaltern abmühen, sind alles in allem mit Eifer bei der Sache. Die Linkshänder nehmen es klaglos hin, gezwungen zu werden, mit der rechten Hand zu schreiben, und das auch noch in der unbekannten Sütterlin-Schrift, und die meisten antworten, wie befohlen, immer in ganzen Sätzen, und seien sie auch noch so holprig. Im Gästebuch hat ein Mädchen aufgelistet, was es beim „Fräulein Schneider" alles gelernt hat: „Gerade sitzen, Hände falten, Mund halten, melden, Sätze sprechen, Taschentuch bei mir führen, und wo der Jadebusen liegt."

Rechenmaschine von anno dazumal.

Alles, nur kein Vorbild für die Zukunft

„Was ein Schulmuseum gegenüber anderen Museen auszeichnet", schreibt Bodo Wacker, „ist die Tatsache, dass alle Besucher vom sechsten Lebensjahr an eigene Erfahrungen mit der Schule haben. Sie kennen sich aus, es ist ein Stück ihrer Wirklichkeit." Die stetige Entwicklung des Museums, das mittlerweile über einen weiteren Klassenraum aus den 1920er-Jahren verfügt und auch mit wechselnden Sonderausstellungen das Interesse an der Schulgeschichte wachhält, spricht für diese These. Hinzu kommt, dass es mit seinen Sammlungsbeständen – ca. 4000 verschiedene Schulwandbilder, fast 6000 alte Unterrichtsdias, über 400 Landkarten, 20 000 Schulbücher und eine Vielzahl von Dokumenten aus alten Schultagen – längst auch als Partner der Wissenschaft anerkannt ist. Ursel Wacker jedenfalls ist zuversichtlich, dass das Museum viele, viele weitere Schul-Generationen bestehen wird. Vielleicht wird es dann in 50 oder 100 Jahren beim Rückblick auf die Schule um das Jahr 2000 auch einen Eintrag geben wie diesen aus dem Jahr 1995: „Wie schön, dass sich die Zeiten geändert haben."

Seit acht Jahren das strenge „Fräulein Lehrerin": Elke Schneider.

Altes modern präsentieren

Cloppenburg zählt zu den meistbesuchten Freilichtmuseen Mitteleuropas

Professor Dr. Uwe Meiners ist Leitender Museumsdirektor des Cloppenburger Museumsdorfes.

Herr Professor Meiners, gibt es ein altes Gebäude in der Region, das Sie noch gerne im Museumsdorf sähen?
Prof. Dr. Meiners: Oh ja, da gäbe es einige. Leider sind wir in der Fläche eingeschränkt. 25 Hektar, mehr stehen uns insgesamt nicht zur Verfügung. Wir sind rundherum von der Stadt eingeschlossen, daran ist nichts zu ändern. Deshalb müssen wir andere Schwerpunkte setzen als Museen, die über größere Flächen verfügen.

Leider sind wir in der Fläche eingeschränkt und rundherum von der Stadt eingeschlossen.

Ist diese Überschaubarkeit nicht womöglich auch ein Grund für die Attraktivität Ihres Museums?
Ich denke tatsächlich, dass wir – langfristig gesehen – eine bessere Perspektive haben als vielleicht Museen, die sehr viel größer dimensioniert sind. Denn eines Tages wird auf alle ein großes Problem zukommen: die Bauunterhaltung. Wenn man sich vorstellt, welche Sorgen wir schon mit unseren 60 historischen Gebäuden haben, dann kann man sich unschwer ausmalen, was da auf Freilichtmuseen mit 150 Gebäuden oder mehr zukommt.

Das Cloppenburger Museumsdorf besteht jetzt gut 80 Jahre. Wie desolat ist der Zustand mancher Gebäude?
Keines der Gebäude ist bereits in einem desolaten Zustand. Bei einigen aber könnte es kritisch werden, wenn wir die Bauunterhaltung vernachlässigen würden. Da müssen wir in den nächsten Jahren konsequent etwas tun …

… von welcher finanziellen Größenordnung reden wir jetzt?
Wir können derzeit aus unserem Haushalt, abgesehen von den Personalkosten für unsere fünf Handwerker, maximal 50.000 Euro pro Jahr für die Bauunterhaltung der historischen Häuser abzweigen. Das reicht nicht vorne und nicht hinten. Schon um das Schlimmste abzuwenden, müssten wir jährlich wenigstens 80.000 Euro aufwenden, wenn man beispielsweise an die sehr kostenaufwendigen Restaurierungen der Mühlen oder die Sanierungen der reithgedeckten Dächer denkt. Optimal wären

150.000 Euro jährlich, dann könnten wir so arbeiten, wie es im Sinne der Baudenkmalpflege angemessen wäre.

Sie setzen auch auf die Unterstützung durch Sponsoren?

Ja, das ist ein wesentliches Ziel unserer Bemühungen. Zwar werden wir von den Kulturstiftungen im Oldenburger Land und in Niedersachsen glücklicherweise immer gut bedacht, aber das reicht bei Weitem nicht aus. Wir können auch Privatleute nicht ständig bitten, für die ja nicht sonderlich spektakuläre Bauunterhaltung viel Geld zu geben. Deshalb wäre eine private Stiftung für die Stiftung Museumsdorf mit einem relativ hohen Kapitalstock die beste Lösung; aus dessen

Wenn wir die Bauunterhaltung vernachlässigen würden, könnte es bei einigen Gebäuden kritisch werden.

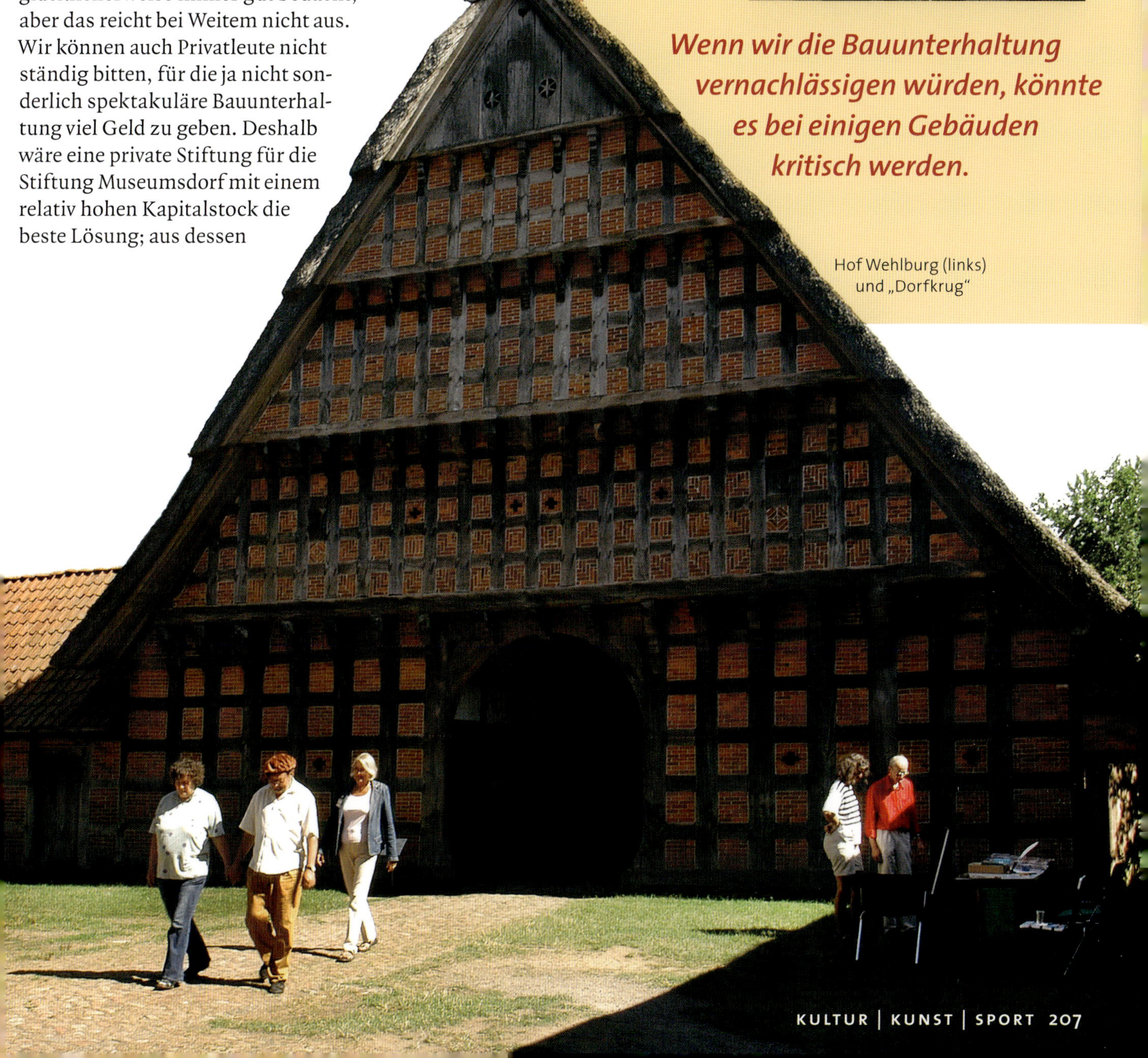

Hof Wehlburg (links) und „Dorfkrug“

Heuerhaus Hof Meyer zu Repke und Kappenwindmühle

Zinserträgen könnten wir dann die Gebäudeunterhaltung bestreiten. Das ist unser Traum, daran arbeiten wir.

Das Freilichtmuseum wird von den Landesregierungen, gleich welcher Couleur, gern als einer der Leuchttürme in der Museumslandschaft gepriesen – ein Lob, das sich aber nicht unbedingt in Euro und Cent niederschlägt ...

... man darf da nicht ungerecht sein. Wir freuen uns selbstverständlich über solche Einschätzungen und wissen es ebenso zu schätzen, dass das Land unsere Personalkosten trägt. Was darüber hinausgeht, haben wir derzeit eben selber zu erwirtschaften, wobei wir außerdem von den Landkreisen Cloppenburg und Vechta und von der Stadt Cloppenburg unterstützt werden. Um aber darüber hinaus erfolgreich zu sein, müssen wir in der Bevölkerung, bei potenziellen Sponsoren und nicht zuletzt bei den regionalen Politikern das Bewusstsein dafür schärfen, dass dieses Museum mit seiner eindrucksvollen Kultur und Geschichte eine Aufgabe für die gesamte Region ist – und damit meine ich das ganze nordwestliche Niedersachsen.

Wir sind etwas abgekommen von der Eingangsfrage: Wird es in absehbarer Zeit „neue" Gebäude im Museumsdorf geben?

Wir haben gerade eine ehemals denkmalgeschützte Stellmacherei aus Westerstede übernommen, die wir demnächst mit ihrem dazugehörigen Wohnhaus wiedererrichten. Hinzu kommt ferner ein historisches Viehwagengebäude aus Ahmsen im Landkreis Emsland. Und dann existiert noch ein großer Plan, der freilich noch Zukunftsmusik ist: Es geht um den so genannten Hof Vosshamm, unseren ältesten Hof. Er stand in Nortrup im Artland, ist dendrochronologisch – Altersbestimmung mit Hilfe der Jahresringe von Hölzern – datiert aufs Jahr 1560 und bei uns bereits eingelagert. An diesem Hof werden wir, sobald er aufgebaut ist, die Verzahnung von archäologischen und kulturhistorischen Aspekten, die Geschichte des landschaftsprägenden Niederdeutschen Hallenhauses darstellen, ein wirklich neues, innovatives Projekt. Noch sind wir aber nicht so weit. Ansons-

Öffnungszeiten
März bis Oktober 9–18 Uhr
November bis Februar 9–16.30 Uhr

Eintritt
Erwachsene 5 Euro
Stundenten, Wehr- und Ersatzdienstleistende, Schwerbehinderte (nur mit Ausweis) 3 Euro
Schüler und Jugendliche 2,50 Euro
Familien-Tageskarte 12 Euro
Familien-Jahreskarte 30 Euro

Museumsdorf Cloppenburg
Bether Straße 6, 49661 Cloppenburg
Telefon 04471·9484-0
www.museumsdorf.de

ten wenden wir uns der jüngeren Zeitgeschichte zu, vor allem der Industrialisierung auf dem Land und den damit verbundenen Folgen. Und schließlich wollen wir unsere großen Sammlungsbestände – Keramik, Möbel, Zinngeschirr, Textilien –, die der Besucher sonst nicht sieht, in begehbaren Depots der Öffentlichkeit präsentieren, vielleicht nicht jeden Tag, aber doch als regelmäßig abrufbares Angebot. Wie es überhaupt unser Bestreben ist, uns als relativ altes Museum modern zu präsentieren.

Was wird der Besucher in 10, 15 Jahren im Museumsdorf anderes sehen als heute?

Er wird vieles so sehen, wie es auch jetzt ist. Wir können und wollen die Häuser ja nicht unbedingt ein zweites Mal versetzen. Bestimmt ändern werden sich in den nächsten Jahren jedoch die Vermittlungsformen. Da sind wir in der Vergangenheit eher zurückhaltend gewesen, es gibt beispielsweise kaum Informationen in den Häusern selbst. Wir stellen aber zunehmend fest, dass die Besucher nicht nur ihre Freizeit hier auf dem Gelände verbringen wollen, sondern dass sie durchaus umfassend informiert werden möchten. Und das freut mich sehr!

Warum halten Sie „Living History", also die nachgespielte oder nachgestellte historische Darstellung, für Ihr Museum für unpassend?

Gegen eine differenzierte und anspruchsvolle Form von „Living History" ist vielleicht nichts zu sagen …

… wie etwa in der Töpferei?

Ja, das ist lediglich eine funktionelle Form von „Living History", die wir beispielsweise auch in unseren Bauernhofbäckereien und nicht zuletzt über unsere zahlreichen museumsdidaktischen Programme anbieten. Problematisch wird es meines Erachtens immer dann, wenn die Besucher in eine komplette historische Welt eintauchen, an der Kasse sozusagen die Gegenwart abgeben und in ein Freilichtmuseum kommen, in dem alles, aber auch wirklich alles historisiert wird, vom kostümierten Postillon in der Postkutsche bis hin zur werkelnden Hausmagd am Spinnrad …

… die Amerikaner haben diese Art der Geschichtsdarstellung perfektioniert …

… richtig. Doch höre ich neuerdings, dass das Modell in den USA an Attraktivität verliert. Die Besucherzahlen in diesen Museen gehen nach

Auskunft von Fachleuten drastisch zurück. Es scheint, als würden viele Besucher nicht mehr nur platt unterhalten werden wollen, sondern wieder mehr Wert auf ernstzunehmende Information legen. Gegen intelligente Formen von „Living History" ist übrigens auch gar nichts einzuwenden. Wir überlegen zum Beispiel, mit dem Oldenburgischen Staatstheater zu kooperieren, um kurze historische Szenenspiele im Umfeld unseres Museums aufzuführen, in einer Diele etwa oder einem größeren Werkstattgebäude. Ort, Drama und Akteure müssen aber immer in einer Beziehung zueinander stehen, sonst rutschen wir rasch ab in eine reine „Hemdsärmelarchaik". Dass wir „historische Haustierrassen" aufs Gelände geholt haben und uns mit ihrer Geschichte auseinandersetzen, ist ein anderes Beispiel dafür, an Anschaulichkeit zu gewinnen.

Problematisch wird es, wenn die Besucher an der Kasse sozusagen die Gegenwart abgeben.

Fachwerkkirche

Gebäudeübersicht

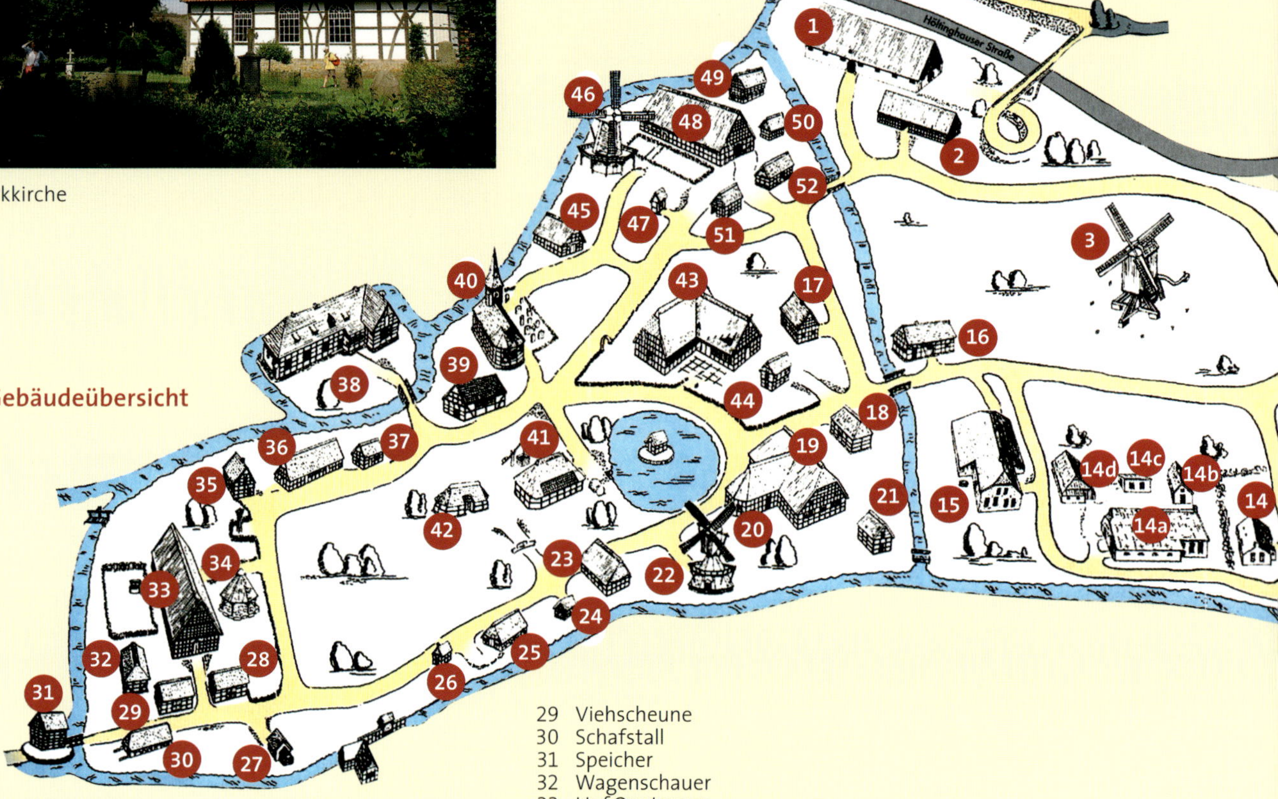

1 Ausstellungshalle „Münchhausen-Scheune"
2 Scheune
3 Bockwindmühle
4 Remise
5 Torscheune
6 Wagenremise/ Schweinestall
7 Dresch- und Getreidescheune
8 Hof Wehlburg, Haupthaus
9 Backhaus
10 Holz- und Torfschuppen
11 Tischlerwerkstatt Lürding
12 Zimmereiwerkstatt Lürding
13a Hof Voßhamm
13b Lehmspeicher
14 Landarbeiterhaus Hinderks
14a Hof Meyer, Haupthaus
14b Kochhaus
14c Hühnerstall
14d Scheune
15 Hof Awick
16 Schmiede
17 Töpferei
18 Zaunscheune
19 Hof Hoffmann, Haupthaus
20 Göpelhaus
21 Speicher
22 Kokerwindmühle
23 Heuerhaus Hof Suing
24 Holzstall
25 Schafstall
26 Heiligenhäuschen
27 Backhaus
28 Fruchtscheune
29 Viehscheune
30 Schafstall
31 Speicher
32 Wagenschauer
33 Hof Quatmann, Haupthaus
34 Dreschturm und Göpel
35 Blaufärberei
36 Doppelheuerhaus Vogelsang
37 Drechslerwerkstatt
38 Gutshaus Arkenstede
39 Bauernschaftsschule
40 Fachwerkkirche
41 Hof Deddens
42 Schafstall
43 Gaststätte „Dorfkrug"
44 Speicher
45 Heuerhaus Hof Meyer zu Repke
46 Kappenwindmühle
47 Bleichhütte
48 Hof Haake, Haupthaus
49 Brauhaus
50 Schweinestall
51 Speicher-Remise
52 Zaunscheune

Wie weit muss ein Museum die heutige Event-Kultur mitmachen?
Ich finde Events gut und vertretbar, wenn sie aus dem Museum selbst heraus entwickelt werden, sei es durch eine Ausstellung, sei es durch die Forschungsarbeit, die ich übrigens für außerordentlich wichtig und für die Museumsarbeit für unverzichtbar halte. An diesem Maßstab gemessen – das räume ich selbstkritisch ein –,

Wir setzen auf Ernsthaftigkeit und Solidität und nicht aufs bloße Spektakel.

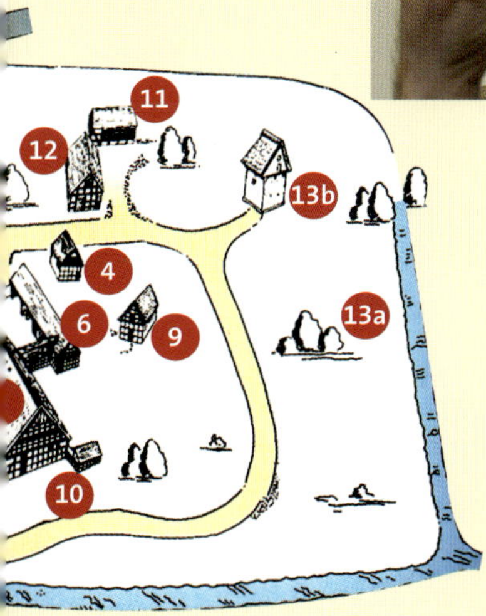

bewegen wir uns mit der überaus erfolgreichen „Gartenpartie“, die für uns mittlerweile auch wirtschaftlich einen hohen Stellenwert hat, schon auf einem schmalen Grat. Mich überzeugen aber Ansätze nicht, wo etwas nur von außen ins Museum geholt und nicht mit ihm entwickelt wird, wie etwa ein mittelalterliches Spektakel. Da wird's bedenklich. Ich halte mich an den alten Erfahrungssatz: Ein Event zieht Besucher – Inhalte aber binden sie.

Dann muss man nicht befürchten, dass das Museumsdorf zum Freizeitpark wird und eine Achterbahn oder ein Karussell aufgebaut werden?

Vielleicht doch, aber nicht im Sinne eines Freizeitparks. Denn: Ein Pferdekarussell und eine Schiffsschaukel besitzen wir schon seit Längerem, und kürzlich haben wir eine alte, voll funktionsfähige Raupenbahn aus dem Jahr 1936 erworben. Das passt schon insofern, als wir uns als Museum für ländliche Kultur- und Alltagsgeschichte auch mit der Freizeit-, Unterhaltungs- und Schaustellerkultur beschäftigen, also mit einem Teil der Kulturgeschichte, der in anderen Museen eine eher untergeordnete Rolle spielt. Wir werden die Karussells restaurieren und hin und wieder auch betriebsbereit aufstellen, nicht nur auf dem Museumsgelände selbst, sondern auch außerhalb, als Informations- und Werbeträger für unser Museum.

Sie können sich seit Jahren über beständig hohe Besucherzahlen – 250.000 im Schnitt – freuen. Wird das in den nächsten ein, zwei Jahrzehnten zu halten sein?

Wir sind da optimistisch. Im Vergleich zu früher hat sich unser finanzieller Aufwand für Werbung, Marketing und Öffentlichkeitsarbeit fast verdreifacht, um diese Besucherzahlen halten zu können. Bekanntlich hatten wir von Mitte der 70er- bis Mitte der 80er-Jahre, auf dem Zenit des allgemeinen Interesses an Altersgeschichte und -kultur, zwischen 350.000 und 400.000 Besucher. Danach sind die Zahlen empfindlich zurückgegangen. Seit Beginn der 1990er-Jahre haben wir uns auf rund 250.000 eingependelt – und zählen damit aktuell zu den meistbesuchten Freilichtmuseen Mitteleuropas. Was uns froh und zuversichtlich stimmt, ist die positive Rückkoppelung, die wir von den Besuchern erhalten. Diese Wertschätzung bestätigte kürzlich auch eine Studie der Universität München. Freizeitpark- und Zoobetreiber im deutschsprachigen Mitteleuropa waren danach gefragt worden, welche Museums-Konkurrenz sie als Vorbilder schätzen: Zwei Freilichtmuseen wurden vorrangig und mit weitem Abstand vor anderen genannt, wir und das Westfälische Freilichtmuseum in Detmold. Wir scheinen also mit unserem Konzept, das auf Ernsthaftigkeit und Solidität in der Informationsvermittlung setzt und nicht aufs bloße Spektakel, nicht völlig daneben zu liegen.

Schluss-Szene:
Gudrun Oeltjen-Hinrichs
als Martha und
Rainer Behrends als Georg

Keine Angst vor Virginia Woolf

Das Niederdeutsche Theater Neuenburg zeigt, dass Theater auf Plattdeutsch mehr sein kann „as blots lachen"

NEUENBURG. Allmählich verebbt der Jubel. Es ist bald Mitternacht an diesem Freitagabend und inzwischen haben fast alle Gäste Schauspieler und Regisseur umarmt, geherzt, geküsst, auf die Schulter geklopft oder die Hand geschüttelt. Seit knapp einer Stunde ist die Premierenfeier im kleinen Probenraum des Niederdeutschen Theaters Neuenburg im Gang. Gudrun Oeltjen-Hinrichs steht neben ihrem Mann und nimmt noch immer Glückwünsche entgegen. Da setzt der 2. Vorsitzende Alfons Wojakilowski zur Ansprache an. Es wird ruhig. In diesem Augenblick scheint die Hauptdarstellerin noch einmal von der ganzen Anspannung und Anstrengung der zurückliegenden Stunden eingeholt zu werden. Aus ihrem Gesicht weichen, für ein paar Sekunden nur, Gelöstheit und Heiterkeit der Feierstimmung, und sie sieht für einen kurzen Moment wieder aus wie die Martha im Schlussbild auf der Bühne, verletzt, traurig, gedemütigt.

Es ist augenscheinlich kein Stück, das spurlos an einem vorübergeht, diese plattdeutsche Adaption von Edward Albees „Wer hat Angst vor Viginia Woolf...?" An den Zuschauern nicht und erst recht nicht an den vier Schauspielern. Rainer Behrends, der Georg im Stück, der an der kleinen Bar von einem Pulk drängelnder Gratulanten umgeben ist, wird auch noch einige Zeit brauchen, diese Premiere zu verkraften. Er sei, sagt er, „mit diesem Stück als Amateur an die Grenzen gestoßen". Ebenfalls von Grenzen, die das Niederdeutsche Theater Neuenburg wieder einmal ein bisschen weiter hinausgeschoben habe, spricht später an diesem Abend auch der Regisseur Thomas Willberger (48). Die Gäste der Premierenfeier wissen, was er damit meint.

Es war ja beileibe nicht ausgemacht, dass das Wagnis, dieses heikle Stück in Plattdeutsch auf die Bühne zu bringen, auch gut ausgehen würde. So gut, dass am Ende knapp 2500 Besucher das Stück gesehen haben werden. Der Stress hat sich gelohnt, sagt Oeltjen-Hinrichs nach der 13. Aufführung. Bis aus Leer und Emden, aus Oldenburg sowieso, sind diesmal Besucher gekommen, und es wird geredet über das Stück. Die Zahl jener, die in der Pause ihre Garderobe abholen, weil sie die Aufführung womöglich als zu provokant empfinden oder weil sie einfach nicht nach ihrem Gusto ist, bleibt sehr übersichtlich. An allen 13 Abenden von Mitte Januar bis Anfang Februar sind es zusammen nicht mehr als allenfalls ein Dutzend.

Rainer Behrends (48) spürt schon bei der ersten Textprobe, dass er sich mit der Rolle des Georg „auf eine der schwierigsten, aber auch reizvollsten" in seiner bisherigen Laufbahn als Amateurschauspieler eingelassen hat. Der Betriebsmeister in einer Ziegelei in Bockhorn schnupperte vor 22 Jahren erstmals Neuenburger Theaterluft, einer Freundin zuliebe und aus

Er sei mit diesem Stück als Amateur an seine Grenzen gestoßen, sagt der Hauptdarsteller.

reiner Neugierde. 35 Rollen ist er inzwischen dabeigeblieben, seit 15 Jahren führt er auch Regie. Behrends hat in diesem Stück den umfangreichsten Text zu bewältigen, einiges mehr als bei einer sonst üblichen Besetzung mit sieben, acht Personen. Außerdem sei dieser Georg „ein Mann mit vielen Brüchen". Er springe, häufig ohne jeden Zusammenhang, von einem Gedanken zum nächsten, und die Dialoge seien mitunter doch recht kompliziert. Die Rolle verlangt von Behrends, der seinen Text immer erst dann richtig auswendig zu lernen beginnt, wenn er den „leibhaftigen Gegenpart" vor sich hat, zweieinhalb Stunden volle Konzentration.

Zur ersten Lese-Probe treffen sich Regisseur, Regieassistentin, Darsteller und Souffleuse in der engen Küche im „Vereenshuus".

Erste Stellprobe im kleinen Probenraum (von links): Regisseur Thomas Willberger, Nantke Laabs, Jörg Peterschewski, Gudrun Oeltjen-Hinrichs und Rainer Behrends.

Zum Theater gehören gut 160 Mitglieder vor, auf und hinter der Bühne.

Es ist nicht das erste Mal, dass sich die seit mehr als 50 Jahren bestehende Neuenburger Bühne als Vorreiter unter den 18 Bühnen hervortut, die im Niederdeutschen Bühnenbund Niedersachsen-Bremen zusammengeschlossen sind. Schon ihre Vorgänger und Vorgängerinnen hätten immer wieder den Mut gehabt, dem Publikum zu zeigen, dass Theater auf Plattdeutsch mehr sein kann „as blots lachen", sagt Bühnenleiterin Gudrun Oeltjen-Hinrichs (43) aus Oldenburg, bei „Anfang ohn' Enn", wie der Albee-Klassiker plattdeutsch betitelt wurde, zugleich Übersetzerin und Darstellerin. Den Theaterfreunden in Friesland wurde im „Vereenshuus" bereits vor Jahrzehnten, als andere niederdeutsche Bühnen noch unverdrossen an den traditionellen Schenkelklopf-Schwänken festhielten, in fein abgestimmten Dosierungen ein anspruchsvolleres Programm angetragen. Das „Vereenshuus" ist seit 1965 festes Domizil des Theaters, zu dem gut 160 Mitglieder vor, auf und hinter der Bühne gehören. Sie haben die ehemalige Schule im Laufe der Jahre in Eigenarbeit zu einem ebenso funktionstüchtigen wie schnuckeligen Theater umgestaltet, das schon manche denkwürdige und oft auch preisgekrönte Aufführung erlebt hat.

In drei von vier Inszenierungen in jeder Spielzeit achtet die Theaterleitung darauf, dass Amüsement und Spaß nicht zu kurz kommen. „Aber wo steht denn, dass man nur noch Bauernstücke spielen darf?", reagiert die temperamentvolle Bühnenleiterin immer etwas gereizt auf Fragen, hinter denen sie argwöhnt, ihr Theater solle ausschließlich auf solche populären Stücke eingeengt werden. Ihr Credo: „Wir machen in erster Linie Theater. Theater auf Plattdeutsch." Und alle zwei Jahre traue man sich eben an „so ein Hammerding wie Virginia Woolf".

Selbstverständlich kennt Gudrun Oeltjen-Hinrichs den fulminanten Virginia-Woolf-Filmklassiker mit Liz Taylor und Richard Burton, auch

Kann man ein im Hochschul-Milieu angesiedeltes Stück in Plattdeutsch aufführen?

wenn sie schon den Hinweis darauf vehement abwehrt und sagt, sie würde keinen einzigen Gedanken daran verschwenden wollen. Vielleicht ist es das eigentliche Kunststück bei einem derart bekannten Stück, in eine ureigene Rollen-Interpretation hineinzufinden. Oeltjen-Hinrichs ist sicher, mit ihrer langen Bühnenerfahrung davor gefeit zu seit, zu dicht an das Taylor-Martha-Vorbild zu geraten. Sie ist auf der Neuenburger Bühne, wo sich ihre Eltern kennengelernt haben, quasi aufgewachsen und hat als Kind die Bühnenbretter geputzt, auf denen sie heute steht. Obwohl im Elternhaus plattdeutsch geredet wurde, war es der Tochter strikt untersagt, denn sie sollte in der Schule keine Nachteile erleiden müssen. 1979 hatte sie ihren ersten Bühnen-Auftritt. Später hat sie als freie Theaterpädagogin und Regisseurin ihr Hobby sogar zum Beruf gemacht. Seit 1997 ist sie Bühnenleiterin.

Die bitterböse Gesellschaftskomödie von Albee in den Spielplan 2005/2006 aufzunehmen, war nicht unumstritten. Noch bei der ersten Textlesung Anfang Oktober in der engen Küche und den ersten Stellproben im Probenraum des „Vereenshuus" klingt nach, dass sich Ensemble und Regisseur zuvor mit den Risiken einer solchen Aufführung auseinandergesetzt haben. Kann der gnadenlose Ehekrieg zwischen Martha und Georg, in den als Besucher Nick und Putzi hineingezogen werden und der im Hochschul-Milieu angesiedelt ist, wirklich so ohne Weiteres in Plattdeutsch ausgetragen werden? Wo doch in Professoren-Wohnzimmern vermutlich eher weniger plattdeutsch gesprochen wird.

Natürlich hätten sie sich das selbstkritisch auch gefragt, als sie das Stück ins Plattdeutsche zu übersetzen anfingen, sagen Oeltjen-Hinrichs und Willberger. Regisseur und Ensemble sind gemeinsam zu der Überzeugung gekommen, dass es besser sei, die Grundkonstellation beizubehalten, weil sonst „zu viel von Albee auf der Strecke bleiben würde". Außerdem sollte man das Publikum nie unterschätzen. Dass sie mit dieser Sichtweise nicht falsch liegen, zeigt sich dreieinhalb Monate später. Die rund 200 Zuschauer danken dem Ensemble nach der knapp dreistündigen Premiere mit Standing Ovations, was in der Erinnerung altgedienter Bühnenmitglieder zuletzt nach einer Aufführung vor 15 Jahren der Fall war. Und in den folgenden Aufführungen, so hat es jedenfalls Oeltjen-Hinrichs empfunden, habe das Ensemble „sogar noch 20 Prozent mehr gebracht" als in der Premierenvorstellung.

Erste Probe im fertigen Bühnenbild: Ensemble und Regisseur studieren das Stück häufig bis Mitternacht ein, zeitweise habe man sich „intensiv auseinandergesetzt", sagt Willberger.

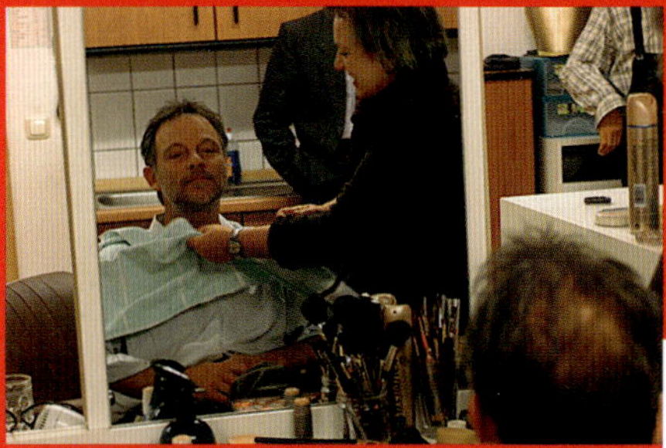

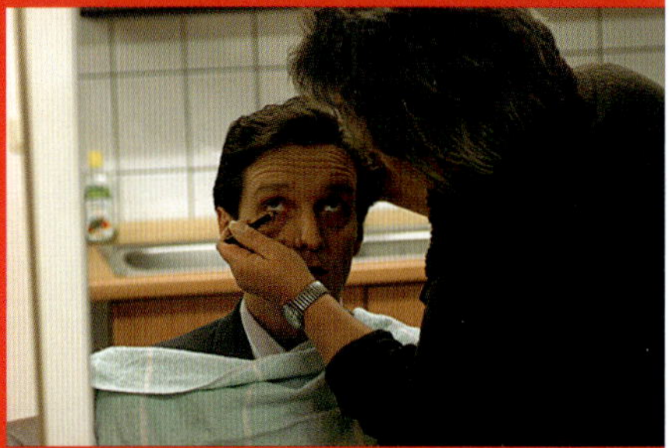

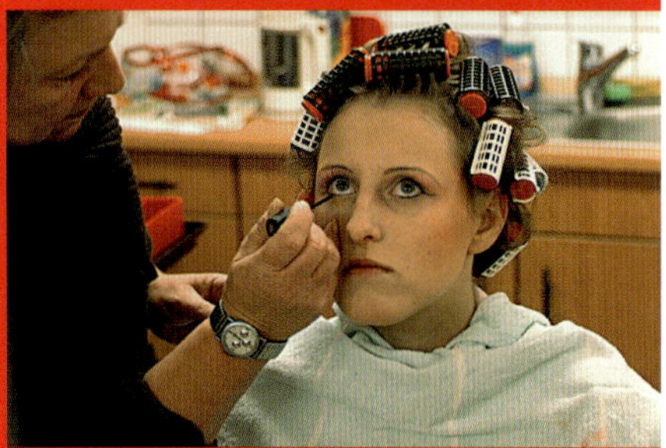

Die letzten Minuten vor der Aufführung in der Maske (von oben): Rainer Behrends, Jörg Peterschewski, Nantke Laabs und Gudrun Oletjen-Hinrichs (rechts).

Für den Beifall, den sie an den 13 Abenden einheimsen durften, haben sich auch Jörg Peterschewski (38), im Stück der Jungprofessor Nick, und Nantke Laabs (20), die naive Putzi, mehr als drei Monate lang abgemüht und praktisch ihre ganze Freizeit drangegeben. Der Diplom-Biologe aus Bremen, der gut 200 Kilometer an jedem Probenabend und Aufführungstag zurücklegt, spielt seit der 12. Klasse Theater. Seit zehn Jahren ist er in Neuenburg. Zuvor war er am Kulturzentrum in Bremen-Walle, doch wurde ihm dort das Theater „zu akademisch-therapeutisch“, zunehmend hätten Sozialpädagogen das große Wort geführt.

Nantke Laabs, die noch in der Ausbildung zur technischen Bauzeichnerin ist und am Premierentag bis zum Nachmittag in der Berufsschule sein muss, ist ein Neuenburger Eigengewächs. Sie hat die hauseigene Theaterschule durchlaufen, in der Kinder und Jugendliche ihre ersten Geh- und plattdeutschen Sprechversuche auf der Bühne unternehmen. Laabs spielt erst ihre zweite wirklich große Rolle und das erstaunlicherweise, so sieht es zumindest von außen aus, ohne dass sie das Lampenfieber allzu nah an sich herankommen lässt.

Mit „behutsamer Autorität“, lobt der 2. Vorsitzende auf der Premierenfeier, habe Thomas Willberger als Regisseur die Truppe geführt und die „schwere Geburt“ dieses Stückes bewerkstelligt. Einen professionellen Regisseur wie Willberger, der schon an diversen Stadt- und Staatstheatern inszenierte, verpflichtet die Neu-

Das sind keine „Laienschauspieler“, das sind „Amateurschauspieler“, sagt der Regisseur.

enburger Bühne zweimal in jeder Spielzeit. Er habe sich, sagt er, mit den Amateurschauspielern zeitweise „intensiv auseinandergesetzt“. An beinahe 40 Abenden, die selten vor Mitternacht endeten, studierten das Ensemble und er von Anfang Oktober bis zur Premiere im Januar das Stück ein. Die Hochachtung vor diesem physisch wie psychisch gleichermaßen kräftezehrenden Engagement drückt sich bei Willberger auch aus, wenn er am Premierenabend den Begriff „Laienschauspieler“ für die Neuenburger Truppe vehement als völlig unpassend zurückweist. „Laienschauspieler treten beim Fest der freiwilligen Feuerwehr auf“, sagt er.

In Neuenburg hingegen stünden Amateurschauspieler auf der Bühne, die umsetzten, was heute selbst von professionellen Theatermachern bisweilen vergessen werde: Dass das Theater in seinem Wesen immer ein Experiment ist.

Geschafft: Standing Ovations für das Ensemble bei der Premiere und eine nicht abreißende Gratulantenschar bei der Premierenfeier.

Szene aus dem Kriminalstück „De Scherenschnitt" der August-Hinrichs-Bühne am Oldenburgischen Staatstheater.

Die acht Niederdeutschen Bühnen im Oldenburger Land

Der Niederdeutsche Bühnenbund ist der Zusammenschluss der 17 eigenständigen Niederdeutschen Bühnen in Aurich, Braunschweig, Brake, Bremerhaven, Buxtehude, Cuxhaven, Delmenhorst, Emden, Jever, Neuenburg, Norden, Nordenham, Oldenburg, Osterholz-Scharmbeck, Varel, Wiesmoor und Wilhelmshaven. Durch ihre Mitgliedschaft haben sie als gemeinsame Verpflichtung anerkannt, qualifiziertes niederdeutsches Theater zu zeigen. Im Jahr 2005 sahen knapp 140.000 Besucher die 63 Inszenierungen und 803 Aufführungen dieser Bühnen; seit 2003, als weniger als 130.000 Besucher in die Theater kamen, steigt die Besucherzahl wieder an.

Niederdeutsche Bühne Brake
Inszenierungen 2005: 5,
62 Aufführungen: 15 730 Besucher;
Leitung: Doris Gomilar,
Am Wasserturm 38, 26919 Brake,
Telefon 04401 · 7 24 01,
www.buehne-brake.de

Niederdeutsches Theater Delmenhorst
Inszenierungen 2005: 3,
46 Aufführungen: 18 813 Besucher;
Leitung: Heinrich Caspers,
Am Bahndamm 8, 27798 Hude,
Telefon 04408 · 29 50,
www.ntd-del.de

Niederdeutsche Bühne Jever
Inszenierungen 2005: 3,
21 Aufführungen: 2930 Besucher;
Leitung: Hannelore Niermann,
Erlenweg 10, 26441 Jever,
Telefon 04461 · 7 29 94,
www.ndb-jever.de

Niederdeutsches Theater Neuenburg
Inszenierungen 2005: 4,
50 Aufführungen: 8414 Besucher;
Leitung: Gudrun Oeltjen-Hinrichs,
Emma-Ritter-Weg 6,
26133 Oldenburg,
Telefon 0441 · 4 31 68,
www.ndt-neeborg.de

Niederdeutsche Bühne Nordenham De Plattdütschen
Inszenierungen 2005: 3,
36 Aufführungen: 3267 Besucher;
Leitung: Gert Hantke,
Im Schilf 25, 26935 Stadland,
Telefon 04732 · 81 06,
www.ndb-nordenham.de

August-Hinrichs-Bühne am Oldenburgischen Staatstheater
Inszenierungen 2005: 5,
80 Aufführungen: 12 128 Besucher;
Leitung: Herwig Dust,
Haarenufer 45 a, 26122 Oldenburg,
Telefon 0441 · 4 85 13 36,
www.ahb-oldenburg.de

Niederdeutsche Bühne Varel
Inszenierungen 2005: 4,
37 Aufführungen: 5667 Besucher;
Leitung: Frido Nacke,
Oldenburger Straße 52 b, 26316 Varel,
Telefon 04451 · 8 52 82,
www.buehne-varel.de

Theater am Meer – Niederdeutsche Bühne Wilhelmshaven
Inszenierungen 2005: 9,
55 Aufführungen: 9897 Besucher;
Leitung: Arnold Preuß
und Marion Zomerland,
Am Fort Schaar 5,
26389 Wilhelmshaven,
Telefon 04421 · 8 44 77,
www.ndb-wilhelmshaven.de

Ein Königreich für ein Taschentuch

Die Oldenburger Kammerschauspieler Elfi Hoppe und Dieter Bähre über Patzer, Pannen und Pausen auf der Bühne

Frau Hoppe, was war die prekärste Situation, die Sie bisher auf der Bühne des Oldenburgischen Staatstheaters haben durchstehen müssen?

HOPPE: Das war bei „Othello". Ich spielte die Emilia, die Frau von Jago, die in die Intrige um Desdemona und Othello eingesponnen wird. Dabei spielt bekanntlich ein Taschentuch, das erste Liebespfand Othellos an Desdemona, eine zentrale Rolle. In der Inszenierung damals wollte Desdemona während eines hitzigen Disputs Othello mit diesem Tuch die Schweißperlen von der Stirne wischen. Othello sollte in einer heftigen Bewegung das Tuch ärgerlich wegschleudern. Dieses wichtige Requisit, das Tuch, das Desdemona verliert, sollte laut Regieanweisung auf die Bühne flattern und von Emilia aufgelesen

Elfi Hoppe 1999 als Arkadina in Tschechows „Die Möwe“. Die Kammerschauspielerin gilt als „Grande Dame“ des Oldenburgischen Staatstheaters. Sie ist seit 30 Jahren Ensemblemitglied.

werden, ehe sie zu ihrem großen Monolog „Dies Tuch hier war Othellos erstes Liebespfand ...“ ansetzt. Das hatte auch immer gepasst, bis wir in Witten an der Ruhr gastierten. An diesem Abend lag kein Tuch auf dem Bühnenboden! Ziemlich verunsichert schlich ich suchend und ständig wiederholend „Dies Tuch, dies Tuch, dies Tuch hier“ vor mich hin murmelnd über die Bühne, um schließlich nahe beim Bühnenportal etwas nachdrücklicher, lauter und noch verzweifelter „Dies Tuch!“ nach hinten zu rufen. Und siehe da: Wie von Geisterhand schwebte von der Souffleuse her ein Tuch auf die Bühne, auf das ich mich sogleich stürzte und endlich meinen Monolog beginnen konnte. Was passiert war? Das Tuch hatte sich im Flug an Othellos Epaulette verfangen, er war mit dem Tuch auf der Schulter abgegangen. Keiner hatte es bemerkt.

Bähre: Ähnliches ist mir auch passiert. In der Komödie „Der Florentiner Hut“ von Labiche musste ich in der Rolle des Farina hinter einem Hut herrennen. Der Autor hat genau beschrieben, wie der Hut „fliegen“ muss – gezogen an einem Faden –, und dass er unter keinen Umständen in Farinas Hände fallen darf. Und doch geschah es eines Abends, dass ich diesen verdammten Hut plötzlich in der Hand hatte. Ich hielt ihn ein paar Schrecksekunden lang fest, rief „Ha, da ist er ja wieder!“, warf ihn in die Luft und machte im Text weiter, als sei nichts gewesen. Die Leute haben, glaube ich, überhaupt nichts gemerkt ...

Hoppe: ... also meine verzweifelte Suche nach dem Tuch müssen die Zuschauer eigentlich mitbekommen haben. Sie sahen ja, wie ich mich nach hinten verdrückte, und dann fliegt plötzlich von der Seite ein Tuch auf die Bühne. Bei allen weiteren „Othello“-Aufführungen trug ich immer ein Ersatztuch im Rockbund bei mir ...

Sind das Situationen, wo Sie befürchten mussten, dass mit diesem Patzer womöglich der ganze Abend geschmissen sein könnte?

Bähre: Nein, nein. Die Leute, die das merken, lachen in der Regel mit, und das bis zum Schluss. In dem Schwank „Außer Kontrolle“ von Cooney zum Beispiel musste mir, so ist es im Stück vorgegeben, ein Kollege die Hose runterziehen, so dass ich in der Unterhose dastehe. Das misslang einmal gründlich: Da zog mir der Kollege Hose und Unterhose in einem

Dieter Bähre 1985 als König Lear. Bähre war von der Spielzeit 1970/71 bis 2001 am Oldenburgischen Staatstheater. 1994 wurden er und Elfi Hoppe zu Kammerschauspielern ernannt.

Irgendwie kommt man da aber immer raus, habe ich im Laufe der Zeit gelernt.

Rutsch aus und ich stand für Sekunden nackt vorm Publikum. Wir, Publikum und Schauspieler, haben die ganze restliche Vorstellung gemeinsam durchgelacht.

Hoppe: Ich bin durch Pannen schon leicht zu irritieren. Mich beschleicht in der Tat das Gefühl, dass es nun nicht mehr weiter geht. Das Tuch in „Othello" ist dramaturgisch so entscheidend, dass ich mir an diesem Abend schon einige Augenblicke lang wünschte, der Vorhang würde auf der Stelle fallen.

Bähre: Als junger Schauspieler dachte ich, bei jedem Versprecher oder jeder technischen Panne, es würde die Welt untergehen. Irgendwie kommt man da aber immer raus, habe ich im Laufe der Zeit gelernt. Improvisieren macht schließlich auch Spaß. Ich erinnere mich, als in Shaws Komödie „Helden!" eine Kollegin nicht auf die Bühne kam und ich eine Weile zur Überbrückung einfach vor mich hinredete. Als sie dann endlich auftauchte, sagte ich leise zu ihr: „Das kostet eine Runde" und sie antwortet ebenso leise: „Ja, das machen wir." Es wurde später in der Theaterkantine eines der schlimmsten Besäufnisse.

Gibt es Kniffe oder Tricks, die einem Schauspieler oder einer Schauspielerin über peinliche Situationen hinweghelfen können?

Hoppe: Nein, solche prekären Dinge sind ja nicht vorauszusehen. Jeder Situation steht man immer zum ersten Mal gegenüber …

Bähre: … mir fällt dazu die Inszenierung von Dürrenmatts „Die Physiker" ein. Die drei – Einstein, Newton und Möbius –, stellen sich gegenseitig vor. Nachdem ich mich als Herbert Georg Beutler, genannt Newton, vorgestellt hatte, wich der Kollege, der den Ernst Heinrich Ernesti, genannt Einstein, spielte, zu unserer nicht geringen Überraschung vom Text ab

Die Zuschauer bekommen solche Versprecher oft gar nicht mit, weil sie ihren eigenen Ohren nicht trauen und denken, sie hätten sich verhört.

und fragte uns mit einem Mal: „Na, wie heiß' ich wohl?" Wir schauten ihn irritiert an. Es dauerte, ehe der Dritte im Bunde den Ernst der Situation erfasste und den Namen nannte. Denn unser „Einstein" hatte schlicht seinen Agentennamen nicht mehr parat gehabt. Bei der nächsten Vorstellung schrieb er ihn sich sicherheitshalber auf die Handfläche.

HOPPE: Einem Kollegen oder einer Kollegin weiterzuhelfen, wenn es hakt oder wenn er oder sie einen Hänger hat – da haben Dieter und ich auch ein dickes Ding erlebt. Es war in der Farce „Die offene Zweierbeziehung" von Dario Fo, die von uns in der Oldenburger Inszenierung in einem Boxring gespielt wurde. Weil wir im Spielraum ohne Souffleuse arbeiteten, hatte uns der Regisseur geraten, in unseren Sporttaschen, die zu unserem Outfit gehörten, die Textbücher zu verstauen, falls wir mal ins Stocken kommen sollten. Das Stück war in neun Runden aufgeteilt. In einer Runde musste der Ex-Mann seine Ex-Frau vergewaltigen. Eines Abends übersprang aber Dieter in seinem Text just diese Runde und ich sagte provokant: „Mein Lieber, weißt Du, das Du im Begriff bist, einen Riesensprung zu machen?" Als er es nicht wahrhaben wollte, zog ich das Textbuch aus der Sporttasche, zeigte ihm die Stelle und sagte: „Du hast vergessen, mich zu vergewaltigen, Du musst mich jetzt vergewaltigen." Das Publikum hat getobt und geklatscht. Hänger oder Versprecher passieren übrigens meistens dann, wenn man zuvor improvisiert hat. Und bei diesem Stück haben wir beide immer ausgiebig improvisiert und oft die Tagespolitik mit eingebaut.

BÄHRE: An die „Zweierbeziehung", in der ich ja einen ziemlich fiesen Zeitgenossen spielte, habe ich eine unschöne Erinnerung. Weißt Du noch Elfi, wie eine Zuschauerin, eine ganz junge Frau, die offenkundig nicht mehr Spiel und Wirklichkeit auseinanderhalten konnte, in den Ring geklettert kam und mir eine runtergehauen hat?

Was war Ihr bisher größter Blackout auf der Bühne oder ihr peinlichster Versprecher?

HOPPE: Oh, ja, da kann ich mitreden. Es muss so Ende der 70er-Jahre gewesen sein, als wir im Schloss „Die Gerechten" von Camus spielten. Es geht in dem Stück um eine russische Terroristengruppe, vier Männer und eine Frau, deren Ziel es ist, den despotischen Zaren umzubringen. Kajajew, der den Anschlag verübt hatte, wurde verhaftet und zum Tode verurteilt. In der Schluss-Szene saßen wir

zu viert auf Seilen und ich hatte als starke Frau Dora meinen verzagten Mitterroristen Trost zuzusprechen. Mein Satz hieß: „Auf diese Weise [also wenn er tot ist] wird er Frieden finden." Doch es kam der Abend, wo ich unüberhörbar sagte: „Auf diese Weise wird er Friesen finden." Ein Jahrhundertversprecher, zumindest hierzulande. Meine Kollegen konnten sich auf dem Berg von Seilen kaum mehr halten vor unterdrücktem Glucksen. Die Zuschauer indes bekommen solche Versprecher oft

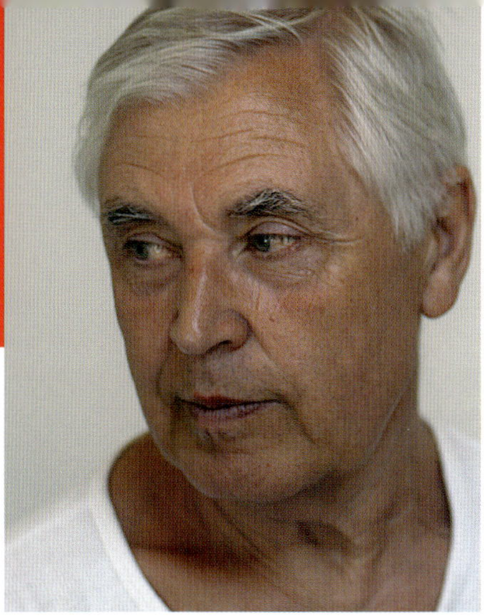

gar nicht mit, weil sie ihren eigenen Ohren nicht trauen und denken, sie hätten sich verhört.

Bähre: Ich habe einmal gewissermaßen den Generalversprecher erlebt. In „Die Orestie" wird bekanntlich Agamemnon ermordet. In der Inszenierung hatte ein Kollege, mit dem ich und ein paar andere erstarrt in einer Reihe mit dem Gesicht zum Publikum standen, nach der Ermordung des Königs in die Stille hinein den Satz zu sagen: „Wir haben Schreie gehört." Eines Abend rutschte ihm jedoch heraus: „Wir haben Schüsse gehört"...

Hoppe: ... im alten Griechenland ...

Bähre: ... und damit war es zu Ende: Ein paar Kollegen sind prustend von der Bühne abgegangen, aber natürlich gleich wiedergekommen. Ich selbst musste mich umdrehen, um das Lachen zu verbergen. Ihr werdet Euch wundern: Die Zuschauer haben den Versprecher nicht registriert.

Hoppe: Am schlimmsten ist es ohnehin, wenn man zum Lachen gebracht wird. Der Kollege Bähre war dafür immer gut. Ich erinnere mich an eine Aufführung von Tschechows „Die Möwe" in Nordenham Ende der 80er-Jahre. Innerhalb dies Stückes findet eine Theateraufführung statt, die wir mit dem Rücken zum Publikum verfolgten und deren Text ziemlich schwülstig ist. „Leer ist es, leer, leer, leer" und „Traurig ist es, traurig, traurig, traurig", heißt es da. Just an dieser Stelle fing hinter mir Dieter flüsternd an zu deklamieren: „Aurich ist es, Aurich, Aurich, Aurich". Gut, dass wir mit dem Rücken zum Publikum saßen ...

Bähre: Es gibt in fast jedem Stück einen wackeligen Punkt. Das fängt schon in den Proben an. Irgendwann kommt auch in einer Vorstellung dieser Punkt, und sei es erst nach der 50. Im „Faust" hatte ich so eine schwierige Stelle, eine Szene, vor der ich den ganzen Abend Schiss hatte und jedesmal froh war, wenn ich sie hinter mir hatte. Ich habe mir diese Stelle regelrecht eingebimst – und doch stand ich in der 20. Vorstellung auf der Bühne und der Text war weg. Gerettet hat mich der Kollege Mephisto, indem er mir meinen Text laut zuflüsterte, so dass ich wieder in die Szene zurückfinden konnte.

Hat es in Ihrer Laufbahn jemals den Fall gegeben, dass Ihnen Regieeinfälle so zuwiderliefen und gegen Ihre Intentionen waren, dass Sie sie nicht befolgten?

Bähre: Nein, meistens wirst du überzeugt ...

Hoppe: ... ich hatte einmal an einer Regieanweisung in „Endstation Sehnsucht" schwer zu tragen. Da wurde verlangt, dass ich als Blanche in eine Geburtstagstorte schlagen sollte. Mir, der ich im Krieg geboren wurde und mit Lebensmitteln immer sorgsam umgehe, geht es contre coeur, wenn auf der Bühne mit Lebensmitteln rumgeschmiert und rumgesaut wird. Auch weil ich unsere Kostüme nicht bekleckern und verderben wollte, führte ich in der Hauptprobe den Schlag auf die Torte nicht senkrecht aus, sondern schräg mit der Handkante. Das Ergebnis war freilich fatal: Auf dem Gemisch aus Butter und Wasser, das auf dem Boden gespritzt war, rutschte ich wenig später dermaßen aus und zog mir einen komplizierten Bruch am Handgelenk zu. Damals habe ich mir geschworen, in Zukunft Dinge, die mir zuwiderlaufen, immer sofort anzusprechen und zu klären.

Bähre: Apropos Regieeinfälle. Im „Faust" zeigt Mephisto dem verjüngten Faust die schöne Helena. Es war in der Inszenierung so gelöst worden, dass Helena eine Treppe herunterschreitet, während Faust ihre Schönheit preist. Eines Abends aber kam

Helena einfach nicht die Treppe herunter. Nach ein paar Augenblicken spielte ich wie gehabt weiter, was zur Folge hatte, dass die Panne als guter Regieeinfall interpretiert wurde, nämlich dass Faust eben „sieht", was dem Normalsterblichen und auch dem Publikum verborgen bleibt.

Was bekommen eigentlich die Darsteller von dem mit, was im Publikum vor sich geht?

Einer Zuschauerin habe ich das Stricken einmal richtig vergällt.

BÄHRE: Alles. Du hörst jedes Husten. Und wir haben einiges erlebt. Einmal hat ein Zuschauer, als das Stück schon eine Zeitlang lief, eine große Zeitung aufgeschlagen und gelesen …

HOPPE: … in den 70er-Jahren war es nicht ungewöhnlich, dass Zuschauerinnen strickten. Einer habe ich es einmal richtig vergällt. Als ich die Frau sah, änderte ich kurzerhand eine Textstelle – „Und Du kochst und bügelst und putzt für ihn" – ab und baute mit Blick auf sie „… und strickst für ihn" ein. Sie legte das Strickzeug sofort aus der Hand. Nach meiner Beobachtung haben sich übrigens die Reaktionen der Zuschauer in den vergangenen Jahrzehnten gewandelt hin zu einem Fernseh- und Kinoverhalten: Manche sitzen in der Vorstellung und kommentieren laufend das Geschehen auf der Bühne, wie sie das zu Hause wohl auch vorm Fernsehapparat tun. Mitunter kommt es zu grotesken Situationen: Als ich einmal in einem Stück aus dramaturgischen Gründen einen Rülpser, nur einen winzigen, loslassen musste, sagte eine Frau aus der zweiten Reihe laut und vernehmlich zu mir auf der Bühne: „Sau!"

BÄHRE: Früher, insbesondere in den politisch aufgeladenen Zeiten, ist es schon häufiger vorgekommen, dass Leute protestierend die Vorstellung verließen und die Türen hinter sich zuschmetterten. Bei manchen Stücken wusste man sogar im Voraus, was auf einen zukommt. „Gerettet" von Edward Bond war so eines. Da wurde ein Kind umgebracht auf der Bühne, das war seinerzeit harter Tobak. Die

Einmal hat ein Zuschauer eine große Zeitung aufgeschlagen und gelesen.

Leute sind reihenweise rausgerannt. Auch Shakespeares Schauertragödie „Titus Andronicus" mit der Anhäufung von Gräueltaten war so ein Stück. In den letzten Vorstellungen war gerade noch die erste Reihe besetzt.

HOPPE: Für mich ist das Türenschlagen noch immer ein Albtraum. Auch, weil man nie ganz das Gefühl los wird, dass es an einem selbst liegen könnte, weil man die Rolle womöglich nicht überzeugend und packend genug auf die Bühne bringt.

Den ganzen „Faust“ an einem Tag gespielt

OLDENBURG. Es fing an mit einer Privatinitiative und einer Holzkonstruktion: 1832/1833 erbaute ein Zimmermann namens Muck in Oldenburg das erste Theatergebäude ganz in Holz an der so genannten Elenden-Buden-Bastion vor der Gaststraße. Muck war dazu von Hofrat Carl Christian Ludwig Starklof angeregt worden. Der Kabinetts-Sekretär des Großherzogs leitete dieses mit privatem Geld finanzierte Theater, das am 21. Februar 1833 mit der Aufführung von Daniel François Esprit Aubers „Der Schnee“ eröffnet wurde, bis 1842 selbst, im Nebenamt, ohne Bezahlung, und ohne jegliche Anerkennung durch Großherzog Paul Friedrich August.

Erst 1842 erhielt das Theater die Anerkennung, um die sich Starklof vergebens bemüht hatte: Es wurde Großherzogliches Hoftheater. Sein neuer Leiter, Kammerjunker Ferdinand von Gall, durfte sich zudem mit dem Titel Intendant schmücken. Von Gall engagierte 1844 Julius Mosen, den Dichter des Andreas-Hofer-Liedes („Zu Mantua in Banden“) als Dramaturgen. Das Theater blieb bis 1868 ein vom Hof „subventioniertes Privattheater“. Dann übernahm die 1865 eingesetzte „Großherzogliche Theater-Commission“, die bis dahin nur die Engagements überwacht hatte, zusätzlich die Verwaltung und die Spielplangestaltung.

1881 wurde der Holzbau durch einen Massivbau im italienischen Renaissancestil ersetzt. Er entstand bereits auf dem Platz des heutigen Theaters. Zehn Jahre später, im November 1891, zerstörte ein Brand dieses Gebäude. Ehe im August 1892 mit dem Wiederaufbau begonnen wurde, errichtete Architekt C. Spieske in nur wenigen Wochen einen Interimsbau am Cäcilienplatz. Am 8. Oktober 1893 wurde schließlich das im neubarocken Stil aufgebaute Großherzogliche Theater mit der charakteristischen Kuppel wieder eröffnet. Dieses glanzvolle Gebäude ist, wenn auch teilweise umgebaut und erweitert, im Kern bis heute erhalten geblieben.

Nach der Abdankung des Großherzogs wurde 1919 das Theater in Oldenburgisches Landestheater und 1938, als die Stadt das Gebäude übernahm, in Oldenburgisches Staatstheater umbenannt. Das „Große Haus“ hat 827 Sitzplätze, das 1998 eröffnete Kleine Haus, durch einen Bautrakt verbunden mit dem Hauptgebäude, hat 350 Sitzplätze. Das Drei-Sparten-Haus, dem die August-Hinrichs-Bühne angegliedert ist, beschäftigt gut 380 Mitarbeiter, der Etat beträgt 20,665 Millionen Euro, die Besucherzahl lag zuletzt deutlich über 200.000 pro Spielzeit.

Als theaterhistorisch legendäre Aufführung der Oldenburger Bühne gilt die Vorstellung des „Wozzeck“ von Alban Berg im Jahr 1929, weil sie diesem Werk den Weg in die kleineren Theater ebnete. Zu den bedeutenden Aufführungen zählt auch die Inszenierung von Faust I und II in der Spielzeit 1983/84, als der ganze Faust an einem Tag hintereinander gespielt wurde. National große Beachtung fand 1996 die deutsche Erstaufführung der Oper „Die Wände“ von Adriana Hölszky. Für eine Reihe von heute bekannten Schauspielern und Autoren war das Oldenburger Ensemble Sprungbrett für die weitere Karriere: Ulrike Folkerts („Tatort“), Claus Theo Gärtner („Ein Fall für Zwei“), Sibylle Canonica („Jenseits der Stille“), John von Düffel („Das Wasser“) und Matthias Brandt.

Die Kunden kommen aus aller Welt ins Atelier auf die Flussinsel.

Die Schiffe auf der Weser und den Braker Hafen immer im Blick: Claus Hartmann bei der Arbeit an der Galionsfigur für die russische Mir und in seinem schmucken Bauernhaus auf Harriersand (kleines Bild).

Die sichtbare Seele der Windjammer

Claus Hartmann ist der einzige Galionsfigurenmacher auf der Welt

BRAKE. Dass die Gorch Fock ihre Galionsfigur wiederholt verloren hat, zuletzt zweimal in der Biscaya, dürfte in der christlichen Seefahrt ziemlich einmalig sein. Claus Hartmann hat es dennoch nicht sonderlich überrascht. Er hatte, als er im Jahr 2001 eine Kopie des stilisierten Albatros, der seit jeher am Bugspriet des Schulschiffes der Bundesmarine thront, in Holz schnitzte, schon damals die Befürchtung gehabt, dass Teile des Vogels zu weit überstehen, als dass sie auf Dauer dem gewaltigen Druck der Wellenschläge würden standhalten können.

Mittlerweile hat die Gorch Fock einen Kunststoff-Albatros, seit der letzte Holzvogel in der Biscaya zerschmettert wurde. Sie hätten eben auf Hartmann hören sollen, als er empfahl, das Design dieser traditionellen Galionsfigur besser dem schnittigen Bug des Schiffes anzupassen. Denn der 49-Jährige, der in einem schmucken Bauernhaus auf der Weserinsel Harriersand lebt, ist nicht irgendein Ratgeber. Er ist der einzige Galionsfigurenmacher auf der Welt. Er hat die uralte Kunst der Schiffsbildhauerei, die seit dem 19. Jahrhundert, als Dampfschiffe die Meere eroberten, in Vergessenheit geraten war, mit großem Erfolg, auch geschäftlichem, wiederbelebt. Sicher, es gebe überall Bildhauer, die hin und wieder mal eine Galionsfigur schnitzten, sagt Hartmann und ergänzt süffisant: „Für die Hausbar." Wer hingegen mehr will als lediglich ein dekoratives Stück für die Bar, der muss nach Harriersand kommen: „Wir sind keine Figurenfabrik, wir machen nur Unikate."

Und die Kunden kommen aus aller Welt ins Atelier auf die Flussinsel, die übrigens bis 1974 zum Oldenburger Land gehörte. Mehr als 60 Skulpturen haben er und seine Frau Birgit (33) in den vergangenen zwölf Jahren geschaffen. Darunter 19 Galionsfiguren für große Segelschiffe, so auch für einige der berühmtesten Windjammer der Welt wie die monegassische Royal Clipper, die ukrainische Khersones, die russische Sedov oder die deutsche Fridtjof Nansen. Längst ist der Jugendtraum, den der 15-jährige Claus einst auf einer Zeichnung festhielt – eine Hausfassade mit der Leuchtreklame „Galionsfiguren

Experimentiert gern mit neuen Materialien: Hartmann und eine Galionsfigur aus glänzendem Edelstahl.

In den Verträgen mit den Kunden ist strikte Verschwiegenheit vereinbart.

Hartmann“ –, in Erfüllung gegangen. Sein natürliches PR-Talent und cleveres, selbstbewusstes Marketing, wozu auch gehört, auf mondänen Yacht-Messen in Monte Carlo Flagge zu zeigen oder in den USA und anderen Staaten Agenturen zu unterhalten, haben seinen Namen weithin bekannt gemacht.

Es ist eine außergewöhnliche Karriere, die der in Brake geborene, in Elsfleth aufgewachsene und eineinhalb Jahrzehnte in Oldenburg lebende Hartmann hingekriegt hat. Die Nähe zur Seefahrt hat zwar Familientradition und schlug sich in einer ansehnlichen Sammlung historischer Galionsfiguren nieder; doch diverse, wenn auch mitunter sehr kurzzeitige Studienanläufe in Medizin, Biologie und Pharmazie sowie eine Heilpraktiker-Ausbildung ließen nicht sogleich darauf schließen, dass Hartmann einmal mit Kettensäge, Meißel, Hammer und einer Kiste voll feiner und feinster Schnitzmesser sein Brot verdienen würde.

Seine erste Galionsfigur entwarf er 1994, ohne offiziellen Auftrag, für die Großherzogin Elisabeth noch in Oldenburg und präsentierte sie forsch einem Elsflether Reeder; wenig später hatte er bereits einen Termin bei seinem ersten Auftraggeber, denn just zur gleichen Zeit wurde auf einer Werft im Ort die 74 Meter lange Lili Marleen gebaut. Von da an ging es nur noch bergauf. Ein halbes Dutzend Skulpturen schaffen Hartmann und seine Frau im Jahr, meistens arbeiten sie an zwei oder drei gleichzeitig. Es braucht Zeit, oft mehrere Monate, unter Umständen sogar ein paar Jahre, um vom ersten Entwurf über das maßstabsgetreue Modell zur eigentlichen Bildhauerei zu kommen und, im Sommer am Weserstrand, aus einem tonnenschweren Baumstamm eine mächtige und doch filigrane Galionsfigur herauszuschälen.

So wenig wie die Hartmanns über Preise sprechen – für die erste Lili-Marleen-Figur wurde seinerzeit umstandslos der von ihm genannte Preis akzeptiert, erzählt er und scheint noch im Rückblick überrascht zu sein –, so wortkarg sind sie auch bei Fragen zum Kundenkreis. Dabei kann man mit Sicherheit davon ausgehen, dass unter ihren Auftraggebern eine Reihe von ebenso prominenten wie öffentlichkeitsscheuen Superreichen ist, die den Bau ihrer millionenteuren Luxusyachten mit aller Diskretion behandelt wissen wollen. In den Verträgen mit diesen Kunden ist strikte Verschwiegenheit vereinbart. So ist es eine eher seltene Ausnahme, wenn Hartmann Roger Moore, den früheren James Bond und heutigen UNICEF-Botschafter, und die Kelly-Familie als Kundschaft preisgibt. Für den Dreimast-Topsegler Santa Barbara Anna des Kelly-Clans hat das Ehepaar eine Galionsfigur aus massiver Eiche fertiggestellt, eine irische Schönheit mit Harfe, die allerdings Birgit Hartmann recht ähnlich sieht. Der Clou daran: Die mit Stahlbändern bespannte Harfe wird durch den Fahrtwind zum Klingen gebracht. Zu diesem Stück wurde inzwischen auch der Preis bekannt: 25.000 Euro.

Dass Hartmann der uralten Tradition der Schiffsbildhauerei mit ihrer tiefen mythologischen Dimension stark verhaftet ist, ist die eine Seite. Galionsfiguren oder Ornamente schmücken seit Menschengedenken den Bug von Schiffen, sie sollen der sichtbare Ausdruck der Schiffsseele sein und beschwören den Schutz der Götter auf den unendlichen Weiten des Meeres. Deshalb werden sie von der Mannschaft gehegt und gepflegt, sie zu verlieren, gilt als schlechtes Omen. „Die Wurzeln dieser Menschheits-Überlieferung", sagt Hartmann, „unterscheidet die Schiffsbildhauerei von allen anderen Künsten und ist mir bei jedem Handgriff gegenwärtig." Auf der anderen Seite ist er mindestens gleichermaßen fasziniert von Experimenten, mit denen er versucht, dieses traditionelle Kunsthandwerk mit Hilfe neuer Materialien in die heutige Zeit überzuführen. Die klingende Harfe mit ihren Saiten aus Stahl ist einer dieser Versuche, eine fast mannshohe Galionsfigur aus glänzendem Edelstahl, die in dem Bauernhaus auf Harriersand inmitten der historischen Sammlung hervorsticht, ein anderer. Und so wie es aussieht, wird eines Tages sogar eine stolze Galionsfigur aus Glas einen Schiffsbug zieren.

Uralte Tradition

Der Eskimo ist die Galionsfigur der Fridtjof Nansen, Traditionssegler mit Heimathafen Stralsund; darunter die Galionsfigur der in Elsfleth beheimateten Großherzogin Elisabeth (Lissi), eine Frauengestalt nach einer Fotografie der Großherzogin aus dem Jahr 1908.

© Claus Hartmann

Ein Albatros aus Kunststoff ziert das Schulschiff der Bundesmarine; die Gorch Fock; darunter die Galionsfigur des monegassischen Luxusseglers Royal Clipper, der Hartmann hoch über dem Wasser in einem Netz hängend den letzten Anstrich verpasste.

Plattdeutsch ist nicht schädlich!

Über Höhen und Tiefen des Niederdeutschen

Herr Dr. Goltz, haben Sie Kinder?
Dr. Goltz: Ja, zwei.

Sprechen Ihre Kinder plattdeutsch?
Mein 24-jähriger Sohn spricht es einigermaßen, die zweieinhalb Jahre jüngere Tochter macht, obwohl sprachbegabt, eher einen Bogen darum herum.

Wie halten Sie selber es im Alltag mit dem Plattdeutschen?
Ich habe, obgleich in Hamburg-Finkenwerder aufgewachsen, erst im Studium auf Drängen eines Professors angefangen, Plattdeutsch zu lernen. Er schickte mich zu den Finkenwerder Fischern. Weil ich mit den meisten von ihnen, vor allem mit den älteren, nur vernünftig reden konnte, wenn ich plattdeutsch sprach, lernte ich es auf diese Weise ziemlich schnell. Es wurde für mich zur normalen Umgangssprache mit diesen Leuten. Wenn Anlass und Thema es zulassen, spreche ich auch heute im Alltag plattdeutsch.

Spraak hett ja immer wat ok wat mit Geföhl to kriegen, mit de Fraag: Wo kenn ik mi ut, wo sünd de Saken, de mi wat weert sünd – un allens dat stickt in dat Plattdüütsche binnen.

Dennoch: Das Plattdeutsche ist als Umgangssprache eben doch weitgehend aus dem Alltag verschwunden.
Für die Städte mag das gelten, fürs Land nicht. Hören Sie sich mal in Ostfriesland, Nordfriesland oder im Oldenburger Land um, da ist es ganz anders. Da wird selbstverständlich auf jedem Schulhof oder in jedem Supermarkt platt geredet. Wir sollten uns deshalb gerade in solchen Regionen bemühen, den gegenwärtigen Stand zu halten.

Demnach brauchte man sich um die Zukunft des Plattdeutschen gar nicht zu sorgen.
Vielleicht sollte ich erst einmal ein mögliches Missverständnis ausräumen: Wenn es uns um die Erhaltung des Plattdeutschen geht, dann wollen wir beileibe nicht das Hochdeutsche verdrängen. Das wäre ja grober Unfug, wir müssen in diesem Staat schließlich miteinander kommunizieren können. Aber es ist ein Zugewinn, wenn man von frühester Kindheit an auch Plattdeutsch lernt …

Dr. Reinhard Goltz, Mitglied der Geschäftsführung, vor dem Institut für niederdeutsche Sprache im Bremer Schnoor.

... auf den Internet-Seiten Ihres Instituts ist von einem „sprachkulturellen Mehrwert" die Rede. Was habe ich mir darunter vorzustellen?
Die Fähigkeit, plattdeutsch zu sprechen, schließt mir doch viele Türen auf. Wenn ich über den Markt oder in ein Geschäft gehe und verstehe die Menschen am Gemüsestand oder an der Fleischtheke nicht, dann fehlt mir doch etwas. Das trifft auch für das Verständnis etwa von Straßen- und Ortsnamen zu. Plattdeutsch ist ein Teil unserer Alltagskultur. Wenn es nur darum ginge, mit der Sprache nur Informationen zu übermitteln, dann könnten wir uns auf der ganzen Welt auf Englisch oder Esperanto einigen. Inzwischen haben wir aber gelernt – und das wird in Zeiten der Globalisierung erst richtig deutlich –, dass Sprache immer auch etwas mit Gefühl, mit Geborgenheit, mit Anbindung, mit regionaler Identität zu tun hat – und das alles transportiert das Plattdeutsche.

Das Plattdeutsche erlebte im Laufe der Geschichte Höhen und Tiefen. In welcher Phase sind wir gegenwärtig?
Die hohe Zeit des Niederdeutschen war die Hansezeit, bis etwa 1550, da war es von Brügge über Bergen bis Nowgorod Sprache der internationalen Wirtschaft und der Politik. Danach wird das Niederdeutsche zur nur noch gesprochenen Sprache, zur Sprache der einfachen Leute. Die Literatur verstärkt in dieser Zeit diese Tendenz, indem sie das Plattdeutsche als derb und bäuerisch hinstellt. Sie steht damit allerdings im krassen Gegensatz zur Realität: In der Kaufmannschaft der Hansestädte etwa wurde noch bis Ende des 19. Jahrhunderts ganz selbstverständlich Platt gesprochen. Bei Thomas Mann ist

Mi dücht, de Lüüd fangt wedder an, dat se ok de Saken estemeert, de to de Naverschaft un to de Region tohöört. Un dor speelt ganz klor ok de Spraak mit rin.

Gegenden. Das wiederum bedeutet, dass schon die heutige Elterngeneration kaum mehr plattdeutsch spricht und es nicht an die Kinder weitergeben kann.

Da setzt dann die Arbeit des Instituts für niederdeutsche Sprache ein.

Ja. Denn nach unserer Erfahrung sähen es Eltern nicht ungern, wenn ihre Kinder etwas plattdeutsch sprechen könnten. Weil die traditionelle Instanz, die Familie, es nicht mehr leisten kann, setzte der Ruf nach dem Staat ein. Doch zwischen der grundsätzlich positiven Einstellung zur Regionalsprache – für 80 Prozent der Norddeutschen ist das Plattdeutsche schützenswert – und der tatsächlichen Bereitschaft von Eltern, ihren Kindern die Chance zum Erwerb der Sprache zu geben – bei einer Umfrage unter zehn Prozent –, klafft eine riesige Lücke. Wir hoffen, dass das seit zwei Jahrzehnten wieder zu beobachtende wachsende Interesse an Plattdeutsch-Angeboten – allein die niederdeutschen Bühnen haben Jahr für Jahr Hunderttausende von Besuchern – von den Bildungsinstanzen, von der Schule bis zu den diversen Arbeitsgemeinschaften, erkannt und aufgegriffen wird.

Wie viele Menschen haben nach Ihren Erhebungen niederdeutsche Sprachkenntnisse?

Die letzten Erhebungen stammen aus den frühen 1980er-Jahren. Diese Zahlen kann man heute guten Gewissens nicht mehr präsentieren. Ich würde schätzen, dass in allen Bundesländern an Nord- und Ostsee sowie in Teilen Brandenburgs und Sachsen-Anhalts rund acht Millionen Menschen plattdeutsch sprechen können. Einigermaßen verstehen können es aber viel mehr.

Wie wollen Sie Eltern davon überzeugen, dass ihre Kinder zu den zumeist zwei Fremdsprachen in der Schule auch noch Plattdeutsch lernen sollen?

Wir wollen und können niemand zwingen, Plattdeutsch zu lernen, wir können nur immer wieder sagen: Plattdeutsch ist nicht schädlich. Das wurde den Leuten ja bis in die jüngste Vergangenheit hinein suggeriert. Inzwischen wissen wir aus Untersuchungen, dass frühe Mehrsprachigkeit der Intelligenz von Kindern förderlich ist. Die Europäische Union hat vor wenigen Jahren ein Programm gestartet, das auf Ihre Frage eine gute Antwort gibt: 2 + 1. Will sagen: Lerne zwei „große“ Sprachen und eine „kleine“. Als große gelten die Muttersprache und Fremdsprachen wie Englisch oder Spanisch, als kleine etwa Dänisch, Isländisch, Niederländisch oder eben auch Plattdeutsch. Die EU will verhindern, dass die „kleinen" Sprachen untergehen. Das richtet sich nicht gegen wichtige Fremdsprachen wie Englisch, Französisch oder Spanisch. Aber wir sollten auch die „kleinen" Sprachen nutzen, die wir vor Ort haben.

Machen die Schulen mit bei der Förderung des Plattdeutschen?
Nun, es ist nicht gelungen und wird auch nicht gelingen, ein eigenes Fach Niederdeutsch einzurichten. Man muss es anhängen an den Deutschunterricht oder in freiwilligen Arbeitsgemeinschaften anbieten. Aber es gibt erfreuliche Vorbilder. Hamburg hat zum Beispiel in seinen Bildungsplänen festgeschrieben, dass in jeder Schulklasse wenigstens einmal im Jahr ein plattdeutscher Text durchgesprochen werden muss. Außerdem gibt es vorbildliche Anreize: In Schleswig-Holstein können sich Schulen beim Kultusministerium für ein „Plattdeutsches Schulsiegel" bewerben.

Warum ist das Bayerische ein Dialekt und Plattdeutsch eine Sprache?
Es gibt starke Unterschiede zum Hochdeutschen in der Lautung, im Wortschatz, in der Grammatik. Dazu hat die Sprache eine reiche Geschichte. Wie viele „kleine" Sprachen in Europa ist Platt nicht vollständig ausgebaut, aber wir arbeiten daran. Die Dialekte – also Bayerisch, Sächsisch oder Hessisch – sind dagegen strukturell viel enger mit dem Hochdeutschen verbunden. Zudem: Beim Schwäbischen etwa gibt es stufenlose Übergänge zwischen einer Dorfmundart und der Standardsprache. Das ist beim Niederdeutschen anders, hier muss man sich entscheiden: Entweder spreche ich hochdeutsch oder platt.

Wird in 50 Jahren noch plattdeutsch gesprochen werden?
Ja, davon gehe ich aus. Ich glaube, dass die Menschen zunehmend erkennen, dass der Globalisierungswahn nur eine Seite der Medaille ist; dass sie nämlich ihre regionalen Wurzeln und Bezüge, und dazu gehört auch der „sprachliche Fingerabdruck", wieder mehr zu schätzen lernen.

Wie lange braucht ein normal sprachbegabter Mensch, sagen wir mal aus Bayern, um Plattdeutsch zu lernen?
Drei Wochen Urlaub auf einem Bauernhof sollten reichen.

Das **Institut für niederdeutsche Sprache** ist eine überregional arbeitende wissenschaftliche Einrichtung. Es hat seinen Sitz in Bremen und wird als staatlich geförderte Einrichtung von einem 1973 gegründeten Verein getragen. Zu seinen Aufgaben gehört die Sammlung, Dokumentation und wissenschaftliche Analyse niederdeutscher Sprachzeugnisse, insbesondere der Gegenwart, und die Auskunft und Beratung in allen Fragen niederdeutscher Sprach- und Kulturpflege.

Telefon 0421 · 32 45 35
www.ins-bremen.de

Wenn im Sommer und Frühherbst schon „Heiligabend" gefeiert wird

Oldenburg, Rodenkirchen, Vechta – von Gemeinsamkeiten und Unterschieden

© NWZ-Archiv

Der kilometerlange Festumzug mit viel Lokalkolorit ist einer der Höhepunkte des Roonkarker Mart.

Jedes der drei Volksfeste ist eine Perle.

OLDENBURG | VECHTA | RODENKIRCHEN. Jeder Markt, daran will Michael Hempen (46) erst gar keinen Zweifel aufkommen lassen, „jedes dieser drei Volksfeste ist für sich genommen eine Perle". Der Oldenburger Kramermarkt, der Vechtaer Stoppelmarkt und der Roonkarker Mart ziehen im Spätsommer und Frühherbst innerhalb von zwei Monaten zusammen fast 2,5 Millionen Besucher an. In der langen Geschichte dieser drei großen Oldenburger Traditions-Jahrmärkte haben sich Unterschiede herausgebildet, die nicht nur den Leuten im Schaustellergewerbe auffallen, wenn sie die ländlich geprägten Feste in Vechta und Rodenkirchen mit dem aufs Stadtleben fixierten Oldenburger Volksfest vergleichen. „Aber die Hauptsache ist natürlich an allen drei Orten, dass die Leute Spaß haben", beugt Hempen einer womöglich allzu weitgehenden Differenzierung vor. Und auf Kategorien wie „schlechter" oder „besser" will er sich überhaupt

Der historisch jüngste, von der Fläche her größte und von der Dauer längste Jahrmarkt im Oldenburger Land: der Kramermarkt.

nicht einlassen. Die weitverzweigte Schausteller-Familie Hempen mit diversen Geschäften besucht die Märkte schließlich schon seit mehreren Generationen.

Der Jüngste ist der Größte und der Längste: Der Oldenburger Kramermarkt, im Jahr 1608 per Verordnung von Graf Anton Günther ins Leben gerufen, steht mit im Durchschnitt gut 1,5 Millionen Besuchern und den zehn Tagen Dauer Ende September, Anfang Oktober auf Platz 5 der Rangliste der deutschen Jahrmärkte. Dabei hatte der Graf seinerzeit kein Volksfest im Sinn, sondern einen Markt für Krämer und reisende Kaufleute zur Belebung des Handels und zum Abschluss der Erntezeit. Dieser „Krahm-Markt" verwandelte sich gut 200 Jahre später allmählich zum Vergnügungsmarkt, blieb aber bis 1962 in der Innenstadt, ehe er 1963 auf das Gelände an der Weser-Ems-Halle ausquartiert wurde. Dass das Fest über Jahrhunderte im Herzen der Stadt stattfand und auch heute nur einen Katzensprung davon entfernt ist, hat nach Hempens Überzeugung die starke Identifizierung der Stadtoldenburger mit ihrem Kramermarkt maßgeblich befördert. Im Grunde muss ein heimischer Schausteller nach Möglichkeit alle drei großen Volksfeste auf seiner Reiseroute haben, sagt er. Das aber heißt, sich Jahr für Jahr gegen die Konkurrenz durchzusetzen. Für die

Roonkarker Mart

22.–25. September 2007
20.–23. September 2008
26.–29. September 2009
25.–28. September 2010

Marktregel für die Termin-Festsetzung:
Der Marktbeginn ist Montag vor dem Michaelistag (29. September). Da der Marktbeginn aber zunächst auf Sonntag, dann ab 1958 auf Sonnabend vorverlegt wurde, muss jeweils vom Montag vor Michaelis der Marktbeginn zwei Tage auf Sonnabend zurückgerechnet werden.

Zulassung von 260 Marktgeschäften gehen in Oldenburg rund 1200 Bewerbungen ein, Vechta meldet sogar 1800 Bewerbungen auf 500 Standplätze. Auf dem Kramermarkt sind die höchsten Standgebühren zu entrichten, er ist für die Marktbeschicker aber auch das umsatzstärkste Volksfest, nicht zuletzt, seit mit dem Einheits-Feiertag am 3. Oktober ein „drittes Wochenende“ dazugekommen ist. Oldenburg sei noch ein „echter Vergnügungsmarkt“ mit einem vergleichsweise hohen gastronomischen Niveau, sagt Hempen. Bierzelte, in denen Tresen, Holzbänke und -tische die einzig nennenswerte Dekoration darstellen, sind auf dem Kramermarkt undenkbar, sagt er und formuliert ebenso anschaulich wie diplomatisch geschickt: „In Vechta und Rodenkirchen ist das Publikum eben etwas robuster.“

Auf dem Kramermarkt sind die höchsten Standgebühren zu entrichten, er ist für die Marktbeschicker aber auch das umsatzstärkste Volksfest.

Ob der Roonkarker Mart wirklich der älteste Jahrmarkt im Oldenburger Land ist, lässt sich eindeutig nicht belegen. Haben die Historiker recht, die davon ausgehen, dass sein Ursprung das Kirchweihfest gewesen ist, dann könnte er tatsächlich der älteste sein, wurde doch die erste Kirche in Rodenkirchen im frühen 12. Jahrhundert geweiht. Die Jahreszeit spricht ebenfalls dafür. Rodenkirchen wird jedenfalls im Jahr 2008 das 875-jährige Bestehen seines Volksfestes feiern, das ursprünglich auch ein reiner Handels- und Viehmarkt war.

Zu den Eigenheiten dieses Heimatfestes gehört, dass die Rodenkirchener im September bereits „Heiligabend“ feiern. Diese merkwürdige Bezeichnung hat sich im Volksmund eingebürgert für eine Veranstaltung, die immer Freitagabend stattfindet, am Vorabend der Markteröffnung, wenn Schausteller und Ortshonoratioren zwei Stunden vor Mitternacht die Markthalle für eine turbulente Open-End-Diskothek freigeben.

Auch in Vechta wird die Vorabend-Eröffnung in einer Kneipe am Rande des Stoppelmarktgeländes und an einigen umliegenden Ständen von den Einheimischen „Heiligabend“ genannt. Was Rodenkirchen und Vechta noch von Oldenburg unterscheidet: Werden auf dem Kramemarkt die Schlusszeiten Mitternacht und 1 Uhr am Wochenende strikt eingehalten, scheinen die Schlusszeiten auf dem Land eher „fließend“ zu sein. „Da kann es schon früh am Morgen werden“, weiß Hempen, und in Vechta wird an manchen Tagen in manchem Bierzelt gleich durchgefeiert. Rodenkirchen mit seinen schmalen und dicht zugestellten Reihen, in denen einerseits die richtig großen Fahrgeschäfte keinen Platz finden, andererseits noch wie eh und je viele fliegende Händler stehen, empfindet der Schaustellerverbands-Vorsitzende aus Oldenburg als „besonders gemütlich“. Eine Schweinskopf-Versteigerung etwa, eine der rustikalen Traditionen, „könnte man nirgendwo anders anbieten“.

Dokumentarisch belegt ist die erste Erwähnung des Vechtaer Stoppelmarktes im Jahr 1298, wenn auch noch nicht unter diesem Namen. Ursprünglich fand der Markt, der schon bald Kaufleute aus ganz Europa anlockte, innerhalb der Stadtmauern statt. Als 1577 die Pest in Vechta wütete, wurde er aufs bereits gemähte Feld außerhalb der Stadt verlegt, er wurde auf den Stoppelresten aufgebaut. Neueren Datums sind Jan und Libett, die durchs Land ziehenden Werbeträger des Volksfestes. Das Traditionspaar „Jan von Dählen un Stuken Libet“ prangte erstmals 1919 auf dem Titelblatt der Stoppelmarktzeitung.

Stoppelmarkt Vechta

16.–21. August 2007
14.–19. August 2008
13.–18. August 2009
12.–17. August 2010

Marktregel:
Der Markt, der alljährlich Mitte August gefeiert wird, beginnt immer an einem Donnerstag und endet am darauffolgenden Dienstag.

© NWZ-Archiv

Wurden erst vergleichsweise spät Symbolfiguren des Vechtaer Stoppelmarktes: das Traditionspaar Jan und Libett.

Die rund 20 großen, wetterfesten Restaurationszelte und die rund 20 Großfahrgeschäfte sind auf dem 160.000 Quadrameter großen Gelände in Vechta die Hauptattraktionen. Dabei profitieren die Veranstalter vom August-Termin, ist doch für viele der riesigen Fahrgeschäfte der Stoppelmarkt eine Art von Vor- oder Anlauf zum Münchner Oktoberfest. Was Hempen allerdings nicht von der Einschätzung abbringt, manche der gut 700.000 Besucher würden „nicht sehr viel mehr mitkriegen als ein oder zwei Bierzelte und einen Imbiss-Stand“.

Dabei darf freilich nicht übersehen werden, dass auf dem Stoppelmarkt noch am meisten vom Ursprung der drei großen Oldenburger Traditionsmärkte in die neue Zeit hinübergerettet wurde: Gewerbeschau, Viehmarkt und nach wie vor eine große Anzahl fliegender Händler. Es ist nicht allzu lange her, da gastierte immer auch ein Zirkus auf dem Stoppelmarkt. „Das Land geht nach Vechta“, sagt Hempen. Er schreibt die Expansion des Marktes, dessen Front von Buden, Zelten und Fahrgeschäften inzwischen auf mehr als sechs Kilometer Länge angewachsen ist, der „cleveren Werbung“ zu. Der Besucher gehe in Oldenburg durchschnittlich vielleicht zweimal auf den Kramermarkt, der Stoppelmarkt-Besucher hingegen vier- oder fünfmal, sagt Hempen. Und was die Betriebsstunden anbelangt, kommen die Marktbeschicker in Vechta in nur sechs Tagen auf fast die gleiche Zahl wie in zehn Tagen Kramermarkt. ⮌

Kramermarkt Oldenburg

28. September–7. Oktober 2007
26. September–5. Oktober 2008
2. Oktober–11. Oktober 2009
1. Oktober–10. Oktober 2010

Marktregel:
Beginnend an einem Freitag, Dauer 10 Tage. Wenn der Michaelistag (29. September) auf einen Freitag fällt, am 29. September. Wenn der Michaelistag ein Sonnabend, Sonntag oder Montag ist, am vorhergehenden Freitag, sonst am darauffolgenden Freitag.

Jahrmarkt-Kenner: Michael Hempen

Müller Peter Egenho

Rutteler Mühle
Friedeburger Straße 2
26340 Neuenburg

Öffnungszeiten
Mühlencafé:
von 14–18 Uhr (Montag Ruhetag),
Sonntag ab 10 Uhr
Mühlenladen:
Montag bis Freitag 9–12.30 und
14–18 Uhr, Sonnabend 9–12.30 Uhr.
Der Eintritt zur Mühle ist frei;
Mühlenbesichtigung jederzeit.
Telefon 04452·333

Manchmal bedarf es eines kleinen Anstoßes durch Peter Egenhoff, um die Windmühle in Schwung zu bringen.

NEUENBURG-RUTTEL. Da also wohnte einstmals Harmen Trommelschläger. Das älteste Haus auf dem kleinen Geestvorsprung zwei Kilometer hinter Neuenburg, auf dem die Rutteler Mühle das flache friesische Land stolz überragt, beherbergt das gemütliche Mühlencafe´ mit seinen kleinen Sprossenfenstern. In diesem Haus, in dem noch etliche alte Holzbalken aus dem Baujahr um 1650 zu erkennen sind, lebte der Häusling Trommelschläger, dessen Name sich der Überlieferung nach davon herleiten könnte, dass er als Vorposten in unmittelbarer Nachbarschaft der Zollstation Alarm zu trommeln hatte, sobald feindliche Ostfriesen anrückten.

Heute rücken nur noch Gäste, Kunden oder Touristen an. Sie kehren und kaufen ein oder besichtigen die historische Mühle, die 1865 erbaut wurde. Sie ist nach Angaben ihres Besitzers Peter Egenhoff (47) die letzte noch gewerblich produzierende Windmühle im Oldenburger Land und darüber hinaus eine von zwei Windmühlen in Deutschland, in denen noch Holz gesägt wird.

Der zweistöckige, 20 Meter hohe Galerieholländer hatte in den ersten Jahrzehnten eine Reihe von Besitzern, die geschäftlich oft glücklos blieben, zugleich aber die Mühle immer wieder den seinerzeit modernen

Alles läuft rund

…offt auch auf den Nostalgie-Tourismus

An gut 200 Tagen im Jahr reicht der Wind aus

Standards anpassten. So wurde die Windrose auf die Kappe gesetzt, die 21 Meter langen und 2,10 Meter breiten Flügel wurden mit Jalousienklappen ausgerüstet, die Mühle 1893 auf Dampfkraft umgestellt, wenn auch nur für kurze Zeit, später ein Schiffsdieselmotor eingebaut und ein Sägewerk angeschlossen. Dennoch schien das Ende gekommen, als die Mühle in der Weltwirtschaftskrise Ende der 20er-Jahre in Konkurs ging.

Gerettet wurde sie schließlich 1932 vom Großvater des jetzigen Besitzers, einem ausgewiesenen Fachmann, der das Land und die Anwesen für gerade mal 20.000 Mark von der Bockhorner Bank kaufte. Nun kam Stetigkeit in die Mühlen-Geschichte. Denn der Mann hatte reichlich Berufserfahrung, war er doch bis dahin Pächter der berühmten Zwillingsmühlen in Greetsiel gewesen. Aber auch er musste sich einiges einfallen lassen, um wirtschaftlich zu überleben. Schon in seiner Annonce zur Geschäftseröffnung hatte er die „verehrten Einwohner" von Ruttel und Umgebung gebeten, doch das „junge Unternehmen gütigst unterstützen zu wollen".

„Flexibel" und „erfinderisch" müsse man sein, um auch in Zukunft bestehen zu können, sagt der Enkel Peter Egenhoff, der zusammen mit seinem Vater Wilhelm die Existenzgrundlage des Familienbetriebes erheblich verbreitert hat. Sie eröffneten einen Müsliladen und das Mühlencafé und setzten zunehmend auf den Nostalgie-Tourismus. Dass die Rutteler Mühle dem großen Windmühlen-Sterben, das einsetzte, als vielen Müllern die hohen Unterhaltungskosten für die Anlagen über den Kopf wuchsen, nicht zum Opfer gefallen ist, verdankt sie einerseits öffentlichem Engagement, das 1980 eine Generalüberholung finanzierte, und andererseits dem Multitalent Wilhelm Egenhoff.

Denn der ist nicht nur in seinem Handwerk perfekt, sondern ebenso im Modellbau, wie betriebsbereite und maßstabsgetreue Mühlenmodelle auf dem Gelände zeigen – eine Bockmühle, das Ursprungsmodell aller Windmühlen, eine holländische Kokermühle und einen Galerieholländer mit einem Steert anstelle der Windrose –, die eine zusätzliche Attraktion für alle Besucher sind. Aber auch wenn einmal der eine oder andere Zahn aus den riesigen hölzernen Zahnrädern, die zusammen mit den Mahlsteinen das technische Herz der großen Mühle darstellen, bricht, schnitzen Wilhelm Egenhoff und sein Sohn den Ersatzzahn lieber selber, als dass sie ihn sich für teures Geld anfertigen lassen.

Rund 500 Tonnen Getreide – vom Weizenmehl bis zu diversen Futtermitteln – werden in der Rutteler Mühle, die 1998 eine neue Kappe, neue Flügel und eine neue Galerie bekam, jährlich produziert. Kunden sind Bäckereien, Landwirte und Genossenschaften. Bis zu 100 der schweren Mehlsäcke wuchtet der eher schmächtig wirkende Peter Egenhoff manchmal an einem Tag in die Höhe. Gut 200 Tage im Jahr reicht der Wind aus, um mahlen zu können oder um zwischendurch im Sägewerk einen Baumstamm in einen Stoß Bretter zu zerlegen. Bei Flaute braucht der Müllermeister heutzutage nur einen Schalter umzulegen, um den Betrieb elektrisch am Laufen zu halten.

Apropos am Laufen halten: Wer die wechselvolle Geschichte dieser Mühle betrachtet, kann verstehen, wenn Egenhoff es als sein vornehmstes Ziel ansieht, sich „andere Aufgaben als nur wirtschaftliche zu stellen" – nämlich „diese Mühle eine Generation weiter durchzubringen".

Außen Silber, innen vergoldet: Den 1883 von der Erbgroßherzogin Elisabeth gestifteten Königspokal holt Präsident Waldemar Janssen nur einmal im Jahr aus dem Depot im Schloss zu Jever.

Ältester Schützenverein zielt mehr auf den Sport

Warum in Jever kein Schützenfest mehr gefeiert wird

JEVER. Waldemar Janssen ist ein durchsetzungsfähiger und zupackender Mann. Das spürt man schon nach wenigen Sätzen, die der 61-Jährige mit sparsamen Gesten unterstreicht. Man kann es sich deshalb gut vorstellen, wie der Präsident des Schützenvereins Jever von 1786 Anfang der 1990er-Jahre vor die Hauptversammlung hintrat und sie ohne Umscheife vor die Alternative stellte: Entweder der Verein wird künftig nach betriebswirtschaftlichen Grundsätzen geführt oder es wird ihn über kurz oder lang nicht mehr geben. Die Mitglieder folgten ihm. 1997 strich er sogar das seit Jahren finanziell verlustreiche Schützenfest. Und das ausgerechnet bei dem Verein, der nach den Unterlagen des Oldenburger Schützenbundes der älteste Schützenverein im Oldenburger Land ist. Ein paar Jahre später trennte sich Janssen ähnlich unsentimental vom Vereinseigentum in der Innenstadt, um im Jahr 2000 in einem Gewerbegebiet am Stadtrand eine hochmoderne Schießsportanlage zu beziehen. „Traditionspflege kann nicht so weit gehen, dass der Verein dabei stirbt", sagt er.

Dabei halten er und die rund 200 Mitglieder durchaus etwas auf Tradition. Eine Wand im Schützenheim ist voll mit Bildern aus der guten alten Zeit, als die Schützen sich vor den Fotografen noch akkurat aufreihten

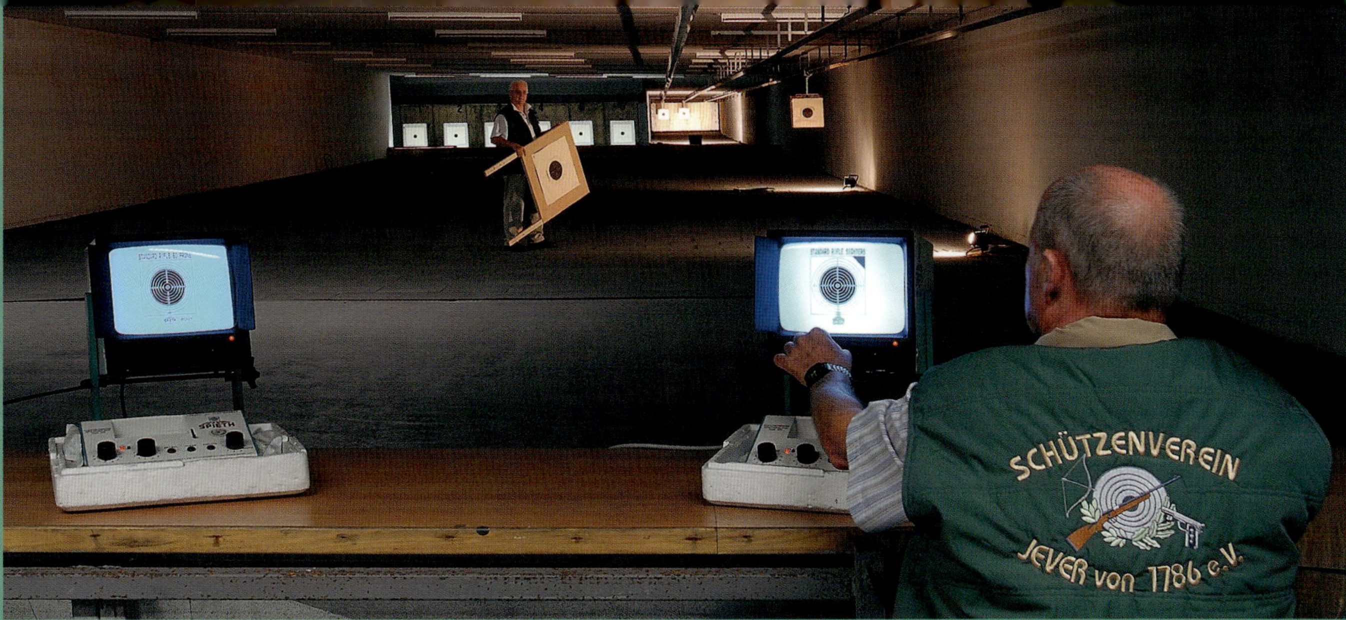

Die hochmoderne Schießsportanlage des Schützenvereins Jever von 1786 kostete im Jahr 2000 rund 1,6 Millionen Mark.

Traditionspflege kann nicht so weit gehen, dass der Verein dabei stirbt, sagt der Präsident.

wie eine Kompanie Soldaten. Daneben hängt die schwere, aus dem Jahr 1950 stammende Vereinsfahne. In seinem Büro sammelt Janssen alte Schützentrachten, und er hat auch die mit Hand geschriebene, 175 DIN-A-4-Seiten starke Chronik zur 200-Jahr-Feier in Verwahrung, die als Fotokopie nur noch in diesem einen Exemplar existiert. Und noch immer wird dem Schützenkönig der im Jahr 1883 von der Erbgroßherzogin Elisabeth gestiftete, außen silberne und innen vergoldete Königspokal überreicht. Das restliche Jahr ist er im Schloss zu Jever deponiert.

Wie unübersichtlich die Zeiten waren, als Ende des 18. Jahrhunderts der Schützenverein in der Herrschaft Jever gegründet wurde, illustriert Chronist Bernhard Schönbohm eindrucksvoll mit einem Zitat des späteren oldenburgischen Staatsministers Günther Janssen: „Mein Vater, der im Jahre 1791 in Jever noch als Anhaltiner geboren ward, wurde nacheinander Russe, Holländer, Franzose, Oldenburger, ohne einen andren Ortswechsel als etwa den Besuch der Universität, und hatte innerhalb eines zwanzigjährigen Zeitraumes als Landesherren den Herzog [Fürsten] Friedrich August von Anhalt-Zerbst, die große Katharina, den Kaiser Paul und den Kaiser Alexander I. von Russland, den König Ludwig Bonaparte von Holland und den Herzog Peter Friedrich Ludwig von Oldenburg zu verehren."

Der wenig geliebte Friedrich August war es, der 1770 und noch einmal 1780 den dringlichen Wunsch nach einem „jährlichen, freien Scheiben- und Vogelschießen" äußerte und den Anstoß zur Gründung einer „Schützen-Kompagnie" in Jever gab. Doch erst 1786 folgten 66 Bürger seiner Anregung und erklärten sich bereit, in das neu gegründete Schützen-Corps einzutreten. Dass sich die Jeveraner so lange gegen den fürstlichen Wunsch sperrten, hatte mit den hohen Kosten zu tun, mit dem das Vogelschießen verbunden war und die ursprünglich allein den Bürgern aufgebürdet werden sollten. Erster Kapitän des Schützen-Corps war Kaufmann Hammerschmidt, nach dem in Jever eine Straße benannt ist; der erste Schützenkönig wurde am 26. Juli 1786 ausgerufen. Nach wechselnden Erfahrungen mit wechselnden Landesherren – der eine erlaubte mit großem Gestus das Königsschießen, der andere schränkte die Fest-

Einen Single-Action-Revolver aus der Waffenkammer des Vereins präsentiert der stellvertretende Vorsitzende Friedrich Winter.

25.000 Mitglieder
Der Oldenburger Schützenbund e. V. hat 184 Vereine in 16 Kreisen mit rund 25.000 Mitgliedern.

lichkeiten radikal ein – löste sich die Schützen-Kompagnie jedoch 1819 wieder auf. Am Ende waren einfach zu viele Mitglieder wieder ausgetreten. 15 Jahre später, als 1834 der Schützenverein neu gegründet wurde, schrieb die Großherzogliche Regierung in Oldenburg in der Genehmigung des Reglements ausdrücklich vor, die Schützenuniform müsse sich in Schnitt und Farbe von der Militäruniform unterscheiden, und „auch Schützenoffizieren [dürfen] nicht ähnliche Distinktionen zugestanden werden, wie solche die Offiziere des Großherzoglichen Truppencorps tragen“. Bis auf die Jahre von 1915 bis 1918 und von 1940 bis 1948 wurden in Jever immer Schützenfeste gefeiert, besonders kräftig zu runden Jubiläen. Eine „Menschenmenge, wie sie unsere Stadt noch niemals gesehen hat“, vermeldete das Jeversche Wochenblatt 1886 zum 100-jährigen Bestehen, „mehrere tausend Volksgenossen“ waren es 1936, die bei der 150-Jahr-Feier dem Großen Zapfenstreich beiwohnten, und „über 10.000 Menschen bevölkerten den Schützenplatz“, als 1961 bei der 175-Jahr-Feier das Feuerwerk abgebrannt wurde.

Das Schützenfest im Gewerbegebiet lief mehr schlecht als recht.

Gerade der Blick zurück macht deutlich, wie gravierend der Einschnitt für diesen Traditionsverein gewesen sein muss, als sein Präsident vorschlug, kein Schützenfest mehr zu feiern. Einmal noch hat man es am neuen Standort im Gewerbegebiet versucht, doch das Fest lief mehr schlecht als recht. „Die Zeit dafür scheint, zumindest in größeren Städten, vorbei zu sein“, sagt Janssen, der von Beruf Elektromeister und Ausbilder ist. Er sieht die Zukunft des Vereins im Sport, vor allem in einer attraktiven Jugendabteilung; immerhin sind gut zehn Prozent der Mitglieder Jugendliche. Mit der neuen 1,6 Millionen DM teuren Anlage, die über 100- und 50-Meter-Schießstände verfügt und in der neben allen schießsportlichen Standarddisziplinen auch Bogen- und Armbrustschießen ausgeübt werden können, hat der Verein die Voraussetzungen geschaffen, um vielleicht eines Tages an den bisher größten Erfolg eines seiner Schützen anknüpfen zu können: 1996 wurde Bruno Winzig Deutscher Meister mit dem Kleinkalibergewehr auf die Distanz von 300 Metern.

Er habe, als er 1988 das Amt in dem völlig überschuldeten Verein übernahm, nicht der letzte Präsident der Jeveraner Schützen sein wollen, begründet Janssen den von ihm forcierten Um- und Aufbruch. Oldenburgs ältester Schützenverein hat jetzt neue Ziele im Visier.

Eine äußerst reizvolle Vorstellung, aber leider nur eine gekonnte Fotomontage: Grünkohlpalme vor dem Oldenburger Schloss.

Von Oktober bis März in aller Munde

Hoflieferanten: Hildburg und Erwin Abel bereiten den Grünkohl für die Polit-Prominenz zu

OLDENBURG. In Sachen Rotwein werden sie wohl noch allerhand Überzeugungsarbeit leisten müssen. Schwören doch Hildburg und Erwin Abel darauf, kein passenderes und bekömmlicheres Getränk zum Grünkohl zu kennen. Mit dieser Ansicht dürften sie in der Gemeinde der Grünkohl-Fans im Oldenburger Land noch in der Minderheit sein, einmal abgesehen von jener gesellschaftlichen Traditionsveranstaltung in der Stadt Oldenburg, wo seit jeher Rotwein zum Grünkohl serviert wird und nicht wenige Gäste jedes Jahr aufs Neue über diesen vermeintlichen geschmacklichen Missgriff die Nase rümpfen. Nein, sagt Erwin Abel (57), auf Bier will er deshalb nicht verzichten, nur trinkt er es halt als Aperitif. Weil die Abels es sich aber mit niemandem verderben wollen, stufen sie ihr Faible für die ungewöhnliche Kombination von Grünkohl und Rotwein selbst als „Glaubens- oder Geschmackssache" ein.

Nun könnte man es ja dabei bewenden lassen und ihre Ansicht als Außenseiter-Meinung tolerieren, die eben von wenig Erfahrung mit Grünkohl zeugt. Doch damit läge man grundfalsch. Hildburg und Erwin Abel sind nämlich ausgewiesene Grünkohl-Experten, sie in der Küche, er dadurch, dass er in der Saison von Oktober bis Mitte März schätzungsweise 50-mal Grünkohl auf dem Teller hat, wenngleich in kleineren Portionen, als er sie seinen Gästen

Beim Abschmecken in der Küche: Das Gastwirts-Ehepaar Hildburg und Erwin Abel und Koch Nico Winkelmann liefern den Grünkohl für das „Defftig Ollnborger Gröönkohläten“ in Berlin.

im „Bümmersteder Krug“ in Oldenburg aufträgt. Mehr noch: Das Gastwirts-Ehepaar bereitet seit nunmehr 18 Jahren den Grünkohl zu, an dessen Genuss die Stadt Oldenburg seit 1956 alljährlich die deutsche Polit-Prominenz beim „Defftig Ollnborger Gröönkohläten“ teilhaben lässt, erst in Bonn, heute in der Hauptstadt Berlin. Dieser Auftrag, gut 360 Portionen Grünkohl vorzubereiten, ist im Renommee durchaus vergleichbar mit dem der Hoflieferanten früherer Zeiten. Denn der Grünkohl hält auch heute seine Stellung als Oldenburger Leibgericht souverän gegen alle Pizza- und Burger-Moden. Erwin Abel beobachtet sogar mit Befriedigung, dass die Kohlfahrten immer populärer und die Teilnehmer immer jünger werden.

Die Kohlfahrten werden immer populärer und die Teilnehmer immer jünger.

Hildburg Abel rührt in der Regel mit, wenn in ihrem Restaurant in den fünfeinhalb Saison-Monaten etwa eine Tonne Grünkohl im großen Kessel verarbeitet wird. Es liegt ihr fern, die Zubereitung als Betriebsgeheimnis darstellen zu wollen, im Gegenteil. „Ich koche ihn nicht anders wie jede Oldenburger Hausfrau auch“, sagt sie lapidar. Früher kam im Oldenburger Land vor dem Buß- und Bettag kein Grünkohl auf den Tisch, doch neuerdings können es die Oldenburger nur noch bis Ende September ohne durchhalten. Und auch eine andere, einmal als ehern geltende Regel ist längst außer Kraft: Der Kohl – die Abels bevorzugen Langfördener Ernte, die sie sicherheitshalber für die ganze Saison im Voraus bestellen – wird nicht mehr erst dann geerntet, wenn er den ersten Frost bereits hinter sich hat. Kühlhäuser erledigen das inzwischen viel termingerechter. An einer Kohl-Weisheit allerdings lassen Grünkohlkenner nicht rütteln: Aufgewärmt schmeckt er wesentlich besser. Warum das so ist, darüber scheint aber selbst die erfahrene Köchin nur eine ungefähre Vorstellung zu haben. „Vielleicht“, vermutet sie, „quillt der Kohl, wenn er zur Ruhe kommt, wieder etwas auf und nimmt dadurch die Brühe noch besser auf.“

Den Gästen in der Hauptstadt wird jedenfalls garantiert aufgewärmter Grünkohl aufgetischt. 200 Kilogramm Kohl kochten für das 48. Prominenten-Essen im Februar 2006 in der Küche des „Bümmersteder Kruges“ mehrere Stunden lang in der Fettbrühe. Möglichst zwei oder drei Tage vor dem Termin beginnen die Abels damit. Mit Pinkel, Kasseler,

Kochmettwurst und Speck haben sie nichts zu tun, dafür gibt es eigene Lieferanten. Für das Gastwirts-Ehepaar ist die Arbeit erledigt, sobald der Grünkohl und eine Extraportion Brühe, beides herabgekühlt auf 2 Grad und in möglichst kleinen Behältern verpackt, auf dem Weg nach Berlin ist. Zuweilen wird für diesen Transport auch schon mal ein Feuerwehrwagen eingesetzt. Es ist dann Sache des Küchenchefs in der Niedersachsen-Vertretung in Berlin, den Kohl heiß zu machen und Fleisch und Wurst vorzulegen; im Februar waren es fast 100 kg Kasseler ohne Knochen, 67 kg Fleischpinkel, gut 50 kg Kochmettwurst und annähernd 40 kg geräucherter Speck. Zweimal war Erwin Abel bisher Gast in Berlin und hat die Qualität seines eigenen Grünkohls testen können. Es hat ihm geschmeckt.

Von „Hoflieferanten“ wird vor allem erwartet, über lange Zeiträume eine gleichbleibende Qualität zu halten. In den 18 Jahren, in denen der „Bümmersteder Krug“ den Grünkohl fürs Bonner/Berliner Kohlessen liefert, gab es nur einmal eine, offenbar nur für wahre Kohl-Gourmets erkennbare leichte Geschmacksabweichung, berichtet Hildburg Abel. Der Kohl war ein bisschen zu weich geraten, was die eher Grünkohl-unerfahrenen prominenten Polit-Gäste indes nicht herausgeschmeckt haben dürften. Die Köchin ist der Sache auf den Grund gegangen und hat als Erklärung herausgefunden, dass seinerzeit die Kohlernte in Langförden etwas feiner als üblich ausgefallen war und sich deshalb beim Aufwärmen nicht die gewohnte Konsistenz einstellen wollte. Seit gut 30 Jahren bereitet die 58-Jährige nun Grünkohl in allen Variationen zu – auch als vegetarisches Grünkohlessen, als Auflauf, Roulade oder Gänsebrust mit Grünkohl –, und doch scheint letztlich das „richtige Gefühl“ den Ausschlag dafür zu geben, ob Koch oder Köchin das völlig zu Unrecht als derb verschrieene Gericht miss- oder gelingt.

Was den Rotwein anbetrifft, beruft sich Abel übrigens auf eine Altherren-Riege, die in seinem Lokal vor Urzeiten regelmäßig zum Grünkohlessen einkehrte. Die allesamt silberhaarigen und distinguierten Herren bestellten damals grundsätzlich nur Rotwein. Eines Tages überzeugten sie auch den Wirt. Nur sollte man in Oldenburg vielleicht nicht allzu laut sagen, dass diese Sitte eigentlich aus Bremen stammt.

Erst Kohlkönigin – dann Kanzlerin

Angela Merkel wurde 2001 zur Oldenburger Kohlkönigin gewählt, vier Jahre später dann zur Kanzlerin. Auch bei ihrem Vorgänger Gerhard Schröder verlief die Karriere nach diesem Muster: erst Kohlkönig, dann Kanzler.

Heißer Reggae aus dem kühlen Norden

Aus den „Fies'n Fries'n" wurden die FREEZ'N

OLDENBURG | VAREL | WILHELMSHAVEN. Jetzt wollen sie es aber wissen: Mit der ersten CD über die volle CD-Länge soll die Karriere der einstigen „Fies'n Fries'n" einen neuen Schub bekommen. Dafür haben die acht Musiker sogar ihren pfiffigen Namen drangegeben und sich in „FREEZ'N" umbenannt, was für die Fans zumindest in der Aussprache keine allzu schwere Umstellung bedeuten dürfte. „Weg von der Klamaukschiene", wie Schlagzeuger Rainer Völker sagt, will die beliebte Reggae-Rock-Band, die im Oldenburger Land Kultstatus genießt. Den Namens- und Designwechsel hat sie sich einiges kosten lassen. Dass die Band-Kasse arg strapaziert

Starker Auftritt beim Oldenburger Stadtfest 2006: Janina aus Wilhelmshaven und George aus Ghana (links).

Im Idealfall, sagt Völker, stehen Eltern und Kinder gemeinsam vor der Bühne „und wippen mit den Füßen."

wurde, erklärt sich auch damit, weil ein in der internationalen Musikbranche so renommierter Mann wie Denis Blackham, der schon mit „The Who", Eric Clapton und „Madness" zusammengearbeitet hat, sich die CD „Free(z)one" mit ihren zehn Stücken vorgenommen und ihr in seinem Studio auf der schottischen Isle of Skye den letzten Feinschliff verliehen hat. „Mastern" ist der Fachausdruck dafür. Recorded und produziert wurde die CD in Rastede, von Marco Dalos im Skylab Sound Tonstudio.

Die Band, die seit Anfang der 1990er-Jahre besteht und seit 2000 in weitgehend unveränderter Besetzung zusammen spielt, möchte sich über die Grenzen der Region hinaus einen Namen machen. „Wir wollen aus der Bezirksliga aufsteigen in die nächsthöheren Ligen, mit dem Fernziel 2. Bundesliga", beschreibt Völker mit einem Vergleich aus dem Fußball die Ambitionen. Jeder Musiker, auch jeder Amateurmusiker, sagt Gitarrist Jochen Wesseln, der die Band mitgegründet hat, hängt dem Traum vom großen Publikumserfolg nach. In ihrem Fall wäre es schon ein schöner Erfolg, würde man sie auch in Hannover, Hamburg oder Dortmund kennen und wahrnehmen. Die sechs Männer aus Varel und Oldenburg mit dem Frontmann George aus Ghana und der jungen Frontfrau Janina aus Wilhelmshaven – zwischen ihr und dem ältesten Bandmitglied liegen mehr als 20 Jahre Altersunterschied – gelten mit durchschnittlich zwei Auftritten im Monat als gut etabliert.

Aber schon bis dahin war es kein leichter Weg für die Band, die mit Hardrock anfing, um dann bald zum Reggae zu finden. Galt es zunächst, in angesagten Szene-Kneipen Klinken zu putzen, um live auftreten zu können, so stellte es sich als noch weitaus mühevoller heraus, ein Engagement bei den besonders attraktiven Massen-Events wie etwa den Stadtfesten in der Region zu ergattern. „Die Veranstalter arbeiten am liebsten mit Bands zusammen, mit denen sie schon immer zusammengearbeitet haben", sagt Völker. „Da ist es verdammt schwer, den Fuß zwischen die Tür zu kriegen." Jahrelang rannte er zum Beispiel den Veranstaltern des Stadtfestes in Oldenburg und des Wochenendes an der

© Freez'n

erste Reihe von links
Janina Jung | SÄNGERIN | *Wilhelmshaven*
George Khemicals | SÄNGER | *Ghana/Oldenburg*
Rainer Völker | SCHLAGZEUG | *Oldenburg*

zweite Reihe von links
Michael Schmidtke | PERCUSSION | *Varel*
Malte Antonissen | KEYBOARD | *Varel*
Mirco Feige | BASS | *Varel*

dritte Reihe von links
Kai-Uwe Feige | RHYTHMUSGITARRE | *Varel*
Jochen Wesseln | GITARRE | *Oldenburg*

Jade in Wilhelmshaven die Bude ein, bis sie die „Fies'n Fries'n" dann endlich einmal verpflichteten. Seitdem gehören sie allerdings auch jedes Jahr dazu. An einen Auftritt beim Oldenburger Kultursommer erinnert sich die Band besonders gern, weil es ihr damals gelang, auf dem Rathausmarkt rund 3500 Zuhörer gut drei Stunden lang vor der Bühne zu halten: „Da ist kaum einer vor dem Ende weggegangen."

Auch wenn die Band inzwischen zu den festen Größen in der vielgestaltigen Popmusikszene im Oldenburger Land gehört, „reich werden kann man mit unseren Gagen zurzeit noch nicht", sagt Völker. Zumal das meiste davon wieder in Projekte wie die CD oder ins teure Equipment gesteckt wird. Durchschnittlich zwei Auftritte im Monat können die Musiker, die fast alle berufstätig sind, vom Ergotherapeuten über den Berufsschullehrer, Bäcker bis zum Kfz-Mechaniker, gut verkraften. Freilich müssen bei acht Leuten alle Aktivitäten mit Blick auf die Beanspruchung in Beruf und Familie und auf die wöchentlichen Proben auf dem elterlichen Bauernhof von Wesseln bei Rastede gut aufeinander abgestimmt sein. Übrigens: „Profunde Notenkenntnisse sind bei uns nicht unbedingt nötig", sagt Wesseln freimütig, alles werde „aus dem Bauch heraus gespielt". Nur ungern lässt sich die Band in eine stilistische Schublade einordnen. Mit der Mischung aus Reggae, Rock und Soul sollen Zuhörer aller Altersgruppen angesprochen werden. Im Idealfall, sagt Völker, stehen Eltern und Kinder gemeinsam vor der Bühne „und wippen mit den Füßen".

Wohl deshalb warnt die Band auf ihrer Website vor möglichen „Nebenwirkungen" ihrer Auftritte: Häufig würden „unwillkürliche Zuckungen in den Beinen" beobachtet.

Dietrich Hein und ein in seiner Werkstatt fast vollendetes Clavichord.

Kopien, die Unikate sind

Dietrich Hein baut historische Clavichorde und Cembali

OLDENBURG. Es ist, als würde man eine Stimmgabel anschlagen. Bekanntlich hält sie den Ton sehr lange. Auch Dietrich Hein braucht man nur ein bisschen anzuticken, eine Frage reicht, und schon extemporiert er mühelos und fast ohne Unterbrechung eineinhalb Stunden lang über seinen Beruf, der ihn auch nach mehr als 20 Jahren Praxis und dem Bau von ca. 80 Instrumenten noch immer so zu fesseln vermag wie zu Beginn seiner Laufbahn. Wobei die Berufsbezeichnung „Instrumentenbauer" ein etwas profaner Begriff ist für das, was der 43-Jährige in seiner Werkstatt im ehemaligen Oldenburger Schlachthof macht. Hein ist vielmehr „freischaffender Künstler", und auf diese Zuordnung legt er durchaus Wert. Er stellt Tasteninstrumente nach historischen Vorbildern her: so genannte Zupfklaviere, als da sind Cembali, Spinette oder Virginale, und Clavichorde unterschiedlicher regionaler Bauschulen und Epochen.

Es gibt in Deutschland vielleicht ein gutes Dutzend Cembalo- und Clavichordbauer, die wie er auf demselben handwerklichen und klanglichen Niveau historische Instrumente originalgetreu nachbauen können und ihnen zugleich Unverwechselbarkeit im Klang verleihen. „Man muss eine präzise Vorstellung vom Klang haben – und Inspiration", beschreibt Hein das seiner Ansicht nach ausschlaggebende Talent für seinen Beruf, Liebe zur Musik ohnehin vorausgesetzt. Das eigentliche Handwerk sei dagegen „eher Sport". Der Oldenburger ist Experte für Clavichorde des 18. Jahrhunderts. Zurzeit sind zwei von drei Instrumenten, die er baut, Clavichorde. Dieses Tasteninstrument, dessen Saiten im Gegensatz zum Cembalo nicht angezupft, sondern angeschlagen werden und so lange klingen, wie die Taste gedrückt wird, hat seit dem Mittelalter und bis in die Mitte des 19. Jahrhunderts hinein in der Haus- und Kammermusik eine bedeutende Rolle gespielt.

„Haydn zum Beispiel hat bis 1780 nur Clavichord oder Cembalo zur Verfügung gehabt, auch Mozart hat erst nur auf diesen beiden Instrumenten gespielt, ehe er später zum Hammerklavier kam", sagt Hein. Vom Vorgänger des heutigen Klaviers, dem Hammerklavier (Fortepiano), wurden Cembali und Clavichorde, deren empfindsamer Klang in kleineren Räumlichkeiten seine volle Wirkung entfaltet, allmählich verdrängt. Sie kamen aus der Mode. „Für Säle mit 3000 Leuten sind diese Instrumente eben nicht gemacht." Im Zuge der Renaissance Alter Musik und der Rückbesinnung auf die Tradition des Instrumentenbaues sind sie nun aber wieder sehr gefragt, von professionellen Musikern ebenso wie von Musikprofessoren oder -studenten, von Orchestern und Kirchengemeinden, von Liebhabern und Sammlern. In Oldenburg stehen u. a. in der Lambertikirche und im Staatstheater Instrumente aus Heins Werkstatt.

Leidenschaft und Begeisterung für die Musik wurden Hein im Elternhaus eingepflanzt. Der Vater war Kirchenmusiker und in den 1960er-Jahren zeitweilig Organist an der Oldenburger Versöhnungskirche. Früh stand für Sohn Dietrich fest, dass er Instrumentenbauer werden wollte. Dass er sich für eine Lehre im Ausland entschied, hatte mit der deutschen Ausbildungsverordnung zu tun, die schon der Abiturient als überholt empfand. Hein ging lieber in die USA, wo er von 1983 bis 1985 in Grand Rapids (Michigan) in der international renommierten Instrumentenbauer-Werkstatt Keith Hill seine Lehrjahre absolvierte, in der großer Wert auf Klangideal, auf musikalische Aufführungspraxis, auf Gehör und Ästhetik gelegt wurde. Nach der Gesellenprüfung in Deutschland arbeitete er zwei Jahre bei einem Cembalobauer im Berner Oberland

Alles vom Feinsten: Die Tastatur des Clavichords ist aus Linde, belegt mit Ceylon-Ebenholz und argentinischen Rinderknochen (Bild links).
Nur ein kleiner Teil aus der Werkzeugkiste des Instrumentenbauers.

und kam schließlich Ende der 80er-Jahre ins ostfriesische Bunderhee, wo seinerzeit im Alten Steinhaus die Norddeutsche Orgelakademie untergebracht war und wo er deren Gründer Professor Harald Vogel wiederbegegnete, durch den er an seinen amerikanischen Lehrmeister geraten war. 1992 mietete er die Werkstatt in Oldenburg.

Die filigranen Instrumente, die Hein in dem alten Schlachthofgebäude baut – mit Hilfe detaillierter Fachliteratur, Besuchen in Museen und im Gedankenaustausch mit Fachkollegen im In- und Ausland –, lehnen sich zwar stark an die historischen Vorbilder an, reine Kopien sind sie aber nicht, sondern immer auch Unikate. „Selbst wenn ich eine noch so genaue Kopie eines Clavichords oder Cembalos machen wollte, wäre für den Kenner am Klang herauszuhören, dass es ein Instrument aus meiner Werkstatt ist.“ Sensible Materialauswahl, der „Respekt vor den Eigenschaften des Holzes“ und der Sinn für Proportionen beeinflussen maßgeblich das Klangbild, sagt Hein und erläutert am Beispiel eines Clavichords, dessen Bau kurz vor der Vollendung steht, was darunter zu verstehen ist: Der Resonanzboden ist aus alpinem Fichtenholz, geschlagen in der Schweiz, astfrei natürlich, der Saitendraht, legiert nach historischem Vorbild, wird in England gezogen, die Beschläge am Instrument stammen ebenfalls aus England, die diffizilen Stimmwirbel fertigt ein Werkzeugmacher in Deutschland eigens für den Oldenburger Instrumentenbauer an, hauchdünne Nägelchen und feine Stifte kauft Hein in Amerika ein, auch die Filzstreifchen, hergestellt exakt wie im 19. Jahrhundert, bezieht er aus den USA, die Tastatur ist aus Linde, belegt mit Ceylon-Ebenholz und argentinischem Rinderknochen, und die anderen Hölzer, die im Korpus dieses Instrumentes noch verbaut sind, Nussbaum, Fichte, Kiefer, Ahorn, Mehlbeere, Buche und vor allem Eiche, kommen aus Frankreich, Holland, Thüringen und dem Ipweger Moor.

Es gab Zeiten, da mussten die Kunden bis zu sechs oder sieben Jahre auf die Lieferung eines Instrumentes warten.

Das Interesse der Kunden, auch vieler ausländischer, an historischen Instrumenten scheint nach wie vor ungebrochen zu sein. Zwischen 7000 und 30.000 Euro kostet ein Clavichord oder ein Cembalo, je nach der Zahl der Register und Manuale. Ein Instrument komme sie so teuer zu stehen wie ein Auto, sagt Hein seinen Kunden und fügt gern hinzu, dass das Auto in der Zeit, die nötig ist, um ein Instrument erst einmal richtig einzuspielen, längst auf dem Schrottplatz gelandet ist. Nicht mehr als drei, höchstens vier Instrumente im Jahr baut Hein, auch weil er mit jeder seiner Einzelanfertigungen immer dem eigenen hohen Anspruch gerecht werden will. Es gab Zeiten, da mussten seine Kunden bis zu sechs oder sieben Jahre auf die Lieferung warten. Mittlerweile hat sich die Marktlage ein wenig entspannt: Heute müssen sich die Auftraggeber „nur noch“ zwei oder drei Jahre gedulden.

Vom Kurhaus zum Kulthaus

Gastwirt Karl-August Tapken und die turbulenten Jahre mit seinem Künstlervölkchen

DANGAST. Einmal, nur ein einziges Mal hat er versucht, es einen anderen machen zu lassen. Prompt ist es schiefgegangen. Vor Jahren hat Karl-August Tapken die Bestellung von zehn Platten Rhabarberkuchen an einen Bäcker weitergeleitet, weil er sich nicht in der Lage sah, an diesem Tag auch noch Kuchen außer Haus zu liefern. Doch was ihm dann ins Kurhaus in Dangast gebracht wurde, „das konnte man nicht einmal verschenken". Es stimmte weder die Konsistenz des Rhabarbers noch die der Baiserauflage. Und das, obwohl er doch aus seinem Rezept gar kein Geheimnis macht.

Der Rhabarberkuchen von Karl-August Tapken im Kurhaus ist legendär, er ist sozusagen oldenburg-berühmt. Fast jeder Oldenburger und jede Oldenburgerin dürfte schon einmal nach einem Spaziergang über die Dangaster Strandmauer eine Kaffeepause in dieser Gastwirtschaft eingelegt und ein Stück gekostet haben. Als Tapken vor ein paar Jahren das Bundesverdienstkreuz verliehen wurde, witzelte ein Journalist, es sei

Verdienstkreuz für den Rhabarberkuchen?
Karl-August Tapken und der Garten am Kurhaus.

nicht eindeutig festzustellen, wofür er es bekommen habe: für seine Verdienste um die Kulturarbeit oder für den Kuchen.

Verdient hat er es allemal. Denn dass das Kurhaus am Jadebusen oberhalb der Flutmauer Kultstatus erlangen konnte, verdankt es in hohem Maße diesem toleranten und weltoffenen Gastwirt, seinem leckeren Rhabarberkuchen und dem Künstlervölkchen, das sich von jeher gern an diesem Ort einstellt. Zum Kuchen ist noch zu sagen, dass der heute 70 Jahre alte Tapken in der Hauptsaison nach wie vor an den drei Tagen, an denen das Lokal jetzt noch geöffnet ist, von fünf bis neun Uhr morgens in der Küche steht, um zusammen mit seiner Frau Ulrike zu backen.

Das Alte Kurhaus, das auf einer Sanddüne steht, war Teil der „Reichsgräflichen Bentinckschen Seebadeanstalt Dangast“, die der als Lebemann bekannte Reichsgraf Wilhelm Gustav Friedrich von Bentinck von 1804 an erbauen ließ. Wie es heißt, ließ er zunächst einen Park mit Pavillon für seine von der Magd zur Gräfin avancierte Gattin Sarah Margarete anlegen. Dangast war das erste Seebad an der Nordseeküste. Die Kuranlage mit Badehaus, das sein Meerwasser über eine Rohrleitung direkt aus dem Jadebusen bezog, lockte als Gäste jedes Jahr auch den Oldenburger Großherzog und dessen zahlreichen Familienanhang an. 1883 kaufte ein Vorfahre der Tapkens, einer inzwischen so weitverzweigten Familie, dass man deren vielen Mitgliedern heute in Dangast kaum entgehen kann, die gesamte Anlage mit den vier Häusern und führte sie als Fremdenpension. Von 1952 an arbeitete Karl-August Tapken in der Gaststätte mit, deren Kuchentheke so ungewöhnlich aus- und einladend ist und die gut 300 Gästen in drei großen Räumen Platz bietet. 1977 übernahm er sie.

Künstler hat Dangast schon immer angezogen. Von Tapkens Großmutter wird berichtet, sie habe ein Techtelmechtel mit den „Brücke“-Malern Erich Heckel und Max Pechstein gehabt, die zusammen mit anderen

Die „Jade« von Anatol Herzfeld

bedeutenden Expressionisten zwischen 1907 und 1910 zeitweise im Ort lebten und arbeiteten. Der Enkel schwört freilich Stein und Bein, „dass da sexuell nichts passiert ist“. Pechstein malte damals sein berühmtes Kurhaus-Bild, das lange Zeit fälschlicherweise als „Landschaft in Murnau“ galt, ehe der Irrtum aufgeklärt wurde. Anfang der 1920er-Jahre bezog Franz Radziwill gleichsam um die Ecke sein Haus. Er war bis zu seinem Tod 1983 Stammgast im Kurhaus und konnte äußerst knurrig werden, wenn sein Fensterplatz mit dem unverstellten Blick auf den Jadebusen besetzt war und nicht sogleich freiwillig geräumt wurde.

Die turbulenteste Zeit durchlebte das Kurhaus, als in den 1970er- und 80er-Jahren der Düsseldorfer Verkehrspolizist und Beuys-Schüler Anatol Herzfeld und in seinem Gefolge auch die „Freie Akademie Oldenburg“ Dangast entdeckten und es mit provokanten Kunstwerken und spektakulären Aktionen weit über seine Grenzen hinaus bekannt machten. Anatol etwa malte in nur 40 Minuten eine windumtoste Mühle auf eine zwei mal vier Meter große Leinwand, die jetzt im Kursaal hängt, er stellte eine nackte, grüne Jade ins Meerwasser und schipperte im Papierboot zur documenta nach Kassel. Der selbsternannte Wikinger-Kaiser Butjatha setzte seinen hölzernen Thron in den Sandstrand und der Bildhauer Eckart Grenzer einen mannshohen Granit-Penis, den er „als verbindendes Glied zwischen dem weiblichen Meer und der männlichen Erde“ deutete. Anton Tapken, als Eigner und Kapitän des Fahrgastschiffes „Etta von Dangast“ ein ebenso ortsbekanntes Original wie sein Bruder, der Wirt, hatte da allerdings seine eigene Interpretation: „Der Grenzer wollte doch bloß mal einen Klopper in die Welt setzen.“

Seit einem drastischen Ordnungsruf des Arztes ist es ruhiger geworden im Kurhaus.

Von Anatol hat Karl-August Tapken seit Anfang der 90er-Jahre nichts mehr gehört und gesehen. Es sei ihm im Kurhaus zu laut und zu voll geworden, habe er den Rückzug begründet. Eine Sichtweise, die auch Tapkens Tochter Maren, eine studierte Kulturpädagogin, gelernte Hotelfachfrau und künftige Gastwirtin in der fünften Generation, nicht recht nachvollziehen kann. Die Künstler suchten heutzutage in aller Regel „nicht mehr das große Podium“, sie seien nicht mehr so exaltiert wie seinerzeit, sagt sie, die inmitten der bunten und schrägen Künstlerszene von damals aufgewachsen ist. In der Tat ist es ruhiger geworden ums Kurhaus, nicht zuletzt auch deshalb, weil Tapken nach einem drastischen Ordnungsruf seines Arztes die Öffnungszeiten auf Freitag, Sonnabend und Sonntag reduzierte. Dass sich Besucherzahlen und der Umsatz aufs Jahr gerechnet dennoch in ähnlichen Größenordnungen bewegen wie zu jener Zeit, als nur ein Ruhetag die Woche unterbrach, hat er selbst mit einiger Verwunderung zur Kenntnis genommen. Was aber auf jeden Fall belegt, dass der Kult ums Alte Kurhaus keine vorübergehende Erscheinung ist.

Die Entdeckung der jungen Alten

Der BTB ist der größte Sportverein im Oldenburger Land

Frauen-Power beim BTB (v.l.): die 1. Vorsitzende Cornelia Löber und die Geschäftsführerinnen Anke Molde und Inge Tschorn-Werner

OLDENBURG. An der Aqua-Gymnastik würde Cornelia Löber auch gerne mal teilnehmen. Aber bisher war kein Platz für sie in diesen beliebten Kursen. Also muss die 1. Vorsitzende des Bürgerfelder Turnerbundes (BTB) sich noch eine Weile in Geduld üben. Irgendwann wird auch für sie ein Platz frei sein. Die Aqua-Gymnastik gehört zu den Dutzenden von Kurs- und Übungsangeboten des BTB, der mit annähernd 5000 Mitgliedern der größte Sportverein im Oldenburger Land ist und, 1892 gegründet, auch einer der ältesten. Doch mit der Frisch-fromm-fröhlich-frei-Philosophie eines Turnvaters Jahn hat der Verein heutzutage nicht mehr viel gemein. Sicher, es gibt nach wie vor eine große Turnabteilung, aber die umfasst heute sehr viel mehr als nur Reck, Barren und Pferd. „Turnvater Jahn ist nur noch eine historische Figur", sagt Löber.

Gegenwart ist beim BTB, dass er mit seinem Freizeit-, Spiel- und Sportzentrum an der Alexanderstraße einerseits ein mittelständisches Dienstleistungsunternehmen ist, das ebenso mit kommerziellen Fitnesscentern im Wettbewerb steht wie mit privaten Therapie-Anbietern in der Gesundheitsvorsorge und Rehabilitation. Andererseits gilt es aber auch darauf zu achten, dass die Heimeligkeit und soziale Nestwärme eines traditionellen Sportvereins, in den viele Mitglieder „schon als Kleinkinder eingetreten werden", wie Geschäftsführerin Inge Tschorn-Werner es formuliert, und zeitlebens dabei bleiben, nicht der betriebswirtschaftlichen Kalkulation zum Opfer fallen. Ein Spagat.

Zwei Frauen, die sich seit dem Sportstudium in Göttingen kennen, führen gegenwärtig den BTB. Dass sie diese Leitungspositionen inne haben, halten beide eher für einen Zufall. Es ist jedoch durchaus repräsentativ und folgerichtig, sind doch zwei Drittel der zurzeit rund 4800 Mitglieder Mädchen und Frauen. Cornelia Löber, Studiendirektorin an einem Oldenbur-

Die Vereinsgründung am 1. Juni 1892 war noch eine reine Männersache.

ger Gymnasium, ist 1982 als Übungsleiterin zum BTB gekommen und wurde 2001 als erste Frau in der Vereinsgeschichte an die Spitze gewählt. Inge Tschorn-Werner hat 1983 als Sportlehrerin beim BTB angefangen und später die Geschäftsführung übernommen. Weil auch unter den drei stellvertretenden Vorsitzenden im ehrenamtlichen Vorstand eine Frau ist, will Löber nun „ein Auge darauf zu werfen, dass die Frauen-Übermacht nicht zu stark wird“.

Die Vereinsgründung am 1. Juni 1892 war noch eine reine Männersache. 22 junge Männer hoben den BTB aus der Taufe. Es dauerte 17 Jahre, bis die erste, heute denkmalgeschützte Turnhalle gebaut wurde und zugleich Frauen zum ersten Mal mitturnen durften. Mit der Eröffnung des in der Vereinschronik als „Jahrhundertwerk“ titulierten Neubaues eines Schwimmbades, einer Sauna und einer Spielhalle am 23. April 1980 schlug der BTB, bis dahin ein typischer, eher biederer Stadtteil-Turnverein, einen Weg ein, den damals nur ganz wenige Sportvereine zu gehen wagten: Dem Freizeit-, Gesundheits- und Breitensport wurde erklärtermaßen der Vorrang vor dem professionellen Leistungssport, genauer dem Hochleistungssport, gegeben. „Unsere Vorgänger“, sagt Cornelia Löber, „waren mit dieser Richtungsentscheidung nicht nur konsequent, sondern ihrer Zeit um einiges voraus.“ Ohne diese Weichenstellung hätte der BTB die Turbulenzen um den Neubau, die „ihm fast das Genick gebrochen hätten“ (Inge Tschorn-Werner), womöglich nicht überstanden. Das Sportzentrum war um ein Drittel teurer geworden als kalkuliert und belastete die Bilanz noch ein volles Jahrzehnt lang.

Auf der anderen Seite hat sich das Wagnis aber gelohnt: Allein zwischen 1980 und 1982 gab es einen Schub von fast 700 neuen Mitgliedern. Nur noch einmal in den darauffolgenden Jahrzehnten wurde ein ähnlicher Mitgliederzuwachs registriert, als nämlich die „jungen Alten“ Gesundheitssport und Wellness entdeckten, zunächst noch unter dem betulichen Begriff „Wohlfühl-Angebote“. Der BTB war einer der Vorreiter in Norddeutschland, als er die Kooperation mit Krankenkassen suchte und den Gesundheitssport ins Programm hob. Die Dachorganisation der Turnvereine, der Niedersächsische Turnerbund, war längst noch nicht so weit und musste seinerzeit bei Anfragen aus Oldenburg, etwa nach Aus- und Fortbildungslehrgängen im Gesundheitssport, meistens passen, erinnert sich Tschorn-Werner.

Inzwischen ist das Übungsangebot so vielfältig, dass sogar die Vorsitzende manchmal Mühe hat, den Überblick zu behalten. Es reicht von Badminton über Ballett bis zu Nordic Walking, vom Herzsport über Judo bis zum Wandern, von Jazztanz übers Inline-Skaten bis zum Säuglingsschwimmkurs. Nur der Fußball hat beim BTB nie ein Bein auf die Erde bekommen. Dafür hat „jeder zweite Oldenburger bei uns das Schwimmen gelernt“, sagt die Geschäftsführerin. Dass aus der Hausfrauengymnastik das „Body-Styling“ wurde, ist dem Zeitgeist geschuldet, ebenso die Aufgabe, alle Jahre wieder abschätzen

Vorrang vor dem Hochleistungssport hat beim BTB der Freizeit-, Gesundheits- und Breitensport. Eine Richtungsentscheidung, die der Verein schon in den späten 1970er-Jahren getroffen hat.

zu müssen, ob neue, zumeist aus den USA herüberschwappende Trendsportarten Eintagsfliegen sind oder doch fürs vereinseigene Programm taugen.

Mittlerweile wird der Jahresetat des BTB von fast 1,5 Millionen Euro nur noch zu höchstens 50 Prozent aus den Beiträgen der Mitglieder gespeist, die andere Hälfte zum allergrößten Teil aus Kursgebühren erwirtschaftet. So stattlich sich die Summe auch auf den ersten Blick ausnehmen mag, der Etat deckt, zumal seit die öffentlichen Zuschüsse für die vereinseigenen Hallen immer geringer ausfallen, gerade mal knapp die Unkosten. „Wir müssen Jahr für Jahr sehr eng kalkulieren“, sagt Löber. 20 festangestellte Mitarbeiter, überwiegend in Teilzeit, beschäftigt der Verein und 135 Honorarkräfte.

Doch bei aller Professionalität und Ökonomie im Management wird das Vereinsleben wie eh und je geprägt von jenen Mitgliedern, die oft von Kindesbeinen an im Verein sind, so wie es bereits die Eltern und die Großeltern waren, und die bereit sind, sich zu engagieren. Zu den Veranstaltungen, die die Gemeinschaft nach der Erfahrung von Inge Tschorn-Werner „regelrecht zusammenschweißen“, gehören die legendären Bühnenabende des BTB, eine Mixtur aus Showtanz und plattdeutschem Theater, die es seit 80 Jahren gibt. Der Sportverein als „zweite Familie“ oder als Familienersatz für Alleinstehende, als Gegenentwurf zu zunehmender Anonymität und Individualisierung, scheint sich im sozialen Gefüge der Gesellschaft behaupten zu können, mühsamer zwar als in der Vergangenheit, aber immerhin. „Es sind diese Mitglieder, durch die der BTB lebt“, sagt Cornelia Löber.

Das dürfte zu Turnvater Jahns Zeiten nicht anders gewesen sein.

Die großen Sportvereine im Oldenburger Land

Mehr als 4000 Mitglieder:
Bürgerfelder Turnerbund (Oldenburg)
Oldenburger Turnerbund
Wilhelmshavener SSV

Mehr als 3000 Mitglieder:
TuS BW Lohne
TSG Hatten-Sandkrug
SV Nordenham
SV Brake

Zwischen 2500 und 3000 Mitglieder:
Delmenhorster TV
TV Hude
TV Dinklage
OSC Damme

Zwischen 2000 und 2500 Mitglieder:
VfL Rastede
VfL Löningen
Sportverein Ofenerdiek (Oldenburg)
TuS Eversten (Oldenburg)
TV Ganderkesee
TuS Heidkrug
MTV Jever
Heidmühler FC
SV Falke Steinfeld

QUELLE: Landessportbund Niedersachsen

freite stieg vom Einsatz an der Ostfront gleichsam direkt in den Ring, praktisch ohne Vorbereitung und Training. Die „Oldenburger Nachrichten“ bejubelten „den größten Erfolg eines einheimischen Sportlers“, der allerdings nach dem Sieg wieder zurück an die Front musste. Gleichwohl: „Vielleicht hat ihm das Boxen sogar das Leben gerettet“, sagt Hollmann. Wurde Hein doch in den Jahren bis 1945 mehrmals buchstäblich aus der Schusslinie an der Front genommen und zu Länderkämpfen abkommandiert. Andererseits: „Der Krieg hat mir die besten Jahre als Sportler geraubt“, sagte er im Rückblick. Auf 145 Pfund abgemagert ist er nach Kriegsende in Hamburg hängen geblieben. Der 26-Jährige, der als Amateur in 185 von 194 Kämpfen als Sieger aus dem Ring gestiegen war, wechselte ins Profilager und gewann 32 von 43 Kämpfen.

Der Ammerländer Junge war beim großen Vorbild seiner Kinder- und Jugendtage angekommen: Max Schmeling. Die beiden Männer, die an entgegengesetzten Enden Hamburgs wohnten, verband eine tiefe Freundschaft, die sich in einem lebenslangen Briefwechsel dokumentierte. Und sie verband noch einiges mehr. Hein ten Hoff stand nach Einschätzung von Hollmann zwar einerseits im Schatten der ungebrochenen Popularität Schmelings, andererseits aber trat er auch in dessen Fußstapfen. Auch Hein wurde wie Schmeling, und lange bevor sich etwa ein Henry Maske mit diesem Ehrentitel schmücken durfte, als Gentleman im Ring bewundert. Er selbst hat das Boxen „immer auch als Fechten gesehen“ und gesagt, „etwas Hirn schadet auch einem Boxer nicht“. Hollmann berichtet von Sequenzen in alten Wochenschauen, in denen für den Fachmann unübersehbar ist, wie ein deutlich überlegen boxender Hein ten Hoff angeschlagene Gegner bewusst schont.

Adenauers Mahnung: „Denken Sie daran, dass die Amerikaner jetzt mit uns befreundet sind.“

Zwischen 15.000 DM beim ersten Profikampf, damals immerhin der Gegenwert von drei VW-Käfern, und 80.000 DM bei seinem wohl besten, knapp nach Punkten verlorenen Kampf gegen den späteren Weltmeister Jersey Joe Walcott am 29. Mai 1950 in Mannheim, lagen die Gagen. Zweimal hat Hein ten Hoff sein Glück auch in den USA versucht. Doch der erste Versuch scheiterte im Januar 1949 an der antideutschen Stimmung, er erhielt erst gar keine Boxlizenz, und beim zweiten Versuch 1953/1954 hatte er den Höhepunkt seiner Karriere bereits überschritten, obwohl er sechs von sieben Kämpfen gegen mehr oder weniger starke Gegner gewann.

Ist Hein ten Hoff noch begegnet: Sportjournalist Horst Hollmann

Nach der Profi-Karriere: der Geschäftsmann Hein ten Hoff

Vom Amerika-Abenteuer blieb Hein ten Hoff vor allem – Bundeskanzler Konrad Adenauer in Erinnerung! Als er in Washington dem Kanzler vorgestellt wurde, ermahnte dieser den Boxer mit einem jener Adenauer-Sätze, die Zitaten-Klassiker geworden sind: „Nun spielen Sie mal schön. Aber denken Sie daran, dass die Amerikaner jetzt mit uns befreundet sind!“ Der Kanzler habe tatsächlich „spielen“ gesagt, bestätigte Franziska ten Hoff diese amüsante Version.

Am 13. Juni 2003 ist Hein ten Hoff, der in den letzten Jahren zunehmend an der Parkinsonschen Krankheit litt und an den Rollstuhl gefesselt war, in einem Hamburger Krankenhaus gestorben. In seinem Haus in Hamburg-Ohlstedt gab es schon zu Lebzeiten weder Trophäen noch Pokale, weder Meisterschärpen noch Bilder. „Ich habe mit dieser Zeit abgeschlossen, und zwar im Guten“, hatte Hein ten Hoff immer gesagt.

Meisterschaftskämpfe

3. August 1946 in Hamburg,
Deutsche Meisterschaft,
gegen Walter Neusel,
gewonnen nach Punkten

10. Mai 1947 in Köln,
Deutsche Meisterschaft, gegen
Richard Grupe, gewonnen
durch technischen K.o. in der 3. Runde

12. Juli 1947 in Köln,
Deutsche Meisterschaft,
gegen Jean Kreitz,
gewonnen nach Punkten

15. Oktober 1947 in Hamburg,
Deutsche Meisterschaft,
gegen Walter Neusel,
gewonnen durch K.o. in der 7. Runde

16. Mai 1948 in Berlin,
Deutsche Meisterschaft,
gegen Arno Kölblin,
gewonnen durch K.o. in der 7. Runde

7. Mai 1949 in Düsseldorf,
Deutsche Meisterschaft,
gegen Heinz Seelisch,
gewonnen nach Punkten

18. September 1949 in Düsseldorf,
Deutsche Meisterschaft,
gegen Walter Neusel,
gewonnen nach Punkten

6. November 1949 in Hamburg,
Deutsche Meisterschaft,
gegen Adolf Kleinholdermann,
gewonnen durch K.o. in der 4. Runde

30. Juli 1950 in Berlin,
Deutsche Meisterschaft,
gegen Wilson Kohlbrecher,
gewonnen durch K.o. in der 2. Runde

23. September 1951 in Berlin,
Europa-Meisterschaft,
gegen Jack Gardner, England,
gewonnen nach Punkten

© Archiv Heini Hamann

Hein ten Hoff nach dem Sieg bei der ersten Deutschen Meisterschaft im Schwergewicht als Profiboxer im August 1946 in Hamburg. Der Siegerkranz stammt von seinem ersten Manager Fritz Gretzschel aus Hamburg.

Immer gut für einen großen Wurf

Warum Hans-Dieter Bohlken auch in Irland eine Legende ist

Mit einer Geschwindigkeit von mehr als 100 Stundenkilometern verlässt die Kugel die Hand von Hans-Georg Bohlken. Beim jüngsten Länderkampf Oldenburg gegen Ostfriesland schaffte er die Tageshöchstweite von 171 Metern, eingewiesen und angefeuert von den Mäklern (Bild rechts oben); im Gegensatz zum Standkampf zählt beim Feldkampf das Ausrollen der Kugel, der Trüll, nach dem Aufprall mit zur Weite.

ELLENS. Man muss schon sehr, sehr erfolgreich sein in seinem Sport, wenn man es sich leisten kann, nicht die errungenen Titel aufzuzählen, sondern umgekehrt jene, die man *nicht* gewonnen hat. Hans-Georg Bohlken kann es sich leisten. Er ist eine Legende im Friesensport. Und es spart ja praktischerweise auch Zeit, wenn er allenfalls drei Meistertitel aufzuzählen hat, als wenn er auf Fragen immer die lange Liste seiner nationalen und internationalen Erfolge und seiner vielen Rekordwürfe herunterbeten müsste.

Nicht nur sein Verein „Fix wat mit“ in Ruttel preist Bohlken als einen „der größten Friesenspieler aller Zeiten“, sondern der Zwei-Meter-Mann aus Friesland nötigt Klootschießern und Boßlern von Irland bis Schleswig-Holstein hohen Respekt ab. Ist doch der „Bär von Ellens“, wie er bewundernd nach seinem Heimatdorf auch genannt wird, selbst im Alter von 44 Jahren noch jederzeit für einen Tageshöchstwurf gut, wie er erst wieder beim jüngsten Klootschießer-Feldkampf zwischen Ostfriesland und Oldenburg unter Beweis gestellt hat. Sein spektakulärster Wurf gelang ihm freilich in Irland. Doch davon später.

Klootschießen und Boßeln sind im Norden des Oldenburger Landes mehr als nur traditionelle Sportarten, sie sind Kult und Kulturgut in einem. Das Klootschießen, aus dem heraus sich später das Straßenboßeln als die wurftechnisch weniger anspruchsvolle Sportart entwickelte, ist viele Jahrhunderte alt. Die früheste derzeit bekannte Erwähnung eines Kloots stammt aus einem Kirchenbuch um das Jahr 1500: Es ist der Tod eines Mannes verzeichnet, der von einem „Kluten“ zu Boden gestreckt worden war.

Die früheste Erwähnung eines Kloots stammt aus einem Kirchenbuch: Es ist der Tod eines Mannes verzeichnet, der von einem „Kluten“ zu Boden gestreckt worden war.

Es gibt zwei, allerdings historisch nicht belegte Versionen, wie das Klootschießen entstanden sein könnte, eine „spannende“, auf die ein Fachmann wie Bohlken schwört, und eine eher unwahrscheinliche. Nach Version 1 setzten die Friesen „Kluten“, also am Feuer hartgetrocknete Kleieklumpen, als Waffe ein und schleuderten sie gegen Angreifer. Die Version 2 besagt, dass mit langen Bändern, in die Kluten eingewickelt waren, nach Treibholz gefischt wurde. Nach Auffassung von Bohlken wäre das jedoch eine ziemlich umständliche und unergiebige Methode gewesen.

Oldenburg- oder Ostfriesenhymne: Ohne sie beginnt kein Durchgang beim Feldkampf Oldenburg gegen Ostfriesland.

Wie auch immer: Zum sportlichen Wettkampf wurde das Klootschießen ohnehin erst im 19. Jahrhundert. Zuvor war es ein Heimatspiel, ausgetragen zwischen einzelnen Bauernhöfen oder Dörfern, mit offenbar herben Begleiterscheinungen. Zeitweise muss es derart hoch hergegangen sein mit Wetten, Trinkgelagen und Raufereien, dass sich die Obrigkeit gezwungen sah, das „verderbliche Klootschießen“ unter Androhung „körperlicher Züchtigung“ zu verbieten, wie es die „hochfürstliche Regierung“ in Jever zweimal getan hat, von 1755 bis 1760 und erneut 1789. Die Menschen – in Ostfriesland war Klootschießen schon 1711 verboten worden – scherten sich indes kaum darum.

An der Küste wurden Klootschießen und Boßeln Volkssport, als sich 1902 der Friesische Klootschießerverband (FKV) gründete und verbindliche Regeln für die Wettkämpfe festlegte. Der FKV, Dachverband der beiden eigenständigen Landesverbände Ostfriesland und Oldenburg (gegründet 1951), ist heute mit 40.000 Mitgliedern der sechstgrößte Sportverband in Niedersachsen.

Die Klootschießer, die ihre mit einem Bleikern gefüllte, 475 Gramm schwere Kugel aus Apfelbaumholz mit einer ebenso dynamischen wie ausgefeilten Wurftechnik vom Sprungbrett aus in die Landschaft schleudern, gelten gemeinhin als Elite unter den Friesensportlern. „Alle Klootschießer boßeln, aber längst nicht alle Boßler sind Klootschießer“, sagt Bohlken. Gerade mal 500 Klootwerfer, darunter sind nach Einschätzung des dreimaligen Europameisters vielleicht zehn wirkliche Top-Athleten, zählt zum Beispiel der Klootschießerlandesverband Oldenburg unter den mehr als 12.000 Mitgliedern.

Klootschießer in Zahlen

- **Der Klootschießerlandesverband Oldenburg e. V.** wurde am 11. November 1951 gegründet. Ihm gehören 121 Vereine mit mehr als 12.000 Mitgliedern an.
- **Der Landesverband hat sieben Kreisverbände:** Butjadingen (gegründet 1906), Stadland (1906), Ammerland (neu gegründet 1930, unter dem Namen Westerstede 1906), Waterkant (1919), Jeverland (1919), Friesische Wehde (1950) und Wilhelmshaven (1955)
- **Straßenboßeln:** In der Saison von September bis März starten auf Landesebene jeden Sonntag in 7 Männer-Boßel-Ligen 64 Mannschaften mit 1280 Friesensportlern und in 4 Frauen-Boßel-Ligen 33 Mannschaften mit 330 Friesensportlerinnen
- **Klootschießen:** Neben den Meisterschaften in den 7 Kreisverbänden starten bei den Einzelmeisterschaften auf Landes- und Verbandsebene regelmäßig mehr als 300 Sportlerinnen und Sportler in 7 weiblichen und 10 männlichen Altersklassen

Ein explosiver Abwurf, ähnlich wie beim Speerwerfen, ist das A und O beim Klootschießen.

- **Informationen unter**
www.friesensport.de
www.bosselergebnis.de
www.klv-oldenburg.de

Aus der Rivalität der Landesverbände Oldenburg und Ostfriesland im Feldkampf, der auf schneefreiem und tief gefrorenem Boden ausgetragen werden muss und deshalb im ungünstigen Fall nur alle paar Jahre stattfinden kann, bezieht der Friesensport in Nordoldenburg einen Gutteil seiner Attraktivität und der öffentlichen Aufmerksamkeit. Auf den Traditionssport färbt offensichtlich ein bisschen ab von der Geschichte der beiden Landesteile, die sich nie besonders grün waren. 10.000 Zuschauer wie 1986 in Jever folgen zwar nicht jedes Mal den beiden Mannschaften über die Felder, aber einige tausend sind es bei jedem Länderkampf.

Nach sechs Stunden Wettkampf und etlichen Straßenkilometern betrug der Vorsprung der Oldenburger sage und schreibe 80 Zentimeter.

Den ersten der prestigeträchtigen und sich über Stunden hinziehenden Feldkämpfe gewannen 1937 die Ostfriesen mit einem Vorsprung von nur vier Metern, was aber im Vergleich zum Jugendwettbewerb im Jahr 1978 noch eine glasklare Angelegenheit war. Siegte doch damals die Oldenburger Jugendmannschaft, in der ein 16-Jähriger namens Hans-Georg Bohlken stand, nach sechs Stunden und etlichen Streckenkilometern mit sage und schreibe 80 Zentimetern Vorsprung! Bohlken wurde im Laufe

Glossar

Bahnwieser Bahnweiser, Bahnanzeiger

Boßel Die Kugel fürs Boßeln

Boßler Die Person, die den Boßelsport ausübt

Fleut herut! Flieg heraus!

flüchten Die Entfernung vom Werfen bis zum ersten Aufschlag der Kugel

He löpt noch Er (die Kugel) rollt noch

Hier up an! Hierher!

Käkler Zuschauer oder Begleiter beim Boßeln und Klootschießen

Kloot uphangen Herausforderung zum Feldkampf mit dem Kloot

Kraber Hilfsmittel, um die Boßelkugel im Graben zu finden und herauszuholen

seiner Karriere bereits 16-mal in eine Ländermannschaft berufen. Keiner im Landesverband hat mehr Einsätze – und ein Ende ist noch nicht abzusehen.

Dass ihre sportliche Leistung nicht immer und nicht überall die angemessene Würdigung findet, grämt Klootschießer und Boßler und ihre Verbandsfunktionäre bisweilen. Schon im Süden des Oldenburger Landes wird ihr Sport als eher exotisch empfunden, manchmal sogar belächelt. Was erst müssen die Thailänder gedacht haben, als ihnen Ex-Europameister Detlef Müller aus Mentzhausen 1996 in Bangkok bei den Weltkulturspielen den Kloot um die Ohren warf?

Vor allem das Klootschießen, sagt Werner Gerdes, Ehrenvorsitzender des Oldenburger Verbandes, stelle enorm hohe Ansprüche an die Athletik und stehe anderen sportlichen Spitzenleistungen in nichts nach. Hans-Georg Bohlken, der von Kindesbeinen an mit Kloot und Boßelkugeln spielte, hätte womöglich auch im Handball reüssieren können, er stand schon im Sichtungskader für die zweite Bundesliga, ehe er sich voll auf den Friesensport konzentrierte. Am nächsten, sagt er, kommt der explosive Abwurf beim Speerwerfen dem Klootschießen, bei dem die Kugel mit einer Geschwindigkeit von mehr als 100 Stundenkilometern die Hand verlässt.

Am 15. September 1985 warf Bohlken im Standkampf mit 105,20 Metern einen Weltrekord, der knapp elf Jahre lang bestehen bleiben sollte. Dieser 20 Grad warme Herbsttag in Burhave ist in die Annalen der Klootschießer eingegangen, denn knapp zwei Stun-

Demonstration des Bewegungsablaufes beim Straßenboßeln: Im Gegensatz zum Klootschießen wird kein Sprungbrett eingesetzt, und die Wurftechnik ist weniger anspruchsvoll.

Ein Teppich wird den Klootschießer-Recken vor jedem Wurf ausgerollt.

den zuvor hatte Harm Henkel aus Pflanzdorf (Landkreis Aurich) mit 102 Metern den schon 50 Jahre alten Weltrekord des ersten ostfriesischen 100-Meter-Klootwerfers aus dem Jahr 1935 übertroffen. Inzwischen hat Stephan Albarus aus Norden, Mitglied der Sportförderkompanie der Bundeswehr in Warendorf, exakt einen Meter weiter als Bohlken geworfen. Weiten über 95 Meter, sagen die beiden Oldenburger Klootschießer-Recken, seien ohne volle Konzentration auf den Sport und ohne mehrstündiges tägliches Training nicht zu erzielen.

Was müssen die Thailänder gedacht haben, als ihnen Detlef Müller in Bangkok den Kloot um die Ohren warf?

Detlef Müller (37), der 1996 Europameister wurde und seinerzeit Student der Betriebswirtschaft an der Universität Oldenburg war, gab für seinen Sport sogar ein Semester dran. Sechs Stunden trainierte er täglich im Vorfeld dieser Meisterschaft. Zwei Stunden Fitness-Studio, dann Bocksprünge und Schnellkrafttraining in der Turnhalle, anschließend 40 kraftraubende Klootwürfe und zum Schluss noch beim Uni-Sport oder bei den Handballern mittrainieren – so sahen seine Tage damals aus. 99,80 Meter ist Müllers persönliche Bestleistung. Ein Vergleich macht diese Leistung augenfällig: Ein sportlich nicht ambitionierter Werfer schafft allerhöchstens 35 bis 40 Meter.

Europameister Detlef Müller wärmt sich auf (Bild oben links), Ex-Weltrekordhalter Bohlken beobachtet gelassen die Konkurrenten.

Glossar

Liek up mi an! Werfe gerade auf mich zu!

Lüch up! Heb auf!

Lüch up un fleu herut! Hebe auf und fliege weit hinaus! (auch Boßelgruß)

Mäkler Bahnanweiser

Pudel Missglückter Wurf (auch beim Kegeln geläufig)

Schloot Graben

Schoet (Schoot, Schuss, Wurf). Führt eine Mannschaft einen Schoet, hat der Gegner für die gleiche Strecke einen Wurf mehr gebraucht.

Trüll (trüllen) Ausrollen der Klootkugel nach dem Aufprall

Vörup Vorsprung

Der spektakulärste Auftritt und zugleich ruhmreichste Wurf gelang Bohlken jedoch abseits jeder Wettkampfbahn, am 8. September 1985 vor 12.000 Zuschauern im irischen Cork. In der Konkurrenz mit fünf Spitzenwerfern aus Schleswig-Holstein, Holland und Irland überwarf er als Einziger im vierten und letzten Versuch mit einer 810 Gramm schweren Eisenkugel eine 30 Meter hohe und sechs Meter breite Eisenbahnbrücke, die sich über eine Hauptstraße spannt. Er kassierte für diese im Wortsinn wahre Höchstleistung, an der sich Generationen von irischen Klootwerfern zuvor vergeblich versucht hatten, eine Prämie von 5000 irischen Pfund.

Seitdem ist Hans-Georg Bohlken auch in Irland eine Legende.

Wirtschaft | Wissenschaft

Die 32 Meter hohen, glänzenden Türme des Friesischen Brauhauses zu Jever sind längst ein Wahrzeichen der Stadt. 1848 als kleine Privatbrauerei gegründet, steht das Friesische Brauhaus für traditionsreiche Braukunst. Hier wird eine von Deutschlands Top-Marken, das Jever Pilsener, gebraut.

Vier Branchen dominieren

OLDENBURG. Die Wirtschaftsstruktur im Oldenburger Land wird geprägt von vier großen Branchen, die auch den Löwenanteil am Gesamtumsatz der Industrie von 15,1 Milliarden Euro im Jahr 2005 erwirtschafteten; einem Rekordergebnis übrigens, wovon 4,5 Milliarden im Export erzielt wurden. Die vier Branchen sind nach Angaben der Oldenburgischen Industrie- und Handelskammer (IHK) das Ernährungsgewerbe, mit 37,7 Prozent am Gesamtumsatz beteiligt, der Fahrzeugbau (14,6 Prozent), der Maschinenbau (9,2 Prozent) und die Kunststoffindustrie (7,9 Prozent).

Eine Ursache für die nicht unerhebliche Abweichung der Wirtschaftsstruktur in der Region von der des übrigen Bundesgebietes ist der immer noch relativ hohe Anteil der Landwirtschaft an der Wirtschaftsleistung. Er spielt mit 3,5 Prozent an der Bruttowertschöpfung – also dem Maß für den Wert der volkswirtschaftlichen Leistungen – eine fast viermal größere Rolle als im Durchschnitt des Bundesgebietes. Ähnliches gilt auch für die Beschäftigung. Die heimische Landwirtschaft ist der wichtigste Rohstofflieferant für das dominierende Ernährungsgewerbe und stark mit ihr verflochten.

Ernährungsgewerbe

Das Ernährungsgewerbe, in dem gut jeder vierte Industriebeschäftigte im Oldenburer Land tätig ist, konzentriert sich vorwiegend in den Landkreisen Cloppenburg und Vechta, aber auch in den Kreisen Ammerland und Oldenburg sind große Betriebe vertreten. Fast 17.000 Beschäftigte arbeiten in 159 Betrieben. Der Umsatz betrug 5,7 Milliarden Euro. „Schlachten und Fleischverarbeitung" ist die größte Sparte.

Fahrzeugbau

Der Fahrzeugbau mit rund 9800 Beschäftigten in 30 Unternehmen umfasst die Hersteller von Kraftwagen und von Teilen von Kraftwagen, den Luft- und Raumfahrzeugbau und die Werften. Der Umsatz betrug 2,2 Milliarden Euro. Automobilzulieferer sind hauptsächlich in der Stadt Oldenburg und im Kreis Vechta beheimatet, Werften und Luftfahrzeugbau (Airbus) in der Wesermarsch und in Friesland, die mit gut 56 und knapp 30 Prozent auch die höchsten Exportquoten im IHK-Bezirk aufweisen.

Kunststoffindustrie

Die Kunststoffindustrie, die zum Großteil im Kreis Vechta, aber auch in den Kreisen Ammerland, Cloppenburg und Wesermarsch sitzt, kam auf knapp 1,2 Milliarden Euro Umsatz. Sie beschäftigt in 46 Betrieben mehr als 6400 Menschen. Ihre Exportquote beträgt 27 Prozent. Schwerpunkte der in Südoldenburg aus der ehemaligen Korkindustrie hervorgegangenen Branche sind die Produktion von Teilen für Autos und Verpackungsmaterialien.

Maschinenbau

Im Maschinenbau, dessen 75 Unternehmen mit mehr als 7900 Beschäftigten im gesamten IHK-Bezirk – mit einem Schwerpunkt im Landkreis Oldenburg und mit dem Schwermaschinenbau in Wilhelmshaven und Delmenhorst – zu finden sind, wurden 1,4 Milliarden Euro umgesetzt. Gut zwei Fünftel des Umsatzes werden im Export erzielt, vor allem im Spezial- und Landmaschinenbau.

© Norbert Hartfil/NWZ-Archiv

Zu den großen Arbeitgebern in der Region gehören die Airbus-Werke in Nordenham (ca. 2300 Beschäftigte) und Varel (ca. 1260 Beschäftigte). Nordenham ist der zentrale Montagestandort für Rumpfschalen (Bild) aller Airbus-Flugzeuge. 140 verschiedene Rumpfschalen werden in einem weitgehend automatisierten Prozess hergestellt, rund 300 Rumpfschalen, bis zu 10 mal 4 Meter groß, verlassen pro Monat das Werk. Varel ist innerhalb des Airbus-Fertigungsverbundes das Zerspanungszentrum. Jährlich werden 2,5 Millionen Flugzeugbauteile produziert; allein für den Superjumbo A 380 sind es mehr als 4000 verschiedene Bauteile. Zudem entwickelt und stellt das Werk Varel Fertigungs- und Montagevorrichtungen für den Flugzeugbau her.

Europas Fotodienstleister Nummer 1 ist die Firma CeWe Color mit 20 Produktionsstandorten und mehr als 3000 Mitarbeitern. Das Unternehmen wurde 1961 von Senator Heinz Neumüller in Oldenburg gegründet. Als größter europäischer Fotofinisher entwickelt CeWe Color jährlich mehr als 3 Milliarden Farbfotos, wobei der Anteil der Digitalfotos kontinuierlich steigt.

© CeWe Color

Elektroindustrie / Baugewerbe

Zu den großen Industriezweigen zählt auch die Elektroindustrie – worunter z. B. auch Büromaschinenhersteller oder Hersteller von medizinischen oder optischen Geräten gehören –, deren 42 Betriebe mit gut 4500 Beschäftigten 731 Millionen Euro Umsatz erwirtschafteten, 4,8 Prozent des Industrieumsatzes im IHK-Bezirk. Das Baugewerbe, noch bis in die 1970er-Jahre hinein eine der führenden Branchen im Oldenburger Land, kam auf 632 Millionen Umsatz und beschäftigt mittlerweile in noch 119 Betrieben rund 5100 Personen. Die größte Industriedichte mit 114 Beschäftigten je 1000 Einwohnern weist der Landkreis Vechta auf, vor der Wesermarsch (91) und dem Kreis Cloppenburg (86). Die Städte Oldenburg und Wilhelmshaven stehen mit 33 bzw. 37 Beschäftigten am Ende dieser Liste.

Einzelhandel

Im Einzelhandel sind im Oldenburger Land in knapp 16.700 Betrieben mehr als 28.000 Menschen beschäftigt, davon gut 19.000 in Vollzeit. Der Umsatz lag im Jahr 2005 bei 3,2 Milliarden Euro, das sind 7,4 Prozent des Umsatzes aller Unternehmen im IHK-Bezirk; 1998 wurden noch 3,5 Milliarden Euro (9,8 Prozent) erwirtschaftet. Die Kaufkraft der Kunden im Oldenburger Land konzentriert sich nach der Statistik für das Jahr 2006 der GfK Marktforschung GmbH (Nürnberg) im Wesentlichen auf die Städte und Tourismusorte: So weist Wangerooge mit einer Kaufkraftkennziffer von 110,8 (bezogen auf den Bundesdurchschnitt von 100 je Einwohner) die höchste Ziffer auf. Weit über dem Durchschnitt liegen auch die Städte Jever (106,7) und Oldenburg (104,5) sowie die Gemeinden Bad Zwischenahn (106,0) und Lemwerder (103,3); exakt den Bundesdurchschnitt erreicht Rastede. Bemerkenswert auch die hohen Kennziffern der kleinen Gemeinden Kirchseelte und Beckeln im Landkreis Oldenburg: 109,4 bzw. 106,6. Am unteren Ende der Liste stehen die Orte Winkelsett (Kreis Oldenburg) mit 84,0 und Molbergen (Kreis Cloppenburg) mit 84,4.

Tourismus

Tourismus-Hochburgen sind sommers wie winters die Kreise Friesland, Ammerland und Wesermarsch. In Friesland mit über 370.000 Übernachtungen von Oktober bis März und mehr als einer Million von Mai bis Oktober sind Wangerooge und das Wangerland, hier vor allem Horumersiel-Schillig, die bedeutendsten touristischen Ziele, im Ammerland mit 700.000 Übernachtungen ist es Bad Zwischenahn, auf das allein fast 500.000 Übernachtungen entfallen. In der Wesermarsch gilt das gleiche für die Gemeinde Butjadingen, in der rund 585.000 der insgesamt 655.000 Übernachtungen gebucht werden.

Mittelstand

Ein wesentlicher Faktor für die erfolgreiche Wirtschaftsentwicklung im Oldenburger Land ist nach Angaben der IHK die mittelständisch geprägte Unternehmensstruktur. Kleine und mittlere Unternehmen mit 20 bis 100 Beschäftigten sind in der großen Mehrzahl. Von den über 60.000 Mitgliedsunternehmen der IHK sind mehr als 22.000 im Dienstleistungssektor tätig, mehr als 16.000 im Einzelhandel, gut 5000 im Großhandel und Vermittlungsgewerbe, rund 4500 im produzierenden Gewerbe, rund 4000 im Gastgewerbe, fast 2500 im Verkehrsgewerbe, gut 3300 im Kredit- und Versicherungsgewerbe und rund 2500 in der Land- und Forstwirtschaft.

Bankenplatz

Die Stadt Oldenburg ist *der* Bankenplatz für das Oldenburger Land und darüber hinaus für die Region Weser-Ems. Zwei große Regionalbanken haben hier ihren Hauptsitz: die Oldenburgische Landesbank (OLB, mehr als 2300 Mitarbeiter/ 30.6.2006), deren Filialnetz sich heute auf ganz Weser-Ems erstreckt, und die Landessparkasse zu Oldenburg (LzO, mehr als 1700 Mitarbeiter), älteste Sparkasse der Welt und eine der größten deutschen Sparkassen. Die Bremer Landesbank Kreditanstalt Oldenburg - Girozentrale - (1000 Mitarbeiter) nimmt zugleich die Aufgaben einer Landesbank, einer Girozentrale für die mit ihr verbundenen Sparkassen und einer Geschäftsbank in ihrem Geschäftsgebiet Oldenburg Bremen wahr. Auf Weser-Ems erstreckt sich auch das Geschäftsgebiet der 60 Volks- und Raiffeisenbanken (ca. 4500 Mitarbeiter im Oldenburger Land und in Ostfriesland), die dem Genossenschaftsverband Weser-Ems angehören. Zudem ist Oldenburg Sitz einer Filiale der Deutschen Bundesbank.

Wachstumskerne

Eine neue wissenschaftliche Studie hat im Oldenburger Land sieben Wachstumskerne, so genannte Cluster, erkannt: Logistik und Außenwirtschaft, Automobilsektor, Schiffbau, Luft- und Raumfahrt, Ernährungswirtschaft, Gesundheit und Energie. Als „Motoren" werden Energie und Logistik/Außenwirtschaft angesehen, weil sie von allen anderen Clustern nachgefragt werden. Auch die Häfen gelten mit Blick auf die prognostizierte rasante Entwicklung im Seeverkehr als Wachstumsmotoren; Wilhelmshaven mit dem geplanten Jade-Weser-Port sowie Nordenham und Brake haben gute Chancen, vom erwarteten Anstieg im Container- bzw. Stückgutumschlag nachhaltig zu profitieren.

Für alle Zahlenangaben gilt, sofern nicht anders angegeben, der Stichtag 31.12.2005; bei den Angaben zu den Unternehmen handelt es sich immer um Betriebe mit mehr als 20 Beschäftigten, ausgenommen im Einzelhandel.

Seekrankheit? Das war einmal

Abeking & Rasmussen erfüllt auch exzentrische Wünsche ihrer Luxusyacht-Kundschaft

LEMWERDER. Man kann es ja mal probieren: Mit einem langen, genüsslichen Schweigen beantwortet Diplom-Ingenieur Hans M. Schaedla (43) die Frage nach Namen von Prominenten, die sich auf seiner Werft Megayachten haben bauen lassen. An dem freundlich-nachsichtigen Lächeln prallen auch alle weiteren Versuche ab, nachhaken zu wollen. Verschwiegenheit und Diskretion gehören in diesem Geschäft wie der Anker zum Schiff. Was für die Namen der künftigen Eigner der Luxusyachten gilt, gilt gleichermaßen für die Preise. Nur ganz wenige auf der Werft wissen Bescheid über die reiche Klientel, die sich hinter den Auftragsnummern verbirgt.

Nur wenige wissen Bescheid über die reiche Klientel, die sich hinter den Auftragsnummern verbirgt.

So bleibt es dabei, dass der Geschäftsführer der Schiffs- und Yachtwerft Abeking & Rasmussen lediglich den verstorbenen Fiat-Chef Agnelli nennen mag, der sich 1988 in Lemwerder sein Ausnahmeschiff „Extra-Beat" abgeholt hatte. Schaedla sagt das auch nur, weil man es und ein paar andere berühmte Namen ohnehin in einem Buch über die Werft nachlesen kann. Mehr, als dass sein Unternehmen auf dem Weltmarkt akquiriert, und die überaus anspruchsvolle Kundschaft eher in Übersee oder in den arabischen Emiraten als in Deutschland zu Hause ist, ist ihm nicht zu entlocken.

100 Jahre alt ist die Werft an der Weser im nächsten Jahr, und sie wird bis dahin gut 6500 Schiffe gebaut haben. Gegründet wurde sie von dem als „Grand Old Man" des deutschen Segelsports und als begnadeter Konstrukteur gepriesenen Dänen Henry „Jimmy" Rasmussen (1877 – 1959) und seinem finanzstarken Partner Georg Abeking (1881 – 1970). Sie haben mit wegweisenden Holzkonstruktionen von der Jolle bis zur Regattayacht den legendären Ruf der Werft begründet. Geschäftsführer Dr.-Ing. Klas Spethmann (61) jedenfalls kann dem Vergleich, die Firmengeschichte von Abeking & Rasmussen sei für den Yachtbau vermutlich ähnlich prägend gewesen wie die von Mercedes für den Automobilbau, durchaus etwas abgewinnen. „Wir wollen nie größer werden, aber immer besser sein", fasst er die Firmenphilosophie von heute in einem Satz zusammen.

Kein Wort über die Auftraggeber: die Geschäftsführer Hans M. Schaedla (r.) und Klaas Spethmann. Diskretion gehört zum Geschäft wie der Anker zum Schiff.

Es wird nirgends gespart: Die Computer im Ruderhaus sind von einer Lederpolsterung eingefasst (Bild links); auf kleinem Raum müssen ebenso viele technische Systeme untergebracht werden wie auf einem großen Luxusliner (Bild rechts).

Die Motor- und Segelyachten, seit den 1960er-Jahren größtenteils aus Stahl und Aluminium gebaut, sind jedoch nur ein Teil im Lieferprogramm der Werft. Ebenso erfahren, seit dem 1. Weltkrieg schon, ist sie im Bau von Minensuchbooten für die Bundesmarine und die Marinen anderer Länder und von so genannten Behördenschiffen, Patrouillenbooten für die Polizei und Tenderschiffen für Lotsen. Waren es in der Vergangenheit in erster Linie die Marineschiffe, die gewissermaßen den Takt vorgaben für die Entwicklung technischer Neuerungen, so sind es seit dem Ende des Kalten Krieges, seit die militärischen Aufträge weniger wurden, mehr und mehr die zivilen Neubauten.

Schließlich ist das Unternehmen auch noch Deutschlands größter Hersteller von Rotorblättern für Windenergieanlagen. Gefertigt werden Rotoren bis zu einer Spannweite von 55 Metern. Mehr als 500 Mitarbeiter beschäftigt Abeking & Rasmussen, viele arbeiten bereits in der zweiten oder dritten Generation auf der Werft. Früher, als der handwerkliche Anteil im Schiffbau noch viel höher war, sprach man anerkennend von „den Männern mit den goldenen Händen"; inzwischen ist zum handwerklichen Können das technologische Know-how gekommen, das der Werft den Spitzenplatz in Wettbewerb und Weltmarkt sichert.

In den Montagehallen sind hinter den Gerüsten die gewaltigen Ausmaße der Megayachten, ihre hochmoderne technische Ausstattung und ihr luxuriöses Interieur schwer zu erahnen. Sechs solcher Yachten, zwischen 40 und höchstens 80 Meter lang, können parallel gebaut werden. Zweieinhalb Jahre beträgt die Bauzeit für ein Schiff, drei werden im Jahr zu Wasser gelassen. „Nach der Besichtigung eines Schiffes fragt mich meine Frau immer: Warum muss ich im Hühnerstall wohnen?", beschreibt Spethmann mit ironischer Distanz die exklusive Ausstattung an Bord. Gut ein Viertel des Kaufpreises – den man getrost weit oberhalb der Kosten etwa für ein Tenderschiff, 20 Millionen Euro, ansetzen darf – geben die Auftraggeber in der Regel für das elegante Ambiente aus. Manche bringen gleich ihren eigenen Innenarchitekten mit nach Lemwerder.

Man muss sich das so vorstellen, sagt Schaedla: Leute, die sich eine Yacht in dieser Preisklasse leisten können, sind auf den großen Kreuzfahrtschiffen jene Passagiere, die gewöhnlich die Luxussuiten für Zigtausende Dollar die Nacht belegen. „Exakt diesen Komfort, womöglich einen Tick individueller und besser, erwarten sie auf ihrem eigenen Schiff." Das ist eine der schwierigsten Herausforderungen für die Yachtbauer in der Wesermarsch: Sie müssen auf vergleichsweise engem Raum genauso viele technische Systeme an Bord unterbringen wie auf einem der hochhausgroßen Luxusliner. Und da darf keine Tür laut ins Schloss fallen und kein Tischchen vibrieren, sonst ist es um die Reputation der Schiffsbauer geschehen. Yachtbesitzer können eine ziemlich empfindliche Kundschaft sein.

Die beiden Geschäftsführer bringen allerdings auch exzentrische Kundenwünsche längst nicht mehr aus der Ruhe. Ist doch die Werft just dabei, wie häufiger in ihrer 100-jährigen Geschichte, die Konkurrenz wieder einmal um ein paar Schiffslängen hinter sich zu lassen. Abeking & Rasmussen hat so genannte Halbtaucher-Arbeitsschiffe für das Lotsenwesen entwickelt, wofür der Werft im Jahr

Yachtbesitzer können eine ziemlich empfindliche Kundschaft sein.

2003 ein Innovationspreis der deutschen Wirtschaft verliehen wurde. Diese Technologie, vom U-Boot-Bau inspiriert, kann in Zukunft, wenn es die Auftraggeber wünschen, auch auf den Yachtbau übertragen werden. „Die Schiffe bewegen sich damit selbst bei rauer See ruhig wie ein Intercity-Zug", sagt Spethmann. Auf hoher See würde man mit einem Koffer von einem Schiff auf ein anderes umsteigen können wie von einem Bahnsteig zum gegenüberliegenden.

Man gönnt sich ja sonst nichts: das Marmorbad ist Standard.

Das aber bedeutet nichts weniger als die Abschaffung der Seekrankheit.

Ein Mann beackert den Weltmarkt

Die Unternehmensgruppe Grimme aus Damme ist in über 60 Ländern auf allen Kontinenten vertreten

Gigant unter den Landmaschinen: Franz Grimme vor der größten Kartoffelerntemaschine aus seiner Produktion.

DAMME. Viele haben versucht, in diese Marktnische einzudringen, doch fast alle sind gescheitert. Man könnte auch sagen, sie ließen ihr Vorhaben wie eine heiße Kartoffel fallen. Wobei das Bild in diesem Fall einmal genau passt: Denn die überlegene Marktstellung der Unternehmensgruppe Grimme aus Damme in der Produktion von Landmaschinentechnik für den Kartoffel- und neuerdings auch für den Zuckerrübenanbau hat noch kein Konkurrent erschüttern können.

85 Prozent der in Damme produzierten Maschinen sind für den Export bestimmt. „Man kann, mit Verlaub, sagen, dass wir weltweit gut aufgestellt sind“, sagt Firmenchef Franz Grimme (60). Selbst auf dem schwierigen US-Markt hat er sich festsetzen können. Seit vor ein paar Jahren der amerikanische Marktführer in diesem Landmaschinen-Segment übernommen wurde, wird Grimme-Kartoffeltechnik auch in Blackfoot/Idaho produziert, „allerdings alles ein bisschen größer und ausladender als bei uns“. Und natürlich beackert der dynamische Firmenchef, der im Vorjahr als „Unternehmer des Jahres“ im Oldenburger Münsterland ausgezeichnet wurde, auch bereits die ganz großen Kartoffelanbaugebiete dieser Welt; Russland mit 3,1 Millionen Hektar Kartoffelfeldern schon seit geraumer

Der knallrote Grimme-Schriftzug befindet sich in Westeuropa auf zwei von drei Landmaschinen, mit denen Kartoffeläcker bestellt werden.

Der knallrote Grimme-Schriftzug befindet sich in Westeuropa auf zwei von drei Landmaschinen, mit denen Kartoffeläcker bestellt werden. In über 60 Ländern auf allen Kontinenten ist das mittelständische Familienunternehmen mit Vertrieb und Service vertreten.

Zeit und seit dem Vorjahr China mit 4,3 Millionen Hektar. Knapp 1000 Mitarbeiter, 620 in Damme, beschäftigt Grimme.

Grimme musste das Wachstum gegen den Trend schaffen: Auf dem Heimatmarkt Deutschland werden immer weniger Kartoffeln angebaut.

Es war nicht unbedingt vorauszusehen, dass aus der 1861 gegründeten Schmiede mit angeschlossenem Eisenwarenfachgeschäft ein High-Tech-Unternehmen werden würde, das heute selbstbewusst die Marktführerschaft auf seinem Gebiet reklamieren kann. Zwar hatte sich Senior Franz Grimme schon in den 30er-Jahren des vorigen Jahrhunderts intensiv mit der seinerzeit noch visionär erscheinenden Mechanisierung der Kartoffelernte beschäftigt, doch bis zur ersten Serienproduktion von Kartoffelvollerntemaschinen dauerte es immerhin noch bis 1956. Mittlerweile gibt es Grimme-Technik für jeden einzelnen Arbeitsvorgang beim Kartoffelanbau: von der Vorbereitung des Beetes über Pflanzmaschinen, diverse Pflegegeräte bis hin zu vollautomatischen Erntemaschinen und zur Einlagerungstechnik.

Diese hoch spezialisierte Produktpalette, deren vorläufiger Schlusspunkt eine gigantische, mehr als 400.000 Euro teure Erntemaschine ist, die auf vier Reihen gleichzeitig rodet, siebt, reinigt, fördert und bunkert, dient im Grunde, abgesehen von der Ertragssteigerung, nur dem einen Ziel: eine möglichst unbeschädigte Kartoffel aus der Erde zu holen.

Fallen doch bei einer Ernte von 50 Tonnen Kartoffeln 500 Tonnen so genannter Beimengen an, die separiert werden müssen, so dass neun Zehntel davon wieder auf dem Acker landen, ohne dass die hochempfindliche Hackfrucht dabei Schaden nimmt, erläutert Franz Grimme, der das Unternehmen seit 1980 leitet, in der nunmehr vierten Generation. Weil es allein in Deutschland 120 Kartoffelsorten gibt, 400 in Europa und gut 1200 auf der Welt, sind die Anforderungen an jede Grimme-Maschine, die in Damme auf den drei langen Montagebahnen zusammengebaut wird, unterschiedlich wie die Bodenbeschaffenheit und die Klimazonen in den Anbauregionen in aller Welt.

Dabei hat Grimme Wachstum und Aufschwung sogar gegen den Trend schaffen müssen: Denn die Kartoffel hat, zumindest auf dem Heimatmarkt Deutschland, ihre Stellung als dominierendes Grundnahrungsmittel schon lange eingebüßt. Vor 40 Jahren kamen pro Person und Jahr noch etwa 115 Kilogramm Kartoffeln auf den Tisch, heute sind es nur noch 65 Kilogramm, mehr als die Hälfte

Maschinenbilder © Grimme

Bei der Ernte von 50 Tonnen Kartoffeln fallen 500 Tonnen so genannter Beimengen an, die separiert werden müssen.

Die technische Weiterentwicklung an einer Maschine einzustellen, würde das Eingeständnis sein, dass diese Maschine nicht mehr marktfähig ist.

davon als Pommes frites oder Chips. Mit der Folge, dass hierzulande immer weniger Kartoffeln angebaut wurden, wenn auch auf immer größeren Flächen.

Ohne die frühe Exportorientierung – schon 30 der 40 ersten in Serie hergestellten Vollerntemaschinen wurden in die Niederlande geliefert – und ohne die Verwurzelung des Unternehmens im Oldenburger Münsterland, dessen Menschenschlag er hohe Zuverlässigkeit und großen Fleiß bescheinigt, sei der Aufstieg zum Marktführer nicht denkbar, sagt Franz Grimme. Nicht ein einziges Mal in der langen Firmengeschichte habe der Standort Damme zur Disposition gestanden, auch nicht, als nach der ökonomischen Öffnung Osteuropas eine Auslagerung der Produktion vordergründig Vorteile zu versprechen schien. Grimme ist heute das zweitgrößte Unternehmen am Ort. Und so wird die gut 55 Mann starke Entwicklungs- und Forschungsabteilung auch in Zukunft in Damme daran tüfteln, immer perfektere Maschinen zu konstruieren. Eine Maxime seines Vaters hat sich Franz Grimme nachhaltig einprägt: Die technische Weiterentwicklung an einer Maschine einzustellen, würde das Eingeständnis sein, dass diese Maschine nicht mehr marktfähig ist. So weit wollen es noch viele weitere Grimme-Generationen nicht kommen lassen.

Kunden wollen mehr als nur eingewickelt werden

Weitgehend vollautomatisierte Produktion bei der Dettmer Verpackungen GmbH in Lohne

LOHNE. 450.000.000 laufende Folienmeter: So recht kann man sich unter dieser Zahl nichts vorstellen. Deshalb ist es ganz gut, dass Ralf Wilkens (39) noch ein Bild nachschiebt, das die Größenordnung der Produktion bei der Dettmer Verpackungen GmbH in Lohne anschaulicher werden lässt. 450 Millionen Meter sind nämlich 450.000 Kilometer, und das bedeutet, dass mit den in Lohne in einem Jahr produzierten und bedruckten Kunststoff-Folien die Erde am Äquator locker zehnmal umwickelt werden könnte. Aus 20.000 Tonnen Polyethylengranulat jährlich werden Folien hergestellt, vornehmlich zur Verpackung von Lebensmitteln, aber auch eine Reihe anderer Produkte, von der einfachen Tragetasche über den Sack für die Blumenerde bis hin zur Waschmittelpackung.

Für einen mittelständischen Betrieb der kunststoffverarbeitenden Industrie, dessen Gründer Heinz Dettmer (67) vor 40 Jahren damit gestartet war, Papiertüten für Obst und Lebensmittel von Hand zusammenzukleben, vor allem jene heute kaum mehr verwendeten Dreispitztüten, sind das beeindruckende Zahlen. Dennoch ist das Südoldenburger Unternehmen kein Produzent von Massenware, mit der heute insbesondere Billiganbieter aus Süd- und Osteuropa auch diesen Markt überschwemmen. Es habe sich vielmehr, nachdem der Firmengründer schon bald auf Kunststoff- und Folienverpackungen umgestiegen war, „seine Marktnische mit Top-Qualität erobern müssen", sagt Wilkens, Assistent der Geschäftsführung. Um diese Position zu halten, hat das Familienunternehmen viel in die heute weitgehend vollautomatisierte Produktionstechnologie investiert und in einen Druckmaschinenpark, der in Europa zu den größten in der Verpackungsindustrie gehört.

In der Folienherstellung wird 360 Tage im Jahr rund um die Uhr in drei Schichten gearbeite

„Unser entscheidender Know-how-Vorsprung gegenüber der Konkurrenz sind die Mitarbeiter", sagt Wilkens. Der Betrieb, in dem in der Folienherstellung 360 Tage im Jahr rund um die Uhr in drei Schichten gearbeitet wird, und in dem auch die Druckmaschinen am Wochenende nur knapp 30 Stunden still stehen, beschäftigt 180 Mitarbeiter, darunter sehr viele langjährige und erfahrene Fachkräfte. Das kommt nicht von ungefähr, hat doch die Stadt Lohne eine lange Industriegeschichte. Sie war in den vergangenen 200 Jahren immer ein Zentrum der industriellen Entwicklung. Es begann 1801 mit der ersten Fabrik für Schreibfedern aus Gänsefedern, woraus bis 1840 vier Fabriken wurden, die 100.000 Schreibfedern pro Tag herstellten,

Firmengründer Heinz Dettmer vor seinem Unternehmen in Lohne: Vor 40 Jahren fing er damit an, Dreispitz-Papiertüten für Obst und Lebensmittel von Hand zusammenzukleben. Heute beschäftigt er 180 Mitarbeiter.

und setzte sich 1873 fort in der ersten maschinellen Produktion von Korken, die bis 1950 auf 24 Betriebe wuchs. Vor allem in dieser Korkenfabrikation hielt dann Ende der 50er- und Anfang der 60er-Jahre die Kunststoffproduktion Einzug, die inzwischen im gesamten Landkreis Vechta von herausragender wirtschaftlicher Bedeutung ist.

Bei Dettmer erkannte man frühzeitig, dass Handel und Nahrungsmittelbranche – von deren namhaften Unternehmen nicht wenige praktischerweise in unmittelbarer Nähe ihre Produktionsstätten haben – künftig auf Folienverpackung und Verpackungsfolien setzen würden. Es ging nicht mehr nur darum, etwas mehr oder weniger gekonnt einzuwickeln. An die Verpackung wurden in punkto Hygiene und Lebensmittelsicherheit immer strengere und komplexere Anforderungen gestellt. Zugleich sollte sie möglichst auffällig und bunt bedruckt daherkommen. Dass es das Unternehmen geschafft hat, dem nationalen und internationalen Kundenkreis beides aus einer Hand anbieten zu können, Folienproduktion und Druck, war nach Ansicht von Wilkens die wohl wichtigste strategische Entscheidung des Firmengründers. Trotz eines Wettbewerbes, „der von Monat zu Monat schärfer wird", gehen mehr als 45 Prozent der Produktion in den Export, vorwiegend in Länder der Europäischen Union.

Daran wird bereits gearbeitet:

Weitgehend vollautomatisch läuft die Produktion der Folien, deren Werkstoff in der Regel Polyethylen ist.

Gewissermaßen eine Spezialität des Unternehmens ist das so genannte Kaschieren von Folien. Dabei werden mehrere Folien zusammengeklebt, sehen für den Verbraucher jedoch aus wie eine. Und damit ist man auch schon mittendrin im Fachvokabular der Branche. Durch diese Mehrschichtfolien werden „Barrieren" aufgebaut, um Wasser oder Sauerstoff abzuhalten und damit die Haltbarkeit der Lebensmittel zu verlängern. Ein Salatkopf zum Beispiel kann in einer Folie verpackt ein paar

Der Druckmaschinenpark von Dettmer ist einer der größten in der europäischen Verpackungsindustrie.

Eine Folie, die anzeigt, ob das verpackte Fleisch in Ordnung oder schon verdorben ist.

Tage ansehnlich und knackig bleiben; wird er aus der Folie genommen, fällt er dagegen binnen Stunden zusammen. Von „aktiver Verpackung" reden die Fachleute und versprechen für die Zukunft noch einiges mehr: Etwa die Folie, die Konservierungsstoffe in Lebensmitteln völlig überflüssig macht, weil sie selbst konservierend wirkt. Oder die Folie, die anzeigt, ob das verpackte Fleisch in Ordnung oder schon verdorben ist. Nichts davon ist bereits reif für den Markt, aber das Lohner Unternehmen, das sich einen eigenen Entwicklungsingenieur leistet, hält den Kontakt zu den namhaften Forschungsinstituten, die daran arbeiten.

Noch nicht in der täglichen Produktion, aber immerhin in ersten Erfolg versprechenden Versuchen hat sich das Unternehmen mit dem Gedanken auseinandergesetzt, womöglich eines Tages bei der Folienherstellung auf nachwachsende Rohstoffe zurückgreifen zu müssen. Polyethylen, der gegenwärtig für die meisten Produkte eingesetzte Werkstoff aus Kohlenwasserstoffverbindungen, basiert auf Öl, eine bekanntlich absehbar endliche Ressource. Wilkens teilt freilich die Befürchtung nicht, eine Ölknappheit und damit eine Rohstoffverknappung für die kunststoffverarbeitende Industrie stehe quasi unmittelbar bevor. Noch seien auf Stärke basierende, nachwachsende Rohstoffe als Ausgangsmaterial in Preis und Qualität nicht annähernd konkurrenzfähig gegenüber Polyethylen. Sollte sich dieser Vergleich jedoch einmal günstiger darstellen, wäre Dettmer durchaus in der Lage, sich einer neuen Herausforderung zu stellen. Mit dieser Denkweise sei das Unternehmen schließlich groß geworden.

Auf Augenhöhe mit Mercedes

Eine deutsche Topmarke: die Rügenwalder Mühle aus Bad Zwischenahn

BAD ZWISCHENAHN. In Frankreich gibt es nicht einmal ein Wort für diese Wurst. Das ficht Christian Rauffus (54) jedoch nicht an. Dass seine Teewurst nur zu einem sehr geringen Teil in den Export geht, beunruhigt ihn keinesfalls. Schließlich sei sie „so was von urdeutsch", sagt er. Schlimmer empfände er es da schon, wenn ihm eines Tages passieren würde, was ihm in Deutschland nicht mehr passiert ist, seit das Unternehmen groß in die Fernsehwerbung eingestiegen ist: „Dass man uns nicht kennt." Rauffus leitet in der fünften Generation die Rügenwalder Mühle in Bad Zwischenahn, einen der bedeutendsten Wursthersteller in Deutschland.

Die Rügenwalder Mühle hat inzwischen einen so guten Namen, dass sie von einer unabhängigen Jury in den Kreis der herausragenden deutschen Markenartikel aufgenommen worden ist. Sie befindet sich damit gewissermaßen auf Augenhöhe mit Topmarken wie Mercedes oder Müller-Milch. Die Auszeichnung, die vor allem auf den hohen Bekanntheitsgrad der Rügenwalder Teewurst zurückzuführen sein dürfte, fand übrigens ausgerechnet in einer Weißwurst-Hochburg statt, im Hofbräuhaus in München. Rauffus sieht die Ehrung eher pragmatisch-nüchtern: „Der Bekanntheitsgrad allein ist noch lange nicht das Geschäft. Wer kennt nicht alles Porsche und hat doch keinen?"

Präsentiert in einer Probierstube die Produktpalette: Rügenwalder-Mühle-Chef Christian Rauffus

Das geheime Rezept der berühmten Teewurst kennen auch heute nicht mehr als eine Handvoll von Leuten.

Eine starke Marke als Lebensmittelhersteller werde man nur, wenn man über Jahrzehnte gleichbleibend gute Qualität liefert, sagt er. „Darauf baut alles auf.“ Dass es entscheidend auf die Qualität ankommt, war in dem Familienunternehmen von jeher Maxime. Die Rezeptur der berühmten Rügenwalder Teewurst, die nach einem Städtchen in Pommern benannt ist, in dem 1834 Carl Müller seine Metzgerei eröffnete, hat dessen Sohn erfunden. Das geheime Rezept aus dem Jahr 1903 kennen im Unternehmen auch heute nicht mehr als eine Handvoll von Leuten. Selbst in der industriellen Herstellung werde Wert auf die handwerkliche Tradition gelegt, sagt Rauffus.

Die Teewurst ist mit fast 50 Prozent Marktanteil in ihrem Segment nach wie vor das erfolgreichste Produkt, auch wenn die Produktpalette unterdessen auf vier Marken mit zusammen rund 60 diversen Geschmacks- und Verpackungsvarianten angewachsen ist. Was sich in der Branche, in der 300 bis 500 Varianten die Regel sind, vergleichsweise bescheiden ausnimmt. „Wir müssen nicht jede der rund 1500 Wurstsorten in Deutschland herstellen wollen. Man schärft nicht sein Profil, wenn man alles und jedes macht“, sagt der Firmenchef.

Auf den ● Punkt gebracht

RedDot – eine Erfolgsgeschichte, die auch mit der „Oldenburger Mentalität“ zu tun hat

OLDENBURG. Gewiss, es ist keine Karriere nach dem Muster „Vom Tellerwäscher zum Millionär“. Schließlich sind Niels Metger (44) und seine Frau Anke studierte Betriebswirte. Und beide hatten bereits, ehe sie sich 1994 selbstständig machten, ein durchaus auskömmliches Einkommen. Er arbeitete als Vertriebschef bei Mobilcom, sie bei der Bezirksregierung Weser-Ems. Dennoch legt der atemberaubende Aufstieg des Oldenburger Unternehmer-Ehepaares, das aus kleinsten Anfängen innerhalb von zwölf Jahren eine Software-Schmiede von Weltgeltung aufgebaut hat, den Vergleich nahe. Denn immerhin ist mit dieser Karriere jetzt auch das, wie Anke Metger freimütig formuliert, „gute Gefühl verbunden, viel Geld und im Prinzip ausgesorgt zu haben“. Im Juni 2005 haben die Gründer ihr Unternehmen RedDot Solutions für einen zweistelligen Millionenbetrag an einen kanadischen Konzern verkauft und fungieren nun in ihrer ehemaligen Firma als Geschäftsführer.

Innerhalb von zwölf Jahren ein Unternehmen von Weltgeltung aufgebaut.

Ein wenig erinnert alles auch an die Anfänge von Microsoft-Gründer Bill Gates: In der Wohnung und in der Garage bauten das Ehepaar Metger und ein Software-Entwickler 1993/1994 die ersten Stadt-Info-Terminals zusammen, die es bis dahin noch nicht gab. Niels Metger hatte ähnliche Terminals in den USA gesehen. „Wir haben beide fest daran geglaubt, dass sich mit digitaler Informationsverarbeitung ein interessantes Geschäft aufbauen lässt“, sagt Anke Metger heute. Tatsächlich kamen die Terminals, die sich durch die Einnahmen aus der Werbung finanzierten, recht gut an. Doch wäre dieser kleine Oldenburger Stern am hohen IT-Himmel

Anke und Niels Metger: Die Gründer sind heute Geschäftsführer in ihrer ehemaligen Firma. Mit „dem guten Gefühl, im Prinzip ausgesorgt zu haben".

vermutlich nicht weiter aufgefallen, hätte das Ehepaar nicht sehr rasch auch die Chance erkannt, die das Internet bot. „Das Internet kam damals, zwischen 1993 und 1996, ja gerade erst auf", sagt Anke Metger. „Wir haben vielleicht früher als andere sein Potenzial gesehen – und gehandelt."

Als ein erster großer Durchbruch gilt im Rückblick die Geschäftsverbindung mit dem Axel Springer Verlag. Bereits 1996 kaufte das Hamburger Verlagshaus die von den Metgers weiterentwickelte Software für Info-Terminals, womit sich mittlerweile auch Internet-Seiten bearbeiten und verwalten ließen. Ihr Vorteil war die vergleichsweise einfache Handhabung: Mit dieser Software, davon überzeugten sich im Laufe der Jahre auch Weltkonzerne wie Bertelsmann, Hapag-Lloyd oder Chevron, war jeder Mitarbeiter in der Lage, das Internetangebot seines Unternehmens selbstständig und ohne großen Aufwand zu aktualisieren. Heute nutzen allein in Deutschland mehr als 900 vorwiegend mittelständische Unternehmen Software aus Oldenburg zum effizienten Umgang mit Informationen, Websites, Portalen und Intranets. Weltweit sind es zurzeit 1600, Tendenz steigend. Im Jahr 2004 wurde RedDot Solutions, das 170 Mitarbeiter in aller Welt beschäftigt, 80 davon in Oldenburg, als eines der am schnellsten wachsenden deutschen Software-Unternehmen ausgezeichnet.

Die Geschäftspolitik war immer „eher norddeutsch" von Vorsicht und Sparsamkeit geprägt.

Doch zuvor, 1999, hatte Niels Metger einen ebenso riskanten wie für die Zukunft des Unternehmens ausschlaggebenden Sprung gewagt: Er war ins Mutterland der Computer, nach Amerika, aufgebrochen, um in New York eine Tochtergesellschaft zu gründen. Damit setzte die internationale Expansion des Unternehmens ein. Dass die Stadtverwaltung der Metropole den unbeschriebenen jungen Deutschen vorbehaltlos und auch wirkungsvoll bei seinen Ansiedlungsplänen unterstützte, sollte sich letzten Endes für beide Seiten auszahlen. Nach schwierigen Anfangsjahren ist New York heute die größte und umsatzstärkste aller inzwischen neun internationalen RedDot-Niederlassungen.

Vor allem aber wurde durch und in Amerika die Marke „RedDot" überhaupt erst erfunden: Niels Metger hatte nämlich erkennen müssen, dass die in Deutschland längst akzeptierte Software den Amerikanern in der Bedienung noch viel zu kompliziert war. Als Lösung wurde der „red dot" programmiert: Wo immer auf der Webseite etwas verändert werden kann oder darf, erscheint ein roter Punkt; dahinter können per Mausklick die Handlungsanweisungen abgerufen werden. Weil die Marke „RedDot" sich international als recht erfolgreich herausstellte, war es nur noch eine Frage der Zeit, bis die Firma auch diesen Namen annahm.

Dass RedDot Solutions den Börsen-Crash im Jahr 2001 überlebt hat und nicht wie viele andere IT-Firmen sang- und klanglos wieder einging, führt Anke Metger auch auf „unsere Oldenburger Mentalität" zurück. Die Geschäftspolitik sei immer „eher norddeutsch" von Vorsicht und Sparsamkeit geprägt gewesen: „Wir sind nicht um jeden Preis gewachsen. Andere Internet-Unternehmer produzierten riesige Kosten und kauften andere Firmen auf, verdienten aber eigentlich nie richtig Geld. Bei uns war es umgekehrt." Dass im Juni 2005 dann die jahrelange enge Zusammenarbeit mit dem kanadischen Geschäftspartner Hummingbird in einer von beiden Seiten gewollten Übernahme mündete, hat nach der pragmatischen Einschätzung von Anke Metger zwei Vorteile: RedDot hat seitdem Zugang zu interessanten neuen Märkten, weil die Kanadier bereits weltweit vertreten sind. Und hinter der Firma steht nun eine finanzkräftige Muttergesellschaft.

Für Anke und Niels Metger stellt sich der Übergang vom Eigentümer zum angestellten Chef wenig spektakulär dar. „Die Arbeit ist die gleiche", sagt sie. Sie hofft nur, vielleicht mit ein paar Stunden weniger hinzukommen als früher, als 16 Stunden am Tag die Regel waren. Und die 60 Tage Resturlaub, die sich bei beiden angestaut haben, hat sie auch im Blick: „Es wäre das erste Mal seit zwölf Jahren, dass wir mehr als zehn Tage Urlaub machen würden."

IM FOKUS:

Die 12 größten Unternehmen im Oldenburger Land

G. In jedem Jahr legt die
…ne Rangliste „Die 100 größten
…nen in Niedersachsen“ vor.
…bersicht werden nur Unter-
…icksichtigt, die ihren
…and haben. Es gibt zwei
… nach der Wertschöp-
…nach dem Umsatz. Bei
…en Unternehmen
…m die zwölf umsatz-
…ehmen im Oldenbur-
…er aktuellen Nord/LB-
…r 2006) aufgeführt
…Versicherungen sind
…t, weil sie keinen
…en Sinne erwirtschaf-

© EWE

Als fünftgrößtes deutsches Energieunternehmen ist die EWE AG, die ihren Hauptsitz in Oldenburg hat, in der Ems-Weser-Elbe-Region, in Brandenburg, auf der Insel Rügen und in Westpolen tätig. Der Konzern bietet Dienstleistungen rund um Strom, Erdgas, Telekommunikation, Informationstechnologie und Umwelt an. Er beschäftigt mehr als 5400 Mitarbeiter und setzte im Geschäftsjahr 2005 7,4 Milliarden Euro um. Eigentümer der EWE AG sind die Landkreise und Städte zwischen Ems, Weser und Elbe.

1. **EWE AG,** Oldenburg, Energieversorgung
   Rang 4 auf der Niedersachsen-Liste
2. **Daun & Cie AG,** Rastede,
   Textil-, Automobilzulieferer-Industrie | **Rang 14**
3. **PHW (Paul-Heinz Wesjohann) Gruppe,**
   Visbek/Rechterfeld, Ernährungsgewerbe | **Rang 30**
4. **European Vinyls Corporation GmbH,**
   Wilhelmshaven, chemische Industrie | **Rang 52**
5. **ZF Boge Elastmetall GmbH,**
   Damme, Kunststoffverarbeitung | **Rang 53**
6. **Edeka Handelsgesellschaft Nordwest mbH,**
   Wiefelstede, Lebensmittel-Großhandel | **Rang 55**
7. **Wernsing Unternehmensgruppe,**
   Aldrup-Essen, Ernährungsgewerbe | **Rang 67**
8. **CeWe Color Holding AG,**
   Oldenburg, Fotolabore | **Rang 69**
9. **D & S Fleisch GmbH,**
   Essen/Oldenburg, Ernährungsgewerbe | **Rang 77**
10. **Sprehe Gruppe,** Cappeln,
    Ernährungsgewerbe | **Rang 78**
11. **Firmengruppe R. Stöver,**
    Wildeshausen, Ernährungsgewerbe | **Rang 87**
12. **Gebr. Stolle GmbH & Co KG,**
    Visbek, Ernährungsgewerbe | **Rang 90**

Jan-Dieter Bruns in einer Plantage mit Bonsai-Kiefern.

In ganz Europa fest verwurzelt

Baumschule Bruns ist Marktführer – Gärtnerei 1876 gegründet

BAD ZWISCHENAHN. Am liebsten bummelt Jan-Dieter Bruns (54) über die Champs-Elyseés in Paris. Er dürfte mit dieser Vorliebe nicht alleine sein, die Prachtallee in der französischen Hauptstadt hat viele Freunde in aller Welt. Doch der agile Unternehmer aus Bad Zwischenahn hat einen guten Grund mehr als andere, diesen Boulevard besonders zu mögen.

Kann er sich doch bei jedem Bummel auch vergewissern, ob die 80 Platanen, die von der Baumschule Joh. Bruns vor Jahren als Ersatz für alte Bäume geliefert worden sind, wachsen und gedeihen. „Sie wachsen sehr gut", hat er festgestellt.

© Bruns-Pflanzen

80 Platanen aus der Baumschule Bruns stehen auf den Champs-Elyseés in Paris.

Bruns ist Chef der mit rund 300 Beschäftigten größten Baumschule im Ammerland, dem Marktführer in Europa. Er könnte kreuz und quer durch den Kontinent reisen, von Sizilien bis Schottland, von Toulouse bis Moskau, er würde auf fast allen Stationen auf Anpflanzungen aus seinen Kulturen stoßen. Ob die Allianz-Arena in München oder das Grabmal des unbekannten Soldaten in Moskau, ob die neue Hauptverwaltung der Royal Bank of Scotland in Edinburgh oder die Spree-Eichen vor dem Reichstag in Berlin – überall sind Bruns-Pflanzen und -Gehölze Bestandteil der Garten- und Parkgestaltung oder der Architektur.

Alle drei, vier Jahre wird eine Pflanze oder ein Baum „verschult“, das heißt umgepflanzt.

Ein Drittel des Gesamtumsatzes erzielt die Baumschule im Export. Das Absatzgebiet ist allerdings auf Europa beschränkt, weil nur innerhalb seiner Grenzen Pflanzen mit großen Erdballen problemlos transportiert werden können. Einer der spektakulärsten Aufträge in der nunmehr 130-jährigen Firmengeschichte waren in den 1980er-Jahren die Pflanzenlieferungen rund um Disneyworld Paris und im Vergnügungspark selbst. Damals eröffnete Bruns eigens eine kleine Baumschule in Frankreich, in der deutsche Bäume, wie vom Auftraggeber gewünscht, durch einen „Zwischenaufenthalt“ zu französischen Bäumen wurden. Vier Jahre lang dauerte es, diesen Riesenauftrag abzuwickeln.

Der Weg war weit von der kleinen Handelsgärtnerei bis zum gefragten Geschäftspartner von Weltkonzernen wie Disney oder Sony. 1876 hatte Diedrich-Gerhard Bruns die Gärtnerei mit einem schmalen Sortiment an Topfpflanzen und Sommerblumen gegründet. Heute wird auf einer Fläche von mehr als 500 Hektar – Bruns: „Etwas größer als das Zwischenahner Meer“ – ein Sortiment von mehr als 4000 Pflanzenarten und -sorten in durchschnittlich zehn Größen kultiviert, von Rhododendren über Containerkulturen bis hin zu 40 Jahre alten und bis zu 14 Meter hohen Allee- und Parkbäumen. 30 bis 40 Lastwagen-Ladungen täglich, über 2500 im Jahr,

verlassen in der Saison-Spitze zur Zeit der Vegetationsruhe zwischen Mitte Oktober und Ende April das firmeneigene Logistikzentrum in Bad Zwischenahn und beliefern sowohl die Kunden im Garten- und Landschaftsbau wie auch Hunderte von Gartencentern und Fachmärkten.

„Die Qualität einer Pflanze oder eines Gehölzes hängt wesentlich davon ab, ob sie regelmäßig verpflanzt werden", sagt Bruns. Alle drei, vier Jahre wird in der Baumschule eine Pflanze oder ein Baum „verschult", das heißt umgepflanzt. Nur so behalten sie dünne Wurzeln, die garantieren, dass sie an ihrem endgültigen Standort sicher anwachsen. Das Ammerland, in dem vor fast 200 Jahren Pioniere wie der Hofgärtner C. L. Bosse 1811 in Neusüdende erstmals Ziergehölze und großkronige Laubbäume ins Sortiment aufgenommen haben, bietet der Baumschulwirtschaft nahezu ideale Bedingungen in puncto Klima und Boden.

Denn das vergleichsweise milde Mikroklima und die hohe Luftfeuchtigkeit lassen es zu, dass selbst in den Wintermonaten, einige wenige Wochen ausgenommen, durchgehend auf den Kulturflächen gearbeitet werden kann. Auf dem humosen, sandigen Geestboden, windgeschützt durch Wälder, Hecken, Wiesen und Knicks, können sich Pflanzen richtig gut entfalten. „Sie mögen es kusche-

Projektfotos © Bruns-Pflanzen

Bruns-Plantagen im Ammerland: 8- bis 10-jährige Stil-oder auch Sommereichen (links außen) und Dachplatanen (links). Bruns-Bepflanzungen in Berlin: auf dem Gelände vor dem Reichstagsgebäude (oben) und im Sony-Center (Mitte).

Einer der spektakulärsten Aufträge in der langen Firmengeschichte waren die Pflanzenlieferungen für Disneyworld Paris.

lig und heimelig", weiß der gelernte Gärtner und studierte Diplom-Gartenbauingenieur Bruns, der überdies den Ammerländer Menschenschlag ob seiner Zuverlässigkeit und seines Fleißes in hohen Tönen rühmt. Außerdem sei „in keinem anderen Landstrich in Deutschland der Gärtnerberuf so angesehen und anerkannt wie hier."

Zwischen Bad Zwischenahn und Wiefelstede unterhält die Baumschule im Gristeder Wald einen 15 Hektar großen Rhododendronpark. Systematisch seit 1950 angelegt, bilden unterdessen mehr als 800 Rhododendronsorten und Freilandazaleen den Kern der Sammlung. Darunter sind auch 80 eigene Züchtungen. Seit zwei Jahrzehnten haben alle Bundespräsidenten oder ihre Gattinnen eine neue attraktive Züchtung auf ihren Namen getauft; die Reihe ist seit 1985 lückenlos, angefangen bei von Weizsäcker über Herzog bis zu Rau. „Jetzt ist es fast schon eine Verpflichtung, auch Bundespräsident Köhler und dessen Gattin zu gewinnen", sagt Bruns. „Weil es da aber nicht getan ist mit einem Brief ans Bundespräsidialamt", wartet er geduldig auf eine angemessene Gelegenheit, den Bundespräsidenten dafür gewogen zu stimmen.

Es verhält sich mit dieser Idee wie mit den Pflanzen – beide brauchen eben ihre Zeit zum Reifen.

Und wächst und wächst und wächst

Ein Interview aus dem Jahr 2015: Rückblick auf den Bau eines neuen und erfolgreichen Hafens

Helmut Werner ist Geschäftsführer der Planungs- und Realisierungsgesellschaft für die Infrastruktur des Jade-Weser-Ports in Wilhelmshaven.

Herr Werner, wir stehen hier auf dem Deich in Wilhelmshaven und überblicken den Jade-Weser-Port. Beschleichen Sie wehmütige Gefühle, wenn Sie jetzt, im Jahr 2015, als nunmehr ...
... 72-jähriger Ruheständler ...

... auf Ihre frühere Wirkungsstätte schauen?
Warum Wehmut? Nein, ich schaue zufrieden und voller angenehmer Erinnerungen auf diesen blühenden Containerterminal mit seinen 17 Containerbrücken. Es ist ja noch nicht lange her, dass die gut 1,7 Kilometer lange Kaje und die 650 Meter tiefe und 120 Hektar große Hafenanlage, also der erste Bauabschnitt, komplett in Betrieb genommen worden sind. Im Moment kommt mir da Bremerhaven in den Sinn, wo ich als junger Mann einmal gearbeitet habe; Bremerhaven hat für einen Kapazitätssprung von der Größenordnung, wie ihn Wilhelmshaven in den Jahren zwischen 2010 und 2015 erlebte, länger als 30 Jahre gebraucht. Ich kann mit Genugtuung feststellen, dass die Verpflichtungen und Erwartungen übertroffen worden sind, über die wir in den Jahren 2005/2006 in den spannenden Vertragsverhandlungen zur Vergabe der Konzession mit den Bewerbern, unter anderem mit dem heutigen Betreiber, der Bremer Unternehmensgruppe Eurogate, gesprochen haben.

Was haben Sie denn in diese Verträge hineinschreiben lassen?
Das breite ich natürlich auch heute nicht im Detail aus. Nur so viel: Es sind bis jetzt nicht nur die vereinbarten Investitionen von ca. 350 Millionen Euro in die Hafenanlagen fast vollständig vorgenommen worden. Außerdem haben sich die Umschlagsmengen wie zugesichert entwickelt, die Kapazität ist absehbar ausgelastet. Knapp 1000 Arbeitsplätze wurden im Terminal geschaffen, die bei der Konzessionserteilung vor neun Jahren noch von einigen Skeptikern angezweifelt worden waren. Das heißt, wir haben bereits 2015 die Kapazitätsauslastung von 2,7 Millionen Standardcontainern, im Fachjargon abgekürzt TEU, erreicht und sind in den für uns maßgeblichen Fachkreisen in aller Welt – Reedereien, Logistik- und Speditionsunternehmen sowie Im- und Exporthandel – gut etabliert. Geholfen haben uns fraglos die hohen Zuwachsraten im Containerumschlag, die annähernd so eintrafen, wie sie prognostiziert worden waren.

Der Jade-Weser-Port: Planungsvorlage aus dem Jahr 2006

> ***Der Jade-Weser-Port ist mittlerweile ein europäischer Schwerpunkt im Feeder-Netzwerk zu den kleineren Häfen in Nord- und Ostsee.***

Der erste Bauabschnitt des Hafens ist damit voll in Betrieb?

Ja. Seit im Dezember 2009 das erste Schiff abgefertigt wurde, wurde es von Jahr zu Jahr geschäftiger auf dem Hafengelände. Jetzt, im Jahr 2015, mag es für den Betrachter ein bisschen aussehen wie auf einem Ameisenhaufen, wenn die großen Vancarrier pausenlos und scheinbar ziellos Container übers Gelände schleppen, doch alle diese Bewegungen sind planvoll gesteuert. Der Jade-Weser-Port ist mittlerweile ein europäischer Schwerpunkt im Feeder-Netzwerk zu den kleineren Häfen in Nord- und Ostsee. Er erfüllt mit seinem außergewöhnlich hohen Anteil am Feeder-Verkehr exakt die ihm zugedachte Aufgabe und Funktion. Die größten Feederschiffe mit 2500 Standardcontainern können nicht mehr auf dem Nord-Ostsee-Kanal fahren, sie müssen um Skagerrak herum …

… ist aus dem Jade-Weser-Port nicht doch nur eine, wie manche meinen, große Container-Schleuse geworden?

Mit diesem unverständlichen Einwand musste ich mich schon in meiner Zeit als Geschäftsführer der Jade-Weser-Port-Realisierungsgesellschaft auseinandersetzen. 40 Prozent des Umschlages kommen jetzt über die Landseite – und das haben wir immer vorausgesagt. Wir haben nun einmal, im Gegensatz zu Hamburg, in Wilhelmshaven kein eigenes, lokales Ladungsangebot. Vor dem Hintergrund

© Hero Lang ddp

des hohen Feeder-Anteils aber sind bis heute enorm schnell enorm große Mengen zusammengekommen, die zweimal über die Kaje umgeschlagen werden. Bei fast 1000 Beschäftigten im Terminal kann man wirklich nicht von einer Container-Schleuse ohne große Wertschöpfung sprechen. Wir hatten außerdem in den ursprünglichen Planungen die Relation von direkt im Hafen Beschäftigten und Folgearbeitsplätzen – an der Weser liegt sie mindestens bei 1 : 2 – äußerst vorsichtig mit 1 : 1 angesetzt …

… Sie haben gerade die 170 Hektar an Logistik-, Industrie- und Gewerbeflächen im Blick, die sich an den Hafen anschließen?

Ja. Erst einmal sehe ich mit tiefer Befriedigung die Gleise im Hafen und bin heilfroh, dass wir an der Umschlaganlage gleich 16 haben legen lassen. Wie richtig das war, zeigt sich schon jetzt: Der Anteil der Bahn an den Umschlagsmengen, die über Land transportiert werden, steigt stetig, er ist 2015 bereits bei 50 Prozent. Mit Freude schaue ich auch auf die Flächen dahinter, wo ein Güterverkehrszentrum entstanden ist mit diversen Logistik-, Reparatur- und Depotunternehmen. Ein Drittel der 170 Hektar an Gewerbeflächen ist bereits belegt. Durch den Containerterminal sind in der Region jetzt bereits weitere etwa 1000 hafenabhängige Arbeitsplätze geschaffen worden. Das hat erheblich zum Stimmungswandel in der Region beigetragen. Und die Logistikbranche wächst und wächst. Russland hat übrigens dieser Tage signalisiert, am Bau eines russischen Importzentrums interessiert zu sein.

Da scheint ja doch einiges besser gelaufen zu sein, als 2006 vorauszusehen war?

Wir haben zu keiner Zeit euphorische Prognosen gestellt, wir waren aber immer optimistisch, zurückhaltend optimistisch, wie Norddeutsche eben so sind. Was mich besonders froh stimmt, wenn ich hier vom Deich auf den Hafen schaue, ist, dass in diesem Jahr schon die ersten vorbereitenden Baumaßnahmen angegangen werden, um die nächste Erweiterungsstufe des Jade-Weser-Ports vorzubereiten. Damit wächst unser Containerhafen in eine neue Dimension hinein und schließt zu den deutschen und europäischen Containerhäfen auf.

Beinahe hätten wir die Hauptsache vergessen: Welche Schiffe liegen eigentlich an der Kaje?

Heute ist kein Spitzentag, es liegen nur zwei große Schiffe da. Das da vorne ist 400 Meter lang, 55 Meter breit, hat einen Tiefgang von maximal 16 Metern und kann 12.500 Standardcontainer laden. Der blaue Anstrich zeigt, dass es der weltgrößten Reederei Maersk gehört. Das erste Schiff dieser Größenordnung hatte Maersk bekanntlich im Jahr 2006 in Betrieb genommen. Das zweite Schiff ist „nur“ 370 Meter lang und

Ein Schiff für den Jade-Weser-Port: Das größte Containerschiff der Welt, die 398 Meter lange „Emma Maersk", traf im September 2006 auf der Jungfernfahrt in Bremerhaven ein. Der Neubau der größten Reederei der Welt, der dänischen Maersk-Gruppe, hat mit mehr als 11.000 Standardcontainern (TEU) jene Größe, für die der Tiefwasserhafen in Wilhelmshaven gebaut wird. Voll beladen kann das Schiff weder Elbe noch Weser befahren.

Ein Hafen ist nur so gut wie seine Anbindung ans Hinterland, hieß es in der Planungsphase immer wieder. Wie gut sind nun die Schienen- und Straßenverbindungen?

Die Bahnstrecke Wilhelmshaven-Oldenburg ist seit zwei Jahren elektrifiziert. Es war damals ein hartes Stück Arbeit, dies durchzusetzen. Die Zweigleisigkeit der Strecke wurde bereits 2009 wiederhergestellt, und um Sande führt eine enge Umge-

Die Bahnstrecke Wilhelmshaven-Oldenburg ist seit zwei Jahren elektrifiziert. Es war damals ein hartes Stück Arbeit, dies durchzusetzen.

nimmt 9500 Standardcontainer auf. Den Rest der Kaje belegen Feederschiffe jeder Größe, von 750 bis 2500 TEU.

Wie lange hält sich ein großes Containerschiff an der Kaje in Wilhelmshaven auf?

Gehen wir einmal davon aus, dass ein Schiff 5000 „moves" macht, wie Fachleute sagen – also zum Beispiel 2500 Container löscht und 2500 Container aufnimmt –, und dass fünf Brücken eingesetzt werden – dann liegt es noch nicht einmal eineinhalb Tage im Hafen. Die ganz großen Schiffe kommen ja nicht randvoll mit 12.500 Containern nach Wilhelmshaven, sondern bedienen in der Regel mindestens zwei Häfen in der Nordrange, also zum Beispiel Rotterdam und Wilhelmshaven.

hung. Auch den Engpass am Bremer Knoten hat die Bahn AG schon vor geraumer Zeit beseitigt …

… auch auf der Straße tut sich was.

Ja, die A 22, die neue Küstenautobahn, ist zurzeit schon in zwei kleinen Teilabschnitten im Bau, einer davon bei Westerstede. Die A 29 ist trotz des steigenden LKW-Verkehrs noch weit entfernt von ihrer Belastungsgrenze von 60.000 Fahrzeugen am Tag. Und Wilhelmshaven merkt im innerstädtischen Verkehr so gut wie nichts vom zusätzlichen Verkehr,

Wären wir nicht da, würden Antwerpen und Rotterdam das Geschäft machen – und die Transitwege würden durch unser Land führen.

weil die damals verlängerte Autobahn bis auf 1,3 Kilometer an den Jade-Weser-Port heranführt.

Wie urteilt die Region, die in ihrer großen Mehrheit den Bau des Jade-Weser-Ports unterstützt hat, jetzt im Jahr 2015 über den Hafen?
Ich glaube, die Vorbehalte und Befürchtungen, die es zuweilen an der Küste mit Blick auf den Tourismus gab, sind längst ausgeräumt. Wir leben in Frieden mit allen Nachbarn. Die großen Schiffe werden nicht, wie geunkt wurde, als „Verschmutzung des Horizonts" wahrgenommen, sondern sie sind im Gegenteil eine regelrechte Sehenswürdigkeit. Wir haben das von Anfang an so eingeschätzt, schon als der Hafen noch im Bau war. Unsere damalige Info-Box, die während der Bauzeit ein Besuchermagnet war, wurde folgerichtig zur Aussichtsplattform mit Informationszentrum umgewandelt, von der aus Einheimische und Touristen die Operationen im Hafen verfolgen können. In Wilhelmshaven wurden damals zeitgleich zum Bau des Hafens bis 2010 Großprojekte mit mehr als 3 Milliarden Euro Investitionsvolumen realisiert, was einzigartig in Europa war. Das war seinerzeit die größte Baustelle auf dem Kontinent. Die ConocoPhillips, die Anfang 2006 die Wilhelmshavener Raffineriegesellschaft übernommen hatte, hat den Standort bis 2009 zur größten und modernsten Raffinerie Europas ausgebaut. E.ON Ruhrgas hat die erste deutsche Umschlaganlage für Flüssiggas errichtet, und INEOS, der große britische Chemiekonzern, hat sein bestehendes Werk erheblich erweitert. Die frühere Strukturschwäche der Region ist nachhaltig überwunden worden …

… da wagt man ja schon fast nicht mehr zu fragen, wie es denn der Rohrdommel geht?
Selbst die Rohrdommel, um deren Brutstätten sich vor Jahren die Naturschützer noch Sorgen gemacht haben, fühlt sich von uns bisher nicht sonderlich gestört und lebt in aller Ruhe in einigen hundert Metern Entfernung von der Eisenbahnzuführung zum Hafen. Der Umzug dieser seltenen Vogelart in ein Kohärenzgebiet, also in ein gleichartiges Gebiet, steht dennoch bald bevor.

Und wie sieht Hamburg inzwischen den Konkurrenten Jade-Weser-Port?
Wir freuen uns, weil alle deutschen Seehäfen erfolgreich sind. Dieser Erfolg führte ja letztlich zum Bau des Jade-Weser-Ports. Gut, es hat in jüngster Zeit eine gewisse Umverteilung gegeben, aber wir können beileibe nicht alle großen Schiffe allein in Wilhelmshaven abfertigen. In Bremerhaven sind die Kapazitäten längst voll ausgelastet. Hamburg wächst weiter, auch 2015. Der Kuchen ist offenkundig groß genug für alle. Und nicht zu vergessen: Wären wir nicht da, würden Antwerpen und Rotterdam das Geschäft machen – und die Transitwege würden durch unser Land führen.

Aus-, Fort- und Weiterbildung im Handwerk: Schweiß-Lehrgang im Berufsbildungszentrum der Handwerkskammer Oldenburg.

Auf dem Weg zu alten Hoch-Zeiten

OLDENBURG. Das Handwerk im Oldenburger Land ist auf dem Weg, an seine Hoch-Zeiten in den 1950er-Jahren anzuknüpfen. Zumindest, was die Zahl der Betriebe anbelangt. 11.758 waren im Jahr 2005 in der Handwerksrolle eingetragen, gut fünf Prozent mehr als ein Jahr zuvor. Es fehlen nicht mehr allzu viele bis zu jenen 12.005 Betrieben im Jahr 1950, dem Höchststand in der mittlerweile über 100-jährigen Geschichte der Handwerkskammer Oldenburg.

Die Änderung der Handwerksordnung im Jahr 2004 hat diese Entwicklung gefördert: Denn seit die Qualifikationsvoraussetzungen bei zulassungsfreien Handwerken weggefallen sind und in zulassungspflichtigen Handwerken sich auch Gesellen selbstständig machen können, steigt die Zahl der Betriebe wieder an. Zwischenzeitlich war sie, in den 1970er- und 1980er-Jahren, auf weit unter 10.000 gesunken, allerdings bei dennoch gleichzeitig steigender Mitarbeiterzahl (1999: 80.000).

Heute gibt das oldenburgische Handwerk knapp 64.000 Menschen im Oldenburger Land Arbeit und Brot, rund 8000 junge Menschen hatten 2005 eine Lehrstelle im Handwerk. Der Gesamtumsatz betrug 5,1 Milliarden Euro. Die mit Abstand meisten Beschäftigten, über 22.600, sind in metallverarbeitenden Berufen tätig, im Bau- und Ausbauhandwerk (12.600) und in Berufen, die mit Gesundheit und Körperpflege zu tun haben (9500). Die Landkreise Cloppenburg, Ammerland und Oldenburg haben die größte Betriebsdichte. 94 Berufe in sieben Handwerksgruppen belegen die Vielseitigkeit handwerklicher Tätigkeit.

Als die Handwerkskammer Oldenburg am 2. Juli 1900 offiziell gegründet wurde – versehen mit einem vom Oldenburgischen Staatsministerium als „Vorschuss“ deklarierten Startkapital von 500 Mark –, zählte das Oldenburger Land annähernd 7500 Handwerksbetriebe. Im Laufe des 20. Jahrhunderts, und besonders stark beschleunigt in dessen letztem Viertel, hat das Handwerk einen einschneidenden Strukturwandel durchmachen müssen. So hat sich die Tendenz zu größeren und leistungsfähigeren Betrieben durchgesetzt; von im Schnitt zwei Beschäftigten im Jahr 1900 ist die Betriebsgröße auf zehn Beschäftigte angewachsen. Betriebe mit mehr als zehn Beschäftigte haben inzwischen sogar schon einen Anteil von 80 Prozent am Gesamtumsatz.

Gewandelt hat sich auch die wirtschaftliche Bedeutung etlicher, einstmals unverzichtbarer Berufe: Stellmacher, Schuster, Schmied oder Schneider sind fast völlig verschwunden, andere Traditionsberufe wie Maurer, Zimmerer, Bäcker und Fleischer gelten nur noch als „Stagnationshandwerke“. Dagegen gehören Maschinenbauer, Kraftfahrzeugtechniker, Elektrotechniker, Kälteanlagenbauer, Informationstechniker und andere Dienstleistungshandwerke zu den wachstumsstarken Berufen.

Er wirft die Flinte nicht ins Korn

Büchsenmacher Werner Plettenberg und seine Museums-Werkstatt

Ein Plettenberg-Gewehr ist kein „Gewehr von der Stange“, es ist alles Maß- und Handarbeit (Bild oben rechts). Büchsenmacher haben es nicht leicht gegen die Übermacht der industriellen Fertigung.

VAREL. Der Kalauer bietet sich an: Wirft der Büchsenmacher bald die Flinte ins Korn? So abwegig scheint die Frage gar nicht zu sein, wenn man Werner Plettenberg über sein Handwerk reden hört. Denn die Zahl der selbstständigen Büchsenmacher, die nach vier Jahren Ausbildung in der Lage sind, ganz allein ein Gewehr in allen seinen Einzelteilen vom Schaft bis zum Rohr herzustellen, geht beständig zurück. Das hat mit der Übermacht der industriellen Fertigung zu tun und damit, dass sich nur noch sehr, sehr wenige Sportschützen oder Jäger ihre Waffe nach Maß anfertigen lassen.

Gerade mal zwischen 15 und 20 echte Plettenberg-Gewehre, vornehmlich Repetierbüchsen, hat der 43-jährige Inhaber des Traditionsgeschäftes Waffen-Tückmantel in Varel in seiner Berufslaufbahn bisher in Handarbeit gemacht. Zwischen 10 und 70 Tagen konzentrierter Arbeit stecken in einem solchen Gewehr, für das der Auftraggeber am Ende eine hohe vierstellige Summe zu zahlen bereit sein muss. Plettenberg ist, wie er sagt, „in den Beruf hineingewachsen“ und führt das Geschäft in der vierten Generation. Sein Handwerk vereint die Präzision eines Uhrmachers mit genauer Materialkenntnis, denn an ein und demselben Gewehr kann außer Metall noch Holz, Kunststoff, Horn und sogar Elfenbein verarbeitet sein.

Zwischen zehn und 70 Tagen Arbeit stecken in einem handgefertigten Gewehr.

Aber von Fertigungsaufträgen allein könnte das Geschäft nicht existieren. Deshalb wurde das Sortiment im Laufe der Zeit erweitert, um Mode im Landhaus-Stil, Stahlwaren, Jagdzubehör bis hin zu so genannten Soft-Air-Waffen, zu denen auch Spielzeugwaffen zählen. Wobei Plettenberg einräumt, dass ihm beim Anblick der einen oder anderen Spielzeugwaffe „nicht so wohl“ ist. Aber sie nicht im Angebot zu haben, hieße, das Geschäft anderen am Ort zu überlassen. Und das könne sich ein Handwerksbetrieb seiner Größe nicht leisten. Habe doch der Handel in seiner wirtschaftlichen Bedeutung die Büchsenmacherei längst überrundet, sagt Plettenberg.

Für den Reparatur-Service und für die seltenen Fälle, in denen Kunden kein „Gewehr von der Stange“ kaufen, sondern eine in Maßanfertigung auf den Körper des Schützen abgestimmte Waffe haben wollen, ziehen sich der Büchsenmacher-Meister und sein Geselle in eine Werkstatt zurück, die sich über zwei Stockwerke erstreckt und die in Teilen einem Museum gut anstünde. Denn da stehen neben dem High-Tech-Arbeitsgerät Maschinen noch aus der Gründerzeit des Betriebes vor beinahe 100 Jahren, die immer noch gute Dienste tun. Das könne man in vielen Büchsenmacher-Werkstätten beobachten, dass nach wie vor an alten, aber qualitätserprobten Maschinen gearbeitet werde, sagt

Plettenberg. Was vermutlich darauf zurückzuführen sei, dass in diesem Handwerk eben ein eher „konservatives Völkchen“ zu Gange sei. Und deshalb würden Büchsenmacher auch, manchen unerfreulichen Tendenzen zum Trotz, die Flinte so schnell nicht ins Korn werfen.

High-Tech in Großmutters Wäscherei

Wie Frank Willers in der Mess- und Steuerungstechnik eine Nische erobert hat

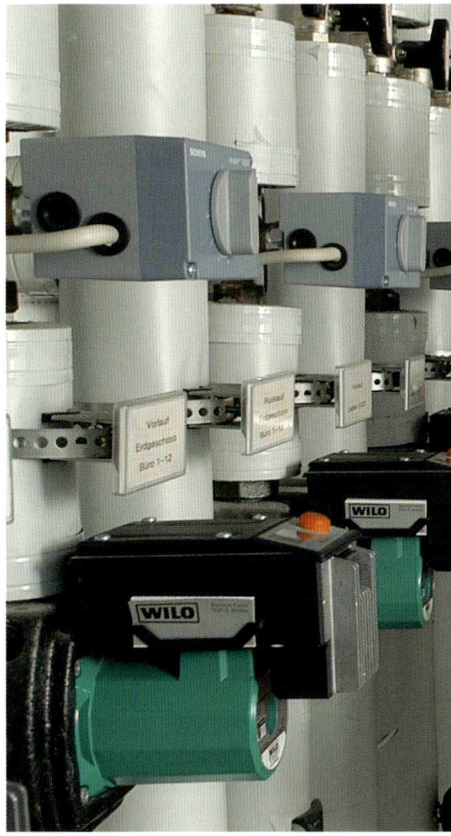

OLDENBURG. Es sind schnelllebige Zeiten. „Unsere Produkte", sagt Frank Willers, „sollen nie alt werden." Denn mit einem Produkt, das älter als zwei Jahre ist, könne man heutzutage kein Geschäft mehr machen. Deshalb baut der Oldenburger Diplom-Ingenieur auf permanente Innovation und setzt alles daran, dass seine Firma FW Systeme GmbH jedes Jahr mindestens ein neues Produkt auf den Markt bringt. Von der Idee bis zur Fertigung dürfen allenfalls zwölf Monate verstreichen, „möglichst weniger". Mit diesem raschen und flexiblen Rhythmus hat sich Willers in seinem Hauptgeschäftsfeld, der Betriebs- und Energiedatenerfassung und der (Auftrags-) Entwicklung von Hard- und Softwareprodukten, eine offenbar komfortable Nische erobert, die große Konzerne zumeist nicht besetzen, weil es sich für sie einfach nicht rechnet, Entwicklungskosten in Produkte zu stecken, die später nur in vergleichsweise geringer Stückzahl umgesetzt werden.

In gut 1200 Gasheizungsanlagen von Rostock bis zum Ruhrgebiet sind Willers-Geräte bereits installiert.

Das Unternehmen stellt vorwiegend softwaregesteuerte Datenerfassungssysteme her, mit denen der Verbrauch von Gas-, Strom- und Fernwärme überprüft wird. Die von Willers und seinem Team aus Ingenieuren und Systemprogrammierern entwickelten Systeme überwachen zum Beispiel Gasheizungsanlagen oder Stromnetze in großen Wohneinheiten oder in Industriebetrieben. Die Geräte zeichnen rund um die Uhr nicht nur den bloßen Verbrauch auf, sondern liefern jede Menge an detaillierten Daten: vom Wirkungsgrad über die Verbrauchsspitzen bis hin zur Kontrolle der Nachtabsenkung. Diese zahllosen Messdaten, die in der Vergangenheit, als die Energiepreise Privathaushalte und Unternehmen noch nicht derart belasteten wie heute, eher vernachlässigt wurden, werden ausgewertet und zu einem, so Willers, „optimalen Energiemanagement" zusammengefasst; will heißen: Der Kunde nutzt mit Hilfe der FW-Mess- und Steuerungstechnik Gas, Strom oder Fernwärme effizienter als bisher und spart zum Teil beträchtliche Kosten ein. Allein in gut 1200 Gasheizungsanlagen von Rostock bis zum Ruhrgebiet sind diese Geräte bereits installiert.

Im Oldenburger Land, das aufgrund des großen Eigenheimanteils einen im Vergleich zum Bundesdurchschnitt recht hohen Pro-Kopf-Verbrauch an Energie aufweist, sieht Willers einen ausbaufähigen Markt. Allerdings ist selten der Endverbraucher sein Kunde, sondern in der Regel sind es Handwerksbetriebe, aber auch ein

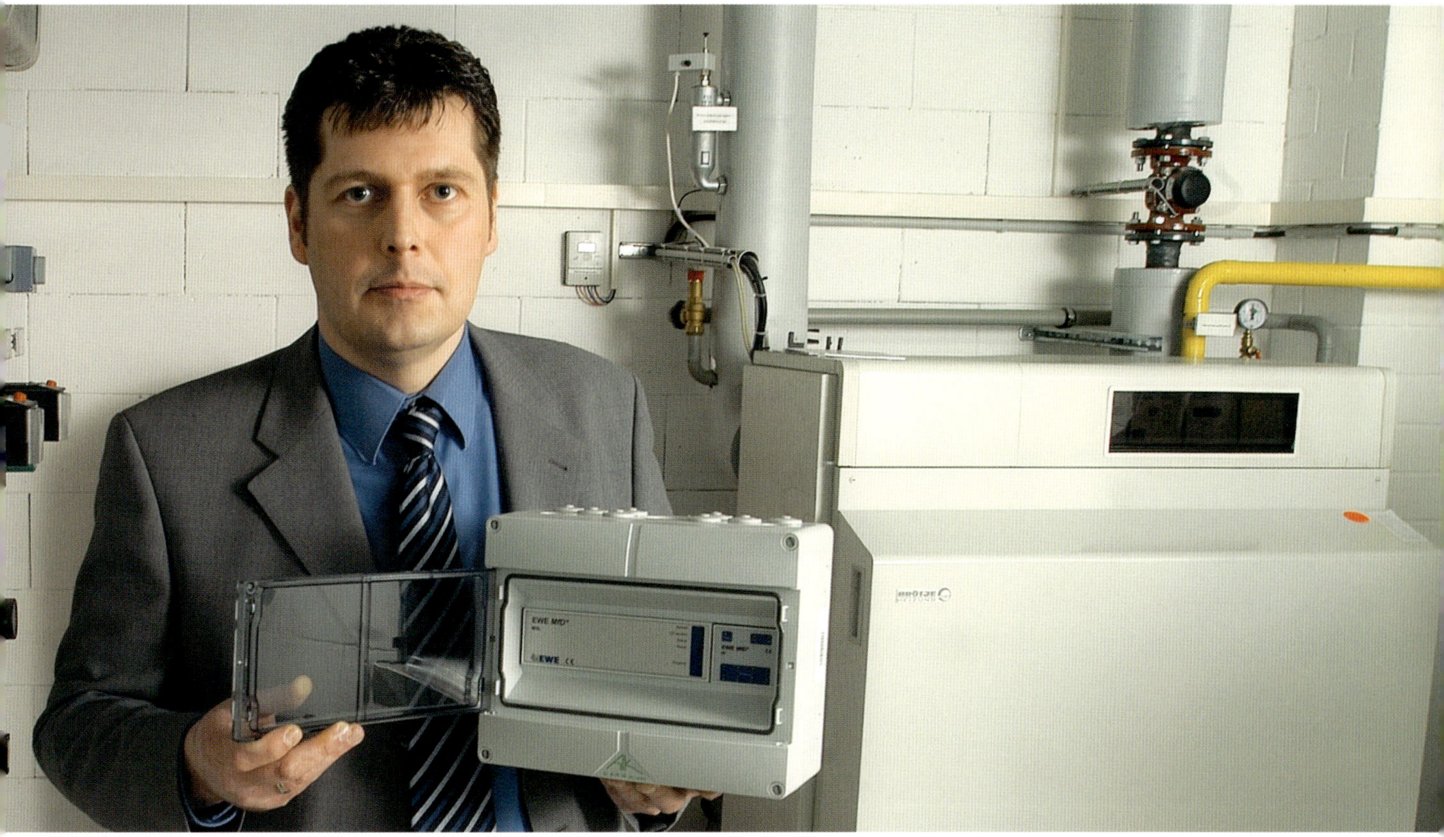

Eher unscheinbar sehen die Mess- und Steuerungsgeräte aus, die Frank Willers in Gasheizungsanlagen oder Stromnetze einbaut. Sie helfen aber, beträchtlich an Energiekosten zu sparen.

Konzern wie die EWE AG, die die Geräte einbauen, die unter anderem in einem Betrieb in Papenburg gefertigt werden. Der Jung-Unternehmer und seine 15-köpfige Mannschaft firmieren als Handwerksbetrieb. Das traditionelle Bild vom Handwerk stimme ohnehin nur noch selten, sagt er. „Heute wachsen Handwerk und Industrie immer enger zusammen, die Übergänge sind eher fließend."

Willers, der Elektro- und Nachrichtentechnik studierte, hat beim ehemaligen AEG-Motorenwerk in Oldenburg seine Karriere begonnen. Über Frankfurt und die USA kam er wieder zurück, gründete zunächst ein Ingenieurbüro und dann als 29-Jähriger die FW Systeme GmbH. Es war in der Hoch-Zeit der riskanten IT-Gründungen ums Jahr 2000. Dass seine Firma im Gegensatz zu vielen anderen Neugründungen aus diesen Jahren überlebte und sogar stetig wuchs, verdankt er wesentlich auch dem zweiten Firmenstandbein, der Kleinmotorentechnik, die ihn mit Kunden wie VW oder Opel ins Geschäft brachte.

So kommt es, dass in der Wäscherei, die einst Willers' Großmutter in dem Haus in der Oldenburger Stresemannstraße betrieb, sich unterdessen eine kleine High-Tech-Schmiede etablieren konnte.

Das Doktor der Biere

Ein Agrarwissenschaftler aus Chile braut in Vechta sein eigenes Bier

VECHTA. Das König der Biere kommt aus Duisburg. Das Doktor der Biere kommt aus Vechta. Zwar ist Dr. Pablo Meissner nicht so vermessen, sich mit der bekannten Traditions-Brauerei aus Duisburg vergleichen zu wollen, aber dass die gut 600 Liter, die er jetzt jede Woche produziert und verkauft, gewissermaßen akademische Weihen haben, dokumentiert er selbstbewusst auf dem Bierglas, das ein befreundeter Künstler entworfen hat. „Dr. Meissners Stierbräu" steht da neben dem gelben Stier auf schwarzem Hintergrund.

Es musste allerdings schon eine ganze Reihe von Zufällen mitspielen, ehe aus dem heute 37 Jahre alten Chilenen aus Concepción der Brauer wurde, dem laut Gewerbekarte seit 1. November 2005 die Ausübung dieses seit kurzem zulassungsfreien Handwerks gestattet ist. Meissner war vor neun Jahren zum Studium der Agrarwissenschaften an die Universität Göttingen gekommen und später an deren Forschungszentrum für Veredelungswirtschaft nach Vechta, wo er seine Doktorarbeit über das „Emissionsverhalten eines einstreulosen Mastschweinestalles mit Spülentmistung im Vergleich zur Güllelagerung im Stall" schrieb. In Vechta lernte er zufällig seinen Geschäftspartner und Hauptinvestor Ludwig Willenborg kennen. Willenborg vermietete Meissner nicht nur eine Wohnung, sondern hatte, wieder zufällig, in diesem Haus auch eine ausgediente Brauanlage mit gerade mal 100 Litern Fassungsvermögen stehen.

Dr. Pablo Meissner in doppelter Funktion: als Kellner in seiner Gaststätte und als Brauer an seiner kleinen Brauanlage.

Der Urgroßvater wanderte als Braumeister aus Deutschland aus – der Urenkel kommt als Brauer zurück.

Diese Anlage weckte offenkundig ein in Pablo schlummerndes Familienerbe. War doch sein Urgroßvater um 1880 als Braumeister aus Camburg an der Saale nach Chile ausgewandert und hatte eine Brauerei gegründet, die dann auch ein paar Jahrzehnte Bestand hatte. Der promovierte Agrarwissenschaftler, der sich schon immer gern in Fachliteratur übers Bierbrauen vertiefte, experimentierte als Autodidakt in der kleinen Brauanlage in Vechta so lange mit speziellen Rezepturen und mit Hopfen und Malz aus Bayern – „natürlich streng nach dem deutschen Reinheitsgebot" –, bis er endlich im Herbst vorigen Jahres sein erstes Stierbräu-Bier in Literflaschen abfüllte und an einen stetig wachsenden Kundenkreis verkaufte, der vornehmlich durch Mundpropaganda auf das Bier des Doktors aufmerksam geworden ist.

Inzwischen brauen Meissner und sein Partner, seit sie das Haus am Kreuzweg überwiegend in Eigenarbeit umgebaut, in eine neue 300/600-Liter-Brauanlage investiert und eine eigene kleine Gaststätte eingerichtet haben, fünf Sorten Stierbräu-Bier, „das Bier für Kenner", wie Meissner stolz sagt. Es gibt Stierbräu hell und dunkel, als Schwarz- und als Weizenbier und als Stoutbier, ein obergäriges Schwarzbier, dem irischen Guiness verwandt. Meissner ist fest davon überzeugt, sich in dieser regionalen Marktlücke, in die er mit seinem Stierbräu gestoßen zu sein glaubt, auch halten zu können. Schließlich sei das Markentier auch sein Sternkreiszeichen. Und wer unter diesem Sternzeichen geboren sei, gelte bekanntlich als sehr durchsetzungsfähig.

Die schweineteure Milchquote

Bauer Hespe in Berne war immer ein Schrittmacher

Hof direkt hinterm Deich: Wilhelm Hespe und sein Sohn Frerk, der im Herbst den Betrieb in Wehrder bei Berne übernommen hat. Computertechnologie erspart heutzutage die ärgste Plackerei. „Die Arbeit ist anders geworden. Vor allem stressiger", sagt der Altbauer.

BERNE. Im Norden, gleich hinter dem stattlichen, reetgedeckten Gehöft, stoppt der Huntedeich den Blick über die Marsch. Im Südosten kann Wilhelm Hespe, wenn er im nahen Wohnhaus, dem Altenteiler, vor die Tür tritt, in einiger Entfernung den Weserdeich sehen. In zwei Himmelsrichtungen von Deichen eingerahmt liegt inmitten weiter und saftiger Wiesen und Weiden sein Hof. Hespe ist einer der großen Milchbauern in der Wesermarsch.

Im Herbst hat er die Betriebsleitung seinem 28 Jahre alten Sohn Frerk und dessen Frau, einer gelernten Bankkauffrau, übertragen. Das heißt freilich nicht, dass sich der 59-Jährige und seine Frau Anne, eine ehemalige Lehrerin, nun wirklich aufs Altenteil setzen könnten. Sie würden es wohl auch nicht wollen. Denn wo 150 Hektar Grünland bewirtschaftet, 165 Milchkühe gefüttert und täglich zweimal gemolken und annähernd 200 Tiere der Nachzucht versorgt werden müssen, wird jede zupackende Hand gebraucht.

Die traditionelle Hofübergabe, wie sie bei den Hespes nun schon in der sechsten Generation vonstatten geht, seit ein Pastor dieses Namens aus Golzwarden 1840 im Dorf Wehrder bei Berne einen Hof und 25 Hektar Land für seinen Sohn kaufte, ist heutzutage keine Selbstverständlichkeit mehr. Wilhelm Hespe kennt nicht wenige Fälle, wo Betriebe aufgegeben wurden, weil Söhne oder Töchter keine Zukunft mehr in der Landwirtschaft sahen. In seiner Familie gab es da zwischen Sohn und Tochter, die als Tischlerin auf einer Werft in Lemwerder Luxusyachten ausstattet, keine Probleme.

Die Knochenarbeit früherer Jahre gehört der Vergangenheit an.

Spaß am Landleben müsse man schon haben, sagt Wilhelm Hespe, sonst lasse sich ein Betrieb nicht erfolgreich durch diese agrarpolitisch komplizierten Zeiten lenken. Zwar gehört die Knochenarbeit früherer Jahre der Vergangenheit an, seit immer perfekter arbeitende Maschinen, inzwischen längst ausgestattet mit Computertechnologie, den Landwirten die ärgste Plackerei ersparen – dennoch: „Die Arbeit ist ja nicht weniger geworden, nur eben anders. Vor allem stressiger."

Im Jahr 1961 standen auf dem damals 48 Hektar großen Hespe-Hof gerade mal 21 Kühe, 27 Rinder, 15 Schafe und ein paar Pferde. Drei Angestellte waren seinerzeit beschäftigt. Heute beschäftigen die Hespes einen Fest-

Im Melkkarussell können 100 Kühe pro Stunde gemolken werden.

Milchquote
Jeder Milcherzeuger darf nur eine bestimmte Menge (Kontingent) Milch produzieren; nur diese Menge wird von der Molkerei zum Garantiepreis (Interventionspreis) abgenommen; für darüber hinaus vermarktete Milch muss er sogar eine Abgabe zahlen. Damit soll in der EU die Milch-Überproduktion begrenzt werden. Milchquoten können seit April 2000 über die Milchbörse verkauft und angekauft werden.

angestellten, bei rund 360 Tieren und einer um mehr als das Dreifache gewachsenen Betriebsfläche. „Wir haben immer noch eine 60-Stunden-Woche", sagt Wilhelm Hespe. Und das, im Gegensatz zur landläufigen Vorstellung, das ganze Jahr hindurch, denn die Schwarzbunten und ihr Nachwuchs wollen 365 Tage versorgt werden. Im Winter, wenn sie im Stall sind, sogar mit mehr Aufwand als in den Monaten, wenn die Tiere auf der Weide stehen.

Ähnlich rasant wie die Wandlung des Berufsbildes in den vergangenen Jahrzehnten – „der Landwirt ist heute Kaufmann, Bauer und Handwerker in einem, in dieser Reihenfolge", sagt Hespe – haben sich auch die Produktionszahlen entwickelt. Gab eine Kuh 1977 noch rund 4500 Liter Milch im Schnitt und pro Jahr, so liegt dieser Wert knapp 30 Jahren später bei 9000 Liter. Diese Steigerung ist das Ergebnis einer bis ins Detail ausgereizten Zucht und Haltung. So ist zum Beispiel die Milchkuh von heute gut 20 Zentimeter größer als ihre Vorgängerinnen in den 50er- und 60er-Jahren.

Wilhelm Hespe, der Meister-Landwirt und stellvertretende Vorsitzende des Kreislandvolkes, hat dem technischen Fortschritt auf seinem Hof nie im Wege gestanden. Im Gegenteil, er war ein Schrittmacher: 1977 baute er als einer der Ersten in der Wesermarsch einen Boxenlaufstall. 1997 leistete er sich als Erster überhaupt ein Melkkarussell, in dem 100 Kühe pro Stunde gemolken werden können. Konsequent forcierte er die Spezialisierung auf die Milchkuhhaltung, auch durch den, wie er sagt, „schweineteuren Zukauf" von Milchquoten. Als die Europäische Union 1984 die Quote einführte, durfte er knapp 400.000 Kilogramm Milch im Jahr an die Molkerei abliefern. Heute sind es 1,35 Millionen Kilogramm. „Wer nicht gewachsen ist, hat es schwer."

Und diese Entwicklung ist seiner Meinung nach immer noch nicht zu Ende. 3000 Bauernhöfe gab es vor drei Jahrzehnten in der Wesermarsch, 800 sind es zurzeit. Allenfalls 400 werden nach Hespes Einschätzung überleben. Wahrscheinlich werden in Zukunft von den einstmals fünf Höfen in dem kleinen Dorf zwischen den Deichen vier nicht mehr bewirtschaftet werden.

Der Hespe-Hof wird dann in Wehrder der letzte sein, auf dem tagtäglich um fünf Uhr morgens die Lichter angeknipst werden.

Johannes Sassen-Stolle und seine Frau Meike.

Manager in Feld und Stall

Geest-Bauer Sassen-Stolle leitet ein hoch spezialisiertes Unternehmen

DÖTLINGEN. Der Mann könnte auch als Steuer- oder Unternehmensberater durchgehen. Wer Johannes Sassen-Stolle nicht kennt und ihm unvermittelt auf seinem Hof in Dötlingen gegenübersteht, wird ihn nicht auf den ersten Blick als den Hofbesitzer identifizieren. Den untersetzten, 48 Jahre alten Mann mit der randlosen Brille könnte man sich auch gut im Management eines mittelständischen Unternehmens vorstellen. Genau genommen ist er das ja auch. Denn wer einen 170 Hektar großen Hof führt, der juristisch gesplittet ist in mehrere Firmenteile, wie es Johannes Sassen-Stolle und seine Frau Meike seit mehr als 20 Jahren tun, mit zwei Festangestellten, einem Auszubildenden und gelegentlichen Aushilfskräften, der käme ohne Managementkenntnisse nicht sehr weit.

Zahlen und Fakten zur Landwirtschaft

- Mit fast 2800 landwirtschaftlichen Betrieben in Cloppenburg und 1800 in Vechta standen diese beiden Landkreise bei der Agrarstrukturerhebung 2003* an der Spitze. Jeweils mehr als 1400 landwirtschaftliche Betriebe gab es in den Kreisen Ammerland und Oldenburg, nur 76 bzw. 77 in den Städten Oldenburg und Wilhelmshaven.

- Im Oldenburger Land wurden 2003 gut 19,5 Millionen Stück Geflügel gehalten. 898 Betriebe hatten mehr als 7,8 Millionen Legehennen und 3,3 Millionen Junghennen im Stall, 328 Betriebe mehr als 8,3 Millionen Masthähnchen. In 272 Betrieben wurden mehr als 3,6 Millionen Puten/Truthühner gehalten; das entspricht einem Anteil von rund einem Drittel am Putenbestand in Deutschland.

- Im Landkreis Vechta wurden in 277 Betrieben rund 9 Millionen Legehennen und Junghennen sowie 2,4 Millionen Masthähnchen gehalten; im Kreis Cloppenburg in 248 Betrieben 1,1 Millionen Legehennen und Junghennen sowie fast 4 Millionen Masthähnchen. Von besonderer Bedeutung im Kreis Cloppenburg ist die Putenhaltung, 2,2 Millionen in 144 Betrieben. Auch die meisten Schweine wurden in den Kreisen Cloppenburg (1,075 Millionen) und Vechta (885.000) gemästet.

Von der Volkslied-Strophe, wonach „im Märzen der Bauer die Rösslein einspannt", stimmt heutzutage höchstens noch, dass auf dem Stolle-Hof tatsächlich im März, nach den nicht ganz so arbeitsintensiven Wintermonaten, wieder mit Volldampf an die Arbeit gegangen werden muss. Ansonsten ist nichts mehr geblieben von der idealisierenden Verklärung des Landlebens früherer Zeiten. Der Hof, dessen erste Gebäude schon Ende des 18. Jahrhunderts in die sanft gewellte Geest bei Wildeshausen gesetzt wurden, ist vielmehr ein hoch technisierter und hoch spezialisierter Wirtschaftsbetrieb, den „am Laufen zu halten", wie Sassen-Stolle es ausdrückt, den Mut zum unternehmerischen Risiko ebenso voraussetzt wie das Wissen um die Marktmechanismen oder die Geheimnisse der europäischen Agrarbürokratie.

Bei den Stolles werden 2000 Schweine in fünf Ställen gemästet, „in einem geschlossenen System", erläutert der studierte Agraringenieur; das heißt, auch Zucht und Aufzucht der Sauen sind Teil der Haltung. In der Bullenmast stehen 150 Tiere. Die Ackerbauflächen sind aufgeteilt für den konventionellen Anbau von Wintergerste und -weizen, Mais und Kartoffeln, wobei das Getreide auf dem Hof zu Saatgut veredelt wird. 25 Hektar Wald sind zudem zu bewirtschaften, und als neueste Errungenschaft steht eine Biogasanlage auf dem Hof, deren Wärmeproduktion dem eigenen Betrieb zugute kommt, der Strom wird verkauft. Und auf zehn Hektar leistet sich Meike Stolle außerdem noch ein Hobby, ein „Faible", wie sie sagt, das sich jedoch auch rechnen muss: den biologischen Anbau von Kartoffeln und Getreide.

Um mit einem Betrieb dieser Größenordnung, der in Investitionen und Umsatz mittelständischen Unternehmen in anderen Branchen in nichts nachsteht, über die Jahre hinweg konkurrenzfähig zu bleiben, muss „ein immer größeres Rad gedreht werden", sagt Johannes Sassen-Stolle. Er kennt die Landwirtschaft von der Pike auf, er ist auf einem Hof in Ost-

2000 Schweine werden auf dem Stolle-Hof in fünf Ställen gemästet, auch Zucht und Aufzucht sind Teil der Haltung.

friesland aufgewachsen. Vor 20 Jahren etwa, als er damals auf den Stolle-Hof einheiratete, wurde für einen Doppelzentner Getreide 50 Mark bezahlt, heute sind es gerade noch elf Euro; auf der anderen Seite ist ein neuer Trecker heute etwa doppelt so teuer wie vor 20 Jahren. Diesem beständigen Kostendruck sei nur zu begegnen gewesen, indem „der Ertrag pro Mann und Flächeneinheit enorm gesteigert wurde", und durch Wachstum. „Ein Landwirt wächst irgendwo über die Fläche", sagt Stolle-Sassen, der es in der Vergangenheit auch so praktiziert hat und Flächen von Nachbarn, die aufgegeben haben, pachtete oder aufkaufte.

In manchen der Dörfer in seiner Nachbarschaft, weiß Stolle-Sassen, werden von ehemals 50 Bauernhöfen nur noch zehn oder gar weniger bewirtschaftet, eine Entwicklung, die nach seiner Erfahrung mitunter die dörfliche Gemeinschaft mehr belastet, als von Außenstehenden wahrzunehmen ist. Auch wenn er die „Grow-or-go"-Ideologie für „bedenklich" hält, sich ihr zu entziehen, hieße, den gesamten Betrieb aufs Spiel zu setzen. Das Ehepaar Stolle sieht seinen Hof zurzeit alles in allem „gut aufgestellt" – auch so eine gängige Managementformel – und ist zuversichtlich, eines Tages dem Nachfolger ein stabiles Erbe übergeben zu können.

Die „Grow-or-go"-Ideologie hält Sassen-Stolle zwar für bedenklich, entziehen kann er sich ihr aber nicht, will er nicht den Hof aufs Spiel setzen.

Da ist freilich noch eine kleine Unwägbarkeit. Dass der heute neunjährige Sohn in die Fußstapfen der Eltern tritt, ist vorerst nur eine Hoffnung, jedoch eine berechtigte, wie die Mutter optimistisch anmerkt. Die beiden schon erwachsenen Töchter haben bereits vor langer Zeit abgewinkt.

- Bemerkenswert in den Kreisen Cloppenburg und Vechta ist auch die hohe Zahl an Veredelungsbetrieben: 697 bzw. 556. Im Ammerland sind mit weitem Abstand die meisten Gartenbaubetriebe (350), in der Wesermarsch die meisten Weideviehbetriebe (1082).

- In der Milchkuhhaltung ist die Wesermarsch führend: Fast 700 Höfe mit gut 42.000 Tieren haben sich darauf spezialisiert; 75 dieser Betriebe hielten 2003 mehr als 100 Milchkühe. Friesland folgte mit 470 Betrieben und knapp 30.000 Milchkühen. Die meisten Mastbullen, über 35.000, standen in mehr als 1000 Betrieben im Kreis Cloppenburg.

- Im Getreideanbau sind die Kreise Cloppenburg (auf gut 48.000 Hektar Fläche), Vechta (knapp 35.500) und Oldenburg (rund 26.000 Hektar) an der Spitze. In den sechs Landkreisen des Oldenburger Landes werden in der Regel zwei Drittel der Kreisfläche, mitunter sogar etwas mehr, landwirtschaftlich genutzt.

QUELLE: Landwirtschaftskammer Niedersachsen.

* Die Agrarstrukturerhebung nach Landkreisen findet nur alle vier Jahre statt. Nach Einschätzung des Landesverbandes der Niedersächsischen Geflügelwirtschaft dürften die Zahlen für die Hähnchenmast heute deutlich höher sein, weil in der Zwischenzeit neue Hähnchenställe dazugekommen sind.

Egon hat schon mit dem Vater des jetzigen Skippers zusammengearbeitet (links); Söhnke Thaden auf der mit hochmoderner Technik ausgestatteten Brücke der „Christine", zu deren Crew auch Willi gehört.

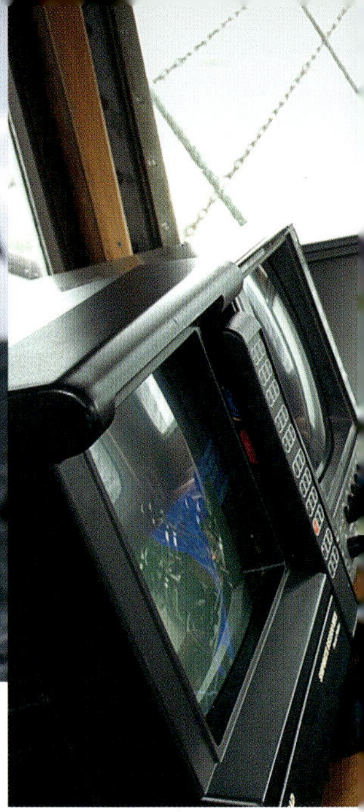

die auf Fischfang geht. Da hat sich eine Menge Erfahrung angesammelt und da sind viele Kenntnisse weitergegeben worden, die beim Fang über Erfolg oder Misserfolg entscheiden. Nur noch acht Kutterfischer gibt es in Fedderwardersiel, Mitte der 1970er-Jahre waren es noch 20 Schiffe. Obwohl die Konkurrenz also überschaubar zu sein scheint und es keine Fangquoten für Krabben gibt, würde kein Fischer dem Kollegen freiwillig einen reichen Fischgrund verraten, „allenfalls zwischen den Zeilen hört man mal was heraus", erzählt Thaden.

Die „Christine", nach der Schwester des Fischers benannt, ist auch bei Windstärke 6 bis 7 kaum aus der Ruhe zu bringen. Dass das schmucke Schiff, das in den vergangenen beiden Jahren die Fedderwardersieler Kutterregatta gewonnen hat, mit der Kraft seines 300-PS-Dieselmotors so ruhig in der Außenweser dahingleitet, während Thaden auf der Brücke im Skippersessel fläzt und zuweilen lässig mit der Zehenspitze Schalter und Knöpfe bedient, hat zum einen mit dem mitten auf dem Schiff aufragenden knallblauen, 12 Meter hohen Stützsegel zu tun, das den knapp 20 Meter langen Kutter stabilisiert, und zum anderen auch mit der hochmodernen Technik an Bord. Über acht große farbige Monitore wacht der Skipper, Echolot, Radarschirm, elektronische Seekarte, GPS, Internet-Anschluss, etc., etc. „Opa hat noch gesegelt", sagt Thaden, der heute unabhängig von den Gezeiten an gut 200 Tagen im Jahr vorwiegend in der Deutschen Bucht fischt, der am dichtesten befahrenen Wasserstraße der Welt. In Sichtweite zur Insel Mellum taucht er zum ersten Mal an diesem Tag per Fernbedienung das an langen Bäumen aus Eisen hängende Fanggeschirr mit den 9,5 Meter breiten Schleppnetzen steuer- und backbords ins Wasser ein. Gut zwei Stunden wird das Netz in Schrittgeschwindigkeit in fünf bis zehn Metern Tiefe durchs Meer geschleppt. Thaden verschwindet im Bauch des Kutters. Er holt in der Kajüte „eine Mütze Schlaf" nach, die sich Willi und Egon schon am Vormittag gegönnt hatten. Willi übernimmt die Aufsicht über die Monitore, Egon zieht sich in die gemütliche Messe gleich hinter der Brücke zurück, in der es an nichts fehlt, vom Fernsehapparat über Mikrowelle und Kochplatte bis zur Bratpfanne. Für kurze Zeit scheint das Fischerleben so geruhsam zu sein, wie es in Shantys gern besungen wird.

Es ist riskant und sieht doch irgendwie komisch aus, wie Egon sich auf den Rand eines der beiden Bottiche schwingt, in die eben aus dem Schleppnetz der Fang der vergangenen zwei Stunden geplatscht ist. Für ein paar Augenblicke verschwindet er kopfüber im Bottich. Er rührt mit bloßen Händen in der schwabbelnden Masse herum, um die Sortier- und Spülmaschine auf dem Vorderschiff rasch zu füttern. In automatisierten Spülgängen und mit hohem Wasserdruck trennt die Maschine gewissermaßen die Spreu vom Weizen, also den Beifang aus allerlei wimmelndem Getier, das wieder ins Meer zurückgespült wird, von den Garnelen. „Ziemlich viel Biomasse heute", sagt Thaden und schätzt diesen ersten, eher mageren Fang des Nachmittags auf gerade mal 30 Kilogramm. Von der Brücke aus beobachtet er seine Leute, wie sie, in Ölzeug gehüllt, bei

dem inzwischen recht garstigen Wetter die Maschine in Schwung und sich auf den Beinen halten. Die kleine Fischfabrik, in der vom Kabeljau über Seezunge bis zur Scholle alle Fischarten bis zur Einlagerung verarbeitet werden können, ist in dieser Anordnung eigens nach den Plänen des Fischers für die „Christine" konstruiert und gebaut worden. Dazu gehört auch ein großer Kocher, in dem die Krabben kurz in Salz gekocht werden, um schließlich, zuvor noch einmal von Hand sortiert, in der Kühlkammer im Schiffsbauch zu verschwinden.

Den Krabbenfischern in der Wesermarsch wird durch die Weservertiefung buchstäblich das Wasser abgegraben.

Nach zwei weiteren Schleppgängen hat Thaden seine Kühlkammer endgültig bis unter die Decke voll. Das Stundenglas, das aussieht wie eine Reuse und am Bug aufgezogen worden war, um zu signalisieren, dass der Krabbenkutter auf Fang ist und somit Vorfahrt vor anderen Schiffen beanspruchen kann, wird eingeholt. Der Skipper ist zufrieden mit diesem Tag und mit der ganzen Woche. Thaden neigt ohnehin nicht zum Lamentieren, er ist vielmehr einer vom zupackenden Menschenschlag. Lange war er Sprecher der Erzeugergemeinschaft Elbe-Weser der Krabbenfischer. Die überbordende Bürokratie in der EU-Fischereipolitik empfindet er als lästig – „Ich habe einen ganzen Aktenordner zu Hause, in dem steht, was ich alles darf und nicht darf" –, doch hat er sich damit längst arrangiert und streitet zumindest nicht ab, dass er ganz gut über die Runden kommt, „vorausgesetzt, man legt sich nicht auf die faule Haut". Dennoch ist der Vater von drei Kindern nicht sicher, ob es auch eine sechste Fischer-Generation in der Familie geben wird. Der Fedderwardersieler Hafen und die Priele, die hinaus führen auf die Außenweser, verlanden immer mehr und immer schneller, je tiefer die Weser ausgebaggert wird. Den Krabbenfischern in der Wesermarsch wird buchstäblich das Wasser abgegraben. „Wenn am Priel nichts gemacht wird, glaube ich nicht, dass ich in zehn Jahren noch von Fedderwardersiel aus fahren kann", sagt Söhnke Thaden.

Egon, der schon mit Thadens Vater zusammenarbeitete, wird in zehn Jahren auf jeden Fall im Ruhestand sein. Und seinem Hobby frönen. Denn der Mann, der es bei der Arbeit auf See immer mit Fischen zu tun hat, verbringt seine Freizeit am liebsten – beim Angeln!

Zuchterfolg ist kein Zufall

Der lange Weg an die Weltspitze

Dr. Wolfgang Schulze-Schleppinghoff ist der Zuchtleiter des Verbandes der Züchter des Oldenburger Pferdes. Sein Büro ist im Pferde Zentrum Vechta. www.oldenburger-pferde.com

Herr Dr. Schulze-Schleppinghoff, was ist oder war bisher nach Ihrer Ansicht das herausragendste Pferd der Oldenburger Zucht?

Dr. Schulze-Schleppinhoff: Da muss ich eine Reihe von Pferden auflisten, die Weltruhm erlangten. Zum Beispiel die ehemalige Auktionsstute und zweifache Springweltmeisterin „Weihaiwej" unter Franke Sloothaak, der Olympiasieger und fünffache Dressur-Weltcupsieger „Bonfire" mit der Niederländerin Anky van Grunsven und natürlich „Donnerhall". Dieser Hengst errang unter Karin Rehbein zwei Dressur-Weltmeisterschaftstitel und brachte in der Zucht eine ganze Armada von züchterisch oder sportlich erfolgreichen Nachkommen. Diese Doppelveranlagung finden wir heute zum Beispiel auch bei dem Oldenburger Hengst „Sandro Hit", der sechsjährig das Bundeschampionat und die Weltmeisterschaft der jungen Pferde gewann.

Ist für Besitzer und Züchter immer von Anfang an zu erkennen, welches Klassepferd da im Stall steht?

Bei „Donnerhall" war es zum Beispiel so, dass er zwar als Fohlen schon erkennbar bewegungsstark war, als Zweijähriger aber nur knapp gekört wurde, weil er unfertig war. Grundsätzlich gilt: Zuchterfolg ist kein Zufall. Natürlich gehört auch das berühmte Quäntchen Glück dazu, aber durch überlegte Auswahl der Elterntiere lassen sich doch mit hoher Wahrscheinlichkeit überdurchschnittliche Nachkommen erzielen. Für eine Karriere unter dem Sattel ist von entscheidender Bedeutung, dass Reiter oder Reiterin und Pferd zusammenpassen.

Was war der höchste Preis, der bisher je für ein Oldenburger Pferd bei einer Auktion bezahlt wurde?

Der gekörte Oldenburger Hengst „L'Arc de Triomphe" wurde vor ein paar Jahren als erstes „ausländisches" Pferd überhaupt über die berühmte Fences-Auction für den Rekordpreis von 460.000 Euro versteigert. Aber solche Preise sind mit Vorsicht zu genießen. Intern, wenn also außerhalb einer Auktion verkauft wird, kann ein hochkarätiger Hengst gut und gerne auch mehrere Millionen Euro bringen. Ein solcher Hengst besamt

> ***Ein Top-Hengst besamt im Schnitt jedes Jahr 600 Stuten.***

Wer züchten und nicht einfach nur vermehren will, muss in Generationen denken.

im Schnitt jedes Jahr 600 Stuten, und die Decktaxe beträgt jeweils 2500 Euro. Wenn man das auf Jahre hochrechnet, weiß man, was so ein Tier in Wirklichkeit wert ist. In der Zucht sagt man scherzhaft: Wer mit Pferden reich geworden ist, wird nie wieder arm.

Was zeichnet das Oldenburger Pferd im Vergleich zu anderen Rassen aus, etwa dem Hannoveraner?

Dass es einfach besser ist. Aber im Ernst: Der Erfolg der Oldenburger Zucht ruht auf drei Säulen, auf den durchgezüchteten Stutenstämmen, der rein privaten Hengsthaltung und unserer offenen und liberalen Zuchtpolitik …

… was, bitte schön, sind „durchgezüchtete Stutenstämme" und was ist eine „liberale Zuchtpolitik"?

Wer züchten und nicht einfach nur vermehren will, muss in Generationen denken. Deshalb verbleiben in Oldenburg die jeweils besten weiblichen Nachkommen in der Zucht. Auf diese Weise werden Mutterstämme zum Teil über Jahrzehnte hinweg gepflegt. Und im Gegensatz zu vielen anderen Zuchtgebieten, die nur Hengste einsetzen, die auch in ihrem Gebiet geboren wurden, haben die Oldenburger Züchter immer wieder gute Hengste im In- und Ausland aufgekauft. Diese Abkehr vom regionalen Denken hat sehr viel zu den großen Zuchterfolgen beigetragen.

© Janne Bugtrup

In der Zucht sagt man scherzhaft: Wer mit Pferden reich geworden ist, der wird nie wieder arm.

© Bernd Eylers

Ursprünglich aber hatte sich das Oldenburger Pferd vor allem als schweres Kutschpferd einen Namen gemacht.

So ganz sind wir den Ruf in Teilen der Welt leider auch heute noch nicht los. Tatsächlich gab es von Beginn des vorigen Jahrhunderts bis hinein in die 1950er-Jahre eine Zeit, da war das Oldenburger Pferd sehr schwer. Die Geschichte der Oldenburger Pferderasse reicht ja bekanntlich bis ins 16. Jahrhundert zurück. Die Oldenburger Regenten waren von jeher Pferdeliebhaber. Graf Anton Günther etwa züchtete ein für damalige Verhältnisse elegantes, eher barockes Pferd ...

... jeder kennt den berühmten Schimmel „Kranich“...

... – zum Beispiel –, und er machte das Oldenburger Pferd zu einer der beliebtesten Rassen an Europas Höfen. Weltweit bekannt und verbreitet wurde es jedoch später als edles Kutschpferd, gewiss eine der glorreichsten Perioden der Oldenburger Zucht. Als sich aber abzeichnete, dass das Pferd seine Rolle als Arbeitstier in der Landwirtschaft verlieren würde, zögerte man zunächst, die Zucht umzustellen. Relativ spät wurde die Wende vom Wirtschafts- zum Sportpferd eingeleitet, erst 1959 der erste Vollblüter zum Umzüchten eingesetzt. Es war damals höchste Zeit, aufs Sportpferd umzusatteln. Dann stellten sich allerdings auch rasch Erfolge ein. Heute gehört der „Oldenburger“ zu den weltweit elegantesten, modernsten und erfolgreichsten Sportpferden.

Wie schätzen Sie die wirtschaftliche Bedeutung der Pferdezucht im Oldenburger Land ein?

Nach einer Statistik hat in Niedersachsen jeder dritte Arbeitsplatz direkt oder indirekt mit dem Pferd zu tun. Der Oldenburger Verband hat insgesamt knapp 5500 Mitglieder, davon sind rund 3900 Züchter. Ohne Übertreibung kann man sagen, dass die Hengsthalter im Oldenburger Land die ganze Welt beschicken.

Die Zahl der Freizeitreiter ohne große sportliche Ambition steigt und steigt. Wie reagiert der Zuchtverband darauf?

Die weitaus überwiegende Zahl der Pferde wird von Freizeitreitern gehalten. Deswegen setzen wir im Oldenburger Verband nicht einseitig auf die Zucht von Pferden für den Spitzensport, sondern legen großen Wert auf Umgänglichkeit und, wie der Fachmann sagt, natürliche Rittigkeit. Wir werden immer einen kleinen Prozentsatz an Spitzensportpferden brauchen, nicht zuletzt als Botschafter des Oldenburger Landes, aber der Markt der Freizeitreiter ist die Zukunft – und übrigens noch lange nicht gesättigt. Es gibt Untersuchungen, wonach viermal so viele Leute gerne reiten möchten, als es zurzeit wirklich tun.

Gott schütz dein edles Ross

Heute ist das Oldenburger Brandzeichen ein Qualitätssiegel für alle Pferdekenner weltweit.

OLDENBURG. Sogar in der Hymne wird es besungen: Das Pferd spielt in der langen Geschichte des Oldenburger Landes eine wichtige Rolle. „Gott schütz dein edles Ross“ heißt es in der Hymne „Heil dir o Oldenburg“ nicht von ungefähr, denn die Pferdezucht hat nicht unwesentlich zu Wohlstand und Ansehen beigetragen. Und sie hat das Land vor den Schrecknissen eines Krieges bewahrt, als Graf Anton Günter im 30-jährigen Krieg (1618–1648) seine Neutralitätspolitik auch deshalb durchhalten konnte, weil er Verhandlungspartner beider Kriegsparteien durch das Geschenk edler Pferde gewogen stimmte. Für ein paar alte Mähren wäre der kaiserliche Feldherr Tilly, der im Jahr 1623 mit seinem Heer bereits dicht vor Oldenburg lagerte, wohl kaum zum Abzug zu bewegen gewesen.

Ostholstein zählt zum Kernzuchtgebiet des Oldenburger Pferdes.

Nein, das Oldenburger Pferd gehörte damals an Europas Höfen zu den begehrtesten Rassen. Graf Anton Günther (1583–1667) hatte seine Passion, die Pferdezucht, von seinem Vater Graf Johann XVI. geerbt und sie zur Perfektion getrieben, indem er edle Pferde aus allen Teilen Europas in die oldenburgische Rasse einkreuzte.

Auch die Herzöge von Holstein-Gottorp, die das Herzogtum nach der Dänenzeit übernahmen, waren stets große Pferdeliebhaber. Ostholstein zählt wie das westliche Niedersachsen zum Kernzuchtgebiet des Oldenburger Pferdes. Auf das Haus Oldenburg sind die Farben Blau-Rot für den Oldenburger und das gekrönte O als Brandzeichen zurückzuführen. Heute ist dieses Brandzeichen für alle Pferdekenner rund um den Globus ein Qualitätssiegel.

Oldenburger holen Titel und Medaillen

VECHTA. Der Verband der Züchter des Oldenburger Pferdes hat zurzeit knapp 5500 Mitglieder in ganz Deutschland, 3900 davon sind Züchter. Er ist einer der größten und ältesten Pferdezuchtverbände in Deutschland. Schon 1820 war die erste Hengstkörung im Oldenburger Land abgehalten worden, 1882 kam es dann allerdings zur Trennung in zwei Zuchtverbände: Im Norden wollte man laut Satzung ein starkes, elegantes Kutschpferd züchten, in Südoldenburg ein landwirtschaftliches Gebrauchs- und Wagenpferd. 1923 vereinigten sich die beiden Verbände wieder. In den 1950er-Jahren, vergleichsweise spät also, wurde die Wende vom Wirtschafts- zum Sportpferd eingeleitet. Inzwischen reiten viele National-Equipen Oldenburger Pferde, in der Dressur ebenso wie im Springsport. Bei Olympischen Spielen, Welt- und Europameisterschaften holten Reiter und Reiterinnen, die Oldenburger wie „Bonfire", „Weihaiwej", „Volturno" oder „Donnerhall" gesattelt hatten, etliches an Titeln und Medaillen.

© Bernd Eylers

Auch ein Oldenburger: der Schimmel Inselfürst, der in der Wesermarsch steht.

Das Geschäftszentrum der Oldenburger Pferdezucht ist Vechta. Die Stadt beherbergt im Pferde-Zentrum sowohl den Sitz des Oldenburger Zuchtverbandes als auch den des erst 2001 gegründeten Springpferdeverbandes Oldenburg-International, der sich um die Zucht von besonders hoch veranlagten Springpferden kümmert. Vechta ist vor allem aber als Auktionsplatz von internationaler Bedeutung. Gut die Hälfte der jährlich in sechs Auktionen versteigerten Pferde wird ins Ausland verkauft. Weitere wichtige Pferdezucht- und Pferdesport-Veranstaltungen sind die Oldenburger Hengst-Tage mit der Hauptkörung im November in Vechta sowie die Stutenprämierung im Juni und das Landesturnier im Juni/Juli in Rastede.

Donnerhall

„Donnerhall“ (geb. 1981, gest. 2002, v. Donnerwetter-Markus, Züchter: Otto Gärtner, Travenhorst) hat im Sport und in der Zucht Maßstäbe gesetzt wie kein zweites Oldenburger Pferd. Unter Karin Rehbein gewann er 1994 die Deutsche Dressur-Meisterschaft sowie Mannschaftgold und Bronze im Einzelwettbewerb bei der Dressur-Weltmeisterschaft in Den Haag. 1997 kamen Teamgold und Einzelbronze bei der Europameisterschaft in Verden hinzu. Der erneute Triumph mit der Equipe bei der Weltmeisterschaft in Rom bildete den krönenden Abschluss seiner sportlichen Karriere. 113 Söhne von „Donnerhall“ wurden gekört (zur Zucht zugelassen), mehr als 160 Töchter mit einer Staatsprämie ausgezeichnet. Die Gewinnsumme seiner im Sport erfolgreichen Nachkommen betrug allein im Jahr 2005 mehr als 1,3 Millionen Euro.

Berühmte Oldenburger Pferde

© Werner Ernst

© Bernd Eylers

Bonfire

„Bonfire" (geb. 1983, v. Welt As-Praefectus xx, Züchter: Karl Bernd Westerholt, Lemwerder) wurde unter der niederländischen Top-Dressurreiterin Anky van Grunsven eines der erfolgreichsten Dressurpferde der Welt. Über die Oldenburger Auktion verkauft, krönte der braune Wallach seine Karriere mit dem Olympiasieg 2000 in Sidney (Australien). Hinzu kommen dreimal Silber bei Olympischen Spielen, fünf Siege im Kür-Weltcup, ein Sieg und dreimal Silber bei Weltmeisterschaften, eine Europameisterschaft und fünf EM-Silbermedaillen. „Bonfire" wurde im Jahr 2005 in der Heimat seiner Reiterin ein Denkmal gesetzt.

Sandro Hit

„Sandro Hit" (geb. 1993, v. Sandro Song-Ramino, Züchterin: Gabriele Harder-Brune, Bramsche) gewann 1999 die Weltmeisterschaft der sechsjährigen Dressurpferde und das Bundeschampionat. Er zählt zu den gefragtesten Dressurvererbern. Unter seinen 70 gekörten Söhnen befinden sich eine ganze Reihe von Siegerhengsten und Bundeschampions. Zahlreiche Nachkommen von „Sandro Hit", gleichgültig ob Söhne oder Töchter, erzielten bei Auktionen hohe bis hin zu Rekordpreisen.

© Werner Ernst

Weihaiwej

„Weihaiwej" (geb. 1984, v. Westminster-Grannus, Züchter: Otto Baumann GbR, Großenkneten) hat sich mit dem Gewinn von Einzel- und Mannschaftsgold bei den Weltmeisterschaften der Springreiter 1994 in Den Haag in die Annalen des Springsports eingetragen. Im selben Jahr hatte die Fuchsstute unter ihrem Reiter Franke Sloothaak bereits den zweiten Platz im Weltcup-Finale belegt. „Weihaiwej" ist mit einer Gewinnsumme von mehr als 600.000 DM das erfolgreichste Oldenburger Springpferd, das jemals über den Auktionsplatz Vechta verkauft worden ist.

Kannitverstan auf beiden Seiten

OLDENBURG. Sie haben geraume Zeit gebraucht, um sich anzufreunden: Die Universität Oldenburg und Region und Stadt, heute eine Symbiose, die niemand mehr in Frage stellt, standen sich viele Jahre gegenüber wie zwei Menschen, die nicht zueinander finden können, weil keiner die Sprache des anderen versteht. Die große Mehrheit der Oldenburger hatte auf eine Universität gehofft, die sich problemlos in ihre gutbürgerliche Gesellschaft einfügen würde. Was dann aber 1973 gegründet wurde und im Jahr darauf mit 2400 Studierenden, überwiegend von der Pädagogischen Hochschule, den Lehrbetrieb aufnahm, war erklärtermaßen eine Reformuniversität, die entscheidende Impulse aus der stürmischen 1968er-Generation bezog und so gar nicht dem tradierten Bild einer Hochschule entsprach.

Der erbitterte Streit um die Namensgebung nach dem von den Nazis verfolgten Friedensnobelpreisträger Carl von Ossietzky, der erst in den 1990er-Jahren beigelegt wurde, war Ausdruck des tiefen Missbehagens auf beiden Seiten: Hier Region und Stadt, die mit Unverständnis und Abwehr auf die vermeintliche „rote Kaderschmiede" reagierten, dort eine nicht unbeträchtliche Zahl von missionarisch-politisierenden Hochschulangehörigen, die es partout auf die Konfrontation mit ihrer bürgerlichen Umgebung anzulegen schienen. Erst als beide erkennen mussten, dass ihre Auseinandersetzungen von den Landesregierungen, gleich welcher Couleur, auch als Vorwand benutzt wurden, den versprochenen zügigen Aufbau der jungen Universität

immer wieder hinauszuschieben, setzte sich allmählich die Einsicht durch, sich besser gemeinsam für die Zukunft der Hochschule einzusetzen. Heute ist die Universität mit rund 11.000 Studierenden (Sommersemester 2006) und 1800 Hochschulangehörigen unbestritten als Institution anerkannt, der eine herausragende Bedeutung bei der wirtschaftlichen und kulturellen Entwicklung des Oldenburger Landes zukommt.

Die Universität, die mit mehr als 150 Hochschulen in 45 Ländern offizielle Kooperationspartnerschaften unterhält und an der rund 850 junge Menschen aus mehr als 90 Ländern studieren, hat in den Jahren 2004/2005 als erste Hochschule Niedersachsens ihre Studienstruktur auf die international gängigen Bachelor- und Masterabschlüsse umgestellt. Neben den geistes- und sozialwissenschaftlichen Fächern – Sprachen, Wirtschaftswissenschaften, Pädagogik, Politikwissenschaften, Soziologie, Philosophie, Geschichte, Sportwissenschaften u. a. – wird auch ein Kunst- und Musikstudium angeboten. Die Naturwissenschaften, Biologie, Physik, Chemie, sind zusammen mit der Mathematik in einem mehrfach mit Architekturpreisen ausgezeichneten Baukomplex zusammengefasst. 1984 wurde das Fächerspektrum mit der Informatik entscheidend ergänzt.

An der Universität arbeiten rund 800 Wissenschaftler. Die enge Zusammenarbeit unterschiedlicher Fachrichtungen, Interdisziplinarität und nationale und internationale Kooperationen prägen die Forschung. Sehr viel früher als an anderen Universitäten – schon Ende der 70er-Jahre – nahmen sich Oldenburger Wissenschaftler der Umwelt- und Energieforschung an: Bereits 1981 wurde das Energielabor errichtet, zehn Jahre später folgte das Institut für Chemie und Biologie des Meeres (ICBM), 2004 das Zentrum für Windenergieforschung ForWind. Heute sind die zahlreichen Umwelt- und Nachhaltigkeitskompetenzen der Universität in dem Wissenschaftlichen Zentrum COAST gebündelt. Bisher einzigartig ist dabei die Kombination ganz verschiedener Disziplinen, der Natur- und Wirtschaftswissenschaften, der Informatik und der Regenerativen Energien sowie der Küstenforschung.

Weitere Schwerpunkte der Oldenburger Forschung sind in den Bereichen Psychoakustik und Neurosensorik, der Hörforschung mit dem Kompetenzzentrum für Hörgeräte-Systemtechnik HörTech, der Energie- und Halbleiterforschung, der Lehr- und Lernforschung, der Frauen- und Geschlechterforschung sowie der Informatik – vielfach in Kooperation mit dem aus der Universität hervorgegangenen Oldenburger Forschungs- und Entwicklungsinstitut für Informatik-Werkzeuge und -Systeme (OFFIS).

Ideen für spätere Generationen

Professor Parisi und sein Team setzen auf Solarstrom und -wärme

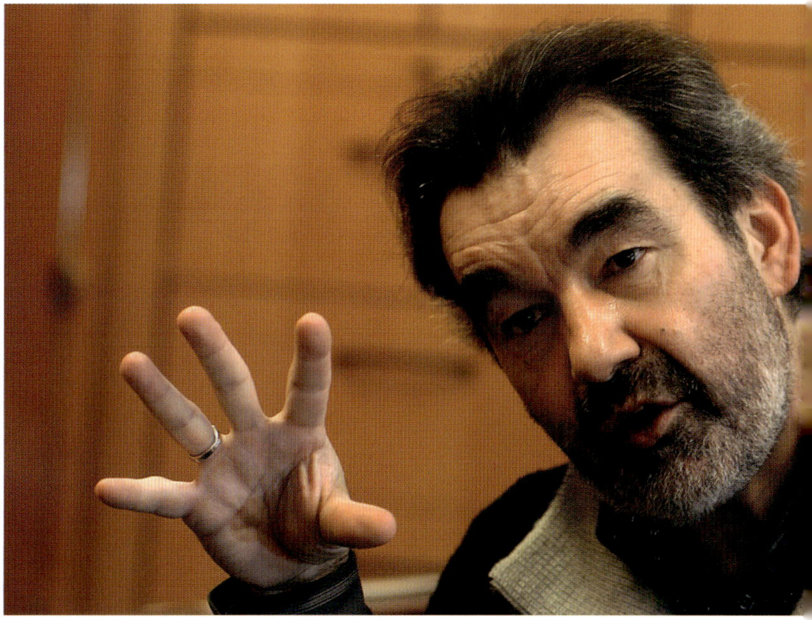

Professor Dr. Jürgen Parisi

OLDENBURG. Die Einschätzung ist nicht unbescheiden. „Wir machen nichts, wo wir nicht unter den fünf Besten sind – europaweit", sagt Professor Dr. Jürgen Parisi. Der 55-jährige Physiker streut diese Bemerkung aber nur eher beiläufig in das Gespräch über Nanowelt und Kohlenwasserstoffpolymere ein, über die er in leicht schwäbisch gefärbtem Zungenschlag leidenschaftlich referieren kann. Parisi, Leiter der Energie- und Halbleiterforschung an der Universität Oldenburg, gilt als einer der wissenschaftlichen „Leuchttürme" der Hochschule, eine Kapazität, wie man früher respektvoll sagte. Sein wissenschaftliches Renommee steht längst außer Frage, als dass er es nötig hätte, es besonders zu betonen.

Die Photovoltaik, also die Umwandlung von Sonnenlicht in elektrische Energie, wie das in Solarzellen passiert, ist eines seiner Forschungsgebiete. Außerdem befasst er sich noch mit Windenergie, Halbleiterforschung, Nanochemie und Energie-

Wir machen nichts, wo wir nicht unter den fünf Besten sind – europaweit.

meteorologie. Als er 1995 mit einer Gruppe von mehr als 30 Leuten nach Oldenburg kam, rollten Wissenschaftsministerium und Hochschulleitung quasi den roten Teppich aus. Das Berufungsangebot war so exzellent, dass er es „annehmen musste, um nicht das Gesicht zu verlieren", sagt er im Rückblick nicht ohne Ironie. Oldenburg war nicht unbedingt seine Traumstadt – was sich inzwischen geändert hat –, auch deshalb nicht, weil das industrielle Umfeld für seine Forschung überwiegend in Süddeutschland zu Hause ist.

Von insgesamt drei Millionen Euro an Drittmitteln, die Parisi jährlich einwirbt, geht eine Million in die Photovoltaik. In der Stromerzeugung habe die Photovoltaik von allen regenerativen Energiequellen das höchste nachgewiesene Potenzial, sagt er. In 50 Jahren werden nach einem Gutachten des wissenschaftlichen Beirates der Bundesregierung Solarstrom und -wärme rund 30 Prozent des Energieverbrauches decken, bis Ende des Jahrhunderts sogar zwei Drittel. Der Oldenburger Physiker drückt die Notwendigkeit intensiver

Die entscheidenden Experimente als Erste machen.

Forschung drastisch aus: „Wenn der unausweichliche Krieg um die langsam versiegenden Ölquellen verhindert werden soll, dann muss die Solartechnologie massiv gefördert und weiter entwickelt werden. Vor allem mit Blick auf jenes Drittel der Menschheit, das heute noch von jeglicher Strombelieferung abgekoppelt ist."

Der Photovoltaik-Markt wird gegenwärtig zu fast 100 Prozent von Silizium-Solarzellen beherrscht. Silizium ist jedoch nur unter großem Aufwand herzustellen und deshalb teuer. Da setzt die durchaus anwendungsorientierte Grundlagenforschung in Oldenburg an. Parisis Arbeitsgruppen suchen nach neuartigen Materialien, die Silizium ersetzen könnten, und kreieren Ideen für neue Material-Zusammensetzungen „für spätere Generationen". „Material, das man vielleicht in zehn Jahren verkaufen kann", sagt er. Nur in solchen „Nischen" könne sein Team den wissenschaftlichen Wettbewerb mit ungleich größeren und komfortabler ausgestatteten Instituten bestehen. Das Forschungsfeld für ihn und seine Leute sei aber nicht Photovoltaik-Technologie, sondern es gehe vielmehr darum, „die entscheidenden Experimente, die Pionierexperimente, als Erste zu machen".

Zurzeit konzentrieren sich die Wissenschaftler auf zwei Schienen: auf die so genannten anorganischen Dünnschicht-Solarzellen auf der Basis der Halbleiter Kupfer, Indium, Gallium und Diselenid und auf die organische Photovoltaik, deren Basis Kohlenwasserstoffpolymere sind. Auf beiden Gebieten sei die Forschung in Oldenburg „mit führend in der Welt", sagt Parisi. Insbesondere in der organischen Kunststoff-Solarzelle aus einer Mischung von Kohlenwasserstoff-Verbindungen, die die Photosynthese der Pflanzen nachahmt, sieht Parisi einen „neuen Renner". Polymere kennt man aus der Küche, zum Beispiel bestehen Frischhaltefolien und Verpackungen aus Polymeren, die allerdings im Gegensatz zu den organischen Solarzellen nicht lichtempfindlich sind. Diese in den 90er-Jahren neu entdeckten Materialien vereinigen die elektrischen und optischen Eigenschaften von Halbleitern mit den Vorteilen von Kunststoffen.

Unbestritten ist mittlerweile, dass die Material- und Herstellungskosten von anorganischen Dünnschicht- wie von organischen Solarzellen weitaus geringer sind als bei herkömmlichen Silizium-Solarzellen. Das Problem ist nur, die kleinen Labor-Prototypen, die es lediglich in einer Größenordnung von allenfalls einigen Quadratzentimetern gibt, auf sehr viel größere Flächen zu übertragen, ohne dass die Effizienz der Energieumwandlung derart stark nachlässt, dass sich der Einsatz der Solarzellen nicht lohnt. Aber auch diese „Stabilitätsprobleme", wie Parisi sie nennt, werde man in zehn Jahren gelöst haben.

Dann, glaubt er, werden auch die ersten „Billiganwendungen" auf dem Markt sein, etwa in Kleingeräten zur Reduzierung des Stromverbrauches oder in Fassaden- und Fensterbeschichtungen zur Stromgewinnung.

Ein bisher unerfüllter Wunsch von Parisi, und nicht nur von ihm, ist es, eines Tages eines der renommierten Forschungsinstitute des Bundes, sei es ein Max-Planck- oder ein Fraunhofer-Institut, an Oldenburg binden zu können. In einem spektakulär anmutenden Projekt, das er und Professoren-Kollegen aus der Neurobiologie und der Chemie sich ausgedacht haben, könnte eine neue Chance dafür liegen, nachhaltige Aufmerksamkeit auf sich zu ziehen: Sie arbeiten gemeinsam daran, organische und bio-kompatible Materialien für ein Netzhaut-Implantat zu entwickeln, dessen Beschichtung dauerhaft sein soll und das eine sehr viel höhere Auflösung haben muss als die derzeit verwendeten Implantate. „Das könnte etwas werden, wo wir europaweit konkurrenzlos sind", sagt Parisi.

Das könnte etwas werden, um europaweit konkurrenzlos zu sein.

Der „Leuchtturm" soll noch eine ganze Weile strahlen.

Professor Parisi vor einer Hochvakuum-Aufdampfanlage zur Herstellung von Halbleitern.

Wissenschaftler, die aufhorchen lassen

Die Oldenburger Hörforschung um Professor Kollmeier hat inzwischen Weltstandard

OLDENBURG. Schleiereulen haben es Hörforschern angetan. Die Eule hört, hoch oben auf dem Ast sitzend, praktisch das Gras wachsen. Keine raschelnde Maus entgeht ihr. In der Brutzeit muss sie alle zehn Minuten eine Maus fangen, um den Nachwuchs durchzubringen. Wenn er vom phantastischen Gehör der Schleiereule und ihrem unheimlich präzisen Ortungsvermögen erzählt, gerät Professor Dr. Dr. Birger Kollmeier (48), sonst eher der betont nüchtern argumentierende Wissenschaftler, regelrecht ins Schwärmen.

Der Mediziner und Physiker Kollmeier, Spiritus rector der Oldenburger Hörforschung, wird sich in Zukunft häufiger mit dem Gehör von Vögeln beschäftigen, aber auch mit dem von Wüstenrennmäusen, so wie Wissenschaftler der Zoophysiologie in Oldenburg und der Neurobiologie in Magdeburg es auch tun werden. Denn der Vergleich zwischen dem menschlichen und dem Hörsystem von Tieren ist ein Bestandteil der Untersuchungen und Experimente im interdisziplinären Sonderforschungsbereich (SFB) „Das aktive Gehör" an den Universitäten Oldenburg und Magdeburg. Sonderforschungsbereiche,

Professor Dr. Dr. Birger Kollmeier

nach strengen Kriterien bewilligt von der Deutschen Forschungsgemeinschaft, gelten gemeinhin als eine Art wissenschaftlicher Ritterschlag für Hochschulen.

Sprecher des Sonderforschungsbereiches ist der Oldenburger Zoophysiologe und Verhaltensforscher Professor Dr. Georg Klump, der mit dressierten Tieren ähnliche Hörversuche macht wie Kollmeier sie in seinen Labors mit Versuchspersonen, die sich freiwillig für die Experimente zur Verfügung stellen. Was freilich bei den Tieren ungleich schwerer ist, denn sie müssen in einer Belohnungsdressur erst mühsam lernen, welche Taste bei welchem Ton gedrückt werden soll. Dafür würden die Tiere aber auch an Sonn- und Feiertagen „arbeiten", sagt Klump.

Die Wüstenrennmaus zieht das Interesse der Hörforscher deshalb auf sich, weil sie in einem ähnlichen Frequenzbereich wie der Mensch hört und ihre „Hörleistung" dem menschlichen Hörvermögen sehr nahe kommt. Sie durchläuft außerdem in wenigen Jahren einen Alterungsprozess, der dem eines ganzen Menschenlebens entspricht. Durch den Vergleich der „Baupläne" des Hörsystems alter und junger Wüstenrennmäuse soll herausgefunden werden, welche Prozesse sich im Hörsystem des Menschen im Alter verändern.

Die gut fünf Dutzend Wissenschaftler, die in Oldenburg und Magdeburg am SFB mitarbeiten und denen in den ersten vier Jahren fünf Millionen Euro zur Verfügung stehen, sprechen immer von „Hörsystemen". Denn ihnen geht es eben nicht nur ums Gehör und dessen medizinisch-physische Funktionsweise, sondern um mehr, obwohl sich das angestrebte Ziel, so zurückhaltend wie es Kollmeier formuliert, auf den ersten Blick eher bescheiden ausnimmt: Wenn nach insgesamt zwölf Jahren die Arbeit am SFB abgeschlossen sein wird, wollen die Forscherteams ein Stück weit dazu beigetragen haben, die Informationsvermittlung vom Gehör zum Gehirn und das komplexe Wechselspiel von Gehirn und Gehör beim Hören besser zu verstehen.

Was kann man von der Wüstenrennmaus lernen?

Der „Hörthron“ vor dem Oldenburger „Haus des Hörens“ bietet überraschende Hör-Erlebnisse.

Wie kommt zum Beispiel eine so außerordentliche Leistung zustande, dass der Mensch aus einem Gewirr von Stimmen einen einzelnen Sprecher heraushört? Und sich in einem so schwierigen akustischen Umfeld

14 Prozent der Bevölkerung haben einen behandlungsbedürftigen Hörverlust.

auch noch auf diesen Sprecher konzentrieren kann? Welche Teile des Gehirns sind dafür verantwortlich, dass in einer solchen „Cocktail-Party-Situation“ ein Ton oder ein Laut herausgefiltert wird? Kollmeier spricht vom „peripheren Bereich“, den Abläufen im Gehör, und vom „zentralen Bereich“, den Abläufen im Gehirn, über deren Mechanismen und Zusammenwirken man noch vergleichsweise wenig weiß, im Gegensatz etwa zum Auge und zum Sehvermögen.

Die Oldenburger Hörforschung, unter einem Dach im „Haus des Hörens“ zusammengefasst, hat inzwischen einen Standard erreicht, der nach Einschätzung von Fachleuten allenfalls noch in zwei Instituten in der Welt, in den USA und Australien, anzutreffen ist. Der SFB ist eine weitere gute Gelegenheit, ihre ganze Bandbreite, von der Grundlagen- über die anwendungsorientierte Forschung bis hin zum erfolgreichen Technologietransfer, zu nutzen. Denn natürlich sollen die neuen Erkenntnisse, die in diesen zwölf Jahren konzentrierter Forschung gewonnen werden – an neun der 16 Einzelprojekte des SFB wird in Oldenburg gearbeitet –, auch in neue technische Anwendungen münden.

Die gesundheitspolitische (aber auch ökonomische) Dimension des Technologietransfers in der Hörforschung dokumentiert eine Zahl: 14 Prozent der Bevölkerung in Deutschland haben einen behandlungsbedürftigen Hörverlust, in der Mehrzahl ältere Menschen. Weil in den nächsten Jahrzehnten die Gesellschaft weiter altert, wird sie mehr denn je auf eine rasche Umsetzung von Forschungsergebnissen in die Praxis angewiesen sein.

Kollmeier hütet sich allerdings, der euphorisch-plakativen Ankündigung beizupflichten, es könnte womöglich sogar gelingen, Hörgeschädigten das Hörvermögen junger Menschen zurückzugeben. Nein, die vollständige Wiederherstellung des Hörvermögens sei nach wie vor ein Traum, sagt er. Er erhofft sich von dem Forschungsprojekt „ein empirisch unterfüttertes Modell des Hörvermögens des Menschen“ und damit tiefere Erkenntnisse über die bis heute kaum bekannten Ursachen von Schwerhörigkeit. „Auf der Basis dieses neuen Grundlagen-Wissens wird man dann wesentlich bessere Hörgeräte bauen können als heutzutage“.

Zur Entwicklung der „Hardware“ wagt Kollmeier dagegen schon eine recht präzise Voraussage: MP-3-Player, Laptop, Handy, Walkman, Diktiergerät und Hörgerät werden eines Tages zu einer Einheit verschmelzen, mit einer drahtlosen Verbindung zum Ohr. Der „kleine schicke Knopf“ im Ohr werde eine Tages eine modische Selbstverständlichkeit sein, so wie sich ja auch Brillen vom Makel zum modischen Accessoire gewandelt haben.

Zur Einheit gezwungen

OLDENBURG | WILHELMSHAVEN | ELSFLETH. Es war eine Zwangsvereinigung, die am 1. Januar 2000 die bis dahin selbstständigen Fachhochschulen in Oldenburg (mit Elsfleth), Wilhelmshaven und Emden (mit Leer) zur größten niedersächsischen Fachhochschule zusammenfasste. Während an den Standorten in Ostfriesland die Proteste und Demonstrationen gegen die Fusion zu erlahmen begannen, als Emden zum Sitz des Präsidiums bestimmt wurde, hielten die Proteste an den drei oldenburgischen Standorten bis zuletzt an. Es wird wahrscheinlich noch ein paar Jahre dauern, ehe die Hochschulangehörigen an den zwischen 20 und mehr als 130 Kilometer auseinanderliegenden Standorten sich wirklich als Einheit verstehen, die nicht mehr ständiger öffentlicher Beteuerungen bedarf. Aber man ist auf gutem Wege.

Die oldenburgischen Fachhochschul-Standorte blicken auf eine lange Tradition der Selbstständigkeit zurück. In Elsfleth begann die Seefahrtausbildung schon 1832 in einer privaten Navigationsschule, in Oldenburg wurde 1877 eine Winter-Bauschule für Bauhandwerker eröffnet, aus der über viele Stationen eine Fachhochschule wurde, und die Wurzeln der Wilhelmshavener Fachhochschule reichen zurück bis zur Gründung der Fachschule für wirtschaftliche Betriebsführung im Jahr 1947. Trotz der hohen Studierendenzahl von insgesamt 9800 (Sommersemester 2006) ist die überschaubare Größe ein Charakteristikum aller fünf Standorte.

In Emden studieren in den Fachbereichen Soziale Arbeit und Gesundheit, Technik, Wirtschaft und am Institut für Seefahrt (Leer) 4100 junge Menschen, in Oldenburg 2100 in den Fachbereichen Architektur, Bauwesen/Geoinformation und Seefahrt (Elsfleth), und 3600 in Wilhelmshaven in den Fachbereichen Ingenieurwissenschaften, Wirtschaft und Wirtschaftsingenieurwesen. Mehr als 50 Studiengänge bietet die Fachhochschule; die meisten davon wurden bereits im Wintersemester 2005/2006 auf die international anerkannten Studienabschlüsse Bachelor und Master umgestellt. Von den rund 800 Hochschulangehörigen der Fachhochschule Oldenburg/Ostfriesland/Wilhelmshaven (FH OOW) sind ca. 300 Professoren. Die FH ist mit 132 Partnerhochschulen in rund 30 Ländern verbunden.

Wie die Lehre so ist auch die Forschung an den FH-Standorten anwendungsbezogen und geht in der Regel von ganz konkreten Problemstellungen in der beruflichen Praxis aus, größtenteils in enger Kooperation mit der Wirtschaft. Geforscht wird in den Bereichen Biologische Bodensanierung, Meeresbiotechnologie, Angewandte

© Fachhochschule

Oldenburg, Wilhelmshaven und Elsfleth (von oben nach unten)

Biotechnologie, Umwelttechnik, Energiequalitätsanalyse, Lasertechnik, Maschinenbau und Feinwerktechnik, Geoinformatik, Audiologie, Logistik, Tourismuswirtschaft, Gesundheitswesen und Soziale Arbeit. Eine der herausragenden Veranstaltungen, zu der Jahr für Jahr rund 2500 Teilnehmer für zwei Tage an die FH in Oldenburg kommen, ist das „Oldenburger Rohrleitungsforum", organisiert vom Institut für Rohrleitungsbau, das Bau und Instandhaltung von Rohrsystemen unter der Erdoberfläche praxisnah erforscht.

Unter die Haube gekommen

Wissenschaftler der Fachhochschule Oldenburg durchleuchten Meisterwerke der Malerei

OLDENBURG. Darüber macht man sich ja normalerweise keine Gedanken. Etwa: Woher stammt die Redewendung, dass jemand „unter die Haube gekommen ist“? Professor Dr. Manfred Weisensee hat, als er und die Mitarbeiter des Labors für Kartographie der Fachhochschule in Oldenburg vor Jahren die „Darmstädter Madonna“ von Hans Holbein dem Jüngeren untersuchten, die klassische Erklärung dafür entdeckt. Denn der Maler muss auf dem zwischen 1526 und 1528 entstandenen Gemälde – es zeigt die Mutter Gottes, das Jesuskind und die Familie des Auftraggebers, des Basler Bürgermeisters Jakob Meyer zum Hasen – nachträglich der Frau am rechten unteren Bildrand eine Haube aufgesetzt haben. Die vor der Madonna kniende Tochter des Bürgermeisters hatte in der Vorzeichnung Holbeins das Haar noch offen getragen. Später wurde es unter einer Haube versteckt, ein Hinweis darauf, dass sie in der Zwischenzeit versprochen worden war.

Es kamen noch eine Reihe weiterer den Kunsthistorikern bis dahin unbekannter und überraschender Details zum Vorschein, als das Team

In Frankfurt durchleuchten (von rechts) Professor Dr. Manfred Weisensee, Vermessungsingenieur Ralf Jantos und Fotograf Piet Meyer das Gemälde „Marktstück mit Christus und der Ehebrecherin" des Antwerpener Malers Pieter Aertsen aus dem Jahr 1559.
An einem Ausschnitt der „Darmstädter Madonna" von Hans Holbein dem Jüngeren lässt sich belegen, dass der Maler der jungen Frau, die er zunächst mit offenen Haaren portraitiert hatte (rechts, eingekreist), erst nachträglich eine Haube aufgesetzt hat.

Ein Frankfurter Kunstwissenschaftler kommentierte: „Einfach sensationell!"

aus dem FH-Fachbereich Bauwesen und Geoinformation dieses als „Hauptwerk der Renaissance nördlich der Alpen" gerühmte Holbein-Bild mit seiner technologisch hochgerüsteten Spezialkamera unter die Lupe nahm. An der „Darmstädter Madonna" im Frankfurter Städel-Museum konnten Weisensee und seine Mitarbeiter Ralf Jantos und Piet Meyer die überzeugenden Fähigkeiten der von ihnen vereinfachten und zugleich perfektionierten Infrarot-Reflektographie nachweisen, ein Verfahren, mit dem sich Werke Alter Meister gleichsam bis zum ersten Pinselstrich zurückverfolgen lassen. So können Vorzeichnungen oder Übermalungen auf Gemälden erkannt werden, aber auch Fälschungen sind mit diesem Verfahren rasch und zweifelsfrei aufzudecken. Ein Frankfurter Kunsthistoriker kommentierte die Qualität der Oldenburger Gemälde-Analyse begeistert: „Einfach sensationell."

Hinter dem Vermessungsingenieur und Photogrammeter Weisensee lagen seinerzeit schon viele Jahre, zeitweise auch von der Deutschen Forschungsgemeinschaft geförderter Forschungsarbeit über Infrarot-Reflektogramme. Zum Beispiel auch zu der Frage, wie der Übergang von den Röhren-Kameras zur digitalen Bildverarbeitung zu bewerkstelligen ist. Das Prinzip der Reflektographie beruht darauf, dass Infrarot-Reflektogramme den dem menschlichen Auge nicht sichtbaren Bereich des elektromagnetischen Spektrums jenseits des roten Lichtes aufzeichnen. Dieses so genannte langwellige Licht wird von verschiedenen Materialien in nur geringem Maße reflektiert, wodurch tiefer liegende Schichten freigelegt wurden. Die Anwendungsmöglichkeiten beschränken sich nicht nur auf Gemälde, ebenso gut kann die Infrarot-Rekflektographie auch bei der Untersuchung von Wandmalereien oder von lackierten Oberflächen eingesetzt werden.

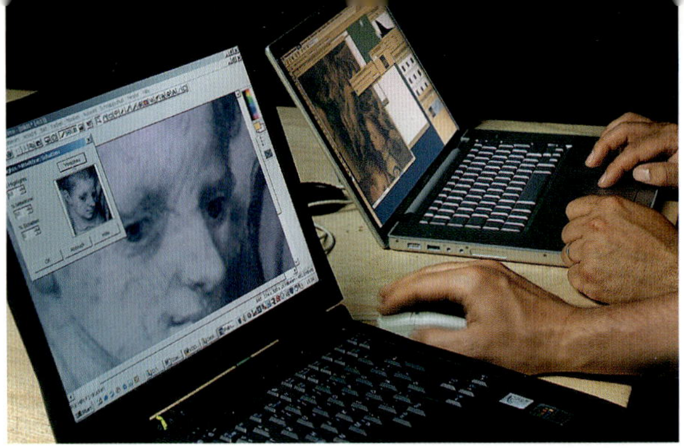

Die Analysen von Gemälden, Reliefs, Deckenmalereien oder Skulpturen belegen freilich am spektakulärsten die Eigenschaften des Verfahrens. Die Zeiten, als solche Infrarot-Analysen mit großem Aufwand verbunden waren und mit den Kunstwerken zuweilen rabiat umgegangen werden musste, Bilder abgenommen oder Gerüste aufgebaut wurden, sind seit der in der Fachwelt vielfach beachteten Oldenburger Neuentwicklung vorbei. „Was wir gemacht haben", sagt Weisensee, „war schlicht und einfach, die ganze Prozesskette, von der Beleuchtung über Filter und Sensoren bis hin zur digitalen Bildverarbeitung, auf den allerneuesten Stand zu bringen. Herausgekommen ist ein System, das, im Vergleich zur gängigen Analyse, in einem Bruchteil der Zeit sehr gute Ergebnisse liefert."

An Dürers Gemälde waren gerade mal noch 20 Prozent von Dürer.

Die Oldenburger rücken den Objekten mit einem kleinen und flexiblen Equipment zu Leibe, einer Spezialkamera, die mit einem im infraroten Bereich empfindlichen Scanner ausgerüstet ist, und ebenso speziellen Beleuchtungseinrichtungen, die das Gemälde kaum belasten. Weil es, so Weisensee, „fast ständig neue Kameras und neue Sensoren gibt", wird das System auch heute noch kontinuierlich verbessert und neuen Entwicklungen angepasst. Eines Tages werden Museen nicht mehr auf Hilfe von außen angewiesen sein, sondern dieses technische Equipment, sobald es in der Anschaffung für sie finanzierbar sein wird, sich selbst besorgen, sagt er.

Holbeins „Darmstädter Madonna", deren Wert kaum hoch genug geschätzt werden kann, war eines der ersten bedeutenden Werke, dessen Entstehungsgeschichte mit der Infrarot-Reflektographie aus Oldenburg bis in allerkleinste Feinheiten nachgegangen und dokumentiert werden konnte. So stellte man unter anderem auch fest, dass der Maler die Frau des Bürgermeisters zunächst zur Madonna und zu Jesus hatte aufblicken lassen, in der endgültigen Komposition jedoch schaut sie dann, wohl weil es der Auftraggeber so gewünscht hatte, auf ihren Mann. Das Gemälde wurde nicht zuletzt deshalb so intensiv untersucht, weil es eine spannende Vorgeschichte hat: Erst im 19. Jahrhundert hatte sich herausgestellt, dass eine vermeintliche Holbein-Madonna, die in der Dresdner Gemäldegalerie hing, eine Fälschung und die „Darmstädter Madonna" das Original war.

Inzwischen haben Weisensee und seine Mitarbeiter – die sich auch die „Braut von Fikensolt" vorgenommen haben, ohne Befund übrigens – eine regelrechte „Holbein-Tournee" abgeschlossen, sie analysierten Gemälde dieses Alten Meisters in Basel, Freiburg und Karlsruhe, und sie untersuchten Werke von Lukas Cranach, Albrecht Dürer, Jan van Eyck und Albrecht Altdorfer. An Dürers „Hiob wird von seinem Weib verspottet" erinnert sich der Professor besonders gern. An diesem Gemälde, das brachten die Infrarot-Aufnahmen an den Tag, „waren gerade mal noch 20 Prozent von Dürer". Im Laufe der Jahrhunderte waren vier Fünftel des Werkes übermalt worden, Kleidung, Frisuren, der Hintergrund. Nun ist es an den Restauratoren, den ganzen Dürer wieder zurückzuholen, Quadratzentimeter für Quadratzentimeter.

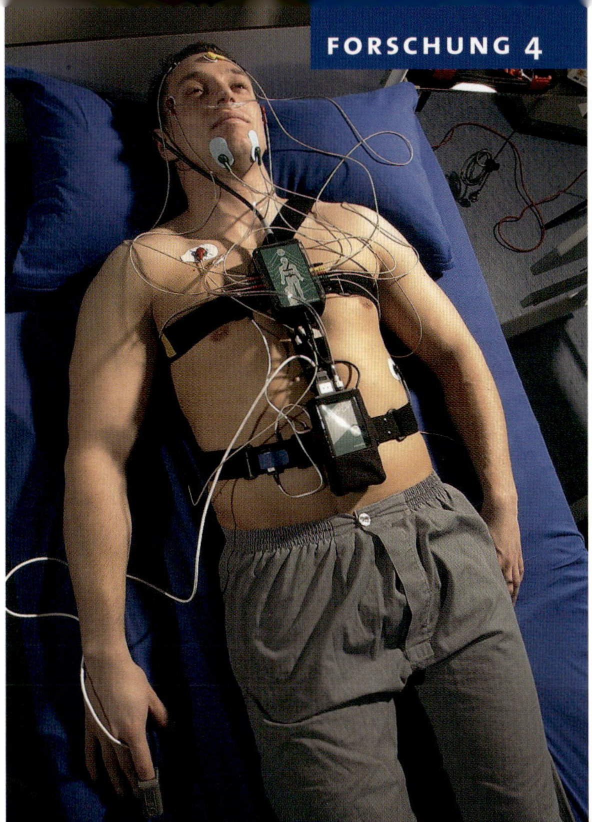

Eine Wissenschaft zum Einschlafen

Wilhelmshavener Medizintechniker wollen Schlaflabor überflüssig machen

Bei der obstruktiven Schlaf-Apnoe können bis zu 400-mal in einer Nacht Atemstillstände auftreten.

WILHELMSHAVEN. Wer unter solchen Bedingungen einschlafen kann, der dürfte eigentlich kein Schlaf-Problem haben. Das so genannte Schlaflabor an der Fachhochschule Wilhelmshaven steht in der Ecke eines großen Raumes, der voll gestellt ist mit modernen medizintechnischen Geräten. Die Liege ähnelt eher einem in die Waagerechte gelegten Marterpfahl. Schlafen für die Forschung heißt für die Probanden, sich von Kopf bis Fuß Elektroden ankleben und verkabeln zu lassen und neben einem Bildschirm einzuschlafen, über den die ganze Nacht hindurch ununterbrochen Kurven und Zacken flimmern. „Ja", sagt Professor Dr. Eckhard Schmittendorf, „es sieht unangenehm aus, und es ist auch unangenehm". Er hat es getestet.

Schmittendorf vom Fachbereich Ingenieurwissenschaften ist Schlafforscher. Nein, diese Bezeichnung passt nicht so recht. Denn er ist kein Mediziner, er ist Medizintechniker. So fasziniert er von den vielen noch nicht enträtselten Geheimnissen des Schlafes auch sein mag, seine Forschung zur automatischen Analyse von Schlaflabordaten zielt zunächst nicht auf die Lösung eines medizinischen, sondern eines technischen Problems. Freilich ist beides nicht eindeutig zu trennen. Schmittendorf, seine Mitarbeiterin, die Diplom-Ingenieurin Birgit Schultheiß, und einige seiner Medizintechnik-Studenten wollen nämlich einen Großteil jener

aufwendigen Untersuchungen im Schlaflabor, denen sie sich selbst zurzeit im Dienste der Wissenschaft aussetzen, überflüssig machen.

Schlafstörungen und schlafbezogene Erkrankungen zählen zu den häufigsten Krankheitsbildern der modernen Gesellschaft, aber auch zu den unbekanntesten. Wer weiß schon, dass es 80 verschiedene Krankheitsbilder gibt? Die mit Abstand häufigste ist die obstruktive Schlaf-Apnoe, Atemstillstände, die bis zu 400-mal in einer Nacht auftreten und zu Atempausen von bis zu zwei Minuten führen können. Durch den Atemstillstand wird der Sauerstoffgehalt im Blut des Schlafenden teilweise dramatisch gesenkt, was auf Dauer insbesondere das Herz schädigen kann. Erreicht die Sauerstoffsättigung im Blut eine kritische Schwelle, sendet das Gehirn ein Notsignal aus, so dass der Patient kurz aufwacht, meistens ohne es selbst zu bemerken, und mit einem lauten Schnarcher nach Luft schnappt. Dieser in einer Nacht unzählige Male zerstückelte Schlaf hat zur Folge, dass sich der Patient am Morgen schlapp und abgeschlagen fühlt und sich auch tagsüber kaum erholt. Fünf Prozent der Bevölkerung leiden nach Schätzungen von Medizinern an der Schlaf-Apnoe. Langzeitstudien belegen, dass bei einer unbehandelten Schlaf-Apnoe und mehr als 20 Atemstillständen pro Stunde die Lebenserwartung um bis zu neun Jahre sinken kann.

Weltweit wird nach weniger belastenden Untersuchungsmethoden gesucht.

Einmal diagnostiziert, ist diese Erkrankung jedoch relativ einfach und effektiv zu behandeln. Allerdings wird sie in neun von zehn Fällen trotz ihrer typischen Symptome nicht diagnostiziert. Das hat auch damit zu tun, dass die Aussagekraft von Messungen im Schlaflabor beschränkt ist, weil der Patient in dieser ungewohnten und unbequemen Situation schlecht oder fast gar nicht schläft. „Für mich", fasst Schmittendorf seine eigenen Erfahrungen zusammen, „war es immer ein Nichtschlaflabor." Deshalb wird weltweit nach weniger belastenden Untersuchungsmethoden gesucht – und da kommen nun wieder der Wilhelmshavener Professor und seine angehenden Medizintechnik-Ingenieure ins Spiel. Er will durch Messungen im Schlaflabor an gesunden Probanden und der Auswertung von umfangreichen Patientendaten der HNO-Klinik Wilhelmshaven die Diagnostik derart vereinfachen, dass sie eines Tages weniger belastend ist als etwa heute ein 24-Stunden-EKG am Körper.

Dafür wenden Schmittendorf und sein Team „die ganze Werkzeugkiste der Musterkennung an". Sie konzentrieren sich auf einen der wichtigsten und aussagekräftigsten Parameter im Schlaflabor, auf die relativ einfache Messung von Sauerstoffsättigung und Pulsfrequenz am Zeigefinger. Im Vergleich von gesunden und Apnoe-Patienten wollen sie aus den aufgezeichneten Oximetrie-Daten „so viel herauskitzeln", dass vielleicht Muster erkennbar werden und mit möglichst hoher Wahrscheinlichkeit diagnostiziert werden kann, ob ein Patient an Schlaf-Apnoe leidet. Produzieren die minimalen Schwankungen in den Signalen wiederkehrende Muster, könnten in einem Screening, also in einer Art von Vortest, mit geringem Aufwand gesunde und Apnoe-erkrankte Patienten auseinandergehalten werden.

Eine Prognose, ob zum Projekt-Abschluss eine wissenschaftlich hinreichend abgesicherte Aussage stehen wird, wagt der Professor nicht. Es

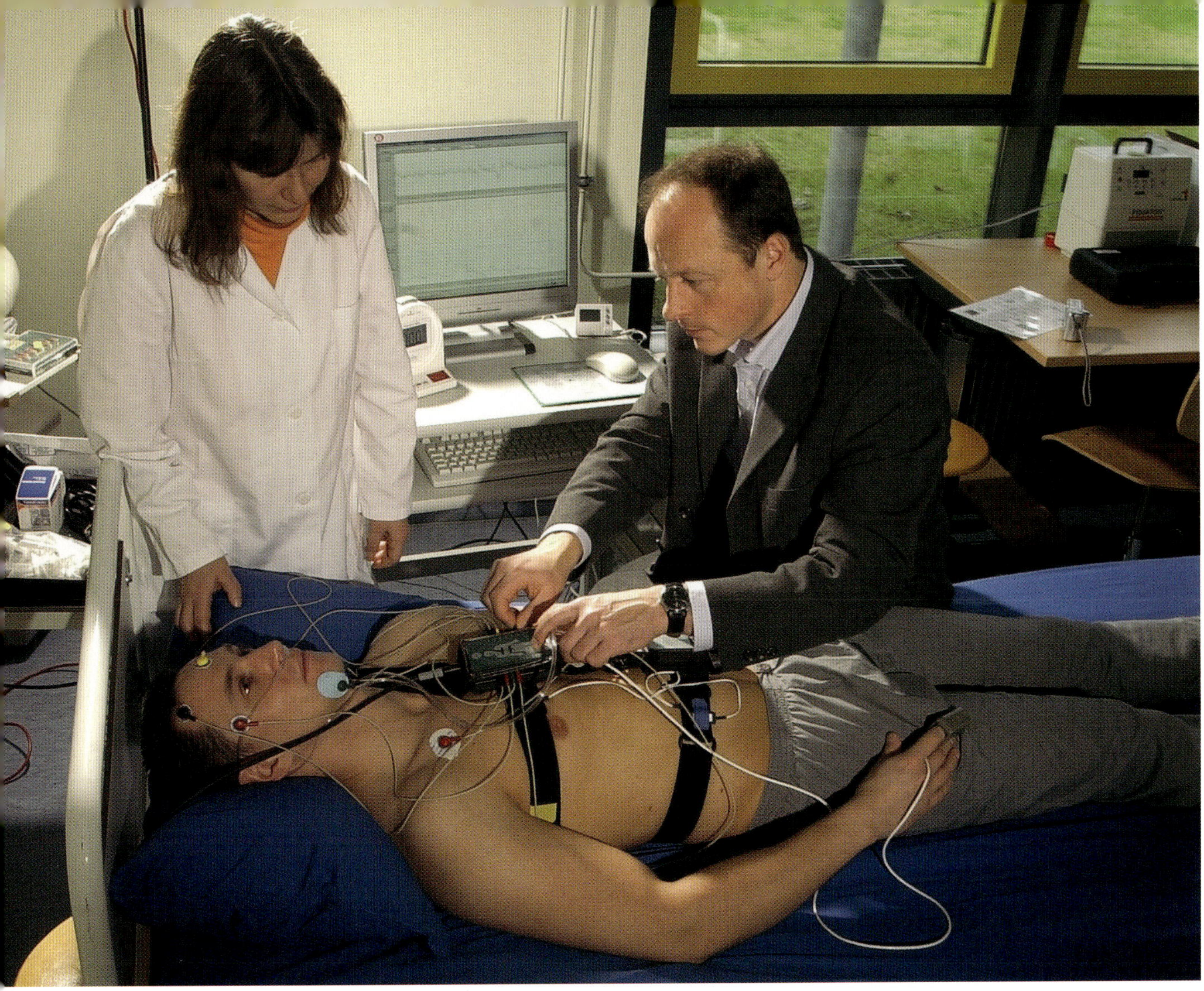

Von Kopf bis Fuß verdrahtet wird der Proband im Schlaflabor der Fachhochschule in Wilhelmshaven. „Es sieht unangenehm aus, und es ist auch unangenehm", sagt Professor Dr. Eckhard Schmittendorf, assistiert von Diplom-Ingenieurin Birgit Schultheiß.

handle sich eben nicht um eine „Ja-Nein-Entscheidung": Sehr deutliche Fälle seien bereits jetzt zu erkennen, „an den undeutlichen arbeiten wir noch". „Vermutlich kann man sich den Rest seines Lebens damit beschäftigen", sagt Schmittendorf. Ganz so lange will er an dem Projekt aber nicht arbeiten. Gut vier Jahre will er sich Zeit nehmen und es abschließen, „wenn alles umgesetzt worden ist, was wir an Ideen hatten".

Sollte das Forschungsprojekt freilich erfolgreich abgeschlossen werden, würde es noch einmal spannend werden: Denn der nächste Schritt wäre dann wohl die Entwicklung eines intelligenten Puls-Oximeters zur Heim-Diagnose der Schlaf-Apnoe.

Die Professoren Dr. Alexander Härtling (links) und Dr. Jörg Reinking mit ihrem Messboot.

Vom Umgang mit dem Tiefgang

Elsflether Wissenschaftler probieren Messverfahren auf dem Rio de la Plata aus

ELSFLETH. Dass sie auf dem richtigen Weg sind, wissen sie. Aber sie machen sich keine Illusionen darüber, wie weit sie noch von ihrer Vision entfernt sind. Vermutlich wird es noch ein paar Jahre dauern, bis ein praxistaugliches bordeigenes Squat-Mess-System entwickelt sein wird.

Ob sie dann wieder nach Übersee fahren werden, um auch dieses System abschließend auf dem Rio de la Plata zu testen, so wie sie es mit ihrem neuen Squat-Messverfahren im Oktober 2004 getan haben, ist jedoch keine Frage, die die Oldenburger Fachhochschul-Professoren Dr. Jörg Reinking (44) und Dr. Alexander Härting (49) schon umtreiben würde.

In der Seefahrt ist die Veränderung des Tiefganges eines fahrenden Schiffes durch hydrodynamische Einflüsse seit langem als Squat bekannt. Die beiden Wissenschaftler – Reinking am Institut für Mess- und Auswertetechnik (Oldenburg) und Härting am Institut für Maritime Studien (Elsfleth) – hatten 1998 mit den ersten Messungen dieses Phä-

nomens begonnen. Drei Jahre wurde das Projekt vom Bundesforschungsministerium finanziell unterstützt.

Weil der Squat, bei dem ein fahrendes Schiff in die von ihm selbst verursachten Wellentäler einsinkt, dort besonders deutlich auftritt, wo wenig Wasser unterm Kiel ist, war der flache Strom zwischen Argentinien und Uruguay erste Wahl, um das Messverfahren einem letzten Härtetest zu unterwerfen. Zuvor hatten Reinking und Härting es allerdings bereits mit Erfolg auf Weser, Elbe und dem Nord-Ostsee-Kanal erprobt und in Einzelfällen Squat-Werte von mehr als einem Meter nachgewiesen. Staatliche Schifffahrtsbehörden etwa arbeiten, wenn sie den zulässigen Tiefgang eines Schiffes festlegen, heute noch mit einem „Squat-Sicherheitszuschlag“, der lediglich auf empirischen Formeln und eher groben mathematischen Näherungen beruht.

Die rund 200 Meter breite Fahrrinne des Rio de la Plata nimmt sich im Vergleich zur Breite des Stromes von mehr als 40 Seemeilen wie ein Rinnsal aus. Sie ist auch nur zehn Meter tief. Es sei kein Geheimnis, dass praktisch jedes große Containerschiff den sumpfigen Boden entlangschrammt, erzählt Reinking. „Die Schiffe baggern die Fahrrinne aus.“ Ein Strom mit dieser geringen Wassertiefe, die außerhalb der Fahrrinne durchschnittlich sogar nur vier Meter beträgt, war für die beiden Wissenschaftler das ideale Revier, um das von ihnen entwickelte Verfahren zur exakten Bestimmung des aktuellen Tiefganges von Schiffen unter diesen schwierigen Bedingungen ausprobieren zu können.

Dass sie an Bord eines Hamburger Containerschiffes auf dem Rio de la Plata dann doch viel weniger Seemeilen als geplant zurücklegten und „immer in Sichtweite von Buenos Aires geblieben sind“, weil dem Begleitboot der argentinischen Marine verboten worden war, weiter hinauszufahren, tat den Messergebnissen letztlich keinen Abbruch. Reinking und Härting konnten nachweisen, dass das von ihnen entwickelte Squat-Messverfahren in punkto Genauigkeit und Flexibilität zurzeit in der Welt nicht seinesgleichen hat. Grundlage dafür waren drei GPS-Empfänger (GPS = Global Positioning System, das mit Hilfe von Satelliten genaue Ortsbestimmungen ermöglicht) an Bord des Containerschiffes und einer im argentinischen Begleitboot sowie zusätzliche Echolot-Messungen. Bis auf drei, vier Zentimeter genau kann damit der Squat in der Realität gemessen werden.

Noch ist das Verfahren freilich für einen Routinebetrieb zu aufwendig, vor allem, weil ein Begleitboot eingesetzt werden muss. Für die dem Experiment durchaus aufgeschlossen und interessiert gegenüberstehenden Schiffseigner und Reeder – immerhin gehört die „Cap Finisterre“, die auf dem Rio de la Plata als Versuchsschiff zur Verfügung stand, der zweitgrößten Hamburger Reederei – würden sich die erhofften wirtschaftlichen und sicherheitstechnischen Vorteile erst bei einem bordeigenen und -autonomen Mess-System einstellen.

Bis auf 3 oder 4 Zentimeter genau kann der Squat gemessen werden.

Die Möglichkeit, an Bord den Squat zu messen, dadurch den Tiefgang überall immer exakt bestimmen und unter Umständen sofort darauf reagieren und ihn beeinflussen zu können, würde einerseits mehr Beladung zulassen und andererseits zu Einsparungen beim Kraftstoffverbrauch führen. Schon bei nur geringfügig mehr Tiefgang könnte nach Einschätzung von Reinking aufs Jahr gesehen auf einem Containerschiff eine komplette Ladung mehr transportiert werden. „Das würde sich rechnen“, sagen die beiden Wissenschaftler.

Unter dem Schutz der Kirche

© Borchers

VECHTA. Der Schutz durch die katholische Kirche hat sie in der Vergangenheit davor bewahrt, geschlossen zu werden. Heute jedoch scheint die Zukunft der Hochschule Vechta mit ihren fast 3200 Studierenden und 135 Lehrenden (Stand April 2006) gesicherter denn je zu sein. Nicht allein nur deswegen, weil das Niedersachsenkonkordat den Hochschul-Standort Vechta garantiert, sondern weil seit 1995 mit Erfolg ein umfassender Reformprozess eingeleitet worden ist.

Die lange Tradition der Hochschule, die seit dem 1. Januar 1995 als „Wissenschaftliche Hochschule des Landes Niedersachsen mit Universitätsstatus" firmiert, begann bereits 1830 mit der Gründung einer Normalschule durch das Großherzogtum Oldenburg, die eine qualifizierte Lehrerausbildung für die katholischen Gebiete Südoldenburgs sicherstellen sollte. Nach einer wechselvollen Geschichte wurde der Standort Vechta der Pädagogischen Hochschule in Niedersachsen, der schon seit 1965 einen Sonderstatus hatte, indem der katholischen Kirche die Ausbildung katholischer Lehrer garantiert wurde, im Jahr 1973 der neugegründeten Universität Osnabrück zugeschlagen. Als dieses Konzept einer Universität in zwei Städten vornehmlich an Kompetenzstreitigkeiten scheiterte, schien auch das Ende für den Hochschul-Standort Vechta gekommen zu sein. Die Schließungspläne der Landesregierung vereitelten schließlich die Kirche, die auf ihrem durch das Konkordat gesicherten Recht der Lehrerausbildung in Vechta beharrte, und entschiedene Proteste im ganzen Oldenburger Münsterland.

Verhandlungen über die Änderung des Konkordats führten dazu, dass am 1. Januar 1995 die selbstständige Hochschule Vechta entstand, an der ein Hochschulrat installiert wurde, damals der erste an einer niedersächsischen Hochschule. Seitdem steckt die Hochschule in einem kontinuierlichen Reformprozess, der immer noch nicht abgeschlossen ist. Sie hat als eine der ersten Hochschulen in Deutschland auf Bachelor- und Masterabschlüsse umgestellt. Der Bachelor-Studiengang „Sozial-, Kultur-, Naturwissenschaften" bereitet auf den Lehrberuf vor, der Master of Education und ein Master-Studiengang „Regional Studies" folgen im Wintersemester 2006/2007. Im Oktober 2005 fusionierten die ebenfalls in Vechta ansässige Katholische Fachhochschule Norddeutschland und die Hochschule. Dadurch ist ein Profil entstanden, das mit den Studiengängen „Gerontologie" und „Soziale Arbeit" unter dem Schlagwort „Soziale Dienstleistungen" zusammengefasst werden kann.

Die Forschung in Vechta orientiert sich am Fächerspektrum der Lehrerausbildung im Bereich Gerontologie/Soziale Dienstleistungen. Weitere Schwerpunkte sind die Forschung in und für ländliche Räume und über Wirtschaftsstrukturen agrarischer Intensivgebiete.

Unterricht im Kuhstall:
Bauer Franz zu Höne bleibt keine Antwort schuldig.

Professorin Dr. Martina Flath:
Die Landwirtschaft
wurde an den Rand gedrängt.

Kein Schwein kennt mehr die Sau

Bauernhof-Erkundung als internationales Projekt

VECHTA. Die Frage, ob sich die 20 Milchkühe im Stall von Bauer Franz zu Höne im Winter langweilen oder nicht, lässt sich mit letzter Sicherheit wohl nicht beantworten. Aber ansonsten bleibt keine Frage unbeantwortet, die die 22 Hauptschüler aus Dinklage stellen. Ihre Lehrerin Mechthild Diers hat den Unterricht der 14- bis 15-jährigen Mädchen und Jungen an diesem nebeligen Wintervormittag auf den Höne-Hof am Stadtrand von Dinklage verlegt. Geduldig und gelassen gibt die alteingesessene Bauersfamilie Auskunft, ganz gleich, ob die Fragesteller im Kuhstall oder in der Küche auftauchen.

Auf den ersten Blick mutet es ein wenig bemüht an, junge Leute, die auf dem dem Land aufgewachsen sind, auf einen Bauernhof zu führen. Ausgerechnet sie sollen nur geringe Kenntnisse über Leben und Arbeiten in der Landwirtschaft haben? Die „Kinder aus der City" – mit City ist die 13.000 Einwohner große Kleinstadt Dinklage gemeint –, wüssten heutzutage tatsächlich nicht mehr über die Landwirtschaft, „als dass es stinkt, wenn der Bauer die Gülle fährt", sagt Bauer Höne etwas bärbeißig. Professorin Dr. Martina Flath von der Hochschule Vechta, eine Dresdnerin, die es aufs Land verschlagen hat,

sieht das als Wissenschaftlerin ähnlich, sie drückt es nur dezenter aus: Selbst in Gegenden wie dem Oldenburger Münsterland, dessen wirtschaftlicher Erfolg sich in hohem Maße auf Land- und Ernährungswirtschaft gründet, hätten viele Kinder keine Ahnung davon, wie die Milch produziert wird, woraus eine Bratwurst besteht oder woher das Schnitzel kommt. „Die Milch gibt's im Tetrapack" – weiter reiche das Wissen oft nicht.

Das Eingeständnis, dass da offenbar erhebliche Wissenslücken sind, ist zum Ausgangspunkt eines internationalen Bildungsprojektes geworden, das Flath und ihre Mitarbeiterin, die Diplom-Ökologin Johanna Schockemöhle, entwickelt haben. Es wird inzwischen von der Europäischen Union in fünf Partnerländern gefördert und ist in Deutschland als Beitrag zur Weltdekade „Bildung für nachhaltige Entwicklung" der Vereinten Nationen anerkannt worden. Kommt die Projektbezeichnung in Englisch („Action Learning for Identity and Competence in European Rural Areas") wie in Deutsch („Außerschulisches Lernen in ländlichen Räumen Europas") noch etwas theoretisch-gestelzt daher, so wird in der Praxis vor Ort rasch klar, worum es geht: Weil auch auf dem Land der einstmals enge Kontakt zwischen Bauern und Verbrauchern abgerissen ist und die Produktionsprozesse oft nicht mehr zu durchschauen sind, wird versucht, dieses Manko zumindest halbwegs auszugleichen, indem Kinder und Jugendliche ein paar Stunden lang gezielt einen Bauernhof erkunden und dabei erfahren können, wie moderne Landwirtschaft funktioniert. Eine Erfahrung, die vielen aus der gegenwärtigen Studentengeneration völlig fehlt, hätten sie doch in ihrem Leben noch keinen Hof von innen kennengelernt, sagt Flath. Der Kalauer „Kein Schwein kennt mehr die Sau" trifft's anscheinend ziemlich gut.

Auch eine Frage: Haben ältere Tiere im Stall ältere Rechte?

Im Kuhstall auf dem Höne-Hof wird es an diesem Tag zeitweise recht eng. Der Bauer steht mehreren kleinen Gruppen kurz nacheinander Rede und Antwort. Die Schülerinnen und Schüler löchern ihn, sei es, dass sie sich an vorgefertigten Fragebögen orientieren, in denen nach der exakten Futterzusammensetzung ebenso gefragt wird wie nach der Stalltemperatur oder danach, wann etwa das Kalb von der Mutterkuh getrennt wird; sei es, dass sie spontan wissen wollen, ob ältere Tiere ältere Rechte im Stall haben oder wie oft Kühe denn gewaschen werden. Lehrerin Diers ist sichtlich angetan vom Eifer ihrer Schülerinnen und Schüler, die alle von Kopf bis Fuß in blauen Plastik-Schutzanzügen stecken, was dem Hof-Abenteuer ein bisschen den Anschein einer detektivischen Spurensuche verleiht. Dr. Gabriele Diersen, Mitarbeiterin von Professorin Flath, hatte tags zuvor mit der Klasse den vierstündigen Aufenthalt vorbereitet und dabei auf Lehr- und Lernmaterial zurückgreifen können, das den Lehrern von den Wissenschaftlern zur Vor- und Nachbereitung der Hof-Erkundung an die Hand gegeben wird.

Landwirtschaft und Ernährung, sagt Professorin Flath, seien in der Vergangenheit im Unterricht leider vernachlässigt worden, sie seien „in der Schule nicht mehr ausreichend präsent". Was für die Schule gilt, das gilt gleichermaßen für die ganze Gesellschaft: Im Bewusstsein der meisten Menschen ist die Landwirtschaft „an den Rand gedrängt worden". Sie wird allenfalls dann wirklich wahrgenommen, wenn Auswüchse in der Massentierhaltung oder Lebensmittelskandale angeprangert werden. Verbraucher und Nahrungsmittel-Produzenten seien mittlerweile „bedenklich weit voneinander weggerückt", sagt Flath, von Haus aus Geographie-

Nur wer die Region kennt, in der er lebt, der ist auch bereit, sich für sie zu engagieren.

Der Milch-Test gehört zu den leichteren Übungen bei der Hof-Erkundung.

Altbauer zu Höne: Lockere Geschichtsstunde in der Küche.

Didaktikerin. Dieser Tendenz setzt sie in ihrem Vechtaer Institut für Strukturforschung und Planung in agrarischen Intensivgebieten die Hof-Erkundung entgegen, die nicht nur für Schüler, sondern auch für Kindergärten, Erwachsene oder Touristen organisiert wird. Im Jahr 2005 wurden 25 Klassen mit einer durchschnittlichen Stärke von 25 Schülern betreut. Der „Verein Regionale Umweltbildung und Agrarwirtschaft" ist dabei der wichtigste Partner und stellt auf einem Vollerwerbshof in Vechta-Telbrake sogar eigene Schulungsräume zur Verfügung. Mittlerweile haben sich diverse weitere Kooperationspartner aus der Region, vom Kreislandvolk bis zur Landwirtschaftskammer, in das Projekt eingeklinkt.

Eigentlich wollten sie ja nur einige Jahreszahlen abfragen, die Schüler, die gerade am großen Esstisch in der geräumigen Küche Platz genommen haben. Aber nun ist der 78-jährige Altbauer zu Höne so schön ins Erzählen gekommen und so wird eine kleine Geschichtslektion daraus. Bereits Ende des 14. Jahrhunderts wird eine Hofanlage an der Stelle des heutigen Höne-Hofes erwähnt. Nach dem 30-jährigen Krieg taucht in den Kirchenbüchern erstmals der Name „Middelbeck" auf, es waren die direkten Vorfahren der jetzigen Generationen auf dem Hof. 1804 kamen sie von ihrem Gutsherrn los, und im 19. Jahrhundert wurden die Marken neu aufgeteilt; seitdem steht der Höne-Hof inmitten seiner 60 Hektar Ackerbau- und Weideflächen. 1968 wurde das stolze, 1751 errichtete Niedersachsenhaus, das Wohnung und Stall unter einem Dach beherbergte, abgerissen, lediglich ein paar alte Balken und die Inschrift überm Eingangstor sind noch erhalten. Er sei immer gut über die Runden gekommen, sagt der Altbauer noch.

Diese lockere Geschichtsstunde in der Küche ist ebenso exemplarisch für dieses Modellprojekt wie das Frage- und Antwortspiel im Kuh- oder Schweinestall oder die Gruppenarbeit der Schüler in der eigens für ein paar Stunden beheizten Garage auf dem Höne-Hof. Immer geht es vor allem um lebensnahes Lernen. Und nicht zuletzt um den „Lernort Region". Denn die Landwirtschaft sei nun einmal in Südoldenburg neben dem Katholizismus einer der entscheidenden Faktoren der regionalen Identität, sie habe über Jahrtausende diese Kulturlandschaft geprägt. „Nur wer die Region kennt, in der er lebt, wohnt und arbeitet, der ist auch bereit, mitzureden und sich bei der Entwicklung und Gestaltung der Region zu engagieren", sagt Flath.

Im Käfig Hin- und Rückflug nach Afrika

Für Professor Dr. Franz Bairlein sind die Vögel die sensibelsten Indikatoren für den Zustand der Natur

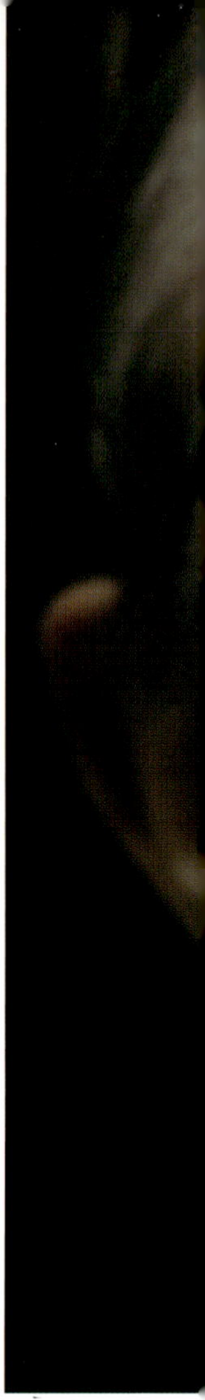

WILHELMSHAVEN. Sie ist ein eher unscheinbarer Vogel, die Gartengrasmücke, und doch ist sie einer der Lieblingsvögel von Professor Dr. Franz Bairlein. Er nennt den Vogel mitunter auch einen seiner „besten Mitarbeiter". Denn die Gartengrasmücke, normalerweise höchstens 18 Gramm schwer, ist für den Vogelzugforscher der ideale Partner, in Freiheit und vor allem in den Volieren des Instituts für Vogelforschung in Wilhelmshaven. Denn auch in Gefangenschaft verhält sich dieser Vogel, der in Westafrika überwintert und auf seinem Flug die Sahara durchqueren muss, als wäre er auf dem Vogelzug. „Er ist wie ein kleiner Roboter", sagt der Instituts-Leiter.

In Freiheit wird der Vogel ca. eineinhalb Jahre alt, in der Voliere bis zu zehn.

Die Gartengrasmücke wird, sobald die Zeit des Abfluges naht, im Labor nachts unruhig und aktiv, frisst sich vor dem vermeintlichen Aufbruch ein Fettdepot an, verdoppelt nahezu ihr Gewicht, stellt dann später ihre Nahrung, wie sie es in Freiheit in den Rastgebieten am Mittelmeer ebenfalls tut, von Insekten auf Früchte mit einem hohen Gehalt an ungesättigten Fettsäuren um, sie tankt gewissermaßen neuen „Treibstoff" für den Weiterflug, und nimmt wieder ab, sobald sie sich in Afrika wähnt. Dieser frappierende Nahrungswechsel hat ihr in Italien den Namen „Feigenfresser" eingebracht und bei den Ornithologen den allerhöchsten Respekt, denn dieses angeborene Zugverhalten können sie auch beim fiktiven Hin- und Rückflug in den Käfigen beobachten. In Freiheit wird der Vogel übrigens etwa eineinhalb Jahre alt, in der Voliere bis zu zehn.

Die Vogelzugforschung in dem heimelig auf dem Gelände des ehemaligen Fort Rüstersiel untergebrachten Institut, dessen Anfänge auf Helgoland bis in die Mitte des 19. Jahrhunderts zurückreichen, ist national wie international anerkannte Spitze. Erst unlängst bescheinigten renommierte Gutachter der „Vogelwarte", wie das Institut im Volksmund gern immer noch heißt, „erstklassige For-

Professor Dr. Franz Bairlein und einer seiner „besten Mitarbeiter", eine Gartengrasmücke.

schungsleistungen", auch in der so genannten Populationsökologie. Ihre Arbeit sei von „überregionaler Bedeutung" und von „gesamtstaatlichem Interesse". Mehr als 60 Leute sind in Wilhelmshaven und auf der Inselstation auf Helgoland, wo das Institut seit 1954 eine Außenstation betreibt, beschäftigt. Zu dem vom Land finanzierten Etat von 1,4 Millionen Euro werben die Wissenschaftler jährlich noch Drittmittel in gleicher Höhe ein. 270 ehrenamtliche Laienforscher helfen zudem, Jahr für Jahr rund 140.000 Vögel zu beringen. Die massenhafte Beringung ist trotz der gering anmutenden Zahl von allenfalls ein paar tausend wiedergefundenen Ringen und trotz des Einsatzes moderner Technologien wie etwa Mikrochips und Satellitentelemetrie nach wie vor unverzichtbar für die wissenschaftliche Arbeit.

Die Vögel zählen zu den sensibelsten Indikatoren für den Zustand der Natur und für die Qualität der Umwelt. Drastisch vor Augen geführt hat das Anfang der 1950er-Jahre die amerikanische Autorin Rachel Carson in ihrem Buch „Der stumme Frühling". Es prangerte den todbringenden Einsatz von DDT an und alarmierte damals die ökologische Bewegung. Wie es ein kleiner Zugvogel schafft, zum Beispiel 100 Stunden und länger nonstop zu fliegen und über Tausende von Kilometern Barrieren wie

Meere, Wüsten und ganze Kontinente zu überwinden, sei die eine, die faszinierende Seite seines Forschungsgebietes, sagt der Vogelforscher Bairlein; die andere handelt dagegen von den zahllosen Gefährdungen und Störungen des natürlichen Lebensraumes der Tiere durch den Menschen und vom Einsatz für die vielen in ihrem Bestand bedrohten Populationen.

Gemütliche Studierstube: Professor Bairlein im Institut für Vogelforschung in Wilhelmshaven.

Zuletzt hat das Institut in der Öffentlichkeit allerdings nachhaltige Beachtung gefunden, als Bairlein, der auch an der Universität Oldenburg lehrt, versuchte, die überhitzte Diskussion um die Vogelgrippe ein bisschen abzukühlen. Seine Auftritte in diversen Fernsehrunden imponierten nicht nur dem Bundeslandwirtschaftsminister, sondern sie verschafften der Ornithologie zeitweise einen hohen Grad an Aufmerksamkeit. „Sie haben unsere Arbeit zugänglich gemacht", sagt der Instituts-Leiter, freilich auch andere Arbeit über Wochen blockiert. Das karikierende Bild des durch die Wiesen streifenden und pfeifenden Vogelforschers jedenfalls mag in der Werbung noch durchgehen, mit der Realität hat es nichts zu tun. „Die Vogelforschung ist eine knallharte Wissenschaft und mittlerweile gut etabliert", sagt Bairlein. Als angewandte Umweltforschung ist sie geradezu unabdingbar.

Am Ende stehen womöglich sogar Erkenntnisse, die bei der Behandlung von Zuckerkranken weiterhelfen können.

Das für die Wilhelmshavener Wissenschaftler vor der Haustür liegende Wattenmeer ist die „Drehscheibe" schlechthin für den Vogelzug. Ihm kommt als einem „ungeheuer produktiven Lebensraum" überragende Bedeutung zu. „Glücklicherweise haben wir seit 20 Jahren den Nationalpark, da hat sich manches wieder erholen können", sagt der Vogelforscher. Bis zu zehn Millionen Zugvögel, vornehmlich Wasser-, Wat- und Küstenvögel aus nordkanadischen bis nordostsibirischen Brutgebieten, suchen das Wattenmeer auf, entweder um zu überwintern oder um an dieser „Tankstelle" die Energiereserven vor dem Weiterflug aufzufüllen, im Herbst in den Süden bis hinunter nach Südafrika und im Frühjahr zurück in die arktischen und subarktischen Brutgebiete.

„Ein gut gedeckter Tisch, ein intaktes Wattenmeer, ist für den späteren Bruterfolg dieser Vögel unerlässlich", sagt Bairlein. Am Mittelmeer lässt sich schon heute erkennen, wie der Klimawandel die Zugvögel verwirrt, weil einige der traditionellen Rastplätze bereits ausgetrocknet sind. Bei allen Erfolgen, wie etwa bei der doch beträchtlichen Reduzierung der Schadstoffeinträge in die Nordsee, sieht der Wissenschaftler die Zukunft des Wattenmeeres längst nicht gesichert. Wie gefährlich wird ein ansteigender Meeresspiegel für diesen riesigen Rastplatz und für die Vogelschutzgebiete? Welche Risiken birgt die Planung von bis zu 200 Meter hohen Windkraftanlagen auf See für den Vogelzug? Zwei Fragen, auf die Antworten vom Wilhelmshavener Institut erwartet werden.

Profiliert haben sich die Vogelforscher auch durch Untersuchungen, die sich über Jahrzehnte erstrecken, Bestandsveränderungen lückenlos dokumentieren und deshalb von hoher Aussagekraft sind. So wurde festgestellt, dass zum Beispiel die Mehrzahl der so genannten Trans-Saharazieher, vom Wendehals über den Kuckuck bis zum Teichrohrsänger, seit geraumer Zeit früher aus den Durchzugs- und Überwinterungsgebieten zurückkehrt und im Herbst später abzieht. Bis zu drei Wochen halten sich die Vögel länger in ihrem europäischen Brutgebiet auf, ihre Brut schlüpft auch früher. Bairlein spricht noch vorsichtig von „auffälligen Beziehungen zu klimatischen Veränderungen“, also zur unstrittigen globalen Erwärmung. Doch auch das Gegenteil, Bestandszunahme, kann von Übel sein. Dass es vielen Küstenvogelarten, wie etwa den Silbermöwen, heute so gut geht wie nie zuvor, hat mit der massiven Fischerei zu tun, die jährlich rund 500.000 Tonnen Beifang und Schlachtabfall in der Nordsee zurück lässt. Gut 2,2 Millionen Seevögel mit einem Durchschnittsgewicht von einem Kilogramm können sich da durchfressen, wurde ausgerechnet. Für Bairlein eine „gravierende Fehlentwicklung im Ökosystem Nordsee“.

„Extrem spannend“ und zugleich ein Novum für das Institut, weil zum ersten Mal Vogelforscher und Mediziner interdisziplinär eng zusammenarbeiten, ist ein Projekt, das zunächst nur ein Nebenprodukt der stoffwechsel-physiologischen Grundlagenforschung an Vögeln zu sein schien. Es geht um das Phänomen der enormen Fettreserven, die sich etwa die Gartengrasmücke vor dem Vogelzug anfrisst, und um die Fettleibigkeit von Menschen, die an Diabetes Typ II erkrankt sind. Weil der Stoffwechsel bei „Warmblütern“ wie Menschen und Vögeln ähnlich funktioniert, zeigen die Vögel in ihrer Fettphase dieselben Symptome wie fettleibige Diabetes-II-Patienten. Sie sind quasi „zuckerkank“ – und sind es doch nicht wirklich. Der Vogel kann nämlich, was der Stoffwechsel des diabeteskranken Menschen nicht mehr von alleine kann. Er baut, auch im Käfig, ohne einen Flügelschlag getan zu haben, sein gesamtes Übergewicht in kürzester Zeit wieder ab. „Er reguliert sein Fett in diesem Zustand noch ein. Was kann der Vogel, was wir nicht können?“, fragt Bairlein. Gemeinsam mit Diabetesforschern wollen die Ornithologen nun herausfinden, wie der Stoffwechsel des Vogels diese Kontrolle hinbekommt. Am Ende stehen womöglich sogar Erkenntnisse, die bei der Behandlung von Zuckerkranken weiterhelfen können. ←

STIFTUNG NIEDERSACHSEN

LzO
Landessparkasse zu Oldenburg

KULTURSTIFTUNG DER
ÖFFENTLICHEN
VERSICHERUNGEN OLDENBURG

HIER ZU HAUSE.
OLB
Oldenburgische
Landesbank

VR
Stiftung
VR-Stiftung der Volksbanken und
Raiffeisenbanken in Norddeutschland

Werner-Brune-Stiftung
Wilhelmshaven/Bad Lauterberg

EWE
STIFTUNG

Die an der Förderung dieses Buches beteiligten Sponsoren stellen sich vor

Die Oldenburgische Landschaft fördert und bewahrt die regionale Identität des Oldenburger Landes. Zwischen der Insel Wangerooge im Norden und den Dammer Bergen im Süden leben 1 Millionen 50 Tausend Menschen. Die Förderung der kulturellen Belange des Oldenburger Landes umfasst alle Sparten des gesellschaftlichen Lebens: Vom Boßeln und Klootschießen über die Pflege der niederdeutschen Sprache bis hin zu innovativen künstlerischen Projekten, die von der Landschaft angestoßen und über die Vergabe von Landesmitteln finanziell gefördert werden. Diese Aufgabenvielfalt, die auch hohe finanzielle Anforderungen stellt, wäre ohne das großzügige Engagement der Sponsoren im Oldenburger Land nicht leistbar. Die Veröffentlichung „Das Oldenburger Land – ein starkes Stück Niedersachsen" ist dem gemeinsamen Engagement der Stiftung Niedersachsen, der Landessparkasse zu Oldenburg, der Kulturstiftung der Öffentlichen Landesbrandkasse Versicherungen Oldenburg, der Oldenburgischen Landesbank, der VR-Stiftung der Volksbanken und Raiffeisenbanken in Norddeutschland und der Werner-Brune-Stiftung Wilhelmshaven – Bad Lauterberg zu danken. Darüber hinaus wird die Arbeit der Oldenburgischen Landschaft maßgeblich durch die Energieversorgung Weser-Ems AG (EWE) gefördert.

Auf den folgenden Seiten stellen sich diese Sponsoren mit ihren Kulturstiftungen und ihren kulturellen Aktivitäten für unser Oldenburger Land vor.
Ihnen allen sei von der Oldenburgischen Landschaft ein herzlicher Dank ausgesprochen.

Die Oldenburgische Landschaft

Förderung von Wissenschaft, Bildung, Kunst und Kultur im Land Niedersachsen

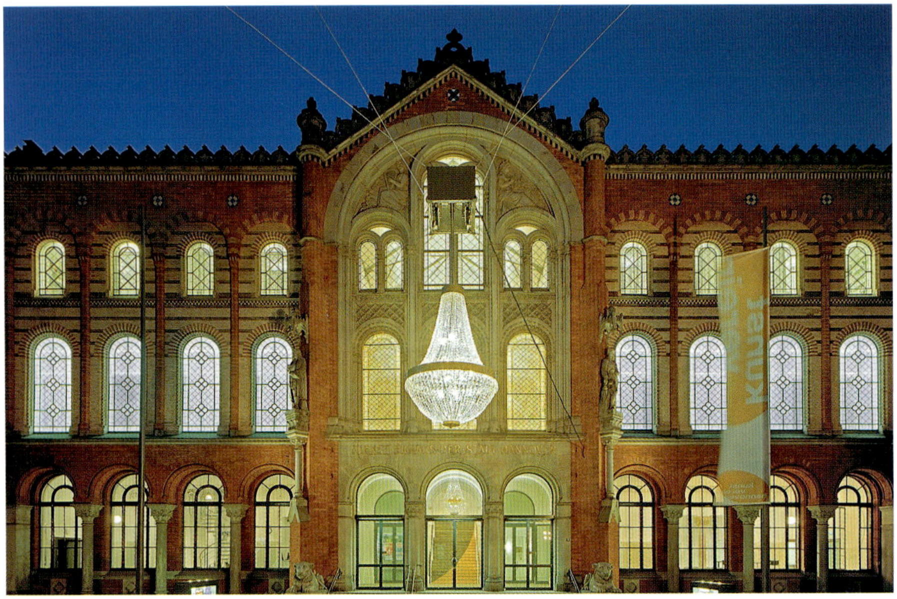

Die Stiftung Niedersachsen wurde 1986 vom Land Niedersachsen gegründet. Sie ist mit 47 Mio. EUR Vermögen ausgestattet und erhält über das Land Mittel aus dem Lotterie- und Wettwesen. Ihr Stiftungszweck ist die Förderung von »Wissenschaft, Bildung, Kunst und Kultur im Land Niedersachsen«. Sie will damit einen Beitrag zur »Entwicklung des Landes im Interesse des Gemeinwohls« leisten.

Der Kulturförderung im Lande ein gewisses Maß an Stabilität zu verleihen war einer der Gründe, die Stiftung Niedersachsen ins Leben zu rufen. Beides hat wesentlich mit Maßstäben in Qualität und Inhalt zu tun.

Programme der Stiftung Niedersachsen

Eine besondere Leistung hierzu erbringt die Stiftung Niedersachsen mit ihren Programmen: Der Internationale Violin-Wettbewerb Hannover ist Mittelpunkt eines umfangreichen Programms der Musikförderung. Im Rahmen des Förderschwerpunkts Kulturlandschaften wird der Blick auf die von Menschen gestaltete Landschaft Niedersachsens gerichtet. Das Autoren-Förderungsprogramm und das Literatur Labor in Wolfenbüttel sind Teile des Literaturförderprogramms der Stiftung für deutschsprachige Schriftstellerinnen und Schriftsteller. Das Europa-Kolleg bietet Schülerinnen und Schülern die Möglichkeit der Auseinandersetzung mit der Geschichte und die Gelegenheit, die Gemeinsamkeit(en) europäischer Identität(en) zu entdecken. Das Programm Kultur und Wissenschaft widmet sich der Kontinuität und Qualität der Forschung an Museen und Sammlungen in Niedersachsen.

Projektförderung

Ihre Projektförderung widmet die Stiftung insbesondere der Kultur und deren Wissenschaften sowie der kulturellen Bildung und Vermittlung. Schwerpunkte der Förderung – bei der die Stiftung der Qualität verpflichtet ist – sind strukturbildende Maßnahmen und Vorhaben, die zur Stärkung des Standorts Niedersachsen beitragen. Dabei entspricht es der Förderphilosophie der Stiftung, ihren Antragstellern stets die Sicherheit zu geben, dass deren Anliegen in verlässlichen Händen sind und nach bewährten Grundsätzen behandelt werden. Zwar kann eine Förderung nicht garantiert werden, aber ein nachvollziehbares und abwägendes Verfahren. Die Stiftung kann innerhalb eines Jahres so viel bewilligen, wie sie erwirtschaftet. Programmatische – d. h. zielgerichtete – und exemplarische Förderung ist die positive Antwort auf die materiellen Grenzen.

Aus der Förderpraxis der Stiftung: Das aus dem Jahre 1903 stammende Kolonistenhaus Wübbe Meyer wird 2003 auf dem Gelände im Museumsdorf Cloppenburg wieder aufgebaut. Der umgebende Gemüse- und Nutzgarten als ein Beispiel bäuerlicher Kulturlandschaft – auch eine Förderung im Stiftungsschwerpunkt „Kulturlandschaft".

Region Weser-Ems

Eine besondere – in der Satzung festgelegte – Verpflichtung hat die Stiftung für den Alt-Bezirk Weser-Ems, da ihr Ursprungskapital aus dem Verkauf des Geschäftsanteils des Landes an der Oldenburgischen Beteiligungsgesellschaft mbH stammt. Dieser Verpflichtung kam die Stiftung bis heute durch Projektförderungen mit einem Umfang von rund 19 Mio. EUR nach.

Treuhänderische Stiftungen

Mit der Übernahme treuhänderischer Stiftungen kommt die Stiftung Niedersachsen §2 (3) ihrer Satzung nach, die unter anderem die »Verwaltung und Nutzung der mit einer besonderen Zweckbestimmung versehenen Zuwendungen an die Stiftung« vorsieht. Die Stiftung Niedersachsen ist derzeit Treuhänderin für zwei unselbständige Stiftungen, die Richard Moderhack-Stiftung und die Konrad Liebmann-Stiftung. Diese Beispiele können Mitbürger anregen, Kapital bereitzustellen, um aus dessen Erträgen nachhaltig und auf Dauer eine vom Stifter definierte Förderung auf dem Gebiet der Kultur, Bildung oder Wissenschaft in Niedersachsen durchzuführen. Die Stiftung bietet ihre Erfahrung und Dienstleistung an, um auf diese Weise an vielen Orten privates, auf das Gemeinwohl bezogene Engagement zu fördern.

Europäische Regionalstiftung

Als Landesstiftung eingerichtet, versteht sich die Stiftung Niedersachsen zugleich als europäische Regionalstiftung. Ein Ziel ihrer Fördertätigkeit ist es, den Stärken Niedersachsens im europäischen und im internationalen Kontext Geltung zu verschaffen.

STIFTUNG NIEDERSACHSEN

Sophienstraße 2 (Künstlerhaus)
30159 Hannover
Tel. (05 11) 9 90 54-0
Fax (05 11) 9 90 54-99
www.stnds.de
info@stnds.de

Die Landessparkasse zu Oldenburg *– für die Menschen und die Wirtschaft in der Region*

Persönlich oder über das Internet: LzO-Kunden genießen vielfältige Zugangswege zum hochwertigen Finanzdienstleistungsangebot der LzO.

Nähe, direkter Kontakt und das persönliche Gespräch gehören zu wesentlichen Aspekten des Unternehmensleitbildes der Landessparkasse zu Oldenburg (LzO), die 1786 gegründet wurde und heute zu einer der größten Sparkassen in Deutschland zählt. Zu ihrem Geschäftsgebiet gehören die kreisfreien Städte Oldenburg und Delmenhorst sowie die Landkreise Ammerland, Cloppenburg, Friesland, Oldenburg, Vechta und Wesermarsch. Als Unternehmen ist die LzO ein bedeutender Wirtschaftsfaktor und einer der größten Arbeitgeber in der Region.

Mit ihrer serviceorientierten Geschäftspolitik bietet die LzO Privat- und Firmenkunden eine umfassende Finanz- und Vorsorgebetreuung. Hierzu zählen optimale Finanzierungsangebote ebenso wie die professionelle Geldanlage, das effiziente Management großer Vermögen durch das Private Banking und eine maßgeschneiderte Produktpalette der hauseigenen Versicherungsagentur LzO FinanzService GmbH. Als Gesellschafterin der CountryDesk, dem internationalen Netzwerk der deutschen Sparkassenorganisation, gibt die LzO ihren Kunden auch auf dem Weg ins und im Ausland wertvolle Hilfestellung. Abgerundet wird das Serviceangebot durch kompakte multimediale Kommunikationswege, deren Attraktivität sich unter anderem im regen Zuspruch der LzO Internet-Filiale widerspiegelt. Mit der Sparkassen-Finanzgruppe steht der LzO darüber hinaus das umfangreiche Know-how des größten Verbundes von Finanzdienstleistungsunternehmen in Deutschland zur Verfügung.

Langfristiges Beziehungs-Banking, also dauerhafte Kundenzufriedenheit durch leistungsfähige Produkte und qualifizierte Beratung über alle Lebensphasen hinweg, hat bei der LzO einen hohen Stellenwert. Mit ihrem großen Engagement für Jugendliche und junge Erwachsene legt die LzO hierfür den Grundstein.

Nutzen stiften für die Region

Mit der Landessparkasse zu Oldenburg verbinden die Menschen im Oldenburger Land jedoch weit mehr als nur das Bild eines kompetenten und innovativen Kreditinstituts. Das Engagement der LzO, unter dem Motto „Nutzen stiften für die Region“ wirtschaftliche und gesellschaftliche Initiativen sinnvoll miteinander zu verbinden und dabei verantwortungsbewusst zu handeln, wird in der Region sehr geschätzt. Diese

Gern fördert die LzO kulturell interessante und anspruchsvolle Projekte.

Orientierung am Gemeinwohl wird ersichtlich am Beispiel der zielgerichteten Förderung von Kunst, Kultur und Wissenschaft, der Unterstützung von Breiten- und Spitzensport sowie sozialer Projekte.

Ein besonderer Ausdruck der regionalen Verbundenheit der LzO ist die Stiftung Kunst und Kultur. Seit mehr als 20 Jahren begleitet die LzO-Kulturstiftung mit ihren Fördermaßnahmen Projekte in den Bereichen Musik, Literatur, Theater, bildende Künste, der Heimat- und Denkmalpflege sowie der Wissenschaft und verfolgt so das Ziel, die kulturelle Vielfalt im Oldenburger Land zu fördern und zugleich die vorhandene kulturelle Identität der Region zu festigen. Sie gibt den Menschen „Bodenhaftung" in einer zunehmend vernetzten und globalisierten Welt.

Unter dem Dach der noch sehr jungen Regionalen Stiftung „Gutes tun" der LzO können darüber hinaus engagierte Bürgerinnen und Bürger ein eigenes gemeinnütziges Stiftungsvorhaben – gestaltet nach persönlichem Förderanliegen und vorhandener Vermögensbasis – zum Wohle der Region realisieren.

Das wird sie – die neue LzO-Zentrale. In unmittelbarer Nachbarschaft zum Hauptbahnhof entsteht ein architektonisch herausragendes Gebäude, das neben optimaler Funktionalität durch seine besondere Bauästhetik besticht.

Die Kulturstiftung der Öffentlichen Versicherungen Oldenburg fördert die Vielfalt des kulturellen und künstlerischen Schaffens

Mariengymnasium Jever

Kulturelle Vielfalt ist ein Stück Lebensqualität für die Menschen vor Ort und wichtig für den Wettbewerb der Regionen. Die Kulturstiftung der Öffentlichen Versicherungen Oldenburg fördert deshalb die Vielfalt des kulturellen und künstlerischen Schaffens. Sie ist ausschließlich im ehemaligen Land Oldenburg tätig, dem Geschäftsgebiet der Öffentlichen Versicherungen Oldenburg.

Die Kulturstiftung ist Ausdruck der gesellschaftlichen Verantwortung, die von den Öffentlichen Versicherungen Oldenburg aus ihrer starken wirtschaftlichen Position in der Region abgeleitet wird. Entstanden ist sie 1994 im Rahmen der Neuordnung der Trägerrechte an den Öffentlichen Versicherungen Oldenburg.

Bereits bei der Gründung der Stiftung wurde festgelegt, dass ein zweckgebundener Teil des Stiftungsvermögens für die Finanzierung des »Kleinen Hauses« des Oldenburgischen Staatstheaters zur Verfügung gestellt werden soll.

Die laufende Förderung von kulturellen Vorhaben Dritter wird aus den jährlichen Erträgen des ständigen Stiftungsvermögens finanziert. Die Stiftungsarbeit konzentriert sich dabei auf die Bereiche der Bildenden Kunst, Musik, Literatur und Theater sowie auf die Erhaltung und Förderung von Kulturwerten.

Seit Errichtung der Stiftung konnten bereits über 300 unterschiedliche Projekte finanziell unterstützt werden. Die Stiftung trägt so zu einer Bereicherung des kulturellen Angebotes im Oldenburger Land bei.

Seit dem Jahre 2003 lobt die Stiftung jährlich einen mit 8.000,00 Euro dotierten Förderpreis aus. Die Auszeichnung soll auf junge künstlerische Positionen in der Region aufmerksam ma-

KULTURSTIFTUNG DER ÖFFENTLICHEN VERSICHERUNGEN OLDENBURG

chen und zugleich das Kunstprofil der Region stärken. Eine Fachjury ermittelt die Preisträgerin bzw. den Preisträger. Zur Auszeichnung gehören auch eine Einzelausstellung samt Katalog. Der Förderpreis wird im jährlichen Wechsel in den Sparten Fotografie, Malerei, Skulptur und Installation ausgeschrieben.

Oldenburgisches Staatstheater, Kleines Haus

„Anything goes", Freilichtaufführung in Elsfleth

OLB – aktiver Förderer im Nordwesten

Die Oldenburgische Landesbank AG (OLB) ist die bedeutendste private Regionalbank im Nordwesten Niedersachsens. Gegründet 1869 als Notenbank des damaligen Großherzogtums Oldenburg, steht sie heute für jahrelange, enge Verbundenheit mit dem Weser-Ems-Raum und für wirtschaftlichen Erfolg. Aus der Tradition gewachsen und mit täglich neuem Engagement sehen wir uns in einer besonderen Verantwortung für unser Geschäftsgebiet, schließlich sind wir „Hier zu Hause". Dabei finden sowohl lokale als auch überregionale Projekte unsere Unterstützung. Die Bandbreite unserer Förderungen ist vielschichtig und im Volumen unterschiedlich. Bei der Auswahl der Projekte gehen wir selektiv und qualitätsbewusst vor. Unsere Niederlassungen, die ebenso Vorschläge unterbreiten, werden in den Auswahlprozess eingebunden. Dabei legen wir großen Wert auf die enge kommunikative Begleitung einzelner Förderprojekte. Ein deutlicher Schwerpunkt unseres Engagements liegt im Kulturbereich. Besonders erfreulich ist die wachsende Anerkennung einiger etablierter kultureller Großprojekte, die von uns seit vielen Jahren – oft von Beginn an – gefördert werden.

Kurze, abwechslungsreiche Klassik- bzw. Jazzkonzerte mit internationalen Spitzenkünstlern stehen in jedem Frühjahr bei der »Oldenburger Promenade« auf dem Programm.

Vielfach reicht deren Bedeutung inzwischen weit über die Region und nationale Grenzen hinaus. Dies bestätigt unser Engagement. Gleichwohl stehen wir innovativen, häufig lokal ausgerichteten Aktionen und Initiativen positiv gegenüber. Oft werden diese von ehrenamtlich tätigen Personen und Gruppen vorbildlich organisiert und bereichern die kulturelle Landschaft im Nordwesten. Zu unseren wiederholt begleiteten, großen und erfolgreichen Förderprojekten zählen beispielsweise das Kammermusikfestival „Oldenburger Promenade", der „Musikalische Sommer in Ost-Friesland", das „Internationale Filmfest Oldenburg", die Oldenburger Kinder- und Jugendbuchmesse „KIBUM" oder das „Euregio-Musikfestival" im Landkreis Osnabrück. Die Gartenkunstfestivals auf Schloss Ippenburg in Bad Essen oder auch der „Park der Gärten" in Bad Zwischenahn finden sehr gute Resonanz aus allen Gebieten der Region. Das im Jahr 2005 erstmals durchgeführte „Festival für zeitgenössisches Theater" oder die „Osnabrücker Friedensgespräche" sind ebenso erfolgreich wie auch das neue Schüler-Kultur-Festival „Walk'n Art" in Oldenburg und das „Internationale Puppentheater-Festival" in Lingen. Neben eigenen Ausstellungen mit zeitgenössischen Künstlern aus der

HIER ZU HAUSE.

Oldenburgische Landesbank

Für Cineasten ist es Pflicht, für alle anderen ein besonderes Highlight: Seit mehr als zehn Jahren ist das »Internationale Filmfest Oldenburg« immer im September der Treffpunkt.

Region in unserer Oldenburger Zentrale unterstützen wir darüber hinaus Kunstausstellungen der Museen, z. B. die Präsentation des bedeutenden Expressionisten Ernst-Ludwig Kirchner in Delmenhorst oder die Ausstellung zu Plakaten von Toulouse-Lautrec im Horst-Janssen-Museum in Oldenburg. Die Vortragsreihe OLB-Forum „Wissen und Zukunft" findet bereits seit 1986 überwältigenden Zuspruch. Viele Besucher aus der gesamten Region nutzen die Gelegenheit, mit renommierten Referenten aus Wirtschaft, Wissenschaft und Kultur in Kontakt zu kommen und mit ihnen direkt zu diskutieren. Die Spannweite der Themen reicht von orientalischer Stadtkultur in Aleppo/Syrien über moderne Gentechnik bis hin zur Analyse des Wirtschaftsstandortes Deutschland. Neben dem Kultursponsoring legen wir besonderen Wert auf die Unterstützung von Wirtschaft, Wissenschaft und Bildung sowie Infrastruktur im Nordwesten. Dieses Engagement steht im Mittelpunkt der 1994 gegründeten OLB-Stiftung, die vorrangig eigeninitiierte Projekte aus den Erträgen des Stiftungsvermögens durchführt. So lobt die Stiftung alle zwei Jahre den Weser-Ems-Wissenschaftspreis für Dissertationen und Studienabschlussarbeiten aus. Mit 22.000 Euro ist dieser Preis die höchstdotierte Auszeichnung im nordwestlichen Niedersachsen. Neben den ausgewählten Beispielen begleiten wir viele weitere interessante Projekte kleineren Umfangs in den Bereichen Soziales, Umwelt, Denkmalschutz, Literatur und Brauchtum und dokumentieren auch auf diese Weise unsere enge Verbundenheit mit der Region.

Die OLB – dem Nordwesten verbunden!

Unternehmensprofil der Volksbanken und Raiffeisenbanken im Oldenburger Land

Eine große Produktpalette, ein vielfältiges Leistungsangebot und hohe Qualitätsansprüche sorgen seit jeher dafür, dass die Kunden der 30 Volksbanken und Raiffeisenbanken im Oldenburger Land alle hochwertigen Finanzdienstleistungen erhalten. Dabei sind die Genossenschaftsbanken immer auch Spezialisten, und das auch auf dem heute wohl wichtigsten Gebiet: der Kundenorientierung. Mit ihrer dezentralen Organisation erfüllen sie besonders die heutigen Bedürfnisse der Menschen nach lokaler Nähe.

Die Genossenschaftsbanken unterstützen gemeinsam mit der VR-Stiftung der Volksbanken und Raiffeisenbanken in Norddeutschland zahlreiche Projekte, wie auch die Ausstellung „abgehoben", die anlässlich des 50jährigen Bestehens von der Arbeitsgruppe Kunsthandwerk Oldenburg geschaffen wurde.
Foto v. l.: Bankdirektor Hermann Schaa, Volksbank Oldenburg eG, Vorstandsvorsitzender Harald Lesch, VR-Stiftung der Volksbanken und Raiffeisenbanken in Norddeutschland, Hauptgeschäftsführer Manfred Kater, Handwerkskammer Oldenburg, die Vorsitzende der Arbeitsguppe Sara-Ruth Schumann und Landschaftspräsident Horst-Günter Lucke bei der Ausstellungseröffnung in der Volksbank Oldenburg e G.

Rund 560.000 Kunden und über 210.000 Mitglieder bei den Volksbanken und Raiffeisenbanken im Oldenburger Land sind Ausdruck einer erfolgreichen Arbeit nach dem bewährten genossenschaftlichen Prinzip der Mitgliedschaft bei einer Bank. Die Genossenschaftsbanken beschäftigen in Weser-Ems insgesamt über 4.550 Mitarbeiterinnen und Mitarbeiter und machen dadurch deutlich, dass sie sich auch als Arbeitgeber der Region besonders verbunden fühlen. Diese Mitarbeiterzahl ist trotz des verstärkten Einsatzes von elektronischen Bankdienstleistungen, die sehr intensiv von den Kunden angenommen werden, bis hin zum Internetbanking insgesamt betrachtet in den zurückliegenden Jahren konstant geblieben. Damit wird der positive Beitrag der genossenschaftlichen Bankengruppe zu dem Arbeitsmarkt bei der derzeit hohen Arbeitslosigkeit deutlich. Bei allen neuen auf die Zukunft ausgerichteten Aktivitäten der Volksbanken und Raiffeisenbanken ist der Blick auf den „Menschen" gerichtet, denn dieser steht bei dieser Bankengruppe im Mittelpunkt.

Die Bilanzsumme der 30 Genossenschaftsbanken im Oldenburger Land betrug zum Jahresende 2005 rund 6,6 Milliarden Euro. Die Genossenschaftsbanken unterhalten im Oldenburger Land 173 Geschäftsstellen sowie 72 SB-Stellen und sind damit ein kundennaher Bankpartner in der Region.

VR Stiftung

VR-Stiftung der Volksbanken und Raiffeisenbanken in Norddeutschland

Die Zusammenarbeit mit den mittelständischen Unternehmen ist für die Volksbanken und Raiffeisenbanken seit jeher ein wichtiges Geschäftsfeld. Dies kommt auch dadurch zum Ausdruck, dass die Genossenschaftsbanken in den zurückliegenden Jahren die Kreditvergabe an gewerbliche Firmen und die Landwirtschaft nachweislich ausgeweitet haben. Partner des Mittelstandes und der Landwirtschaft zu sein, ist für die Genossenschaftsbanken nicht nur ein Lippenbekenntnis sondern eine gelebte Philosophie.

Die Volksbanken und Raiffeisenbanken engagieren sich als Finanzdienstleister zudem aktiv auch für gemeinnützige und kulturelle Projekte in den einzelnen Regionen des Oldenburger Landes. Als Bindeglied zwischen den Banken und den Organisationen haben sie daher bereits vor mehreren Jahren die VR-Stiftung der Volksbanken und Raiffeisenbanken in Norddeutschland gegründet.

Im Jahr 2005 wurden über 30 Projekte mit einem Fördervolumen in Höhe von annähernd 140.000 Euro alleine im Oldenburger Land unterstützt.

Die EWE Stiftung:

Verantwortung für die Zukunft der Region

Hans-Christian-Andersen-Märchen gesehen von Günter Grass.
Von der EWE Stiftung geförderte Ausstellung im Horst-Janssen-Museum 2005
Foto: OPA (Oldenburger Photo Amateure)

„Wir sind nicht nur für das verantwortlich, was wir tun, sondern auch für das, was wir nicht tun."
JEAN BAPTISTE MOLIÈRE

Gesellschaftliche Verantwortung zu übernehmen, bedeutet heute, sich bereits im gegenwärtigen Denken und Handeln der Zukunft zu widmen. Die EWE AG, fünftgrößtes Energieversorgungsunternehmen in Deutschland mit Sitz in Oldenburg, sieht sich deshalb über ihr unternehmerisches Wirken hinaus in ihrem gesellschaftlichen Engagement Werten wie Nachhaltigkeit, Regionalität und Zukunftsfähigkeit verpflichtet.

Vor diesem Hintergrund hat sie Ende 2001 die gemeinnützige EWE Stiftung mit dem Auftrag ins Leben gerufen, größtmöglichen Nutzen im Sinne der Allgemeinheit zu stiften und die Lebensqualität und Zukunftsfähigkeit im Ems-Weser-Elbe-Gebiet, in Brandenburg und auf Rügen, zu fördern. Diese Ziele verfolgt die EWE Stiftung seither mit der Förderung von Projekten aus den Schwerpunkten Kunst und Kultur, Erziehung und Bildung, Forschung sowie

Moorlehrpfad für Kinder und Jugendliche, entstanden im Rahmen des gleichnamigen Projekts zur Geschichte und Gegenwart des Küstenkanals, Foto: Grundschule Friedrichsfehn

Von der EWE Stiftung gefördertes Projekt „Die Darstellung der Bedeutung des Küstenkanals für die Weser-Ems-Region damals wie heute", 2003, Foto: Grundschule Friedrichsfehn

Wissenschaft. Dabei versteht sich die EWE Stiftung keineswegs nur als Geldgeberin: Vielmehr möchte sie vor allem jenen Menschen Mut machen, auch große Herausforderungen mit Kreativität, Ausdauer und Engagement zu meistern, die sich insbesondere ehrenamtlich für die Stärkung der Region einsetzen.

Denn gerade in Zeiten, in denen staatliches Wirken längst an seine Grenzen gestoßen ist, steigt die Bedeutung von bürgerschaftlichem und unternehmerischem Engagement. Die EWE Stiftung steht zu dieser gesellschaftlichen Verantwortung und unterstützt jährlich gemeinnützige Projekte von ca. 200 kompetenten Partnern. Zum Portfolio der EWE Stiftung gehören kulturelle Veranstaltungen wie Ausstellungen, Theater und Konzerte genauso, wie die Errichtung und Ausstattung von Musikklassen sowie Forschungsvorhaben an Hochschulen und Universitäten, die ohne Drittmittel überhaupt nicht realisiert werden könnten. Einen besonderen Stellenwert genießen Projekte mit dem Fokus „Erziehung" und „Bildung". Hier geht es darum, auch zukünftig Leistung und Wettbewerb zu garantieren und gleichzeitig gesellschaftliche Solidarität zu bewahren. Der Soziologe Lord Dahrendorf hat dieses Spannungsfeld als eine der größten Herausforderungen des 21. Jahrhunderts beschrieben.

Besonders hervorzuheben sind neben der überwiegend fördernden Tätigkeit der EWE Stiftung zwei operative Projekte: „Jugend forscht – Schüler experimentieren" und der „Klaus-von-Klitzing-Preis", der seit 2005 in Kooperation mit der Carl von Ossietzky Universität in Oldenburg an besonders engagierte Lehrer im Bereich Naturwissenschaften verliehen wird.

Nähere Informationen über die EWE Stiftung finden sich unter **www.ewe-stiftung.de.**
Nur gemeinsam können wir die Aufgaben der Zukunft meistern!